Xuewu Gu

Theorien der Internationalen Beziehungen

Xuewu Gu

Theorien der Internationalen Beziehungen

Einführung

3., überarbeitete und erweiterte Auflage

DE GRUYTER
OLDENBOURG

ISBN 978-3-486-71595-8
e-ISBN (PDF) 978-3-486-85508-1
e-ISBN (EPUB) 978-3-11-039703-1

Library of Congress Control Number: 2018030847

Bibliografische Information der Deutschen Nationalbibliothek
Die Deutsche Nationalbibliothek verzeichnet diese Publikation in der Deutschen Nationalbibliografie; detaillierte bibliografische Daten sind im Internet über http://dnb.dnb.de abrufbar.

Umschlagabbildung: ymgerman / iStock / Getty Images Plus
Satz: le-tex publishing services GmbH, Leipzig
Druck und Bindung: CPI books GmbH, Leck

MIX
Papier aus verantwortungsvollen Quellen
FSC
www.fsc.org
FSC® C083411

www.degruyter.com

Meinen Studentinnen und Studenten in
Freiburg, Trier, Bochum und Bonn
gewidmet

Inhalt

Vorwort

Vorwort zur dritten Auflage

Die vorliegende neue Auflage ist das Ergebnis einer inhaltlichen Überarbeitung der zweiten Auflage des Buches. Der Aufbau des Buches hat sich nicht geändert. Aktualisierungen werden dort vorgenommenen, wo neue Ansätze oder zukunftsversprechende Debatten entstanden sind. Außerdem werden neuere wissenschaftliche Veröffentlichungen ausgewählt in die weiterführende Literatur aufgenommen. Neu bei dieser Auflage ist außerdem die Hinzufügung des Kapitels 19 zu Fragen der Anwendbarkeit der Theorien.

Den Mitgliedern meines Teams am Lehrstuhl für Internationale Beziehungen und am Center for Global Studies der Universität Bonn verdanke ich tadellose Unterstützung und wertvolle Kritik. Insbesondere danke ich Iris Volg, Milena Niesen und Hendrik W. Ohnesorge sowie Dr. Andrej Pustovitovskij und Dr. Enrico Fels für ihre zahlreichen Anregungen und Verbesserungsvorschläge. Marion Romagna, Ying Huang, Christiane Suchanek sowie Franziska Hebel und Thomas Spinrath sind an der systematischen Literaturrecherche und Auswertung beteiligt. Ihnen zu danken ist mir ein besonderes Anliegen. Für eventuelle Fehler bzw. Unebenheiten im Manuskript trage ich selbstverständlich allein die Verantwortung.

Bonn-Bad Godesberg, im Mai 2018 — Xuewu Gu

Vorwort zur zweiten Auflage

Die zweite Auflage wurde völlig überarbeitet und wesentlich erweitert. Diese umfassende Überarbeitung und Erweiterung wurde insbesondere durch die zunehmende Etablierung von kritisch-theoretischen Ansätzen wie beispielsweise konstruktivistischen und neomarxistischen Ansätzen als ernstzunehmende Theoriealternativen zum Realismus, Liberalismus, Institutionalismus und Behaviorismus in der Lehre von den Internationalen Beziehungen nötig. Im Rahmen dieser Überarbeitung wurde das Buch komplett umstrukturiert. Dementsprechend weist die Zuordnung der Theorien folgende neue Gliederung auf: „*Realistische Schule*“, „*Liberal-institutionalistische Schule*“, „*Behavioristische Schule*“ und „*Alternativ-Oppositionelle Schule*“. Hierbei sollte der Begriff der „Schule“ in einem weitgefassten Sinn verstanden werden, als terminologische Klammer für theoretische Denkrichtungen, welche auf ähnlichen Annahmen begründete theoretische Aussagen treffen. Bei der Darstellung der einzelnen theoretischen Ansätze wurde großer Wert daraufgelegt, möglichst nah an den Originalquellen zu arbeiten. Ausführlich und mit vielen Originalzitaten belegt, soll dem Leser der Einstieg in die Theoriegebäude leichtgemacht werden, ohne dabei in

https://doi.org/10.1515/9783486855081-201

eine triviale oder basale Darstellung zu verfallen. In der Gesamtschau soll es so dem Leser nach der Lektüre des Werkes möglich sein, über ein reflektiertes und kritisches Verständnis der Theorien der Internationalen Beziehungen[1] zu verfügen und eigenständige Werturteile über die Theorien zu fällen. Daher wurde weitestgehend auf die leider viel zu verbreitete und unseriöse Praxis verzichtet, dem Leser durch Werturteile und in diesem Rahmen zwangsläufig zu kurz greifende Kritik Deutungsfolien vorzugeben und eigene Präferenzen in den Vordergrund zu stellen. Die gründliche und möglichst originale Vorstellung der Theorien soll dem Leser das Rüstzeug liefern selbst Deutungen und Kritik zu entwickeln. Der Fußnotenapparat und die bibliografischen Angaben unterstützen den Leser hierbei weiter.

Die einzelnen Kapitel wurden umgeschrieben und in die neue Rechtsschreibung übertragen. Die Literaturangaben wurden vollständig aktualisiert. An jedes Kapitel wurden weiterführende Literaturangaben mit kurzen Kommentaren angeschlossen, die den Lesern helfen sollen, sich bibliografisch schneller zurechtzufinden. Zur Erhöhung der Lese- und Recherchefreundlichkeit wurde ein komplett überarbeitetes Personen- und Sachregister angefügt.

Jan-Frederik Kremer und Benjamin Behschnitt verdanke ich viele wertvolle inhaltliche Verbesserungsvorschläge und Anregungen. Zudem danke ich ihnen herzlich für die tadellose Erstellung des druckfertigen Manuskriptes. Axel Striebeck, Holger Blasius und Roman Serdar Mendle waren an den Korrekturen beteiligt. Auch ihnen gilt mein herzlicher Dank.

Bonn-Bad Godesberg, im Mai 2010 — Xuewu Gu

Vorwort zur ersten Auflage

Dieses einführende Lehrbuch beschäftigt sich mit dem Theoriebereich der internationalen Politik und will die wichtigsten Theorieansätze und Methoden in der Lehre der Internationalen Beziehungen systematisch vorstellen.

Das Motiv, ein einführendes Lehrbuch zu diesem Themenbereich zu verfassen, geht auf den Mangel an einem umfassenden Einführungsbuch für die Theorien und Methoden der internationalen Beziehungen im deutschsprachigen Raum zurück. Schon im Jahre 1984 stellten Henning Behrens und Paul Noack fest, dass *„es keine einigermaßen umfassende Darstellung der Theorien der internationalen Politik gibt, die nicht einer bestimmten Schule, einem bestimmten kritischen Ansatz verpflichtet ist"*.[2]

1 Wann immer die Begrifflichkeit „Internationale Beziehungen" mit Großbuchstaben beim Wort „Internationale" geschrieben wird, ist damit die politikwissenschaftliche Disziplin gemeint.

2 Behrens, Henning/Noack, Paul: Theorien der internationalen Politik, München 1984, S. 9.

Um diese Situation zu ändern, haben Behrens und Noack ein eigenes Lehrbuch mit dem Titel „Theorien der Internationalen Politik“ (1984) vorgelegt. Trotz bemerkenswerter und verdienstvoller Leistungen dieses Lehrbuches muss darauf hingewiesen werden, dass dieses Buch niemals über den Anfang der 80er Jahre hinaus weitergeschrieben worden ist. Viele neue Ansätze, die im Rahmen der bis heute noch andauernden „dritten“ Theoriedebatte entstanden sind und die Theoriebildung der Gegenwart maßgebend geprägt haben und immer noch prägen, finden in diesem Buch keine Reflexion.

Die von Reinhard Meyers 1993 vorgelegte Darstellung „Grundbegriffe, Strukturen und Theoretische Perspektiven der Internationalen Beziehungen“[3] berücksichtigte zwar die neuen Entwicklungen in dem behandelten Bereich. Aber offensichtlich aus Platzgründen, die ein Sammelbandaufsatz zu berücksichtigen hat, konnte Meyers viele Theorieansätze nur stichwortartig behandeln. Dies macht es zwar schwierig, seine Abhandlung als ein umfassendes Lehrbuch zu qualifizieren, kann uns jedoch nicht davon abhalten, sie als eine der besten Einführungen in die Theorien der internationalen Beziehungen zu empfehlen, zumal sich der Autor darauf verstanden hat, Theorie und Praxis in der internationalen Politik miteinander organisch zu verbinden.

Auch das 1990 von Volker Rittberger herausgegebene PVS-Sonderheft „Theorien der Internationalen Beziehungen. Bestandsaufnahme und Forschungsperspektiven“,[4] das einen hohen theoretischen Gehalt erreicht hat, konnte die Funktion eines Einführungslehrbuches nicht erfüllen. Bei diesem Buch handelte es sich um einen Sammelband, in dem sich fast alle führenden Theoretiker der internationalen Beziehungen in der Bundesrepublik Deutschland zusammengefunden haben. Trotz des Fehlens des Lehrbuchcharakters oder gerade wegen seines hoch-theoretischen Niveaus ist dieser Sammelband insbesondere denjenigen zu empfehlen, die sich nach dem Einstieg ins Theoriegebäude der internationalen Beziehungen mit einem bestimmten Theorieaspekt vertiefend beschäftigen möchten.

Das 1997 von Ursula Lehmkuhl herausgegebene Werk „Theorien Internationaler Politik: Einführung und Texte“[5] kann insofern nicht als ein in sich geschlossenes Lehrbuch betrachtet werden, als es – wie der Titel bereits verrät – überwiegend aus Texten besteht, die nicht von der Herausgeberin selbst verfasst wurden. Außerdem verzichtete Lehmkuhl auf die Umfassendheit, die für ein Lehrbuch von fundamentaler Bedeutung sein sollte. Beispielsweise fand die Systemtheorie, die beim politischen Nachdenken über die internationalen Beziehungen eine wichtige Rolle gespielt hat und spielt, in ihrem Buch keine Berücksichtigung. Allerdings verdient ihr Versuch, einen

---

3 Meyers, Reinhard: Grundbegriffe, Strukturen und theoretische Perspektiven der internationalen Beziehungen, in: Bundeszentrale für politische Bildung (Hrsg.): Grundwissen Politik, Bonn 1993, S. 229–334.

4 Rittberger, Volker (Hrsg.): Theorien der Internationalen Beziehungen. Bestandsaufnahme und Forschungsperspektiven, PVS–Sonderheft 21, Opladen 1990.

5 Lehmkuhl, Ursula (Hrsg.): Theorien Internationaler Politik: Einführung und Texte, 2. verb. Auflage, München/Wien 1997.

intellektuellen Bogen zu den zwei einflussreichen Readern von Frei und Haftendorn[6] zu schlagen und die Tradition der Aufstellung von Readern für Studenten der Theorien internationaler Beziehungen zu pflegen, Aufmerksamkeit und Anerkennung. Angesichts dieser Entwicklungen scheint es im Interesse der Studierenden zu sein, ein Lehrbuch zu verfassen, das sowohl die aktuellen Entwicklungen als auch den umfassenden Aspekt der Darstellung berücksichtigen sollte. Daher soll in diesem Buch versucht werden, einen nützlichen Überblick über die „großen Debatten" in der Geschichte der Theorienbildung auf dem Gebiet der internationalen Beziehungen zu schaffen und die dadurch entstandenen Theorieansätze zu beschreiben. Dieses Buch betrachtet es als vorrangige Aufgabe, die Studierenden ins Theoriengebäude der internationalen Beziehungen einzuführen und ihnen eine theoretisch-methodische Orientierung bei der Beschäftigung mit Fragen der internationalen Beziehungen an die Hand zu geben.

Das Buch gliedert sich in vier Teile. In Teil I sollen die grundlegenden Fragen der Theorien der internationalen Beziehungen dargestellt werden. Dazu gehören die Fragen nach der Definition der Theorie und der Art und Weise, wie eine Theorie entsteht bzw. gebildet werden kann. Aber auch die Fragen nach Möglichkeiten, verschiedene, ja sogar die unübersehbare Vielzahl von Theorieansätzen, Konzepten und Modellen sinnvoll zu klassifizieren, werden im Rahmen dieses ersten Teils behandelt. Ebenso soll in diesem Teil beantwortet werden, wie die Geschichte der Theorien der internationalen Beziehungen aussieht und welche Entwicklungstendenzen diese Teildisziplin der Politikwissenschaft gegenwärtig aufweist. Der zweite Teil des Buches beschäftigt sich mit Theorieansätzen, die der Verfasser als „pessimistische Ansätze" bezeichnen möchte. Diese Ansätze sind dadurch gekennzeichnet, dass sie grundsätzlich davon ausgehen, dass die Anarchie des internationalen Staatensystems nicht überwindbar und der Staat zuletzt auf Selbsthilfe angewiesen ist, wenn er im Kampf zwischen den Staaten um internationale Macht überleben möchte. Zu dieser pessimistischen Kategorie gehören der Klassische Realismus und der sogenannte Neorealismus. Aber auch die Theorie des Machtgleichgewichtes und die Ansätze, die das internationale System als eine Hierarchie betrachten, können den pessimistischen Ansätzen zugeordnet werden. In einem dritten Teil werden diejenigen Theorieansätze behandelt, die der Verfasser als „optimistische Ansätze" bezeichnen möchte. Optimistisch deswegen, weil diese Ansätze grundsätzlich davon ausgehen, dass die Anarchie des internationalen Staatensystems überwindbar ist und internationale Kooperation den einzelnen Staaten mehr Sicherheit bringt als nationale Selbsthilfe. Zu dieser optimistischen Kategorie gehören der klassische Liberalismus, der Neoliberalismus und der Institutionalismus sowie die Friedensforschung. Der vierte Teil widmet sich der Behandlung von Ansätzen, die als „neutrale Ansätze" bezeichnet werden können. Neutral deswegen, weil diese Ansätze

6 Frei, Daniel: Einführung: Wozu Theorien der internationalen Politik? in: Ders. (Hrsg.): Theorien der internationalen Beziehungen, 2. überarbeitete und ergänzte Auflage, München 1977; Haftendorn, Helga (Hrsg.): Theorie der Internationalen Politik. Gegenstand und Methoden der Internationalen Beziehungen, Hamburg 1975.

sich in erster Linie nicht dafür interessieren, ob die Überwindung der internationalen Anarchie wünschenswert ist oder nicht. Vielmehr steht im Mittelpunkt ihres Interesses, zu fragen, wie sich ein Staat in einer bestimmten Situation verhält und welche Faktoren dieses Verhalten verursachen. Diese Ansätze werden auch als szientistisch oder behavioristisch bezeichnet, weil sie alle die klassisch-philosophischen Ansätze der Politikwissenschaft ablehnen und nomothetische Theorieaussagen anstreben, und zwar nach dem Vorbild der Naturwissenschaften. Zu dieser wertfreien oder neutralen Kategorie gehören die Aggressionstheorie, die Spieltheorie, die Entscheidungstheorie sowie die Systemtheorie.

Das vorliegende Buch ist aus der Lehre während meiner Tätigkeit als Hochschulassistent an der Universität Freiburg und als Lehrstuhlvertreter an der Universität Trier entstanden. Für Anregungen und Inspiration, die ich von meinen Studentinnen und Studenten an diesen beiden Universitäten bekommen habe, bin ich zu tiefem Dank verpflichtet. Meine wissenschaftlichen Hilfskräfte Frau Nora Karsten, Universität Freiburg, Frau Kristin Kupfer und Frau Anja Senz, Universität Trier, haben mich bei der Konzipierung dieses Buches tadellos unterstützt. Ihnen zu danken, ist mir ein besonderes Bedürfnis. Ebenfalls möchte ich meinen Sekretärinnen Frau Ruth Wabschke und Frau Lioba Zang-Ameling an der Universität Trier herzlich danken, die das Manuskript mit großer Sorgfalt hergestellt haben.

Trier, im Mai 1999 — Xuewu Gu

Teil A: **Grundlegende Fragen**

1 Theorie und Theoriebildung

Bevor wir im Einzelnen auf die verschiedenen Theorieansätze der internationalen Beziehungen eingehen sollten wir zuerst die Frage klären was eine Theorie ist und wie eine Theorie gebildet werden kann. Auch die Frage nach dem Sinn und Zweck von Theorien soll in diesem Zusammenhang erörtert werden.

1.1 Definition einer Theorie

Eine Theorie ist, vereinfacht gesagt, eine Aussage. Aber nicht jede Aussage ist eine Theorie. Der entscheidende Unterschied zwischen theoretischen und nichttheoretischen Aussagen liegt darin, dass erstere eine Abstraktion aufweisen und letztere nicht. Eine theoretische Aussage bezieht sich also nicht auf ein einzelnes Geschehen, Ereignis oder Vorkommnis, sondern auf ein begrifflich erfassbares Phänomen, das unabhängig von Zeit und Raum beim Vorliegen bestimmter Bedingungen wiederholt eintreten kann.

In diesem Sinne spricht Thomas Kuhn, einer der größten Wissenschaftsphilosophen und Wissenschaftstheoretiker des 20. Jahrhunderts, von „große[r] Reichweite“, die eine Theorie haben sollte. „[I]nsbesondere sollten ihre Konsequenzen“, so Kuhn, „weit über die Beobachtungen, Gesetze oder Teiltheorien hinausgehen, die sie ursprünglich erklären sollte.“[1]

Dieser Unterschied zwischen einer Aussage ohne Abstraktion und einer mit Abstraktion im Sinne von „großer Reichweite“ von Kuhn lässt sich durch folgendes Beispiel leicht veranschaulichen:

Die These „Die Aggression der Außenpolitik des Dritten Reiches ist durch Hitlers Rassismusideologie bestimmt“ kann insofern nicht als Theorie qualifiziert werden, als es sich bei ihr nur um eine reine Feststellung einer einmaligen historisch-politischen Tatsache handelt. Den Charakter der Abstraktion besitzt sie nicht.

Hingegen könnte eine Aussage vom Rang einer Theorie so aussehen: „Je stärker die politische Führung eines Staates durch Rassismus geprägt wird, desto aggressiver ist dessen Außenpolitik.“ Diese Aussage kann deswegen als eine Theorie gelten, weil sie eine gewisse Abstraktion der Beziehung zwischen Rassismus und einer aggressiven nationalen Außenpolitik aufweist.

Es ist nicht zu übersehen, dass diese Aussage eine positiv proportionale Korrelation zwischen Rassismus und aggressiver Außenpolitik zum Ausdruck bringt. Die Aussage ist allgemein und abstrakt formuliert, um Zeit, Raum, konkrete Ereignisse und Persönlichkeiten zu transzendieren. Mit anderen Worten kann eine Aussage nur

1 Kuhn, Thomas S.: Die Entstehung des Neuen. Studien zur Struktur der Wissenschaftsgeschichte; herausgegeben von Lorenz Krüger, Frankfurt 1977, S. 422.

https://doi.org/10.1515/9783486855081-001

als Theorie gelten, wenn sie zumindest erklären kann, warum sich ein bestimmtes Phänomen über Zeit und Raum hinaus immer wiederholt.

Wesentlich für eine theoretische Aussage ist also hier, dass sie eine abstrahierte Korrelation zwischen der Agressivität der Außenpolitik eines Staates und der rassistischen Prägung der politischen Führung herstellt, welche über den speziellen Fall (hier: das NS-Regime) hinaus abstrahierende Gültigkeit für weitere Fälle beanspruchen kann. Theoretische Aussagen beanspruchen also eine verallgemeinernde Aussagefähigkeit über den Einzelfall hinweg.

Wenn wir uns auf diesen Charakter der Theorie einigen, sollte es uns relativ leicht fallen, für Theorien eine Definition zu finden. Eine Theorie, so möchte der Verfasser definieren, ist *ein Satz von Aussagen über Natur und Gesetzmäßigkeit der Entwicklung von Phänomenen und Gegenständen, die gedanklich konstruiert oder empirisch beobachtbar sind. Kurz: Eine Theorie ist eine beschreibende, erklärende und/oder prognostizierende Aussage über gedankliche oder beobachtbare Realität.*

Um den Inbegriff dieser Definition zu veranschaulichen, können wir im Folgenden einige Beispiele heranziehen:

Werfen wir als erstes einen Blick auf die **berühmte Evolutionstheorie von Charles Robert Darwin (1809–1882):** Ausgehend von seinen empirischen Beobachtungen der Tierwelt auf seinen Forschungsreisen, entwickelt Darwin in seinem Werk „On the Origin of Species" sowohl die Theorie der natürlichen Selektion als auch wesentliche Grundzüge einer Evolutionstheorie/Abstammungslehre der Arten. Darwin behauptet folgende verallgemeinerbare theoretische Aussagen treffen zu können: In der Natur würden sich diejenigen (genetischen) Merkmale im evolutionären Prozess durchsetzen welche in einer spezifischen Umwelt das höchste Maß an positiver Anpassung an die Umweltbedingungen darstellen. Folglich seien jene Arten evolutionär bevorzugt, welche am besten an ihre Umwelt angepasst seien. Aufgrund ihrer ausgeprägten Anpassungsfähigkeit setzten sich ihre Merkmale in der fortschreitenden Evolution durch. Darwin stellt damit eine von Zeit und Raum unabhängige Korrelation zwischen der Anpassungsfähigkeit des Individuums und seinen Chancen zum Überleben sowie der Weitergabe dieser Merkmale im Prozess der Evolution her. Hieraus entwickelt er eine abstrahierende Kette von theoretischen Aussagen. Dieses Prinzip bezeichnet Darwin als „survival of the fittest" – „das Überleben der am besten Angepassten".

Weiter, **die Kriegstheorie von Carl Philipp Gottfried von Clausewitz (1780–1831):** Das Phänomen „Krieg" wurde in seiner Theorie als ein politisches Geschehen aufgefasst. Clausewitz versucht die Natur des Krieges zwischen den Staaten zu erklären, indem er definiert: „*Der Krieg ist eine bloße Fortsetzung der Politik unter Einbeziehung anderer Mittel.*"[2] Mit dieser Aussage unterstreicht

2 Siehe: von Clausewitz, Carl: Vom Kriege, Hinterlassenes Werk des Generals Carl von Clausewitz, Bd. 1–3, Ferdinand Dümmler, Berlin 1832–1834, I, 1, S. 24.

der General und Kriegstheoretiker die politische Natur des Krieges und zeigt die Korrelation zwischen Ausbruch von Krieg und Versagen der Politik auf.

Die Gesellschaftstheorie von Karl Marx (1818–1883): Marx behauptet, die Geschichte aller bisherigen Gesellschaften sei eine Geschichte des Klassenkampfes. Diese Theorie impliziert die Aussage, die Geschichte der Menschheit sei ein Entwicklungsprozess, dessen Triebkraft in der Auseinandersetzung zwischen sozialen Klassen liege. Diesem Geschichtsverständnis zufolge ändern sich Formen und Gestaltung der Gesellschaften zwangsläufig, wenn sich Strukturen und Machtverhältnisse zwischen den nach wirtschaftlichen Kriterien definierten Klassen verändert haben.

Dank des Abstraktionsgrades kann eine Theorie zwei Funktionen erfüllen, die einer nichttheoretischen Aussage fremd sind: Erklären und Prognostizieren. Jedoch sei angemerkt, dass sozialwissenschaftliche Theorien nicht notwendigerweise über Prognosefähigkeit für zukünftige Ereignisse verfügen. Das entscheidende Charakteristikum einer Theorie ist ihr fallunabhängiges Abstraktionsvermögen und die Fähigkeit der Verallgemeinerung der gemachten Aussagen. Diese Fähigkeiten der Abstraktion und Verallgemeinerung können jedoch durch zukünftige Ereignisse, die unter veränderten oder abweichenden Bedingungen geschehen, beschränkt werden. Eine Vielzahl von heutigen Wissenschaftstheoretikern ist gar der Auffassung, dass die ungemeine Komplexität sozialer Interaktionen und Beziehungen der Akteure seriöse wissenschaftliche Prognosen in den Sozialwissenschaften unmöglich machen.[3]

1.2 Methoden der Theoriebildung

Theoriebildung ist eine Tätigkeit des wissenschaftlichen Erkennens. „Im Erkenntnisprozess werden einzelne überschaubare Fakten oder Faktenbündel aus vielfältigen Komplexen zusammenhängend isoliert und sodann in Ordnungs- und Erklärungsmodelle gestellt."[4] Theoriebildung bedeutet in diesem Sinne Reduktion, Verallgemeinerung und Abstraktion.

Allgemein kann man eine Theorie bilden, indem man eine von den folgenden drei Methoden oder eine Kombination von ihnen einsetzt:

die deduktive Methode;
die induktive Methode;
die normative Methode.

3 Vgl. hierzu allgemein: Wright, Georg H.: Erklären und Verstehen, Hamburg 1974, und für den Bereich der Internationalen Beziehungen Viotti, Paul R./Kauppi, Mark V.: International Relations Theory. Realism, Pluralism, Globalism, and Beyond, 3. Aufl., Boston 1999, S. 3.

4 Haftendorn, Helga (Hrsg.): Theorie der Internationalen Politik. Gegenstand und Methoden der Internationalen Beziehungen, Hamburg 1975, S. 9.

Im Folgenden werden die Verfahren der Theoriebildung nach diesen Methoden unter der Berücksichtigung der notwendigen Vereinfachung im Einzelnen dargestellt.

Logisch-deduktive Theoriebildung

Hempel-Oppenheim-Schema

Die Theoriebildung nach der deduktiven Methode geschieht in einem rein gedanklichen und logischen Ableitungsprozess. Wie Carl G. Hempel und Paul Openheim, Erfinder dieser logisch-deduktiven Schule, bemerkt haben, handelt es sich bei diesem Ansatz um einen Prozess, der „purely formal in character“[5] ist. Dieser Prozess wird als „deduktiv-nomologisches Modell (DNM)“ bezeichnet.[6] Im Kern besteht dieses Modell aus drei Komponenten:

1. Universelles Gesetz, auch Axiom genannt;
2. Eingangsbedingungen, auch Antezendensbedingungen genannt, und
3. Schlussfolgerung.

Eine Theorie wird gebildet, wenn eine Schlussfolgerung nach der nomologischen „In-Verbindung-Setzung“ einer Ausgangsbedingung mit einem allgemein anerkannten Axiom vorliegt. Vereinfacht formuliert, lässt sich das DN-Modell wie folgt darstellen:

1. Schritt:	Jeder Gegenstand von der Art X verändert, wenn er mit Gegenstand Y in Berührung kommt, seine Qualität in Richtung auf die Eigenschaft Z. (Axiom)
2. Schritt:	Der vorliegende Gegenstand ist von der Art X. (Ausgangsbedingung)
3. Schritt:	Daraus folgt: Wenn der vorliegende Gegenstand mit Gegenstand Y in Berührung kommt, verändert er seine Qualität in Richtung auf die Eigenschaft Z. (Schlussfolgerung)[7]

Um dieses Modell inhaltlich begreifbar zu machen, ziehen wir hier ein Beispiel aus dem Bereich der Internationalen Beziehungen heran:

Axiom:	Jede Ideologie führt, wenn sie übertrieben wird, zur Entstehung einer aggressiven Außenpolitik;
Ausgangsbedingung:	Nationalismus ist eine Ideologie;
Schlussfolgerung:	Daraus folgt: Wenn Nationalismus übertrieben wird, führt er zur Entstehung einer aggressiven Außenpolitik.

5 Hempel, Carl G./Oppenheim, Paul: Studies in the Logic of Explanation, in: Philosophy of Science 15:2 (1948), S. 135–175 (S. 173).

6 Hempel, Carl G.: Philosophy of Natural Science, Englewood Cliffs, N.J. 1966.

7 Vgl. hierzu: Behrens, Henning/Noack, Paul: Theorien der Internationalen Politik, München 1984, S. 26.

Durch dieses deduktive Verfahren wurde eine Korrelation zwischen einem übertriebenen Nationalismus und einer aggressiven Außenpolitik hergestellt. Dabei soll darauf aufmerksam gemacht werden, dass die deduktive Theoriebildung durch die Ableitungsrichtung vom universellen Gesetz zu konkreten Aussagen gekennzeichnet ist. Bei diesem Ableitungsverfahren hängt der Erfolg der Theoriebildung von der unumstrittenen Gültigkeit der beiden Prämissen (Explanans 1 und 2) entscheidend ab. Im Falle einer Ungültigkeit einer der beiden Prämissen kann keine Schlussfolgerung gezogen werden. In diesem Falle spricht man vom Verstoß gegen die Denkgesetze.

Empirisch-induktive Theoriebildung

Mit empirisch-induktiven Methoden bildet man eine Theorie, indem man durch Untersuchung von konkreten Fällen zur Verallgemeinerung kommt. Eine Theorie wird gebildet, wenn alle untersuchten Fälle auf ein gemeinsames Verhältnis hinweisen und damit eine Verallgemeinerung und Abstraktion des Verhältnisses ermöglichen.

Die induktive Theoriebildung ist – im Gegensatz zur deduktiven – durch die Ableitungsrichtung von konkreten Ereignissen zu allgemeinen Aussagen gekennzeichnet. Wegen dieser Eigenschaft ist eine induktiv gebildete Theorie stets eine empirische Theorie. Wie der Politikwissenschaftler Giovanni Sartori angemerkt hat, ist eine Theorie umso empirischer, je stärker sie induktiv aufgebaut ist und damit aus Erfahrung und Beobachtung Gelerntes einbezieht.[8]

Eine typische empirisch-induktive Theoriebildung ist die Aufstellung von Hypothesen und die Überprüfung dieser Hypothesen anhand empirisch erhobener Daten. Eine Theorie wird gebildet, wenn die Hypothesen in einem empirischen Überprüfungsprozess verifiziert werden. Werden sie falsifiziert, verlieren die Hypothesen den Anspruch auf theoretische Gültigkeit.

Eine Hypothese, die zur empirischen Prüfung aufgestellt werden sollte könnte lauten:

„Je mehr Staaten in der Welt von dem so genannten Rangungleichgewicht betroffen sind, desto instabiler ist das internationale System."

Dabei beschreibt das „Rangungleichgewicht" nicht den Unterschied zwischen den Staaten auf einer bestimmten Rangdimension, sondern die Nicht-Übereinstimmung von Rangpositionen eines Landes auf verschiedenen Rangdimensionen.

Das fiktive Schema in Tabelle 1 dient dazu, den Inbegriff des Rangungleichgewichtes eines Staates zu verdeutlichen:

---

8 Sartori, Giovanni: Demokratie-Theorie, Darmstadt 1992, S. 27.

Tab. 1: Fiktives Rangungleichgewicht der Staaten.

Staat	BIP	Pro-Kopf-Einkommen	Militär	Internationaler Status	Grad des Rangungleichgewichtes
USA	1	2	1	1	+
Russland	13	35	2	2	---
China	2	89	3	3	----
Japan	3	4	24	25	---
Taiwan	17	9	27	145	-----

Quelle: Eigene Darstellung

Dabei bedeutet das Zeichen Plus in der Spalte „Grad des Rangungleichgewichtes" ein relatives Ranggleichgewicht und das Zeichen Minus ein Rangungleichgewicht. Die Anzahl der Zeichen weist auf das Ausmaß des Ranggleichgewichts oder -ungleichgewichts hin.

In der Regel beruht jede Hypothese direkt oder indirekt auf einer oder mehreren Prämissen, die als Voraussetzungen oder Bedingungen für die Gültigkeit der Hypothese aus der Sicht des Hypothesenentwicklers dienen.

Der oben angeführten Hypothese werden drei Prämissen zugrunde gelegt:

1. Der Rang eines Staates in der internationalen Gesellschaft beeinflusst sein Verhalten auf der internationalen Ebene;
2. Das Ausmaß des Rangungleichgewichtes eines Staates beeinflusst sein Verhalten, aber auch das Verhalten der anderen Staaten gegenüber diesem Staat; und
3. Eine bestimmte Konfiguration des Gesamtbestandes an Rangungleichgewichten bestimmt die Variation des internationalen Zustandes zwischen Frieden und Krieg.

Die Frage, ob die Hypothese „Je mehr Staaten in der Welt vom Rangungleichgewicht betroffen sind desto instabiler ist das internationale System" zur Theorie erhoben werden kann, hängt entscheidend davon ab, ob sie empirische Überprüfungen bestehen kann.

Sie gilt als verifiziert, wenn eine Korrelation zwischen einer Zunahme der internationalen Instabilität und einer Vergrößerung der Anzahl der vom Rangungleichgewicht betroffenen Staaten durch empirische Daten ausnahmslos bestätigt wird. Hingegen wird sie als falsifiziert betrachtet, sobald ein Sachverhalt dagegen spricht. Dies ist der Fall, wenn eine Situation entdeckt wird, in der internationale Instabilität trotz der Vermehrung der von Rangungleichgewichten betroffenen Staaten ausgeblieben ist.

In diesem Zusammenhang ist es wichtig, darauf hinzuweisen, dass die empirische Methode bei der Theoriebildung im Bereich der internationalen Beziehungen seit Jahrzehnten eine wichtige, wenn nicht die dominierende Rolle spielt. Diese Entwicklung zeigt, wie stark die Theoriebildung im Bereich der internationalen Beziehungen durch den Positivismus und Empirismus beeinflusst worden ist. Beide intellektuell miteinander verbundenen Schulen haben die Neigung, bei der Theoriebildung auf Werturteile zu verzichten und den Wahrheitsgrad der Theorieaussagen allein durch empirische Prüfungsverfahren zu testen.

Dass viele Theoretiker dieser Methode den Vorzug geben, ist im Wesentlichen auf ihre Vorstellung zurückzuführen, dass mit Hilfe empirisch überprüfbarer Theorien Entwicklungen im internationalen System nicht nur beschrieben und erklärt, sondern auch mit einem bestimmten Grad an Wahrscheinlichkeit prognostiziert werden können.

Eng mit dieser Vorstellung ist die Hoffnung verbunden, dass die empirische Theoriebildung eine Kumulation von wissenschaftlichen Erkenntnissen ermöglicht. Dabei wird der empirische Theoriebildungsprozess als eine quasi kollektive Tätigkeit betrachtet, die irgendwann zur Entstehung einer „Grand Theory" führen könnte. So postulierte Harald Guetzkow schon 1950: *„To construct small islands of theory eventually might be tied together into a more definitive theory-system."*[9]

Allerdings gibt es auch Wissenschaftler, die daran zweifeln, dass es möglich ist, aus der Kenntnis gegenwärtig gültiger kausaler Erklärungen von Ereignissen auf deren künftiges Eintreten zu schließen. So führt Reinhard Meyers drei Gründe an, aus denen die Einlösung der Forderung nach einer „harten", also nach einer nicht nur beschreibenden und erklärenden, sondern auch prognosefähigen Theorie der internationalen Beziehungen scheitern könnte:

1. Die empirische Wirklichkeit, auf die sich die Theorie bezieht, sei nicht unvermittelt, „an sich" zugänglich, sondern sei eine sprachlich konstituierte Wirklichkeit (Argument der sozialen Konstruktion der sozialen Wirklichkeit);
2. Die Daten und Fakten dieser Wirklichkeit seien nicht nur theorie-, sondern auch methodenabhängig (Argument der methodisch selektiven Wahrnehmung der Wirklichkeit);
3. Die Prognose als Verfahren der Bestätigung generalisierender Aussagen oder Hypothesen biete keine genügende Sicherheit (Argument der geringen Validität von Prognosen).[10]

Auch für Michael Zürn konstituiert die empirische Entdeckung einer Gesetzmäßigkeit noch keine Theorie. Nach seiner Auffassung *„zeichnet sich eine gute Theorie insbesondere dadurch aus, dass sie Gesetzmäßigkeiten erklären kann"*.[11] Wenn diese Auffassung zutrifft, so kann die Aussage „Je mehr Staaten in der Welt vom Rangungleichgewicht betroffen sind desto instabiler ist das internationale System" in der Tat die theoretische

9 Guetzkow, Harold: Long-Range Research in International Relations, in: Rosenau, James N. (Hrsg.): International Politics and Foreign Policy: A Reader in Research and Theory, 6. Auflage, New York 1968, S. 53–59 (S. 55–56).

10 Meyers, a. a. O., S. 54.

11 Zürn, Michael: Interessen und Institutionen in der internationalen Politik. Grundlegung und Anwendung des situationsstrukturellen Ansatzes, Opladen 1992, S. 26.

Qualität verlieren, auch wenn sie empirisch verifiziert werden könnte. Denn sie entdeckt zwar eine Gesetzmäßigkeit, kann jedoch noch nicht erklären, warum Rangungleichheit zur Instabilität führt.

Um diese Unzulänglichkeit der positivistisch-empirischen Theoriebildung zu beseitigen, setzt sich Zürn dafür ein, „*dass eine Theorie über die Feststellung von Korrelationen hinaus plausible Prämissen bzw. abstrakte Konzepte benötigt, die sich auf Nicht-Beobachtbares beziehen und nicht zu falsifizieren sind*". Diese Art von „*abstrakten Konzepten*", die nach seiner Auffassung „gute" Erklärungen von entdeckten Gesetzmäßigkeiten in der internationalen Politik ermöglichen könnten, glaubt Zürn in den „*sozialwissenschaftlichen Weltbildern*" finden zu können.[12]

Normative Theoriebildung

Normative Theoriebildung basiert auf den Werten und Normen, zu denen sich der Theoretiker bekennt. Bei der Theoriebildung interessiert sich der Theoretiker in erster Linie nicht für die Frage, wie die Welt tatsächlich ist, sondern wie die Welt sein soll. Eine Theorie wird gebildet, wenn die zu realisierenden Zielsetzungen aufgrund der Weltanschauung des Theoretikers begründet und die Wege hierzu aufgezeigt werden. Die Gültigkeit einer normativ gebildeten Theorie hängt nicht davon ab, ob sie eine empirische Überprüfung bestehen kann. Sie ist vielmehr auf die geistige Überzeugungskraft und intellektuelle Nachvollziehbarkeit ihrer Aussagen angewiesen.

Da eine normativ gebildete Theorie das Individuum nur überzeugen kann, wenn sie es zum „Verstehen" und „Nachvollziehen" normativer Feststellungen zu bewegen vermag, setzen normative Theoretiker bei der Theoriebildung überwiegend die so genannte hermeneutische Kunst im Sinne der interpretativen Methode ein. Die Anwendung dieser „Kunst" dient in der Regel dazu, den Sinn der formulierten Ziele und aufgezeigten Wege zu erfassen und zu vermitteln. Dabei wird immer versucht, das Individuum von der Notwendigkeit und Realisierbarkeit der in der Theorie enthaltenen und anthropologisch, moralisch oder philosophisch begründeten Werte zu überzeugen.

Im Bereich der internationalen Beziehungen gilt die Friedensforschung als ein typisches Beispiel für normative Theoriebildung. Bei der Theoriebildung gehen die Friedensforscher stets von Abweichungen zwischen dem „Sein" und dem „Soll-Sein", also zwischen der Realität und einer idealen Zielvorstellung, aus. „*Das ‚Soll-Sein', als Wert begriffen, wird nicht wissenschaftlich abgeleitet, sondern von Wissenschaftlern als Normen gesetzt und vor der Gesellschaft verantwortet.*"[13] Das „Soll-Sein" ist in diesem Fall das Erreichen einer allumfassenden friedlichen Ordnung auf der Welt, also ein

---

12 Ebenda.

13 Czempiel, Ernst-Otto: Frieden und Friedensprozeß, in: Haftendorn, Helga (Hrsg.): Theorie der Internationalen Politik. Gegenstand und Methoden der Internationalen Beziehungen, Hamburg 1975, S. 89–113.

ex-ante = im Voraus

dauerhafter, stabiler, globaler Frieden. Diese normative Zielvorstellung wird von den Wissenschaftlern *ex ante* als erstrebenswerter Zustand vorausgesetzt, ohne diesen deduktiv oder empirisch zu begründen. Es handelt sich hierbei um eine normative Aussage.

Das „Sein“, der tatsächliche Zustand, wird nach dem Maßstab der Zielvorstellungen beurteilt und Abweichungen werden zwischen dem so genannten negativen Frieden als Realität und dem so genannten positiven Frieden als Ideal festgelegt. Es gilt, Empfehlungen zu entwickeln, die Abweichungen zwischen der Realität und der Zielvorstellung beseitigen sollen. Normative Theoriebildung zielt also bewusst darauf ab, Theorien zu entwickeln, die aufzeigen sollen, wie sich ein bestimmter intendierter (normativer) Zustand erreichen lässt.

1.3 Zweck von Theorien

Nachdem wir eine brauchbare Definition für Theorien entwickelt und die Methoden zur Theoriebildung kennen gelernt haben, scheint es sinnvoll zu sein, der Frage nachzugehen, warum wir bei der Beschäftigung mit Fragen der internationalen Beziehungen überhaupt Theorien brauchen. Hier geht es nicht nur um eine formale Rechtfertigung der Beschäftigung mit Theoriefragen, sondern auch um Sinn und Zweck einer Theorie.

In diesem Zusammenhang spricht der dänisch-schwedische Politikerwissenschaftler Stefano Guzzini von „constitutive and instrumental function of theories“[14] für Verstehen und Erklären von internationalen Beziehungen. Bei der Beantwortung dieser Frage sollten wir uns allerdings nicht nur als Politikwissenschaftler, sondern auch als Individuen bzw. Bürger in den Mittelpunkt der Überlegung stellen. Daraus ergeben sich fünf Gründe für die Beschäftigung mit Theorien der Internationalen Beziehungen:

Förderung der geistigen Selbstentfaltung des Individuums

Unabhängig von Studium und wissenschaftlicher Forschung hat man oft als Individuum und Bürger das Bedürfnis, Ereignisse in der internationalen Politik zu verstehen und die Ursachen hierfür zu erkennen. Die Befriedigung dieses Bedürfnisses ist heutzutage durch die Tatsache erschwert, dass das internationale System der Gegenwart durch eine verwirrende Vielfalt von Akteuren, Prozessen und Strukturen gekennzeichnet ist.

Dieses System ist so kompliziert geworden, dass man es ohne ein gedanklich vorgefasstes Konstrukt nicht verstehen kann. Ein theoretischer Ansatz kann eine geistige Orientierung zur Erfassung der weltpolitischen Ereignisse vermitteln. Er erleichtert dem

---

14 Guzzini, Stefano: The ends of International Relations theory: Stages of reflexivity and modes of theorizing, in: European Journal of International Relations, 19:3 (2013), S. 521–541 (S. 537).

Menschen das Begreifen der Wirklichkeit und fördert damit die geistige Selbstentfaltung und damit auch die individuelle Persönlichkeitsentwicklung.

Filterung von Informationen

Wir wissen, dass wissenschaftliche Forschung ein Erkenntnisprozess ist. In diesem Prozess versucht das Subjekt des Erkennens, also der Forscher oder die Forscherin, das Objekt des Erkennens, also die Wirklichkeit, zu erklären, indem er oder sie diese untersucht. Aber die Forschungsarbeiten werden von vorneherein durch eine Reihe von Problemen erschwert. Insbesondere die Vielfalt der zugänglichen Informationen macht einem zu schaffen.

Informationen sind ohne Zweifel die Grundlage der wissenschaftlichen Forschung. Ohne Informationen kann ein Forscher nicht mit der Forschung anfangen. Aber in der Gegenwart liegt die Schwierigkeit der wissenschaftlichen Forschung weniger in der Beschaffung von Daten und Fakten als in einer Überflutung durch Informationen.

Schon seit den 70er Jahren des letzten Jahrhunderts wird zunehmend von der „Explosion der Informationen" gesprochen. Aus diesem Grund besteht die wichtigste Aufgabe eines Forschers darin, zwischen wichtigen und unwichtigen Informationen zu unterscheiden, also das Relevante gegenüber dem Irrelevanten in der unermesslichen Fülle verfügbarer Informationen herauszufiltern.

Dazu braucht man eine gedankliche Hilfskonstruktion, die eine solche Selektionsfunktion besitzt. Diese Anforderung kann eine Theorie in der Regel erfüllen, indem sie zeigt, aus welcher Perspektive man das Erkenntnisobjekt betrachten kann und aus welchem Winkel man sich dem Objekt nähern sollte.

Beispielsweise würde ein Forscher, der sich zur realistischen Schule bekennt, den ersten Golfkrieg von 1980 bis 1988 als einen Kampf zwischen den Kriegsparteien um Macht in der Golf-Region interpretieren und dementsprechend die Informationen über die nationalen Eigeninteressen der Kriegsparteien favorisieren. Hingegen würde ein Friedensforscher diesen Krieg als Folge des Versagens der Friedenspolitik betrachten und sich auf die Sammlung von Informationen über die Ursachen für dieses politische Versagen konzentrieren.

Einordnung von Informationen

Die herausgefilterten Informationen sind zwar wichtig, aber sehr oft strukturlos. Dies erschwert die Forschungsarbeit. Denn ohne eine Gliederung, Klassifikation oder Einordnung der Daten und Fakten, die den begrifflichen Rang der jeweiligen Informationen aufzeigen können, ist ein Erkennen, geschweige denn ein Erklären, der Strukturen der beobachteten Ereignisse unmöglich.

Dazu braucht man eine gedankliche Hilfskonstruktion, die eine solche Ordnungsfunktion besitzt. Diese Anforderung kann eine Theorie in der Regel erfüllen, indem sie eine Systematik präsentiert, in der relevante Information ihren Platz finden kann.

Beispielsweise kann man nach den Theorieaussagen des Klassischen Realismus ein kognitives Raster entwickeln, das die Kategorien des nationalen Interesses maximal und differenzierend erfassen kann (siehe Abbildung 1):

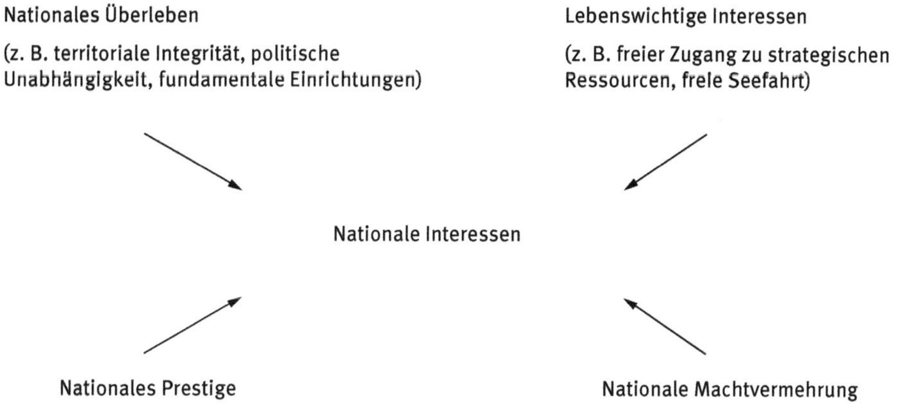

Abb. 1: Einordnungsraster für nationale Interessen. Quelle: Eigene Darstellung

Gesammelte Informationen können nun mittels dieses Rasters eingeordnet und systematisch kategorisiert werden.

Beleuchtung von Zusammenhängen

Das gegenwärtige internationale System ist vergleichbar mit einem Labyrinth. Die Zusammenhänge zwischen den einzelnen Fakten und Strukturen treten nicht immer offen zutage. Dies erschwert nicht nur die wissenschaftliche Forschung, sondern auch das normale Verständnis vom internationalen Geschehen. Denn ein weltpolitisches Ereignis lässt sich nur erklären, wenn Zusammenhänge zwischen den einzelnen Erscheinungen hergestellt werden können.

Dazu ist ein leitender Ansatz erforderlich, der zeigen soll, wie die einzelnen Erscheinungen miteinander verflochten sind und wie Wege gefunden werden können, über Anhaltspunkte Zusammenhänge zu ermitteln. Einen solch leitenden Ansatz bietet eine Theorie immer, indem sie eine erkenntnistheoretische Orientierung für die Analyse vermittelt.

Beispielsweise macht die Theorie des Demokratischen Friedens die Verfassungsheterogenität des Staatensystems für internationale Konflikte verantwortlich und hat dementsprechend die Neigung, im Bereich der Demokratiedefizite in den Herrschaftssystemen der einzelnen Staaten nach Konfliktursachen zu suchen. Hingegen blendet der Neorealismus die herrschaftspolitischen Aspekte völlig aus und tendiert dazu, die Struktur des internationalen Systems zu erforschen und deren Auswirkungen auf das Verhalten der einzelnen Staaten zu ermitteln.

Man kann sagen, dass das Beherrschen der Theorien der internationalen Beziehungen für eine erfolgreiche Konstruktion wissenschaftlicher Forschung eine unerlässliche Notwendigkeit darstellt. Sie wird uns die Lösung der oben angeführten Schwierigkeiten, die mit der wissenschaftlichen Forschung verbunden sind, wesentlich erleichtern.

Handlungsorientierung für politische Entscheidungsfindung

Ebenso wie Wissenschaftler bei der Forschung brauchen auch Staatsmänner und Diplomaten eine praktische Handlungsorientierung, um politische Entscheidungen effizient treffen zu können. In der Tat übt nicht die faktische „Operationsumwelt", sondern die „psychologische Umwelt", d. h. die subjektiv wahrgenommene Umwelt, großen Einfluss auf die Entscheidungsträger aus.

Um die Diskrepanz zwischen der wirklichen und der perzipierten Umwelt auf ein Minimum zu reduzieren, brauchen Politiker und ihre Berater eine praktische Orientierung. Nur mit Hilfe einer gedanklich vorkonzipierten Handlungsorientierung kann das Ziel erreicht werden, Fehler bei der Lagebeurteilung und Konsequenzanalyse zu vermeiden. Da eine Theorie logische Konstrukte aufweist, unter deren Anleitung aufgenommene Fakten und Ereignisse begrifflich-systematisch eingeordnet werden können, stellt sie in der Regel die beste Handlungsorientierung für politische Entscheidungsträger dar. In diesem Sinne weist Stefano Guzzini darauf hin, dass es für politisches Handeln und Verstehen nicht ausreichend sei, wenn man nur Wissen über bzw. aus Praxis besitze. Ideal wäre, wenn „the future elite becomes bilingual, able to understand the language of practice and science from the inside". „They (die Theorien)", so der Politikwissenschaftler, „increase the independence and autonomy of thinking".[15]

1.4 Ontologie, Epistemologie und Methodologie

An dieser Stelle noch einige einführende Worte zur *Ontologie* („Lehre vom Seienden"), *Epistemologie* („Erkenntnistheorie") und *Methodologie* („Lehre über die Vorgehensweise"). Dies sind Begriffe, welche im Zusammenhang mit der Theoriebildung meist angesprochen werden, aber einer Klärung bedürfen. Jede Theorie basiert nämlich auf grundlegenden ontologischen Annahmen darüber, wie die Welt beschaffen ist, epistemologischen Annahmen darüber, wie der Wissenschaftler dieses Sein/diese Welt

15 Guzzini, Stefano: The ends of International Relations theory: Stages of reflexivity and modes of theorizing, in: European Journal of International Relations 19:3 (2013), S. 521–541 (S. 537).

erfassen kann und wie Erkenntnisse gewonnen werden können sowie grundlegenden methodologischen Überlegungen, mit welchen wissenschaftlichen Instrumenten diese untersucht werden kann. Ontologie, Epistemologie und Methodologie sind damit die drei zentralen Elemente der so genannten Metatheorie (d. h. einer Theorie, die über der Theorie steht), die jeder Theoriebildung zugrunde liegt.

Ontologie – In was für einer Welt leben wir?

Ontologische Fragestellungen befassen sich, ganz allgemein formuliert, mit der Beschaffenheit des den Menschen umgebenen Seins, also der „*Wirklichkeit*". Dabei geht es der Ontologie darum zu ergründen was eigentlich die „*Wirklichkeit*" ist. Fragen wie „*Gibt es einen Gott?*", „*Hat das Leben einen Sinn?*", „*Ist der Himmel blau?*" oder „*Hatte die Welt einen Anfang?*" sind klassische ontologische Fragestellungen, da sie nach dem Sein – der phänomenologischen Beschaffenheit – der den Menschen umgebenen Entitäten (Gegenstände, Eigenschaften, Prozesse) fragen und grundlegende Antworten erlangen wollen. Oftmals sind ontologische Fragestellung jedoch nicht letztendlich zu beantworten: Die Frage nach der Existenz Gottes lässt sich nicht mit Sicherheit verifizieren oder falsifizieren. In der Disziplin der Internationalen Beziehungen stellen sich hingegen weniger metaphysische ontologische Fragestellungen als vielmehr die grundlegende ontologische Frage „*Was ist eigentlich internationale Politik/Beziehungen*?" Der Neorealismus beispielsweise hat ein enges ontologisches Verständnis von internationaler Politik: Internationale Politik ist das Handeln von Staaten unter der Bedingung der Anarchie. Andere Ansätze verstehen unter internationaler Politik das Zusammenspiel unterschiedlichster Akteurskonstellationen (Staaten, internationale Regime, NGOs, Individuen...) unter sich ändernden Bedingungen. Dass das „Sein" internationaler Politik durch Anarchie gekennzeichnet ist, akzeptieren viele Ansätze nicht – hier besteht ein ontologischer Disput über die Beschaffenheit der internationalen Beziehungen.

Epistemologie – Wie können wir Wissen über die Welt erlangen?

Die Epistemologie, oder Erkenntnistheorie, befasst sich mit der Frage, wie der Mensch Wissen über die ihn umgebende Welt gewinnen kann. Weiter wird gefragt, ob es dem Menschen möglich ist endgültiges und verlässliches Wissen zu gewinnen. Hier gehen die Positionen auseinander: Eine philosophische Strömung, oft als Positivismus oder Szientismus bezeichnet, ist der Überzeugung, dass der Mensch durch den Einsatz geeigneter Instrumente, wie der logischen Schlussfolgerung, Versuch und Irrtum, Modellannahmen etc., zu verlässlichem, intersubjektiv gültigem Wissen gelangen kann. Eine andere Strömung, unter dem Begriff Postpositivismus zusammengefasst, geht hingegen davon aus, dass Erkenntnis nicht mit endgültiger Sicherheit gewonnen werden kann. Naturwissenschaftliche Methoden werden kritisch gesehen und für ein hermeneutisches Verständnis der Welt plädiert. In der Politikwissenschaft wird der Streit beispielsweise in der Frage ausgetragen, ob soziale Phänomene mit an die Naturwissenschaften angelehnten Modellannahmen erkannt werden können. Die allem zu Grunde liegende Frage der Epistemologie, ob der Mensch in der Lage ist, das „Sein" zu erkennen, ist bis heute Gegenstand des philosophischen Diskurses. Durch die wissenschaftstheoretische Beschäftigung mit dieser Frage kann man die Erkenntnistheorie auch als „Theorie der Wissenschaft/Wissenschaftstheorie" bezeichnen.

Methodologie – Welche Methoden sind angemessen um Ergebnisse zu bekommen?

Die Methodologie widmet sich der Frage, welche Instrumente die richtigen sind um einen Erkenntnisgegenstand – oder weniger abstrakt: eine Fragestellung – adäquat zu untersuchen, und will die theoretischen Grundlagen für diesen Einsatz begründen. In der Chemie beispielsweise erscheint es sinnvoll Experimente mit den Elementen von Interesse durchzuführen, währenddessen ein narratives Interview mit den Elementen, als Methode, ausgeschlossen werden kann. Welche wissenschaftliche Methode wann und wie angewandt werden kann und sollte, ist eine grundlegende Frage der Methodologie. Soll ein Soziologe bei der Erforschung von Einkommensunterschieden von Haushalten quantitative Methoden (wie eine statistische Erhebung und Auswertung) oder qualitative Methoden (wie Interviews) anwenden oder eine Kombination beider? Mit welchen Methoden lässt sich internationale Politik erklären?

Diese Fragen versucht eine methodologische Auseinandersetzung theoretisch zu beantworten. Dabei soll erwähnt werden, dass oftmals mehrere Methoden in Frage kommen, um eine Fragestellung zu bearbeiten. J. Samuel Barkin von der University of Massachusetts, USA, spricht in diesem Zusammenhang sogar davon, dass die Verwendung einer einzigen Methode zur Erforschung eines Projektes irreführend sein könnte. Es sei ein Muss, so Barkin, mehrere geeignete Methoden kombiniert einzusetzen, um möglichst objektive Forschungsergebnisse zu erreichen.[16] Andrew Bennetts „taxonomy of theories about causal mechanisms"[17] zur Entwicklung eines „analytisch-eklektischen" Methodenansatzes geht in die gleiche Richtung.

Die begründete Auswahl von Methoden liegt beim Forscher, wobei es verschiedene theoretische Begründungen für den Einsatz einer bestimmten Methode oder Kombination von Methoden geben kann. Die Methodologie ist Teil der Wissenschaftstheorie, also der Epistemologie, da die Vorstellung über geeignete Methoden zur Erkenntnisgewinnung stark von der epistemologischen Grundüberzeugung des Wis-

---

16 Vgl. hierzu: Barkin, J. Samuel: Translatable? On Mixed Methods and Methodology, in: Millennium: Journal of International Studies 43:3 (2015), S. 1003–1006.

17 Bennett, Andrew: The mother of all isms: Causal mechanisms and structured pluralism in International Relations theory, in: European Journal of International Relations 19:3 (2013), S. 459–481.

senschaftlers beeinflusst wird. In der Tat wird eine Debatte über die methodischen Ausrichtungen der Disziplin der Internationalen Beziehungen seit dem Anfang dieses Millenniums immer intensiver geführt. Die Frage, wohin sich die Disziplin methodisch und epistemologisch entwickeln wird, bleibt jedoch noch offen.[18]

Weiterführende Literatur

Barkin, J. Samuel: Translatable? On Mixed Methods and Methodology, in: Millennium: Journal of International Studies 43:3 (2015), S. 1003–1006.
(Befürworter einer eklektischen Kombination von verschiedenen Methoden zur Erforschung internationaler Beziehungen, keine leichte Lektüre, aber besonders lesenswert.)

Guzzini, Stefano: The ends of International Relations theory: Stages of reflexivity and modes of theorizing, in: European Journal of International Relations 19:3 (2013), 521–541.
(Ein guter Artikel, der sehr an der aktuellen Diskussion über die methodischen Reformierbarkeit der Disziplin angelegt ist und sich für einen neuen eklektischen Anfang einsetzt.)

Kuhn, Thomas S.: Die Entstehung des Neuen Studien zur Struktur der Wissenschaftsgeschichte; hrsg. von Lorenz Krüger, Frankfurt 1977.
(Ein Klassiker der Wissenschaftstheorie mit historischer und weltweiter Einflussnahme, sehr lesenswert.)

Lacatus, Cora/Schade, Daniel/Yao, Yuan (Joanne): *Quo vadis* IR: Method, Methodology and Innovation, in: Millennium: Journal of International Studies 43:3 (2015), S. 767–778.
(Eine kritische Würdigung des methodologischen Zustandes der Disziplin und anregende Vorschläge zu weiteren Entwicklungen der Methodenlehre des Faches)

18 Vgl. hierzu: Lacatus, Cora/Schade, Daniel/Yao, Yuan (Joanne): Quo vadis IR: Method, Methodology and Innovation, in: Millennium: Journal of International Studies 43:3 (2015), S. 767–778.

2 Klassifikation von Theorien

Die Frage nach der Klassifikation der Theorien in der Lehre der Internationalen Beziehungen stellt sich, weil eine einheitliche, alle vorhandenen Theorieansätze integrierende Großtheorie der internationalen Beziehungen nicht existiert. Vielmehr ist Theoriebildung durch eine *„Pluralität von Theorien über Teilbereiche der internationalen Beziehungen geprägt“*.[1] Steven Smith spricht in diesem Zusammenhang von einem *„growing body of distinctly different theories“*.[2]

Für Chris Brown stellt diese Entwicklung hingegen als ein Zeichen für „The Poverty of Grand Theory“[3] im Bereich der Internationalen Beziehungen dar. Er weist darauf hin, dass die von Quentin Skinner schon 1985 beobachtete Erscheinung *„The Return of Grand Theory in the Human Sciences“* die Disziplin der Internationalen Beziehungen noch nicht erreicht hat. Unter Skinners „Grand Theorists“ wie Hans-Georg Gadamer, Jacques Derrida, Michel Foucault, Thomas Kuhn, John Rawls, Jürgen Habermas, Louis Althusser, Claude Lévi-Strauss und die Vertreter der „Annales-Schule“[4], so Brown, befindet sich kein einziger Theoretiker aus dem Bereich der Internationalen Beziehungen.

2.1 Die „theoretische Konfusion“

Allerdings herrscht unter den Wissenschaftlern im deutschsprachigen Raum eine starke Meinungsverschiedenheit in Bezug auf die Frage, ob es wünschenswert ist, für die internationalen Beziehungen eine allgemein konsensfähige, quasi paradigmenunabhängige „Grand Theory“ auf dem Wege der immer weiter fortschreitenden Verallgemeinerung einzelner Forschungsergebnisse zu entwickeln. Dabei geht es im Wesentlichen um die Frage, ob die Disziplin „Internationale Beziehungen“ sich als „scientific community“ pluralistisch durch gegenstands- und problembezogene, aber denkschulenkontroverse Diskurse konstituieren sollte oder aber durch die Festlegung auf eine der Großtheorien unter Einschränkung des Pluralismus. Ernst-Otto Czempiel und Reinhard Meyers beklagen das Fehlen einer die verschiedenen Ansätze und Schulen integrierenden Theorieeinheitlichkeit und betrachten die Etablierung einer konsensualen und einem einzigen Paradigma verpflichteten Erforschung der internationalen Beziehungen als

1 Rittberger, Volker: Editorisches Vorwort, in: Ders. (Hrsg.): Theorien der internationalen Beziehungen. Bestandsaufnahme und Forschungsperspektiven, Opladen 1990, S. 7–13 (S. 12).

2 Smith, Steven: Introduction: Diversity and Disciplinarity in International Theory, in: Dunne, Tim/ Kurki, Milja/Smith, Steve (Hrsg.): International Relations Theories, Oxford 2007, S. 1–12 (S. 10).

3 Brown, Chris: The Poverty of Grand Theory, in: European Journal of International Relations 19:3 (2013), S. 483–497.

4 Brown, ebenda, S. 484.

https://doi.org/10.1515/9783486855081-002

erstrebenswert. Hingegen scheint für Volker Rittberger, Hartwig Hummel und Daniel Frei ein „Theoriepluralismus" ertragreicher und befriedigender zu sein.[5]

Gegenwärtig wird die Theorielage durch eine Vielfalt von Theorieansätzen gekennzeichnet. Allerdings verfügt dieser „Theoriepluralismus" noch über keine klare Struktur, und die Situation ist verwirrend. Offensichtlich durch die Strukturlosigkeit der Theoriebildung im Bereich der Disziplin der Internationalen Beziehungen beunruhigt, bezeichnet Kalevi J. Holsti, einer der führenden Theoretiker des Faches, die unüberschaubare Fülle von Theorieansätzen der internationalen Beziehungen als *„theoretische Profusion"*[6]. Der Begriff „theoretische Konfusion", der von Reinhard Meyers entwickelt wurde, um den gegenwärtigen Stand der Theoriebildung in der Lehre der Internationalen Beziehungen zu beschreiben, geht in dieselbe Richtung.

Wie lässt sich diese „theoretische Konfusion" oder „theoretische Profusion" erklären? Grundsätzlich können wir diese Frage aus drei Blickwinkeln beantworten. Vor allem sind die Gründe hierfür in dem Erkenntnisobjekt der Disziplin der Internationalen Beziehungen zu suchen. Das internationale System der Gegenwart ist durch eine *„Vielfalt von Bezügen, Ausprägungen, Schattierungen und Verästelungen"* gekennzeichnet. *„Der Erkenntnisgegenstand der Lehre wird als derart ausdifferenziert, wenn nicht gar (an seinen Rändern) zerfranst begriffen, dass er sich gegen die Einvernahme durch eine einheits-, grund- und sinnstiftende theoretische Perspektive im Sinne der seit alters angestrebten ‚general theory of international politics' sperr[t]"*[7], so Meyers zu dieser Frage.

Zum anderen sollen die Gründe auch im Bereich des Erkenntnissubjektes, also bei den Wissenschaftlern selbst als „theory-maker", gesucht werden. Wie Helga Haftendorn, eine der führenden Vertreterinnen der Disziplin in der Bundesrepublik Deutschland, zu Recht angeführt hat, verfolgt jeder Forscher bestimmte Erkenntnisziele, die ihn *„bewusst*

---

5 Vgl. hierzu: Meyers, Reinhard: Weltmarkt oder Weltpolitik? Anmerkungen zur gegenwärtigen Befindlichkeit der bundesrepublikanischen Lehre von den Internationalen Beziehungen, in: Neue Politische Literatur 31 (1986), S. 187–211; Czempiel, Ernst-Otto: Der Stand der Wissenschaft von den Internationalen Beziehungen und der Friedensforschung in der Bundesrepublik Deutschland, in: v. Beyme, Klaus (Hrsg.): Politikwissenschaft in der Bundesrepublik Deutschland. Entwicklungsprobleme einer Disziplin, PVS–Sonderheft 17, Opladen 1986, S. 250–263; Rittberger, Volker/Hummel, Hartwig: Die Disziplin „Internationale Beziehungen" im deutschsprachigen Raum auf der Suche nach ihrer Identität: Entwicklung und Perspektiven, in: Rittberger, Volker (Hrsg.): Theorien der Internationalen Beziehungen. Bestandsaufnahme und Forschungsperspektiven, Opladen 1990, S. 17–47; Frei, Daniel: Einführung: Wozu Theorien der internationalen Politik? in: Ders. (Hrsg.): Theorien der internationalen Beziehungen, 2. überarbeitete und ergänzte Aufl., München 1977, S. 11–25.

6 Holsti, Kalevi J.: The Dividing Discipline. Hegemony and Diversity in International Theory, Winchester, Mass. 1985, S. 7.

7 Meyers, Reinhard: Metatheoretische und methodische Betrachtungen zur Theorie der internationalen Beziehungen, in: Rittberger, Volker (Hrsg.): Theorien der internationalen Beziehungen. Bestandsaufnahme und Forschungsperspektiven, Opladen 1990, S. 51.

oder unbewusst bei seiner Analyse anleiten".[8] Da die erkenntnisleitenden Interessen der Wissenschaftler vielseitig und vielfältig ausgeprägt sind, sind ihre Bemühungen um Theorien und deren Ergebnisse auch unterschiedlich und ausdifferenziert. Selbst wenn – das wäre der dritte Grund für die viel beklagte „theoretische Konfusion" – die Wissenschaftler von einem ähnlichen Erkenntnisinteresse geleitet würden und den gleichen Aspekt des Gegenstandes untersuchen wollten, können ihre Ergebnisse völlig unterschiedlich ausfallen, wenn sie sich bei der Analyse verschiedener Methoden bedienen.

2.2 Die „Haftendorn-Klassifikation"

Wir haben bereits gelernt, dass es sich bei den Methoden um spezifische Verfahren handelt, die durch Reduktion und Abstraktion komplexer Realitäten theoretische Aussagen ermöglichen. Da jede Methode über ein eigenes Instrumentarium verfügt, ist der methodische Zugriff auf den Gegenstand unterschiedlich. Da sich Methoden bei der Theoriebildung prägend auf das Ergebnis der wissenschaftlichen Untersuchung auswirken können, bewirkt die Anwendung von unterschiedlichen Methoden auch unterschiedliche Theorievarianten. Die „theoretische Konfusion" und „Profusion" erschweren einen systematisierten Einstieg ins Gebäude der vorhandenen Theorien der internationalen Beziehungen und verhindern damit eine effektive Beschäftigung mit den Fragen der internationalen Beziehungen. Um dieses Problem zu lösen, scheint es unausweichlich zu sein, die vorhandenen Theorien einer systematischen Klassifikation zu unterziehen. Die Klassifikation soll dazu dienen, Gemeinsamkeiten und Unterschiede zwischen den einzelnen Theorien herauszuarbeiten und diese dadurch miteinander zu verbinden bzw. gegeneinander abzugrenzen.

Es gibt verschiedene Vorgehensweisen, auf die wir bei der Bewältigung dieser Aufgabe zurückgreifen können. In der Tat sind die Wissenschaftler in der Disziplin der Internationalen Beziehungen seit Jahren bemüht, vernünftige Kategorien zu entwickeln, mit deren Hilfe die Theorien systematisiert und beurteilt werden können. Insgesamt verfügen wir heute über fast 20 Klassifikationen von Theorien der internationalen Beziehungen.[9] Unter diesen Klassifikationen gilt die von Helga Haftendorn vorgenommene Einteilung der Theorieansätze in drei Denkschulen, die normative, die historisch-dialektische und die szientistische, als eine der bekanntesten. Zumindest im deutschsprachigen Raum ist diese Klassifikation weit verbreitet. Sie hat ihre Bekanntheit zum großen Teil der Tatsache zu verdanken, dass ihre Struktur mit den

8 Haftendorn, Helga (Hrsg.): Theorie der Internationalen Politik. Gegenstand und Methoden der Internationalen Beziehungen, Hamburg 1975, S. 9.

9 Zu einer ausführlichen Auflistung dieser Konzepte vgl. Rittberger/Hummel, a. a. O., S. 23; siehe auch Yost, David S.: Political philosophy and the theory of international studies, in: International Affairs 70:2 (1994), S. 263–290.

grundlegenden Richtungen der Sozialwissenschaften korrespondiert.[10] Im Folgenden wird die Klassifikation von Haftendorn dargestellt, weil sie – trotz vielseitiger Kritik – die Bemühungen der deutschen Wissenschaftler um eine Typologie der Theorien der internationalen Beziehungen stark beeinflusst hat.

Die Systematik von Haftendorn legt das Erkenntnisziel als Kriterium der Klassifikation von Theorien zugrunde. „*Eine erste Richtung*" (die normative Richtung), so Haftendorn, „*stellt an die Theorie die Erwartung, dass sie Einsichten vermitteln kann, die als richtig erkannt und durch eine moralische Anstrengung individuell oder gesellschaftlich in politisches Handeln umgesetzt werden können.*" Als Voraussetzung für die Entstehung dieser Art von Theorie nennt die Wissenschaftlerin die Notwendigkeit, „*dass zuvor Grundtatsachen und Werte formuliert werden, die aus philosophisch-theologisch-kultureller Tradition, aus der Analyse von Geschichte oder aus der Erfahrung der Gegenwart abgeleitet werden und an denen die Theorie ausgerichtet*" ist. Ein derartiger Wert, auf den hin die Theorie der internationalen Beziehungen orientiert wird, kann nach Haftendorn beispielsweise die Sicherung und Verwirklichung von Frieden sein. „*Eine Theorie*", so Haftendorn, „*die sich auf eine oder mehrere zentrale Normen beruft, die bereits in das Erkenntnisziel eingegangen sind, und explizit oder implizit individuelles oder gesellschaftliches Handeln beeinflussen will, werden wir normative Theorie nennen.*"

Der zweiten Richtung von Theorieansätzen, die „*die zentralen Widersprüche menschlicher Gesellschaft entdecken und überwinden*" wollen, gibt Haftendorn den Namen „*historisch-dialektische*" Schule. So führt sie an: „*Die von ihm [Karl Marx] aufgestellte These einer Einheit von Theorie und Praxis besagt, dass zum einen erst die Praxis den Menschen zur Erkenntnis befähigt, zum anderen aber die Erkenntnis sich in der – revolutionären Praxis – verwirklichen muss. Der Praxis wird [von Karl Marx] die Aufgabe zugewiesen, die zentralen Widersprüche menschlicher Gesellschaft zu überwinden, die auf die ungleiche Verteilung des Eigentums an Produktionsmitteln zurückgeführt werden.*"

In diesem Zusammenhang weist Haftendorn auf die Eigenschaft der historisch-dialektischen Theorieansätze hin, dass diese – in Anlehnung an die Lehre von Karl Marx – pflegen, die Geschichte des internationalen Systems als eine Geschichte von Widersprüchen zu begreifen und zu thematisieren. Nach Haftendorn ist diese Richtung stark interessiert, die postulierte historische Dialektik, die sich gegenwärtig durch den Widerspruch zwischen globalem Entwicklungspotential und realen, ökonomisch bedingten Restriktionen ausdrücken soll, zu erfahren. Diese Erfahrung soll dazu dienen, theoretische Ansätze zu entwickeln, die die Praxis zur Aufhebung der Widersprüche durch Transformation des internationalen Systems anleiten sollten. „*Diese Theorie*", so Haftendorn weiter, „*versteht sich als emanzipatorisch in einem materialistischen Sinne*" und „*wird im wissenschaftlichen Sprachgebrauch historisch-dialektisch genannt*".

Die dritte Richtung, deren Erkenntnisziel darin liegt, „*intersubjektiv überprüfbare und wiederholbare Beschreibung und Erklärung der Strukturmuster der internationalen*

10 Vgl. Rittberger/Hummel, a. a. O., S. 24.

Beziehungen mit dem Ziel der Aufstellung einer allgemeinen Theorie der internationalen Politik" zu entwickeln, wurde von Haftendorn als „*szientistische Schule*" bezeichnet. In der „*besonderen Betonung der Wissenschaftlichkeit als Selbstzweck*" und in der strengen Trennung zwischen wissenschaftlichem Erkennen und politischem Handeln, aber auch in der Ablehnung der Wertgerichtetheit der Theorie, sieht Haftendorn die entscheidenden Aspekte, die diese Richtung von anderen unterscheidet. Dies „*veranlasst uns*", so Haftendorn, „*von szientistischer Theorie zu sprechen*".[11]

Die „Haftendorn-Klassifikation" ist zwar vor dem Hintergrund ihrer Übereinstimmung mit den Ausrichtungen der traditionellen Sozialwissenschaften weit verbreitet und einflussreich. Sie wurde aber nicht überall positiv aufgenommen. Dort, wo sie als eine erhebliche Verengung der Theorien der internationalen Beziehungen angesehen wird, stößt diese Systematik auf starke Einwände. So artikulierte Reinhard Meyers 1986 „*sein profundes Unbehagen angesichts der auch heute noch vielfach zu beobachtenden Praxis, die große Breite möglicher Zugangsweisen zum Gegenstand der Lehre von den Internationalen Beziehungen auf die Dreiheit ‚normative – empirisch-analytische – dialektische Ansätze' reduktionistisch zu verengen*".[12]

Mit Meyers kann in der Tat argumentiert werden, dass die entscheidende Schwäche der „Haftendorn-Triade" darin zu sehen ist, dass sie „*nicht jene Trennschärfe besitzt, die zur eindeutigen Verortung eines Paradigmas oder Ansatzes im Gesamtfeld der miteinander konkurrierenden Paradigmen oder Ansätze vorausgesetzt werden muss*".[13] Beispielsweise kann eine historisch-dialektisch verpflichtete Theorie genauso wertgerichtet sein wie eine normative Theorie, mit der Konsequenz, dass beide derselben Richtung, nämlich der normativen, zugeordnet werden können. Ebenso wollen die Marxisten bei der Analyse der „Widersprüche" genauso empirisch vorgehen wie ein „Szientist", um intersubjektiv überprüfbare Gesetzmäßigkeiten zu entdecken. Mit anderen Worten kann die von Haftendorn präsentierte Dreiheit die Möglichkeit nicht ausschließen, dass eine Theorie auf derselben Klassifikationsebene in zwei oder drei Richtungen eingeordnet wird. Es gibt zu viele Überschneidungen, und diese Überschneidungen machen eine Klassifikation in der Praxis wenig brauchbar.

2.3 Eine alternative Klassifikation

Dieses Defizit veranlasst uns, nach einem neuen oder alternativen und logischeren Klassifikationssystem zu suchen. Um Überschneidungen auf das Minimum zu reduzieren, ist es entscheidend, ein Kriterium zu finden, mit dessen Hilfe die Theorien eindeutig voneinander unterschieden und mit ausreichender Trennschärfe in die einzelnen Richtungen eingeordnet werden können.

---

11 Die obigen Aussagen wurden entnommen aus Haftendorn, a. a. O., S. 10ff.

12 Meyers, 1986, a. a. O., S. 206.

13 Ebenda.

Wo lässt sich ein solches idealtypisches Kriterium finden? Haftendorn hat einmal verzweifelt festgestellt, dass „*jede Klassifikation zu kurz greift, um den Variationsreichtum von Theorien zu erfassen*". Dazu führte sie an: „*Jede Einteilung vermag daher nur ein grobes und daher partiell unangemessenes Raster anzubieten.*" In besonderem Maße, so Haftendorn weiter, „*zeigte die Beschäftigung mit dem methodischen Instrumentarium, dass die Beschränkung auf nur eine Vorgehensweise zu Engpässen, die Berücksichtigung alternativer Ansätze jedoch zu einer wesentlichen Bereicherung führen kann.*"[14]

Aber gerade die gleichzeitige Berücksichtigung mehrerer Ansätze bei der Klassifikation der Theorien könnte zu Überschneidungen führen. Der Grund ist eindeutig: Es wurde dabei ein Kriterium eingesetzt, das keine Ausschließlichkeit besitzt. Beispielsweise kann das Erkenntnisziel, eine bestimmte Norm für internationale Politik zu setzen, nicht nur von der „normativen Schule", sondern auch von anderen Ansätzen verfolgt werden. Diese „Nicht-Ausschließlichkeit" ist auch vorhanden, wenn Methoden der Theoriebildung als Kriterium der Klassifikation herangezogen werden. Denn eine Theorie lässt sich mit verschiedenen Methoden bilden, und sie nach Methoden einzuordnen und zu beurteilen, würde zwangsläufig Unklarheit und Verwirrung herbeiführen.

Im Unterschied zu den Vorgehensweisen „Erkenntnisziel" und „Methoden" scheint eine dritte Kategorie eine stärkere Ausschließlichkeit mitzubringen. Es handelt sich um die ontologische Grundeinstellung einer Theorie zu der zentralen Frage, ob die Anarchie des internationalen Systems zu überwinden ist. Diese Kategorie bietet sich insofern als ein besseres Kriterium an, da eine Theorie zu dieser *ontologischen* Grundsatzfrage nur eine Einstellung haben kann. Daraus ergibt sich die Möglichkeit, die Theorieansätze ohne Überschneidungen nach ihrer Grundsatzposition zu klassifizieren.

Diese Vorgehensweise ist kein formalistischer Selbstzweck, sondern inhaltlich mit der Erforschung des Gegenstandes der Disziplin eng verbunden. Ontologisch betrachten die realistischen, institutionalistischen und die liberalen Schulen die Staatenwelt, die den Gegenstand der Disziplin der Internationalen Beziehungen ausmacht, als eine Anarchie. Diese ist aus ihrer Sicht dadurch gekennzeichnet, dass über den Staaten keine zentrale Instanz steht, die aufgrund eines legitimierten Gewaltmonopols internationale Normen setzen und die Staaten zur Einhaltung dieser Normen zwingen kann. Aus diesem Grund steht es den Staaten frei, so die anarchiebejahende Auffassung, ob sie den Forderungen anderer Staaten oder internationaler Organisationen Folge leisten oder nicht.

Diese so postulierte Freiheit der Staaten erinnert uns an das, was Emer de Vattel einmal prägnant folgendermaßen ausgedrückt hat: Der Staat bleibe gegenüber allen anderen Menschen, den fremden Staaten, absolut frei und unabhängig, solange er sich ihnen nicht freiwillig unterordnet. Diese absolute Freiheit sah de Vattel darin begründet, dass die Nationen aus Menschen bestünden, die von Natur aus frei und unabhängig seien. Jede Nation müsse im friedlichen Genuss dieser ihr von der Natur verliehenen Freiheit gelassen werden. Aus dieser unerlässlichen Verpflichtung, welche die Natur

14 Haftendorn, a. a. O., S. 19.

den Nationen auferlege, ergebe sich für jeden Staat das Recht, nicht zu dulden, dass ihm eines seiner Rechte oder etwas, das ihm rechtmäßig gehöre, genommen werde; wenn er sich dagegen wehre, handle er nur im Einklang mit all seinen Pflichten, und darin bestehe das Recht.[15]

Diese im Jahre 1758 entstandene Formulierung klingt in Zeiten der Globalisierung zwar altmodisch, spiegelt aber für diejenigen, die die Beschaffenheit der modernen Weltpolitik in ihrem anarchischen Zustand sehen, die Kernstruktur des heutigen Staatensystems zutreffend wider: Nicht ein herrschaftspolitisch geordnetes System bestimmt die Beziehungen zwischen den Staaten, sondern die Anarchie, deren Formen, Strukturen und Wirkungsgrad jedoch unterschiedlich interpretiert werden. Das berühmte, von Arnold Wolfers entwickelte „Billard-Ball-Modell" zur Beschreibung der zwischenstaatlichen Beziehungen gilt also vom Grundsatz her für viele realistisch, institutionalistisch oder libral gesinnte Theoretiker nach wie vor für das Staatensystem auch im 21. Jahrhundert. Diesem Modell zufolge gleichen die Interaktionen zwischen den Staaten, denen *„uneingeschränkte Gewalt über ihr Territorium mitsamt [ihren] Einwohnern und Ressourcen zugeschrieben"* wird und die sich als eine geschlossene, gänzlich eigenständige Einheit schwer durchdringen lassen, *„einem Spiel von Billardbällen, die sich auf der internationalen Bühne ständig anzögen, abstießen und in Bewegung [halten]"*.[16]

In diesem ontologisch ausgemachten Naturzustand *„kann kein Staat annehmen, dass sein Fortbestand durch eine übergeordnete Instanz gesichert wird. Staaten müssen demnach selbst die Bedingungen schaffen, die ihr Überleben gewährleisten können. Sie sind letztlich auf Selbsthilfe angewiesen."*[17] Dieses „dezentrale anarchische Selbsthilfesystem" hat sich im Kern der Sache, so der Realist Werner Link, nicht geändert, obwohl die Zunahme der Regulierungen der zwischenstaatlichen Beziehungen und der Ausbau verschiedener internationaler Institutionen nicht zu übersehen sind. Auch der so genannte „OECD-Frieden" vermochte für viele den Gesamteindruck des anarchischen Staatensystems grundsätzlich nicht zu verdrängen.[18]

In der Tat herrscht bei der Beurteilung der Grundstruktur des internationalen Systems ein schulenübergreifender Konsens: Alle Denkrichtungen des so genannten Mainstreams (d. h. die „Realistische Schule" und die „Liberal-institutionalistische Schule") gehen bei der Theoriebildung von der Prämisse aus, dass die gegenwärtige Staatenwelt sich noch in einem anarchischen Zustand befindet. Nur bei der Frage nach

15 Vgl. de Vattel, Emer: Von der Freiheit der Nationen, in: Frei, Daniel (Hrsg.): Theorien der internationalen Beziehungen, 2. überarbeitete und ergänzte Aufl., München 1977, S. 42–43.

16 Zu dieser Interpretation vgl. Meyers, Reinhard: Grundbegriffe, Strukturen und theoretische Perspektiven der internationalen Beziehungen, in: Bundeszentrale für politische Bildung (Hrsg.): Grundwissen Politik, Bonn 1993, S. 229–334 (S. 267).

17 Hellmann, Gunther/Wolf, Reinhard: Systemische Theorien nach dem Ende des Ost-West-Konfliktes, in: Österreichische Zeitschrift für Politikwissenschaft 22:2 (1993), S. 153–167 (S. 156).

18 Zur Grundsatzdebatte über die Gültigkeit des Anarchiekonzeptes vgl. Rittberger, Editorisches Vorwort, a. a. O., S. 10–11.

der Überwindbarkeit dieser Anarchie sind die Wissenschaftler gespalten. Die Frage nach der ontologischen Beschaffenheit im Sinne der Abwesenheit einer Weltregierung und der Veränderungsfähigkeit von Anarchie stellt auch die Scheidungslinie dar, welche die Schulen des Mainstreams von anderen Schulen trennt. Insgesamt lassen sich vier Positionen bzw. Einstellungen zur Anarchie in der Staatenwelt erkennen, die sich eindeutig voneinander unterscheiden.

Eine erste Richtung vertritt die Auffassung, dass die Anarchie des internationalen Staatensystems nicht oder nur schwer überwindbar sei. Da keine global zentrale Instanz über den Staaten stehe, bewirke die allgemeine Unsicherheit über das künftige Verhalten anderer Staaten, dass die Staaten in der internationalen Politik vor allem auf Sicherheit und Machterhalt abzielen. Da zwischenstaatliche Kooperationen stets mit Risiken für die nationale Sicherheit verbunden seien, würden die Staaten immer Maßnahmen der Selbsthilfe favorisieren, um eigene Interessen und Gewinne abzusichern. Aus diesen Gründen wird in der internationalen Politik mehr Konflikt als Kooperation erwartet. Eine Perspektive, die auf eine Überwindung der internationalen Anarchie hinweisen könnte, wird als utopisch abgelehnt. Die Theorien, die sich zu dieser Position bekennen, bezeichnen wir als *„Realistische Schule“*.

Die zweite Richtung geht davon aus, dass die Staaten trotz des ausgeprägten anarchischen Zustandes der Staatenwelt die Fähigkeit besitzen, zu kooperieren, ja sogar fähig seien, ihr Eigeninteresse zu überwinden und sich in Übereinstimmung mit universellen Werten zu verhalten. Dabei wird eine Harmonisierbarkeit der Interessen der einzelnen Staaten postuliert. Diese Sichtweise betrachtet die Anarchie nur als einen vorläufigen Zustand, der überwindbar sei und institutionalisiert werden könne. Durch rationale Aufklärung, internationale Kooperation, institutionelle und rechtliche Regulierungen sowie Homogenisierung der Herrschaftssysteme der Staaten ließe sich dieses Ziel erreichen. Da diese Sichtweise offensichtlich an die Möglichkeit der Überwindung der internationalen Anarchie glaubt, können wir sie *„Liberal-Institutionalistische Schule“* nennen. Im Grunde genommen sind sie alle Herausforderer der pessimistischen Realisten, auch wenn sie aus verschiedenen Blickwinkeln und mit unterschiedlichen Theorieakzenten die realistische Schule in Frage stellen.

Bei der dritten Richtung lässt sich eine starke Apathie gegenüber der Frage nach der Überwindbarkeit der Anarchie feststellen. Ihre Grundeinstellung zur Anarchiefrage scheint durch Neutralität oder Desinteresse gekennzeichnet zu sein. Desinteressiert, nicht weil sie den anarchischen Zustand der internationalen Beziehungen nicht zur Kenntnis nehmen will, sondern weil sie dazu tendiert, die systemische Ebene als analytischen Bezugspunkt zu ignorieren. Sie betrachtet das staatliche Verhalten als Verhalten der politischen Entscheidungsträger, die die Staaten vertreten und in deren Namen sie handeln. Dementsprechend wird sich bei der Theoriebildung auf die Analyse und Untersuchung der Ebene des Individuums konzentriert. Im Mittelpunkt der Theoriebildung stehen Abstraktion und Verallgemeinerung des außenpolitischen Verhaltens des Individuums. Wir bezeichnen diese Theoriegruppe als *„Behavioristische Schule“*.

Die vierte Gruppe von Theorien lehnt die ontologischen und epistemologischen Annahmen des Mainstreams und der behavioristischen Forschungsprogramme ab. Anarchie wird nicht als vorgegeben, sondern als sozialkonstruiert betrachtet. Nicht aber Anarchie, sondern Hierarchie, kennzeichnet nach ihren ontologischen Vorstellungen die Beschaffenheit der internationalen Beziehungen. Sie lehnen die positivistischen und rationalistischen Denkkategorien der dominierenden Schulen ab und verstehen sich als Alternative zu ihnen.

In der Tat handelt es sich bei dieser Denkrichtung um *„dissident approaches"*, die der Hauptströmung der Lehre der Internationalen Beziehungen kritisch gegenüberstehen. Diese „kritischen Theorien" oder „unorthodoxen Theorien" wollen nicht nur den Mainstream intellektuell herausfordern, sondern auch das Theoriegebäude der internationalen Beziehungen inhaltlich wie epistemologisch rekonstruieren.[19] Daher sind ihre zentralen Denkkategorien und Ausgangspunkte nicht „Staatensystem" oder „Anarchie", sondern „Klasse" (Marxismus), „Gender" (Feminismus), „Historische Diskontinuität" (Postmodernismus), „Hierarchie/Zentrum-Peripherie" (Strukturalismus) und „Social Construction" (Konstruktivismus).

Da diese Theorien die Hauptströmungen in Frage stellen und sich als alternative Theorien dazu verstehen, können wir sie als *„Alternativ-Oppositionelle Schule"* bezeichnen. Die Klassifikation der Theorien nach ihrer Grundeinstellung zur Anarchie des internationalen Systems entspricht auch der folgenden Zuordnung der Theorien in diesem Buch: *„Realistische Schule"*, *„Liberal-Institutionalistische Schule"*, *„Behavioristische Schule"* und *„Alternativ-Oppositionelle Schule"*.

An dieser Stelle ist eine neue Theorie-Klassifikation zu nennen, die kürzlich von Tim Dunne, Lene Hansen und Colin Wight präsentiert wurde. Es handelt sich dabei um eine systematische Einteilung der vorhandenden Theorien der Internationalen Beziehungen in fünf Typen. Dunne, Hansen und Wight sprechen dabei von „explanatory theory", „critical theory", „normative theory", „constitutive theory" sowie eine Art von „theory considered as a ‚lens' through which we look at the world."[20]

Trotz der Klarheit, mit der die Eigenschaften der einzelnen Theorietypen ausführlich dargestsellt werden, lässt es sich nicht übersehen, dass die „Fünf-Typen-Klassifikation" von Dunne, Hansen und Whight unter dem gleichen Problem leidet wie die „Haftendorn-Triade": Das Fehlen der notwendigen Trennschäfte und eines Klassifikationskriteriums, das eine klare Ausschließlichkeit besitzt, um Überschneidungen zwischen den unterschiedlichen „Theorietypen" auf das Minimum zu reduzieren.

---

19 Zu Theorieansprüchen der kritischen und post-positivistischen Schulen vgl. Vasquez, John A.: The Post-Positivism Debate: Reconstructing Scientific Enquiry and International Relations Theory after Enlightenment's Fall, in: Booth, Ken/Smith, Steve (Hrsg.): International Relations Theory Today, Oxford 1997, S. 217–240.

20 Zur ausführlichen Begründung dieser Klassifikation vgl. hierzu: Dunne, Tim/Hansen, Lene/Wight, Colin: The end of International Relations Theory?, in: European Journal of International Relations 19:3 (2013), S. 405–425 (S. 409ff.)

2.4 Theorie, Ansatz, Konzept und Modell

Zum Schluss soll noch auf die Möglichkeit verwiesen werden, Ergebnisse der Theoriebildung nach dem Grad der Abstraktion zu klassifizieren. In der wissenschaftlichen Literatur wird – in dieser Reihenfolge – von Theorie, Ansatz, Konzept und Modell gesprochen.

Eine Theorie liegt vor, wenn ein Satz von Aussagen einen bestimmten Gegenstand oder ein bestimmtes Phänomen der internationalen Politik nicht nur beschreiben und erklären, sondern auch prognostizieren kann. Sie besitzt die höchste Abstraktion unter den beschriebenen Kategorien.

Von einem Ansatz (approach) wird gesprochen, wenn das Ergebnis der Theoriebildung eine „theoretische Orientierung" bietet. Von einem Ansatz erwartet man zwar keine Fähigkeit zur Formulierung von Prognosen. Aber er sollte verschiedene Funktionen erfüllen: *„Die Analyseeinheiten und -ebenen zu bestimmen, auf systematische Weise Fragen zu formulieren, Kriterien für die Auswahl und Gewichtung der Variablen zu liefern und erste Annahmen über die Beziehungen zwischen den Variablen im Sinne von Paradigmata zu liefern*", so Haftendorn.[21]

Konzepte haben einen noch niedrigeren Grad der Abstraktion. Sie weisen zwar theoretische Konstrukte auf. Ihre Erklärungsfähigkeit ist aber begrenzt. Diese theoretischen Konstrukte dienen in erster Linie dazu, *„Gemeinsamkeiten getrennt beobachteter Einzelheiten auf einen gemeinsamen begrifflichen Nenner*"[22] zu bringen. Da Konzepte vorrangig Forschungsoperation, d. h. der Operationalisierung von empirischen Fakten im Forschungsprozess dienen, spricht man häufig von „operationalen Konzepten". Dabei werden sie immer nach beobachtbaren oder begrifflich erfassbaren Gegenständen benannt. Dazu gehören beispielsweise das „Konzept von Staat", das „Konzept von Macht", das „Konzept von Revolution" und das „Konzept von Frieden".

Modelle besitzen den niedrigsten Grad der Abstraktion. Meistens beruht ein Modell auf einer bestimmten Theorie oder auf einem Ansatz. Die Aufgabe von Modellen liegt darin, ein Untersuchungsobjekt vereinfacht darzustellen und seine Strukturen durch Aufzeigen der Verbindungslinien zwischen verschiedenen Elementen des Objektes zu verdeutlichen. Modelle beschreiben oft ein bestimmtes Phänomen punktuell und blenden den ganzheitlichen Aspekt aus. Mit Hilfe von Modellen kann man aber das Phänomen theoretisch besser begreifen und die abstrakten Theorieaussagen, die den Modellen zugrunde liegen, leichter nachvollziehen.

21 Die hier vorgenommene Unterscheidung zwischen Theorie, Ansatz, Konzept und Modell beruht auf den Darstellungen von Haftendorn, a. a. O., S. 18ff. und Behrens, Henning/Noack, Paul: Theorien der Internationalen Politik, München 1984, S. 22ff.

22 Ebenda.

Weiterführende Literatur

Brown, Chris: The Poverty of Grand Theory, in: European Journal of International Relations 19:3 (2013), S. 483–497.
(Einer der großen Vertreter der Disziplin diagnostiziert deren Theoriezustand.)

Dunne, Tim/Hansen, Lene/Wight, Colin: The end of International Relations Theory?, in: European Journal of International Relations 19:3 (2013), S. 405–425.
(Weitreichender Einblick und Überblick. Sehr lesenswert, wenn man sich für den Entwicklungsstand der Disziplin und für ihre Zukunft interessiert.)

Hill, Kim Quaile: In Search of General Theory, in: The Journal of Politics 74:4 (2012), S. 917–931.
(Einer der wichtigsten Beiträge zur Diskussion über den Sinn und Zweck einer Großtheorie.)

Smith, Steven: Introduction: Diversity and Disciplinarity in International Theory, in: Dunne, Tim/Kurki, Milja/Smith, Steve (Hrsg.): International Relations Theories, Oxford 2007, S. 1–12.
(Guter Überblick über die Vielseitigkeit der Denkrichtungen in der Disziplin der Internationalen Beziehungen.)

3 Theoriengeschichte

Eine der Hauptaufgaben dieses Lehrbuches besteht darin, die verschiedenen Theorieansätze der internationalen Beziehungen begreiflich zu machen. Darum ist ein Blick auf die Geschichte der Disziplin für das Verständnis der gegenwärtigen Befindlichkeit der Theoriebildung unerlässlich.

3.1 Die Geburt der Disziplin der „Internationalen Beziehungen"

Wenn wir unterstellen, dass Krieg und Frieden die fundamentalen Themen der internationalen Beziehungen sind, hat das Nachdenken über die Beziehungen zwischen den Staaten eine lange Geschichte. In der politischen Ideengeschichte kennen wir viele Klassiker, die als hervorragende Vorläufer der modernen Theorien der internationalen Beziehungen betrachtet werden können.

Daher ist es kein Zufall, dass Martin Wight (1913–1972), einer der führenden Vertreter der so genannten „Englischen Schule", die Auffassung vertritt, *„that international theory is the political philosophy of international relations"*.[1] Nach Wight haben die Theorien der Internationalen Beziehungen drei ideengeschichtliche Traditionen. Sein Hauptwerk „International Theory: The Three Traditions" teilt alle internationalen Theoretiker in drei Gruppen ein: *„Realists, Rationalits, and Revolutionists"*.[2]

„Realists, or Machiavellians, emphasize the anarchical elements of international politics: sovereign states acknowledging no political superior, whose relation-ships are ultimately regulated by warfare. Rationalist, or Grotians, concentrate on ‚diplomacy and commerce', and other institutions for ‚continuous and organized intercourse between these sovereign states'. Revolutionist, or Kantiants, underscore the ‚concept of a society of states, or family of nations', and pursue the realization of an imperative vision of the moral unity of mankind."[3]

So sehr aber die Klassiker der politischen Philosophie beim Nachdenken über die internationalen Beziehungen tiefe Spuren hinterlassen haben, so eindeutig ist festzustellen, dass moderne Bemühungen um eine ganzheitliche Theorie der internationalen Beziehungen erst nach dem Ersten Weltkrieg einsetzten. Wie Edward Hallett Carr angemerkt hat, gab es vor dem Jahre 1914 keine eigenständige wissenschaftliche Disziplin, die sich systematisch mit den „Internationalen Beziehungen" beschäftigte. *„Down to 1914"*, so Carr, *„the conduct of international relations was the concern of persons professionally engaged in it [...]. War was still regarded as mainly as the*

1 Wight, Martin: International theory: the three traditions, Leicester/London 1991, S. 7.

2 Ebenda.

3 Ebenda, S. 7–8, zitiert nach: Yost, David S.: Political philosophy and the theory of international studies, in: International Affairs 70:2 (1994), S. 263–290.

https://doi.org/10.1515/9783486855081-003

business of soldiers; and the corollary of this was that international politics were the business of diplomats."[4]

Als intellektuelle Reflexion auf die Katastrophe des Ersten Weltkrieges entstand vor allem in der amerikanischen und britischen Öffentlichkeit der Eindruck, dass das Versagen der Geheimdiplomatie für den Krieg mitverantwortlich war. Die Bereitschaft, die Regulierung und das Management der internationalen Beziehungen weiterhin den Diplomaten und Soldaten allein zu überlassen, schwand und die Stimme nach der Öffnung des „Business" der internationalen Beziehungen für Akademiker wurde immer lauter; Diese sollten die Aufgabe verfolgen, die Ursachen des Krieges und die Bedingungen des Friedens gründlich zu erforschen. Vor diesem Hintergrund wurde die Disziplin der Internationalen Beziehungen ins Leben gerufen.

In der wissenschaftlichen Literatur wird überwiegend darauf hingewiesen, dass die Entstehung der Lehre der Internationalen Beziehungen als eigenständige wissenschaftliche Disziplin auf den 30. Mai 1919 datiert wird. An diesem Tag wurde eine Vereinbarung zwischen der amerikanischen und der britischen Delegation auf der Pariser Friedenskonferenz getroffen. Dieser Vereinbarung zufolge sollte je ein wissenschaftliches Institut zur Erforschung der Internationalen Beziehungen in beiden Ländern errichtet werden. So entstand 1920 das „British Institute of International Affairs" in London, das seit 1926 den Namen „Royal Institute of International Affairs" trägt. Gleichzeitig wurde das „American Institute of International Affairs" gegründet, das wenig später aus organisatorischen, wie finanziellen Gründen mit dem „Council on Foreign Relations" zusammengelegt wurde.

Diesen Vorbildern folgend, wurde eine Reihe von wissenschaftlichen Institutionen in verschiedenen Ländern gegründet, denen hauptsächlich die Aufgabe der Erforschung von Kriegsursachen zugesprochen wurde. Dazu gehören die Einrichtung des ersten den Internationalen Beziehungen gewidmeten Lehrstuhls der Welt in Großbritannien (Aberystwyth University, Wales); die 1920 gegründete „Deutsche Hochschule für Politik" in Berlin; das etwas später in Hamburg ins Leben gerufene „Institut für Auswärtige Politik"; der 1925 mit finanzieller Unterstützung vom „Carnegie Endowment for International Peace" eingerichtete „Lehrstuhl für Internationale Beziehungen" in Paris. Diese Stiftung ermöglichte 1927 auch einen weiteren „Lehrstuhl für Internationale Politik" an der Hochschule für Politik in Berlin. In der Schweiz wurde 1927 das Genfer „Institut Universitaire des Hautes Études Internationales" gegründet. Auch die Errichtung des „Graduate Institute of International Studies" in Genf ist auf diese Gründungszeit zurückzuführen. „*An Österreich gingen diese ersten Bestrebungen zur Institutionalisierung der Disziplin der Internationalen Beziehungen hingegen gänzlich vorbei.*"[5]

---

4 Carr, Edward Hallett: The Twenty Years' Crisis 1919–1939, London 1951, S. 1f.

5 Diese Geschichtsschreibung beruht im Wesentlichen auf den Forschungsergebnissen von: Rittberger, Volker/Hummel, Hartwig: Die Disziplin der „Internationalen Beziehungen" im deutsch-sprachigen Raum auf der Suche nach ihrer Identität: Entwicklung und Perspektiven, in: Rittberger, Volker (Hrsg.):

Die Institutionen waren noch nicht organisatorisch verfestigt, da brach eine heftige Debatte zwischen den so genannten Idealisten und Realisten aus. Diese Kontroverse gehörte zu der ersten der drei „Großen Theoriedebatten", die die Theoriebildung in der Lehre der Internationalen Beziehungen entscheidend vorangetrieben haben.

In der wissenschaftlichen Literatur werden diese drei Theoriedebatten als Idealismus-Realismus-Debatte, Traditionalismus-Behaviorismus-Debatte und Neorealismus-Institutionalismus-Debatte (auch irrführend – insbesondere in den USA – unter dem Begriff „Neorealismus-Neoliberalismus-Debatte" bekannt) bezeichnet. Die Idealismus-Realismus-Debatte dauerte etwa von Mitte der 20er Jahre bis Ende der 50er Jahre des letzten Jahrhunderts. Ihr folgte die Traditionalismus-Behaviorismus-Debatte, die etwa den Zeitraum der 1960er Jahre umfasste. Die Neorealismus-Institutionalismus-Debatte entstand etwa Anfang der 1970er Jahre und gilt bis heute noch nicht als abgeschlossen. Im Folgenden soll versucht werden, die Brennpunkte dieser Kontroversen zu beleuchten. Dies erscheint umso wichtiger, da die Debatten sowohl den ontologisch-inhaltlichen, als auch den epistemologisch-methodischen Fortschritt der Theoriebildung in der Lehre der Internationalen Beziehungen ermöglicht und vorangetrieben haben.[6]

3.2 Die Idealismus-Realismus-Debatte

Wie bereits erwähnt, brach die Debatte zwischen den Idealisten und Realisten unmittelbar nach der Gründung der Disziplin der Internationalen Beziehungen aus. Es begann eine Theoriedebatte, deren Nachwirkungen bis heute zu spüren sind. Andrew Linklater ist zuzustimmen, wenn er dieser Debatte eine zentrale Rolle bei der Entwicklung der Geschichte der internationalen Theoriebildung beimisst. *„The opposition between these two perspectives"*, so der britische Wissenschaftler, *„has been crucial to the history of thought about international relations and was central to the first great debate between the realists and the idealists."*[7]

Theorien der Internationalen Beziehungen. Bestandsaufnahme und Forschungsperspektiven, Opladen 1990, S. 17–47, insbesondere S. 25–29; Meyers, Reinhard: Grundbegriffe, Strukturen und theoretische Perspektiven der internationalen Beziehungen, in: Bundeszentrale für politische Bildung (Hrsg.): Grundwissen Politik, Bonn 1993, S. 229–334, insbesondere S. 232–235; Behrens, Henning/Noack, Paul: Theorien der Internationalen Politik, München 1984, insbesondere S. 34–40; Czempiel, Ernst-Otto: Die Lehre von den internationalen Beziehungen, Darmstadt 1969.

6 Es ist allerdings in der wissenschaftlichen Literatur umstritten, ob es nicht zu einseitig ist, die Geschichte der Disziplin der Internationalen Beziehungen allein anhand der „Großen Debatten" zu interpretieren. So brachte Brian Schmidt sein Bedenken zum Ausdruck: „I do not deny that the field has experienced numerous controversies, but I question the appropriateness of understanding them in terms of the conventional story of the field's three great debates." Brian C. Schmidt: On the History and Historiography of International Relations, in: Carlsnaes, Walter/Risse, Thomas/Simmons, Beth A.: Handbook of International Relations, London 2003, S. 3–22, (S. 10).

7 Linklater, Andrew: Rationalism, in: Burchill, Scott/Linklater, Andrew (Hrsg.): Theories of International Relations, London 1996, S. 93–118, (S. 93).

Die idealistischen Vorstellungen

Der Anlass der Debatte war das Scheitern des europäischen internationalen Systems durch den Ausbruch des Ersten Weltkrieges. Die negativen Erfahrungen mit dem Krieg und das Versagen der Bündnispolitik der europäischen Mächte als Mittel zur Friedenssicherung hatten die junge Disziplin veranlasst, ihre Forschungsarbeiten auf die Untersuchung der Kriegsursachen zu konzentrieren.

Bei der Beschäftigung mit der Frage, wie eine friedliche Koexistenz der Staaten verwirklicht werde könne, bildete sich eine stark idealistisch geprägte Richtung aus. Dem Denkmuster dieser Richtung folgend, sollte die Gestaltung einer neuen Weltordnung *„unter Rekurs auf die Prinzipien der kollektiven Sicherheit, der friedlichen Streitbeilegung und des ‚peaceful change' internationale Konfliktquellen eliminieren"*.[8] Ziel der idealistischen Vorstellungen war also, unter dem Eindruck der fatalen Ereignisse des Ersten Weltkrieges, die wissenschaftlichen Vorrausetzungen für eine friedliche Weltordnung zu eruieren.

Der in erster Linie von US-Präsident Wilson angestrebte, 1919 von 32 Siegerstaaten des Ersten Weltkrieges gegründete „Völkerbund" (League of Nations) gilt als Beleg dafür, dass idealistisches Denken nicht nur die wissenschaftliche Beschäftigung mit der Friedensfrage, sondern auch das politische Handeln der Staatsmänner in der Zeit unmittelbar nach dem Ersten Weltkrieg dominierte.

In der Tat machte Edward H. Carr als einer der prominentesten Kritiker des Idealismus Woodrow Wilson für diese Entwicklung verantwortlich. So soll der US-Präsident die Idee von Jeremy Bentham (1748–1832) über die ausreichende Kraft der Vernunft zur Herbeiführung von korrektem Verhalten des Menschen ohne kritisches Hinterfragen in die internationale Politik des 20. Jahrhunderts „transplantiert" haben. Die Vereinigten Staaten unter der Führung von Wilson, *„still in the heyday of Victorian prosperity and of Victorian belief in the comfortable Benthamite creed"*, sei der *„decisive factor"* für die Verbreitung der idealistischen Vorstellungen nach dem Ende des Ersten Weltkrieges gewesen.

Carr stellte fest: *„Just as Bentham, a century earlier, had taken the eighteenth-century doctrine of reason and refashioned it to the needs of the coming age, so now Woodrow Wilson, the impassioned admirer of Bright and Gladstone, transplanted the nineteenth-century rationalist faith to the almost virgin soil of international politics and bringing it back with him to Europe, gave it a new lease of life. Nearly all popular theories of international politics between the two world wars were reflexions, seen in an American mirror, of nineteenth-century liberal thought."*[9]

---

8 Vgl. hierzu Meyers, a. a. O., S. 234f.

9 Carr, a. a. O. Edward Carr gibt in seinem Buch „The Twenty Years' Crisis 1919–1939" (insbesondere S. 11 bis 62) einen guten Überblick über die Hintergründe und das Ausmaß des idealistischen bzw. utopischen Denkens, das die junge Disziplin der Internationalen Beziehungen im Zeitraum zwischen

Im Zentrum dieses idealistischen Denkens stand die Idee von der „One World" im Sinne einer „Universal Moral Order". Michael Walzer interpretierte in seinem Buch „Nation and Universe" (1990) diese Idee mit den folgenden Worten: „*There is one God, so there is one law, one justice, one correct understanding of the good life or the good society or the good regime, one salvation, one messiah, one millennium for all humanity.*"[10]

Die Idealisten glaubten an die Erreichbarkeit einer Weltgesellschaft, die auf einer alle Menschen umfassenden Rechtsgemeinschaft beruhen sollte. In einer solchen Gesellschaft sollten die Völker harmonisch und friedlich miteinander leben. Eine Weltorganisation, die auf dem Völkerrecht beruhe und über Instrumente zum Krisenmanagement verfüge, sollte den Frieden der Weltgemeinschaft überwachen. Gedankengänge, welche später von den Vertretern des Institutionalismus (wie von Robert Keohane, vgl. Kapitel 11) in veränderter Form wieder aufgegriffen werden sollten.

Dabei wird postuliert, dass es einen Bereich gebe, in dem die Interessen des Individuums, der Nation und der Weltgesellschaft miteinander übereinstimmen. D. h. es gebe einen Wert, der gleichzeitig als das höchste Interesse des Individuums, der Nation und der Weltgemeinschaft gelten könne. Aus der Sicht des Idealismus handelt es sich bei dieser Welt um eine globale Rechtsgemeinschaft, in der die Entfaltung der Persönlichkeit aller Menschen garantiert werde. Genau in diesem Punkt sehen die Idealisten die Existenz eines alle Menschen und Staaten übergreifenden Ideals, welches es zu erstreben gilt.

In diesem Punkt wird der normative Charakter der idealistischen Schule besonders deutlich. Es handelt sich um eine so genannte „normative Theorieschule" der internationalen Beziehungen: Ausgehend von der Definition eines bestimmten normativen Ideals oder wünschenswerten Soll-Zustands („globale Rechtsgemeinschaft"/„friedliche Koexistenz der Nationen") soll die Wissenschaft, kraft ihrer Methoden, Wege aufzeigen wie dieser Zustand erreicht werden kann und praktische Handlungsempfehlungen aussprechen. Demgegenüber steht das, von Max Weber stark beeinflusste, „objektiv-empiristische" Verständnis wissenschaftlicher Arbeit; dieses lehnt die Nutzbarmachung der Wissenschaft zur Verfolgung normativ motivierter Ziele ab und verlangt vom Wissenschaftler die neutrale/objektive Beobachtung der Empirie und ihre Analyse. Zu normativen Angelegenheiten, so Weber, soll sich einzig der „Privatmann" äußern, nicht der Wissenschaftler in seiner Funktion als Forscher.

---

den zwei Weltkriegen beherrschte. Umso erstaunlicher und weniger nachvollziehbar erscheint vor diesem Hintergrund daher die Behauptung in einigen jüngeren Publikationen „the field [of international relations] was never dominated by a group of utopian scholars who adhered to something akin to what has been described as the idealist paradigm", so Schmidt, a. a. O., S. 12. Die Verneinung der Existenz einer idealistischen Epoche in der Geschichte der Lehre der Internationalen Beziehungen klingt zwar sensationell und revolutionär, bedarf jedoch eines substanziellen Nachweises, der die von Carr und anderen Autoren dokumentierte Entwicklung des Idealismus überzeugend widerlegen könnte.

10 Zitiert nach: Boucher, David: Political Theories of International Relations, Oxford 1998, S. 32.

Die Frage ist nur, ob die Menschen fähig sind, die Existenz dieses universellen Ideals zu erkennen und bewusst versuchen sich diesem anzunähern. Der Idealismus bejaht diese Frage. Fußend auf die Gedankengänge des philosophischen Liberalismus und des Humanismus, wird angenommen, dass der Mensch ein vernunftbegabtes Wesen sei. Er könne kraft seiner *ratio*[11] das universelle Ideal erfassen, an ihm teilhaben und dieses zu seinen Verhaltensnormen erheben. Da alle Menschen sich kraft ihrer naturgegebenen *ratio* so weitsichtig verhalten können, sei ein weltweites harmonisches Zusammenleben erreichbar, auf Grundlage der vernunftmäßigen Einsicht des rational erstrebenswerten Ideals.

Der Idealismus betont zwar die Kraft der *ratio* zur Interessenharmonie beizutragen, unterstellt aber keinen Automatismus zwischen der Existenz der menschlichen Vernunft und der Entstehung einer harmonischen Weltgesellschaft. Vielmehr bedürfe die Entstehung einer harmonischen Weltgesellschaft rationaler Aufklärung und Erziehung sowie der bewussten Anstrengung nach einer Zusammenarbeit der Nationen.

Dass die Nationen ihre Interessen den universellen Regeln bewusst unterordnen könnten, setzt nach der idealistischen Ansicht das Erkennen des gemeinsamen Interesses aller Menschen nach Frieden und Gerechtigkeit voraus. Diese Erkennungsfähigkeit spricht der Idealismus auch den Nationen zu, als Gebilde konstituiert von zur *ratio* befähigten Menschen. Außerdem nimmt der Idealismus an, dass die Interessen der Nationen miteinander verflochten sind und dass eine Nation, wenn sie ihre begründeten Interessen vernünftig verfolge, zugleich auch unbewusst die Interessen der Staatengemeinschaft nach dem Motto „*in serving themselves serve humanity*"[12] befördere.

Die Vernunftbegabung des Menschen allein erzeugt folglich noch keine friedliche Welt, erst die aufklärerische Überzeugungsarbeit und der immer zu wiederholende Appel an die Vernunft kann diese ermöglichen. An dieser Stelle wird auch deutlich, dass die idealistische Schule von einem bestimmten anthropologischen Konzept[13] ausgeht: Der Überzeugung, dass alle Menschen von Natur aus zur *ratio* befähigt sind. Diese Aussage ist die apriorisch angenommene anthropologische Bedingung auf deren Grundlage die globale Rechtsordnung erreicht werden kann. Wir werden bei der realistischen Gegenansicht sehen, dass auch von einer divergierenden anthropologischen Annahme ausgegangen werden kann.

---

11 Lateinisch für Vernunft.

12 Zitiert nach Meyers, a. a. O., S. 235.

13 Eine anthropologische Aussage, ein anthropologisches Konzept liegt dann vor, wenn eine bestimmte Annahme (wie hier die Begabung des Menschen zur Vernunft) erstens für alle Menschen in gleicher Weise angenommen wird, zweitens diese Annahme als für das menschliche Verhalten als handlungsleitend angesehen werden kann (hier: ratio zur Weltordnung) und drittens das Konzept allgemeine Gültigkeit über Zeit und Raum beansprucht. Beim Idealismus bildet ein bestimmtes anthropologisches Konzept (Vernunft) die Grundlage weiterer Überlegungen.

Nach dem Idealismus soll das Rechtsstaatsprinzip als ein organisatorisches Prinzip auf die Gestaltung der Weltgemeinschaft übertragen werden. Das internationale Zusammenleben sollte demzufolge durch Erklärungen, Übereinkünfte, Gesetze und internationale Abmachungen reguliert werden. Von den universellen Idealen abweichendes Verhalten seitens der Nationen sei mittels eigens vorgesehener Verfahren zu korrigieren.

Die realistische Gegenansicht

Den idealistischen Vorstellungen von einer Weltgemeinschaft setzen die Realisten das Weltbild einer grundsätzlichen Konkurrenz zwischen den Staaten um internationale Macht entgegen. Nicht Interessenharmonie, sondern Interessenkampf bestimme die internationale Politik. Schon vor dem Zweiten Weltkrieg warnten eine Reihe von amerikanischen und britischen Wissenschaftlern wie E. H. Carr, Georg Schwarzenberger und Hans Morgenthau die Staatengemeinschaft davor, der Durchsetzung der menschlichen Vernunft und der Anbindungskraft der internationalen Vereinbarungen zu viel Vertrauen zu schenken.

Durch die Erfahrungen mit dem militarisierten Japan und dem faschistischen Deutschland bestärkt, fingen die Realisten aber erst nach dem Ende des Zweiten Weltkrieges an, mit den idealistischen Vorstellungen systematisch abzurechnen. Macht, Interesse und Staatsräson wurden zu regulierenden Kräfte erhoben und das idealistische Postulat als utopisch zurückgewiesen.

„*The passionate desire to prevent war*", so kritisierte Edward H. Carr die idealistische Bewegung zwischen den zwei Weltkriegen, „*determined the whole initial course and direction of the study. Like other infant sciences, the science of international politics has been markedly and frankly utopian. It has been in the initial stage in which wishing prevails over thinking, generalisation over observation, and in which little attempt is made at a critical analysis of existing facts or available means.*"[14]

In Abgrenzung zu den utopischen, normativen Annahmen der Idealisten sahen und sehen die Realisten ihre Annahmen als pragmatisch und kongruent mit der Realität an.

Bei dieser intellektuellen Auseinandersetzung hat sich Morgenthau als der führende Wissenschaftler des Realismus erwiesen. Sein Hauptwerk „Macht und Frieden", zuerst im Jahre 1948 erschienen, wurde zu der wichtigsten Lektüre des frühen Realismus. Diesen Ansatz inzwischen bereits als „Klassischer Realismus" bekannt geworden, werden wir später noch einmal genauer unter die Lupe nehmen (vgl. Kapitel 4 „Klassischer Realismus"). Hier sei nur vorab festgestellt, dass die Idealisten sich bei der ersten großen wissenschaftlichen Auseinandersetzung in der Lehre der Internationalen Beziehungen als Verlierer herausgestellt haben.

---

14 Carr, a. a. O., S. 8.

Durch die politische Praxis bloßgestellt, tritt der Idealismus nach dem Zweiten Weltkrieg in den Hintergrund der Theoriebildung. Hans Morgenthau und seine realistische Schule setzten sich durch und konnten *„einen tonangebenden Einfluss“*[15] in der Lehre der Internationalen Beziehungen gewinnen. Wie Reinhard Meyers zu Recht angeführt hat, spielte der Realismus insbesondere in den 1940er und 1950er Jahren bei der Erforschung der internationalen Beziehungen eine führende Rolle und *„sein Ansatz stellt zumindest für ein Jahrzehnt eine fast schon orthodox zu nennende Orientierung der Disziplin dar“*.[16]

3.3 Die Traditionalismus-Behaviorismus-Debatte

Kaum war der Streit der Idealismus-Realismus-Debatte abgeklungen, begann eine neue Debatte zwischen den sog. Traditionalisten und den sog. Behavioristen auszubrechen. Allerdings ging es bei dieser Debatte nicht um eine ontologisch-inhaltliche, sondern um eine epistemologisch-methodische Kontroverse. Mit anderen Worten: Es wurde dabei nicht um die Frage, was die internationale Politik ist oder sein sollte, gestritten, sondern über die Frage, wie bzw. über welche Verfahren wissenschaftliche Aussagen über die internationalen Beziehungen gewonnen werden sollten.

Die behavioristischen Positionen

Anfang der 1960er Jahre erfasste die „Wissenschaftliche Revolution“ im Namen des Behaviorismus die Sozialwissenschaften und damit auch die Disziplin der Internationalen Beziehungen. Im Vergleich zum Traditionalismus hatte der Behaviorismus eine relativ junge Geschichte. 1913 als eine von dem Amerikaner J. B. Watson gegründete Forschungsrichtung der Psychologie entstanden, forderte der Behaviorismus, dass sich die Psychologie als Wissenschaft nur den objektiv beobachtbaren und messbaren Verhalten von Lebewesen (Tier und Mensch) unter wechselnden Umweltbedingungen, d. h. den Reaktionen des Organismus auf Reize, zuzuwenden habe. Als Mittel der Beschreibung sollte dabei nur der naturwissenschaftliche Kategorienapparat erlaubt sein. Elemente wie Denken, Spekulationen, Fühlen und Wollen des Beobachters sollten nicht in den Prozess der Aussagegewinnung einfließen.

Erstmals kam der Begriff „Politisches Verhalten“ im Jahr 1928 in einem Buchtitel vor (F. Kent: Political Behavior, New York 1928). Bekannt wurde der Begriff jedoch erst durch das Buch des Schweden H. Tingsten (Political Behavior, London 1937). Großen Einfluss auf die Theoriebildung in der Lehre der Internationalen Beziehungen konnte

15 Rittberger, Volker/Hummel, Hartwig, a. a. O., S. 30.

16 Zitiert nach Behrens/Noack, a. a. O., S. 36.

der Behaviorismus aber erst gewinnen, nachdem die so genannte Chicago-Schule unter der Führung von Charles Merriam, Gabriel A. Almond, Harold Lasswell, Herbert Simon und David Truman die verhaltenswissenschaftliche Forschung entscheidend vorangetrieben hatte.

Interessanterweise war Hans Morgenthau, der die gleichnamige Chicago-Schule mit realistischer Prägung gegründet hatte, auch in Chicago tätig. Seine philosophisch-anthropologisch-historischen Methoden waren gerade jene, die seine Kollegen unter Berufung auf den Behaviorismus aus der politikwissenschaftlichen Theoriebildung vertreiben wollten.

Die neue Epoche des Behaviorismus wurde bereits Ende der 1950er Jahre vom Versuch einiger Wissenschaftler eingeleitet, Konfliktstrategien und Konfliktlösungen nach spieltheoretischen Prinzipien zu konstruieren. Die Spieltheorie war bereits aus der Ökonomie und den Verhaltenswissenschaften bekannt und wurde nun auf die Politikwissenschaft übertragen. Dabei wurde jeder Konflikt als ein Spiel betrachtet und davon ausgehend vom spielrationalen Verhalten der Staatsmänner bei der Austragung internationaler Konflikte ausgegangen. Führende Vertreter dieser spieltheoretischen Denkrichtung sind Thomas Schelling und Anatol Rapoport. Schellings Buch „The Strategy of Conflict“ (Cambrdige, Mass. 1960) und Rapoports Werk „Fights, Games, and Debates“ (Ann Arbor 1960) legten den Grundstein für die spieltheoretische Betrachtung der internationalen Beziehungen und inspirierte zahlreiche Studien, die versuchten, internationale Konflikte und ihre Austragungen im Licht der *„rational-choice“* zu analysieren.

Auch in anderen Bereichen fand eine systematische Übertragung der behavioristischen Sichtweise auf die Analyse internationaler Fragen statt. In dieser Periode, die auch die ersten Jahre der 70er Jahre des letzten Jahrhunderts erfasste, ist eine Reihe behavioristisch orientierter Ansätze entstanden. Dazu gehören beispielsweise die Einführung sozialpsychologischer Methoden in die Disziplin der Internationalen Beziehungen durch Herbert C. Kelman (International Behavior, New York, 1965) und die Anwendungen der Systemtheorie von Morton A. Kaplan, Charles A. McClelland und A. M. Scott. Kaplans Werk „System and Process in International Politics“ (New York 1957) stellte ein typisches Beispiel dafür dar, ein altes Phänomen der internationalen Beziehungen, nämlich das Phänomen des Gleichgewichts, mit Hilfe der behavioristischen Methoden neu zu konstruieren und zu erklären.[17] Aber auch die von Harold Guetzkow entwickelte Simulationstheorie, die von Karl W. Deutsch konzipierte Kommunikationstheorie und die Entscheidungstheorie von Snyder/Bruck/Sapin lassen sich zu den Ergebnissen der Theoriebildung zählen die vom Behaviorismus inspiriert wurden.

Für viele Politikwissenschaftler, die mit den traditionellen philosophisch-anthropologischen geprägten Methoden des Realismus nicht zufrieden waren, bot sich diese verhaltenswissenschaftliche Sichtweise als eine interessante Alternative an. Massive

17 Vgl. hierzu: Brown, Chris: Understanding International Relations, London 1997, S. 36.

Versuche wurden unternommen, um die Prinzipien des Behaviorismus auf die Analyse von politischen Fragen zu übertragen. Die Formulierung „Politisches Verhalten" wurde ein Modebegriff in der Politikwissenschaft und war bald als ein zentraler Begriff des Faches weit verbreitet. In den Vereinigten Staaten der 1960er Jahre, so stellte Chris Brown fest, wurde die Mehrheit der Studierenden der Internationalen Beziehungen „behavioristisch geschult" und „szientistisch ausgebildet".[18]

Zusammenfassend lassen sich die Eigenschaften des Behaviorismus in folgenden Punkten festhalten:

1. Die Betrachtung der gesellschaftlichen Wirklichkeit als eine mit der Natur vergleichbare Wirklichkeit, die Eigengesetzlichkeit aufweist und deshalb durch Entdeckung dieser Eigengesetzlichkeit von Menschen beschreibbar, kontrollierbar und prognostizierbar ist.
2. Die Betrachtung der Politik als Wechselspiel des Verhaltens von Individuen in einer bestimmten Umwelt. Deshalb sollte sich die Wissenschaft auf die Untersuchung des politischen Verhaltens des Individuums konzentrieren. Dementsprechend wird das Verhalten eines Staates in der internationalen Politik nicht als ein institutionelles Verhalten, sondern als Verhalten der Entscheidungsträger begriffen.
3. Die Betrachtung des politischen Verhaltens als Ergebnis eines psychologischen Prozesses in dem Perzeptionen, Motivationen, Einstellungen, Weltanschauungen, Wertesysteme, Wünsche und Erwartungen des Individuums zusammenwirken. Es soll danach gestrebt werden, präzise Methoden bzw. Modelle zu entwickeln, um dieses Zusammenwirken und dessen Auswirkungen auf das politische Verhalten des Individuums erfassen und messen zu können.
4. Ablehnung der Werturteile, Sozialerfahrungen, Intuitionen und Einsichten des Beobachters als Forschungsmittel und damit strenge Trennung von wissenschaftlichen Aussagen und Werturteilen, die wegen intersubjektiver und empirischer Unüberprüfbarkeit nicht den Status wissenschaftlicher Aussagen genießen dürfen (vgl. Anmerkungen bei „Idealismus").

Die Kritik des Traditionalismus

Die behavioristische Umorientierung der Lehre der Internationalen Beziehungen wurde von den Traditionalisten mit großer Sorge beobachtet. Für diese erschien es absurd, historische und soziale Tatbestände, zu denen die internationalen Beziehungen gehören, mit natürlichen Erscheinungen gleichzusetzen. Da es sich bei natürlichen Erscheinungen und historisch-gesellschaftlichen Entwicklungen um zwei völlig unterschiedliche Erkenntnisgegenstände handle, so die Traditionalisten, müssen sich auch die Methoden zur sozialwissenschaftlichen Theoriebildung von den naturwissenschaftlichen unter-

---

18 Ebenda, S. 37.

scheiden. Mit dieser Kritik reihten sich die Traditionalisten ein in die Reihe namhafter Philosophen, welche ebenso die Anwendbarkeit naturwissenschaftlicher Methoden in den Geistes- und Sozialwissenschaften kritisierten.[19]

In der Tat waren Traditionalisten aus allen Bereichen der Sozialwissenschaften an der Kontroverse beteiligt. Aber in der Lehre der Internationalen Beziehungen handelte es sich bei dieser Debatte im Großen und Ganzen um eine akademische Kontroverse innerhalb des Realismus. Wie Chris Brown angemerkt hat, waren die Behavioristen der 1960er Jahre meistens Realisten. Sie wollten durch ihre „behavioristische Revolution" den Realismus nicht unterminieren, sondern den Anspruch der realistischen Lehre auf „Wissenschaftlichkeit" erfüllen.[20] Ihr Ziel war also, die realistischen Aussagen mit Hilfe von naturwissenschaftlichen Methoden logischer und präziser zu gestalten.

Aber auch zwischen Realisten und Nichtrealisten wurde über die behavioristische Vorgehensweise gestritten. Der Streit zwischen dem britischen Politologen Hedley Bull, der als Anführer der „Englischen Schule" die Theorie der Internationalen Gesellschaft vertrat, und dem als Realisten geltenden Morton A. Kaplan stellte ein Hauptgefecht dar, das die Debatte zwischen den Traditionalisten und den Behavioristen in der Lehre der Internationalen Beziehungen prägend beeinflusst hatte.[21] Dabei war auffällig, dass Bull als ein „Nichtrealist" die klassischen Methoden der realistischen Denker wie Carr und Morgenthau gegenüber den Behavioristen polemisch verteidigt und damit die „traditionalistischen Realisten" regelrecht in Schutz genommen hatte.[22]

Während der Debatte erwiesen sich die Traditionalisten, die den so genannten historisch-soziologischen Ansatz vertraten, als diejenigen, die sich am systematischsten mit den Behavioristen auseinandersetzten. Der historisch-soziologische Ansatz hat seinen Namen von der Annahme, das politische Handeln der Menschen sei geschichts- und umweltbedingt. Die internationalen Beziehungen seien im Prinzip Sozialbeziehungen und die Analyse des internationalen Systems müsse von der Geschichte und von Umweltfaktoren ausgehen. Führende Vertreter dieses Ansatzes waren der französische Theoretiker Raymond Aron und der US-amerikanische Wissenschaftler Stanley Hoffmann. Beide sind überzeugte Realisten, auch wenn Hoffmann im Vergleich zu seinem „intellectual mentor" Aron viel offener gegenüber liberalen Positionen ist.[23]

---

19 So z. B. Georg H. Wright in seinem Werk „Erklären und Verstehen", Hamburg 1974.

20 Vgl. Brown, a. a. O., S. 40.

21 Zu Bulls Kritik am Behaviorismus vgl. Bull, Hedley: International Theory: The Case for a Classical Approach, in: World Politics 18:3 (1966), S. 363–377. Zu Kaplans Standpunkt vgl. Kaplan, Morton A.: The New Great Debate: Traditionalism vs. Science in International Relations, in: World Politics 19:1 (1966), S. 1–20.

22 Vgl. hierzu: Wight, Colin: Philosophy of Social Science and International Relations, in: Carlsnaes, Walter/Risse, Thomas/Simmons, Beth A.: Handbook of International Relations, London 2003, S. 23–51.

23 Hoffmanns realistische Sympathie zum Liberalismus ist so stark, dass er in der Literatur sowohl in die realistische als auch in die liberale Schule eingeordnet wird. So stuften Paul R. Viotti und Mark V. Kauppi Stanley Hoffmann als einen Realisten mit Rang wie Hans J. Morgenthau und Kenneth Waltz ein

Aron und Hoffmann verbindet jedoch die gleiche Besinnung auf die Unverzichtbarkeit der klassischen Erkenntnismethoden für die Erforschung der internationalen Beziehungen.[24] Von vorneherein nahmen sie die behavioristische Vorstellung einer möglichen Wertfreiheit der Wissenschaft unter Kreuzfeuer. „*Reine Wissenschaft*", so Hoffmann, „*ist ein Mythos. Betrachtet man nur ‚objektives Verhalten' oder beschränkt sich auf streng wissenschaftliche Untersuchungen, so ist das, als würde man den ganzen Menschen erklären wollen, nachdem man nur gesehen hat, wie er seine Hände und Lippen in einer Telefonzelle bewegt*". „*Die pseudowissenschaftliche Abwendung*" von der internationalen Szene und die starke Abstraktion der Theorien würden so zur Resignation in der Theoriebildung führen.[25]

Allerdings ist der historisch-soziologische Ansatz bei der Auseinandersetzung mit den Behavioristen auch selbstkritisch. So sieht Hoffmann einen Fehler des Klassischen Liberalismus darin, dass dieser den Fortschritt der Welt für selbstverständlich halte. Man solle nicht nur Ideale formulieren, sondern auch die Wege zur Verwirklichung der Ideale aufzeigen. Auch wurde den Klassikern des Realismus vorgeworfen, die ethische Kraft in der internationalen Politik zu verachten, die Macht einseitig zur obersten Kategorie zu erklären und universelle Werte zugunsten des nationalen Interesses zu opfern.

Die historisch-soziologisch orientierten Traditionalisten vertreten die Auffassung, dass die Theorie der Internationalen Beziehungen eine Aufgabe im Sinne der politischen Philosophie lösen müsse. Einer solchen Art von Theorie sprechen sie drei Funktionen zu: Die analytische Funktion, die erklärende Funktion und die normative Funktion.

> Eine Theorie sollte vor allem ein analytisches Element liefern. Sie sollte, so Hoffmann, eine „*biegsame und gebrauchsfähige Schachtel*"[26] aufweisen, mit deren Hilfe man die Gegebenheiten der internationalen Politik ordnen könne. Hoffmanns analytische Schachtel besteht aus vier Kategorien, nämlich weltpolitischer Strukturen bestimmter Epochen; Beziehungen zwischen der Innen- und der Außenpolitik der Grundeinheiten; weltpolitisch wirksamen Kräften sowie Wechselbeziehungen zwischen Struktur, Kräften und innen-außenpolitischen Verhältnissen. Hoffmann glaubt, mit Hilfe dieser Kategorien könnte man alle Daten jedes internationalen Systems ordnen.

(International Relations Theory. Realism, Pluralism, Globalism, and Beyond, 3. Aufl., Boston 1999, S. 11), während Martin Griffiths ihn als Vertreter des Liberalismus in seinem 1999 in London und New York veröffentlichten Buch „Fifty Key Thinkers in International Relations" (S. 85–89) aufnahm. Der Einfluss von Aron als „intellectual mentor" auf Hoffmann ist auch auf diesen Seiten zu lesen.

24 Stellvertretend für das Theorieverständnis von Aron und Hoffmann: Aron, Raymond: What is a Theory of International Relations?, in: Journal of International Affairs 21:2 (1967), S. 185–206 und Hoffmann, Stanley: Probleme der Theoriebildung, in: Haftendorn, Helga (Hrsg.): Theorie der Internationalen Politik, Hamburg 1975, S. 39–51.

25 Ebenda.

26 Ebenda, S. 44.

Eine Theorie sollte aus der Sicht des historisch-soziologischen Ansatzes aber auch die Funktion erfüllen, den Menschen zu helfen, bestimmte internationale Phänomene zu verstehen. Sie müsse Regelmäßigkeiten und Zufälligkeiten internationaler Erscheinungen bestimmen. Dabei sollten aber Gesetzmäßigkeiten nur aus der Geschichte, nicht aber auf dem Weg der Deduktion von abstrakten Hypothesen abgeleitet werden. Die historisch-induktive Methode soll angewandt werden.

Die dritte, aber auch die wichtigste Funktion einer Theorie soll darin liegen, diejenigen Werte klarzustellen, die in der Welt verwirklicht werden sollten. Im Unterschied zu manchen Idealisten sollten die Werte, die er als realisierbare Utopien bezeichnet, in erster Linie nicht durch philosophische Spekulationen, sondern aufgrund von historischen Vergleichen ermittelt werden. Inspiriert von Montesquieus Typologie der Regimes und Webers Typologie von Herrschaftssystemen fordert Hoffmann auf, durch Vergleich historischer Systeme eine Typologie der internationalen Beziehungen zu erarbeiten und hieraus realisierbare Utopien zu entwickeln. Weiter fügt Hoffmann hinzu, dass die Theorie sich nicht auf die Entwicklung realisierbarer Utopien beschränken sollte. Sie sollte auch den Menschen sagen, mit welchen Methoden die Utopien realisiert werden könnten. So erklärt Hoffmann: „*Wir müssen deutlich sagen, welche Ziele wir in der Welt erreichen wollen; wir müssen erklären, wie unsere ‚Utopie' im einzelnen aussieht; wir müssen darlegen, wie sie zu verwirklichen ist; und wir müssen zeigen, wie die von uns vorgeschlagenen Methoden in der Welt der Tatsachen aussehen und funktionieren.*“[27]

Ganz im Unterschied zu den Behavioristen stellt der historisch-soziologische Ansatz nicht das politische Verhalten des Individuums, sondern die Strukturen des internationalen Systems in den Mittelpunkt der Theoriebildung. Wir betrachten die Welt, so Hoffmann, auch nicht als „*einen Plan, ein Gleichgewicht, eine Organisation oder eine Gesellschaft, sondern als ein Feld*“.[28]

Dieses Feld umfasse mehrere internationale Systeme und jedes solcher Systeme wiederum mehrere „*diplomatische Konstellationen*“ (R. Aron) oder „*historische Situationen*“ (S. Hoffmann). In jeder Konstellation bewegen sich mehrere Grundeinheiten oder Akteure der internationalen Politik. „*Das Verhalten einer gegebenen Größe hängt von den Arten von Situationen oder Konstellationen ab, in denen sie eine Rolle spielt, und diese Situationen sind wiederum weitgehend eine Funktion des internationalen Systems, in dem sie auftreten. Insbesondere werden die Handlungs- und Entscheidungsfreiheiten von der Art des Systems begrenzt und bedingt.*“[29]

Charakteristisch für diese weltpolitische Betrachtungsweise sind das Ausblenden der psychologischen Welt des Individuums und die Betonung der geschichts- und

27 Ebenda, S. 49.
28 Ebenda, S. 44.
29 Ebenda, S. 42.

umweltbedingten Dimension eines bestimmten internationalen Phänomens. Das Verhalten, oder besser die Bewegung, einer gegebenen Größe wird nicht isoliert analysiert. Vielmehr wird es als ein Produkt der Geschichte und Umwelt, in der es geschieht, angesehen.

Die Techniken, mit denen historische Gesetzmäßigkeiten von internationalen Beziehungen herausgearbeitet werden sollten, sieht der historisch-soziologische Ansatz in der Kombination von empirischen, komparatistischen und induktiven Methoden. Empirisch bedeutet für Traditionalisten vor allem, von der Geschichte und Zeitgeschichte auszugehen und Indizien im geschichtlichen Rohmaterial zu entdecken. Methoden der Geschichtswissenschaft, wie die vergleichende Quellenanalyse, sind hiermit gemeint.

Die Komparatistik soll dazu dienen, die Unterschiede zwischen verschiedenen historischen und umweltbedingten internationalen Systemen festzustellen und Merkmale jedes Systemtyps herauszuarbeiten. Der Vergleich könne den Wissenschaftler in die Lage versetzen, die dominierenden Variablen, die zu verschiedenen Zeiten und in verschiedenen Räumen wirksam sind oder waren, herauszukristallisieren und zu typologisieren.

Die induktive Methode, die sich nicht nur auf die Gegenwart, sondern auch auf die Vergangenheit, nicht nur auf die westliche Kultur, sondern auf alle Kulturkreise beziehen soll, soll die Qualität der Aussagen im Sinne von empirischer Überprüfbarkeit gewährleisten.

Die Traditionalismus-Behaviorismus-Debatte klang in den 1970er Jahren langsam ab, nachdem beide Seiten eingesehen hatten, dass sie sich gegenseitig nicht ausschließen, sondern ergänzen können. In diesem Sinne bezeichnet Reinhard Meyers diese Debatte als *„ein wissenschaftliches Scheingefecht“*: *„Die Szientisten erkannten, dass die Hypothesen der Traditionalisten – wiewohl großenteils intuitiv aus dem Fundus des historischen Wissens abgeleitet – sich durchaus in einer Form ausdrücken ließen, die ihre empirische Überprüfung ermöglichte.“* Andererseits wurde die *„Vorliebe der Szientisten für eindeutig formulierte Aussagen“* auch von den Traditionalisten anerkannt, *„weil sie das logische Nachdenken über die internationalen Beziehungen förderte“*.[30]

Auch der Politikwissenschaftler Steve Smith spricht von einer puren Methodendebatte unter Kollegen und Kolleginnen, welche gleiche ontologische Annahmen teilten. *„The main protagonists, Bull and Kaplan for example“*, so Smith, *„saw much the same world and explained it in similar ways, albeit using different methods. They shared a view of what the world of international relations was like (its ontology), saw similar processes at work in inter-state relations.“*[31]

Schließlich – dies scheint aus heutiger Sicht für die Erklärung des stillschweigenden Waffenstillstands zwischen den Traditionalisten und den Behavioristen noch ausschlaggebender zu sein – ist es den Behavioristen offensichtlich nicht gelungen,

---

30 Meyers, a. a. O., S. 243.

31 Smith, Steve: The Self-Images of a Discipline: A Genealogy of International Relations Theory, in: Booth, Ken/Smith, Steve (Hrsg.): International Relations Theory Today, Oxford 1997, S. 1–37 (S. 17).

ihren Anspruch einzulösen, eine allgemeine, den Naturwissenschaften analoge Großtheorie mit exakten Aussagen für die Beschreibung, Erklärung und Prognostizierung der internationalen Beziehungen zur Verfügung zu stellen. Hingegen leuchtete es den Traditionalisten ein, dass die Aussagekraft ihrer qualitativen Analysen nicht immer die Beweiskraft der quantifizierten Forschungsergebnisse der Szientisten übertreffen kann.

3.4 Die Neorealismus-Institutionalismus-Debatte

Unmittelbar nach dem Ausklang der Debatte zwischen den Traditionalisten und den Behavioristen brach eine neue, dritte Theoriedebatte aus, nämlich die Debatte zwischen den Neorealisten und den Institutionalisten, die in der englischen Literatur oft als eine Debatte zwischen „*neo-realism and neo-liberalism*“ dargestellt wird.[32] Wir bevorzugen die Bezeichnung „*Neorealismus-Institutionalismus-Debatte*“, weil die „Liberalen“ in dieser Debatte in Wahrheit nicht liberalistisch, im philosophischen Sinn, sondern institutionalistisch gesinnt sind. Dieser Punkt wird deutlicher, wenn die liberale Schule und die institutionalistische Schule später systematisch vorgestellt werden.

Ähnlich wie die Realisten vor fünfzig Jahren die idealistische Dominanz brechen wollten, wollen die als „Neoliberalisten“ bezeichneten bzw. verstandenen Institutionalisten seit Anfang der 1970er Jahre die dominierende Stellung des Realismus in der Lehre der Internationalen Politik beenden. Dabei handelt es sich im Wesentlichen um einen Streit darüber, ob und inwiefern die Staaten unter den Bedingungen der Anarchie kooperationsfähig bzw. willig sind. Auch wurden über die Frage, ob die staatszentrische Sichtweise des Realismus angesichts der zunehmenden Verflechtungen zwischen den nationalen Staaten auf wirtschaftlicher, politischer und gesellschaftlicher Ebene weiterhin Gültigkeit besitzt oder nicht, hektische Kontroversen geführt. Dabei sahen sich die Realisten gezwungen, die Lehre von Morgenthau zu revidieren und eine neue Version der realistischen Theorie zu entwickeln.

Hintergründe der Debatte

Anfang der 1970er Jahre wurde der Realismus zuerst von dem so genannten transnationalen Ansatz herausgefordert. 1971 erschien ein Sammelband mit dem Titel „Transnational Relations and World Politics“, herausgegeben von Robert Keohane und Joseph Nye, zwei Wissenschaftlern, die später zu den führenden Figuren des Institutionalismus avancieren sollten. Dieser Sammelband entwickelte zwar noch keine in sich geschlossene neue Theorie, stellte aber durch präzise Fakten und Daten das realistische Bild von einem staatenzentrischen Weltsystem in Frage. Wie der Titel

32 Vgl. hierzu insbesondere: Baldwin, David A. (Hrsg.): Neorealism and Neoliberalism. The Contemporary Debate, New York 1993.

schon verrät, wollten Keohane und Nye mit ihren Autoren empirisch belegen, dass es neben den Staaten auch andere nicht staatliche Akteure gibt, die über die staatlichen Grenzen hinaus „transnational“ agieren. Kernaussage des Werkes war, dass nicht mehr nur die Nationalstaaten die internationalen Beziehungen prägen würden, sondern in einem immer stärkeren Maße auch nichtstaatliche Akteure auf die Bühne treten und ihren Einfluss geltend machen und „transnationale Beziehungen“ prägen. Zwar sei die Zeit der klassischen, rein zwischenstaatlichen „internationalen Beziehungen“ noch nicht vorbei, aber nichtstaatliche Akteure würden die Handlungsfähigkeit der Nationalstaaten auf internationaler Ebene immer stärker einschränken und als neue, beachtenswerte Akteure auftauchen.

Charakteristisch für den transnationalen Ansatz sind seine Anerkennung der autonomen Außentätigkeit nichtstaatlicher Akteure wie Parteien, Gewerkschaften, Unternehmen (Multis), Non-Governmental Organizations (NGOs), Kirchen und Medien sowie seine Würdigung ihrer Einflussnahme auf die moderne internationale Politik. In der „transnationalen Bewegung“ sahen Keohane und Nye eine erhebliche Schwächung der Nationalstaaten durch die Durchdringung ihrer traditionellen Handlungsbereiche seitens jener oben genannten Akteure. Sie gingen davon aus, dass diese nicht mehr unter der Kontrolle der nationalen Regierung stehenden, aber transnational organisierten Aktivitäten zur Überwindung der internationalen Anarchie beitragen könnten, indem sie gesellschaftliches, ökonomisches, politisches und kulturelles Leben transnational harmonisieren und damit Konfliktpotential nachhaltig abbauen würden. Die Zunehmende Aktivität transnationaler Akteure jenseits der Kontrolle eines einzelnen Nationalstaates, so die These, führe zu einem Druck der internationalen Harmonisierung.

Der transnationale Ansatz entwickelte sich wenige Jahre später zu einer Theorie, die in der wissenschaftlichen Literatur als „Pluralismus“ wahrgenommen wird. Die Veröffentlichung des Buches „Power and Interdependence. World Politics in Transition“ von Keohane und Nye im Jahre 1977 kennzeichnete die Geburt dieser neuen institutionalistischen Theorie, die die staatszentristische Sichtweise des Realismus konzeptionell wie logisch in Frage stellte (vgl. Kapitel 8, 10 und 11). Im Zentrum dieser pluralistischen Theorie steht die Entdeckung einer „*complex interdependence*“, die als die prägende Eigenschaft der modernen internationalen Beziehungen interpretiert wird.

Nach Aussagen der „Pluralisten“ verändert diese „*complex interdependence*“ den anarchischen Zustand der internationalen Beziehungen und ruft eine Reihe von Erscheinungen hervor, die die Realisten übersehen hätten oder nicht erklären könnten, wie:

1. Die Pluralisierung der Akteure der internationalen Beziehungen und Aufstieg der „nonstate actors“ mit ihren nachhaltigen Einflüssen auf die zwischenstaatlichen Beziehungen;
2. Die zunehmende Einflussnahme von innenpolitischen Faktoren auf die Gestaltung der nationalen Außenpolitik und die Widerlegung der Annahme, dass der Staat ein „einheitlicher Akteur“ sei;

3. Die Pluralisierung der (insbesondere wirtschaftlichen) Austauschbeziehungen zwischen den Staaten und die Schwächung des staatlichen Monopols den Zugang anderer Akteure zu seinem Markt unilateral zu beschränken, da hohe Kosten und negative Externalitäten zu befürchten sind;
4. Der Bedeutungsverlust von Gewalt als Mittel der Politik für die meisten zwischenstaatlichen Beziehungen und damit Reduzierung der Bedeutung von Gewalt für internationale Politik im Allgemeinen;
5. Die Nichtexistenz einer Hierarchie der internationalen Politikfelder (Sicherheit, Wirtschaft, Umwelt etc.) im Gegensatz zum realistischen Primat, dass Sicherheit gegenüber anderen nicht-militärischen Angelegenheiten (wirtschaftliche, gesellschaftliche, kulturelle sowie ökologische Angelegenheiten) stets übergeordnet sei.[33]

Die pluralistischen Herausforderungen lösten heftige Reaktionen seitens des Realismus aus. Eines der intellektuellen Ergebnisse dieser Reaktionen ist die Entstehung des Neorealismus. 1979 veröffentlichte Kenneth Waltz seine Monographie „Theory of International Politics", ein Werk, das in der Literatur als das wichtigste und einflussreichste Werk nach Morgenthaus Monographie „Politics among nations" (1948) betrachtet wird. David A. Baldwin bezeichnet es sogar als *„the touchstone for neo realists"*.[34]

Im Rückblick kann man sagen, dass die Veröffentlichung des Kabinettsstück von Waltz den Angriff des Pluralismus erheblich geschwächt und die „Anti-Realisten" veranlasst hat, ihre pluralistischen Argumente auf breitere und empirisch prüfbarere Grundlage zu stellen. In der Tat zwang der realistische Gegenangriff die Pluralisten wiederum ihre Theorien zu adjustieren und zu verfeinern. Das Ergebnis dieses pluralistischen Reflektionsprozesses war die Formierung des Institutionalismus.

Da der Institutionalismus eine intellektuelle Weiterentwicklung des Pluralismus darstellt, sind die meisten Pluralisten der 1970er Jahre die Institutionalisten der 1980er und 1990er Jahre geworden, welche zu jener Zeit in der amerikanischen Wissenschaft jedoch noch als *„Neoliberals"* bezeichnet wurden. Vor allem Robert Keohane sorgt für eine intellektuelle Kontinuität zwischen diesen beiden miteinander verwandten Denkrichtungen des Institutionalismus und des Neoliberalismus. In diesem Zusammenhang ist Chris Brown zuzustimmen, wenn er schreibt: *„The neorealist counter-attack [had] the effect not simply of re-establishing an intellectually powerful version of realism, but also of driving pluralists to refine their own theories, the result being neoliberalism, an approach much closer to realism than was the pluralism of the 1970s."*[35]

---

33 Vgl. hierzu: Brown, Chris: Theory and International Relations I: Past Debates; II: Theory Today, in: Brown, Chris: Understanding International Relations, London 1997, S. 21–63 (S. 42f.); Viotti, Paul R./ Kauppi, Mark V.: International Relations Theory. Realism, Pluralism, Globalism, and Beyond, 3. Aufl., Boston 1999, S. 199f.

34 Baldwin, David A.: Neoliberalism, Neorealism, and World Politics, in: Baldwin, David A. (Hrsg.): Neorealism and Neoliberalism. The Contemporary Debate, New York 1993, S. 3–25.

35 Brown, a. a. O., S. 45.

So gesehen stellte das Gefecht zwischen dem Realismus und dem Pluralismus nur ein Vorspiel der Debatte zwischen dem Neorealismus und dem Institutionalismus dar, welche sich in den 1980er und 1990er Jahren voll entfalten konnte. Man kann sagen, dass der Institutionalismus spätestens in den 1990er Jahren eine ebenbürtige Stellung in der Lehre der Internationalen Beziehungen erreicht hatte. In der Tat bilden Institutionalismus, Neoliberalismus und Neorealismus zusammen den Mainstream der Theorien der Internationalen Beziehungen und stellen zwei unterschiedliche Sichtweisen der internationalen Politik zur Verfügung.

Die allgemeinen Trennungslinien

Vor dem Hintergrund der pluralistischen Herausforderungen fühlt sich Kenneth Waltz verpflichtet, Morgenthaus Klassischen Realismus zu erneuern und zu verfeinern. Dabei legt er den Schwerpunkt auf das Konzept „Struktur", im Gegensatz zu Morgenthau, der eine akteurzentristische Sichtweise verfolgte. „*Political Structures*", so Waltz, „*shape political processes.*"[36] Für ihn hat sich die anarchische Struktur des internationalen Systems als ein „Selbsthilfesystem" durch die zunehmende Interdependenz zwischen den Staaten nicht wesentlich geändert.

Da die internationale Struktur weiter anarchisch ist, so Waltz, ist jeder Staat weiter auf sich gestellt und kümmert sich nach wie vor um sich selbst. Seine Sorge um die eigene Sicherheit veranlasst ihn zu ständiger Machtbildung und Gegenmachtbildung. Als Konsequenz dieser strukturell ausgelösten Verhaltensweisen befindet sich das internationale System permanent in einem Prozess der „Balance of power" zwischen den Staaten.

Auch wenn Waltz als der Gründer des Neorealismus gesehen wird, stand er bei der realistischen „counter-attack" (Chris Brown) gegen die Pluralisten nicht allein da. Schon 1978 meldete sich beispielsweise Stephen Krasner, ein weiteres Schwergewicht des Neorealismus, mit seinem Buch „Defending the National Interest" in der Debatte zu Wort.[37] Darin argumentierte er, dass der Staat ein autonomes politisches Wesen sei, das unter den Bedingungen der „*complex interdependence*" durchaus darauf bestehe, sein nationales Interesse souverän zu verteidigen und auf der internationalen Ebene als ein einheitlicher rationaler Akteur zu agieren. Die Staaten, so Krasner, seien also souverän und würden diese Souveränität auch verteidigen, sowohl gegenüber anderen Staaten als auch gegenüber nichtstaatlichen Akteuren. Weiter, so argumentiert Krasner in klaren Worten, sei die Annahme der Pluralisten, dass die Nationalstaaten Souveränität eingebüßt hätten, in historischer Perspektive nicht haltbar und falsch.

---

36 Waltz, Kenneth N.: Theory of International Politics, Massachusetts 1979, S. 82.

37 Krasner, Stephen D.: Defending the National Interest: Raw Material Investment and U.S. Foreign Policy, Princeton 1978.

Zu führenden Neorealisten gehören auch Robert Gilpin und Joseph M. Grieco, die mit ihren politisch-ökonomischen Argumenten zur Straffheit und Logik des Neorealismus entscheidend beigetragen haben. Gilpins wichtigstes Werk ist wohl seine 1981 veröffentlichte Monographie „War and Change in World Politics", in der er seine viel diskutierte „cyclical theory of change" systematisch begründet hat.[38] Joseph M. Grieco ist besonders durch seine Abhandlung „Anarchy and the Limits of Cooperation: A Realist Critique of the Newest Liberal Institutionalism" bekannt geworden. Seine Argumente über die Kooperation bremsende Auswirkung der nationalstaatlichen Sorge um „relative Gewinne" stellen nach wie vor eine anspruchsvolle Herausforderung für die Institutionalisten dar.[39]

Während der Auseinandersetzungen akzeptierten die Institutionalisten zwei Grundannahmen des Neorealismus: die internationale Anarchie und den rationalen Staatsegoismus. Aber anders als die Neorealisten sehen sie diese nicht als unüberwindbare Hindernisse für ein kooperatives Verhältnis zwischen den Staaten. Ausgehend von denselben theoretischen Annahmen, gelangen die Institutionalisten so zu deutlich anderen theoretischen Aussagen über die internationalen Beziehungen und die Kooperationsfähigkeit von Staaten. Sie halten die Anarchie des Staatensystems durch die Errichtung von internationalen Regimen oder internationalen Institutionen und die Anbindung der Staaten an diese für reduzierbar. Dabei defi-niert Robert Keohane Institutionen als *„persistent and connected sets of rules that prescribe behavioural roles, constrain activity, and shape expectations"*.[40] Nach der institutionalistischen Logik ermutigt die Aussicht, durch internationale Kooperation die eigenen Vorteile vergrößern und Kosten reduzieren zu können, den Staat zur Teilnahme an Institutionen in einem bestimmten Problemfeld oder Sachgebiet. Sobald ein Staat in eine Institution eingebunden ist, werde es für ihn immer unattraktiver, internationale Vorschriften zu übertreten, weil er nicht bestraft werden und sich den Weg für künftige Vorteile nicht versperren möchte.[41]

---

38 Neben diesem Buch gelten als Gilpins Hauptwerke auch: U.S. Power and the Multinational Corporations: The Political Economy of Direct Foreign Investments, New York 1975, The Political Economy of International Relations, Princeton 1987.

39 Weitere Werke von Joseph M. Grieco sind: Anarchy and the Limits of Cooperation: A Realist Critique of the Newest Liberal Institutionalism, in: International Organization 42:3 (1988), S. 485–507 und Understanding the Problem of International Cooperation: The Limits of Neoliberal Institutionalism, and the Future of Realist Theory, in: Baldwin, David A. (Hrsg.): Neorealism and Neoliberalism. The contemporary debate, New York, 1993, S. 301–338.

40 Keohane, Robert O.: International Institutions and State Power: Essays in International Relations Theory, Boulder 1989, S. 3.

41 Vgl. hierzu Hellmann, Gunther/Wolf, Reinhard: Systemische Theorien nach dem Ende des Ost–West-Konflikts. Bilanz und Perspektiven der Neorealismus–Institutionalismus-Debatte, in: Österreichische Zeitschrift für Politikwissenschaft, 22:2 (1993), S. 153–167; zur Debatte zwischen dem Neorealismus und Neoinstitionalismus über die Frage der „relativen Gewinne" und der „absoluten Gewinne" vgl. Powell, Robert: Absolute and Relative Gains in International Relations Theory, in: American Political Science

Die Streitpunkte

Allerdings hat die Debatte schon längst das Niveau einer allgemeinen Kontroverse verlassen und sich in Auseinandersetzungen um konkrete Theorieaussagen vertieft. David A. Baldwin, dessen Buch „Neorealism and Neoliberalism. The Contemporary Debate" (New York 1993) als eine der wichtigsten Bestandsaufnahmen der Debatte gilt, fasst die Streitpunkte zusammen:[42]

Folge der Anarchie der Staatenwelt

Sowohl Neorealisten als auch Institutionalisten gehen davon aus, dass Anarchie eine konstante Eigenschaft der Weltpolitik darstellt. Auch beim Verständnis der internationalen Anarchie als „Abwesenheit einer Weltregierung" gibt es kaum unüberbrückbare Meinungsverschiedenheiten. Allerdings gehen die beiden Schulen bei der Beurteilung der Konsequenzen der Anarchie deutlich auseinander. Neorealisten betonen die Sorge des Staates um nationales Überleben und nationale Sicherheit als unmittelbare Konsequenzen der Anarchie und betrachten „Selbsthilfe" als Grundmuster des internationalen Verhaltens von Staaten. Hingegen kritisieren Institutionalisten, dass die Neorealisten die Bedeutung der Anarchie überbewerten würden und weisen auf die entgegensetzenden Auswirkungen der internationalen Interdependenz hin. Für die Institutionalisten hat der Staat als ein autonomes und egoistisches Wesen gerade vor dem Hintergrund der Anarchie ein Eigeninteresse an der Schaffung von internationalen Regimen zur Regulierung von Konflikten und damit zur Milderung der Unsicherheit.

Möglichkeiten von internationaler Kooperation

Beide Schulen sind damit einverstanden, dass internationale Kooperationen möglich sind. Jedoch vertreten die Neorealisten bei der Beurteilung der Kooperationswahrscheinlichkeiten eine viel pessimistischere Auffassung als die Institutionalisten. Wie der Neorealist Grieco feststellt: „*neo-realists view international cooperation as harder to achieve, more difficult to maintain, and more dependent on state power than do the neo-liberals.*"[43]

Relative Gewinne versus absolute Gewinne

Bei der Frage, wodurch der Staat zur internationalen Kooperation motiviert ist, vertreten Neorealisten und Institutionalisten unterschiedliche Meinungen. Neorea-

Review 85 (1991), S. 1303–1320; auch in: Baldwin, David (Hrsg.): Neorealism and Neoliberalism – The Contemporary Debatte, New York 1993, S. 209–233.

42 Baldwin, David A.: Neoliberalism, Neorealism, and World Politics, in: Baldwin, David A. (Hrsg.): Neorealism and Neoliberalism. The Contemporary Debate, New York 1993, S. 3–25.

43 Zitiert nach Baldwin, a. a. O., S. 5.

listen glauben, dass der Staat nur bereit ist, mit anderen Staaten zu kooperieren, wenn zuerst die Frage geklärt ist, wer durch die Kooperation gewinnt, und es der Sicherheit oder der „Balance of power“ dient. Nur wenn kein Staat im Vergleich zu einem anderen Verluste befürchten muss, ist Kooperation möglich. Diese Aussage begründet Grieco mit der folgenden Formulierung: „*The fundamental goal of states in any relationship is to prevent others from achieving advances in their relative capacities.*“[44] Dieser Auffassung widersprechen die Institutionalisten und weisen darauf hin, dass Staaten auch bereit seien, miteinander zusammenzuarbeiten, wenn absolute Gewinne, also Vorteile gegenüber der Eigensituation vor der Kooperation, erzielt werden könnten.

Prioritäten von Staatszielsetzungen

Neorealisten und Institutionalisten streiten darüber, auf welche Kategorie Staaten bei der Verfolgung ihrer Zielsetzungen die Prioritäten setzen: Nationale Sicherheit oder wirtschaftlicher Wohlstand. Neorealisten gehen davon aus, dass militärische Sicherheit stets die politische Priorität besitzt, während Institutionalisten dazu tendieren, dem wirtschaftlichen Wohlstand mehr Gewicht beizumessen. Hier liegt auch der Grund, warum die Institutionalisten bei der Beurteilung der Kooperationsfähigkeit der Staaten eine viel optimistischere Position vertreten als die Neorealisten. Denn eine wirtschaftliche Kooperation kann viel leichter herbeigeführt werden als eine Kooperation im militärischen Bereich, der die Sicherheit eines Landes direkt betrifft.

Reichweite des internationalen Regimes

Sowohl Institutionalisten als auch Neorealisten erkennen an, dass sich die Zahl der internationalen Regimes und Institutionen zur Lösung internationaler Konflikte und Probleme in den letzten Dekaden erheblich vergrößert hat. Allerdings wollen die Neorealisten dieser Entwicklung nur eine begrenzte Bedeutung zuerkennen. Sie glauben, dass die Institutionalisten den die Anarchie einschränkenden Effekt von internationalen Regimen überbewertet hätten und bestehen auf der Annahme, dass Anarchie weiterhin das prägende Merkmal der internationalen Struktur ist. Hingegen weisen die Institutionalisten auf die zunehmende Bedeutung der internationalen Institutionen in der Weltpolitik hin und vertreten die Annahme, je mehr internationale Regimes bestehen, desto stärker kann die Anarchie begrenzt werden.

44 Ebenda, S. 5.

3.5 Ausblick: Entstehung einer vierten Debatte?

Trotz der Kontroverse vermehren sich die Zeichen dafür, dass der Neorealismus und der Institutionalismus sich immer weiter annähern. Bei der Beurteilung der Grundprämisse der internationalen Politik haben sie sich bereits geeinigt. Beide Schulen gehen davon aus, dass die Anarchie das wesentliche Charakteristikum ist, welches die nationale Politik von internationaler Politik unterscheidet. Auch auf erkenntnistheoretischer Ebene wurde ein gemeinsamer Nenner aufgrund der Bekennung zur „rational choice theory" und zur induktiv-positivistischen Methoden hergestellt.

Angesichts des erkenntnistheoretischen Zusammengehens von Institutionalisten und Neorealisten sprach Ole Waever von einer „*neo-neo-synthesis*".[45] Richard Ashley ging sogar soweit, den Anführer der Institutionalisten, Robert Keohane, und den Begründer des Neorealismus, Kenneth Waltz, in einen Topf zu werfen. Für ihn ist Keohane kein ein Institutionalist mehr, sondern zu einem Neorealist geworden.[46] Trotz des übertriebenen Duktus dieser Behauptungen, lässt sich erkennen, dass ein „*rationalist orthodoxy mainstream*"[47] aus Institutionalismus und Neorealismus in der Lehre der Internationalen Beziehungen entstanden ist.

Entgegen früherer Beobachtungen, „*dass die Debatte [zwischen Neorealismus und Institutionalismus] durch einen Rückgriff auf ältere realistische und liberale Traditionen in neuer Schärfe aufbrechen könnte*",[48] haben sich die beiden Schulen doch unter der Fahne des Rationalismus vereinigt, was nun die Perspektive einer einheitlichen „Grand Theory" langfristig doch nicht völlig ausschließen könnte. David A. Baldwin deutete an, dass beide Schulen bereits die alte „*simple dichotomy between cooperation and conflict*" überwunden haben und dabei sind, ihre theoretischen Aussagen in Richtung einer Theorie über Konflikt und Kooperation zu synthetisieren und anzunähern.[49]

Allerdings bedeutet Mainstream nicht, dass die Lehre der Internationalen Beziehungen nur durch die Neorealismus-Institutionalismus-Debatte geprägt ist. Neben der Hauptströmung sind seit den 80er Jahren viele Ansätze entstanden, die die rationalistisch-positivistische Vorgehensweise von Neorealismus und Institutionalismus nicht akzeptieren und Alternativen anbieten wollen. Vor allem haben die Liberalen sich wirkungsvoll zurückgemeldet. Der Klassische Liberalismus im Sinne der Theorie des demokratischen Friedens gewinnt immer mehr an Bedeutung bei der Erklärung des empirisch beobachtbaren Phänomens des Ausbleibens von Kriegen zwischen demokratisch verfassten Staaten. Insbesondere der Neoliberalismus von Andrew Moravcsik

---

45 Waever, Ole: The Rise and Fall of the Inter–Paradigm Debate, in: Smith, Steve/Booth, Ken/Zalewski, Marysia (Hrsg.): International Theory: Positivism and Beyond, Cambridge 1996, S. 149–185.

46 Vgl. hierzu: Brown, Chris, a. a. O., S. 50.

47 Vgl. hierzu: Schmidt, a. a. O., S. 15.

48 Hellmann, Gunther/Wolf, Reinhard: Systemische Theorien nach dem Ende des Ost–West-Konfliktes, in: Österreichische Zeitschrift für Politikwissenschaft 22:2 (1993), S. 153–167 (S. 163).

49 Baldwin, a. a. O., S. 9.

ermöglichte es der liberalen Schule, sich zunehmend als eine ebenbürtige Denkrichtung zum Realismus und Institutionalismus zu präsentieren.[50] Neben dem Liberalismus haben auch viele andere Theorieansätze zur Relativierung der Stellung des Realismus und Institutionalismus beigetragen. Man spricht vom Aufstand des „Post-Positivismus" gegen die neorealistisch-institutionalistische Dominanz. Eine Reihe „alternative approaches" wie beispielsweise der Post-Strukturalismus, der Post-Modernismus, der Konstruktivismus und der Feminismus werden dieser Kategorie zugeordnet.[51]

Trotz unterschiedlicher philosophischer bzw. methodischer Hintergründe oder Herkunft verbindet diese Schulen folgendes: Die Abneigung gegen die materialistisch-positivistische-szientistische Theorievorstellung des Realismus und Institutionalismus und die Überzeugung von der Notwendigkeit, die politisch-philosophische Grundlage zur normativen Beurteilung der internationalen Fragen wiederherzustellen. In diesem Sinne sprechen eine Reihe von Theoretikern und Beobachtern davon, dass die Lehre der Internationalen Beziehungen bereits in die „fourth debate" eingetreten ist,[52] auch wenn ein systematischer Gegenangriff seitens des Mainstreams bislang noch ausgeblieben ist.

Vermutlich wird es aber eine solche vierte Debatte zwischen dem Mainstream und den „dissident-alternativen" Schulen vorläufig nicht geben, zumindest nicht in der Intensität, mit der die drei großen Debatten bislang ausgetragen worden sind. Im Gegenteil scheinen die verschiedenen Schulen bereit zu sein, sich durch Theoriekooperation gegenseitig fruchtbar zu machen. So veröffentlichten der Institutionalist Robert Keohane und der Liberalist Andrew Moravcsik vor einigen Jahren gemeinsam einen Artikel, um die „komplementierenden" Wirkungen von multilateralen Institutionen und demokratischen Strukturen zu erklären.[53] Auch zwischen dem Realismus und dem Liberalismus ist eine gewisse Annäherungstendenz beobachtbar. So präsentierten der Realist Joseph M. Grieco und seine Kollegen 2009 eine Studie, die bei der Erklärung des international-institutionskonformen Verhaltens der Staaten Elemente der neoliberalen Präferenztheorie von Andrew Moravcsik deutlich integrierte.[54] Auch wenn

50 Vgl. Hierzu: Moravcsik, Andrew: Federalism and Peace: A Structural Liberal Perspective, in: Zeitschrift für Internationale Beziehungen 3:2 (1996), S. 123–132; Moravcsik, Andrew: Liberal International Relations Theory: A Scientific Assessment, in: Elman, Colin/Fendius Elman, Miriam, (Hrsg.), Progress in International Relations Theory: Appraising the Field, Cambridge, Mass. 2003, S. 159–204; Moravcsik, Andrew: Taking Preferences Seriously. A Liberal Theory of International Politics, in: International Organization 51:4 (1997), S. 513–553; Moravcsik, Andrew: The European Constitutional Settlement, in: The World Economy 31:1 (2008), S. 158–183; Moravcsik, Andrew: The New Liberalism, in: Reus-Smit, Christian/Snidal, Duncan (Hrsg.), The Oxford Handbook of International Relations, Oxford 2008, S. 234–254.

51 Vgl. Hierzu: Schmidt, a. a. O., S. 15f.

52 Ebenda, S. 15.

53 Keohane, Robert O./Macedo, Stephen/Moravcsik, Andrew: Democracy-Enhancing Multilateralism, in: International Organization 63:1 (2009), S. 1–31.

54 Grieco, Joseph M./Gelpi, Christopher F./Camber, Warren T.: When Preferences and Commitments Collide: The Effect of Relative Partisan Shifts on International Treaty Compliance, in: International Organization 63:2 (2009), S. 341–355.

sich diese Annäherungsbemühungen noch in den Anfängen befinden, ist es nicht auszuschließen, dass die Theorienarbeiten zur gegenseitigen Fruchtbarkeit zwischen den verschiedenen Schulen im 21. Jahrhundert intensiviert werden könnten. Hierin besteht die Hoffnung auf die Entstehung einer „Grand Theory", die die Theoriestärke der einzelnen Schulen kombinieren und damit die internationale Politik insgesamt besser beschreiben, erklären und prognostizieren könnte.

Allerdings erweckt die Theoriebildung im Bereich der Internatioanlen Beziehungen im zweiten Jahrzehnt des 21. Jahrhunderts den Eindruck, dass sich die Disziplin noch in einer tiefgreifenden Umorientierungsphase befindet. Nicht nur ist der Zweifel an der Entstehung einer einheitlichen „Grand Theory" groß[55], sondern auch überhaupt wird die Frage aufgeworfen, ob „The end of International Relations theory"[56] unmittelbar bevorsteht. Theoretiker, die versuchen, die Theoriebildung der Internationalen Beziehungen zu erneuern, bemühen sich in zwei Richtungen: Entwicklung einer „pragmatischen Theorie" und Bildung einer „Theorie mit einer mittleren Reichweite". Beide Richtungen verbindet ein gemeinsames Anliegen, die Ebene der großen Theoriedebatten zu verlassen und die Theorien der Internationalen Beziehungen für die praktische Politik bzw. für die themenorientierte Erforschung der Weltpolitik brauchbarer zu machen. Während der „Pragmatismus" sich dafür einsetzt, dass Theorien der Internationalen Beziehungen sich mehr mit der „Mikro-Ebene" der Weltpolitik beschäftigen und pragmatisch anwendbare Theorieansätze für alltägliche Probleme in den zwischenstaatlichen Beziehungen entwickeln sollten[57], tendieren die Theoretiker der „Mittleren Reichweite" dazu, die großen „Ismus-Debatte" zwischen den Schulen zu beenden und in Zukunft den Schwerpunkt der Theoriebildung auf die Zwischenstufe von „Mikro-Ebene" und „Grand Theory" zu legen. So stellt David Lake fest: Die Theorie im Sinne der großen Theoriendebatten ist tot, es lebe die „Mid-level theory"[58].

---

55 Vgl. hierzu: Hill, Kim Quaile: In Search of General Theory, in: The Journal of Politics 74: 4 (2012), S. 917–931; Brown, Chris: The Poverty of Grand Theory, in: European Journal of International Relations 19:3 (2013), S. 483–497; Levine, Daniel J./Barder, Alexander D.: The closing of the American mind: ‚American School' International Relations and the state of grand theory, in: European Journal of International Relations 20:4 (2014), S. 863–888.

56 Dunne, Tim/Hansen, Lene/Wight, Colin: The end of International Relations Theory?, in: European Journal of International Relations 19:3 (2013), S. 405–425.

57 Zu der neuen Welle des „Pragmatismus" in den Theorien der Internationalen Beziehungen vgl. Solomon, Ty/Steele, Brent J.: Micro-moves in International Relations theory, in: European Journal of International Relations, 22:1 (2016), S. 1–25; Bueger, Christian/Gadinger, Frank: The Play of International Practice, in: International Studies Quarterly (2015) 59, 449–460; Pratt, Simon Frankel: Pragmatism as Ontology, Not (Just) Epistemology: Exploring the Full Horizon of Pragmatism as an Approach to IR Theory, in: International Studies Review 18:3 (2016), S. 508–527.

58 Lake, David A.: Theory is dead, long live theory: The end of the Great Debates and the rise of eclecticism in International Relations, in: European Journal of International Relations 19:3 (2013), S. 567–587. Vgl. auch: Sil, Rudra and Katzenstein, Peter J.: De-Centering, Not Discarding, the „Isms": Some Friendly Amendments, in: International Studies Quarterly 55 (2011), S. 481–485.

Weiterführende Literatur

Bueger, Christian/Gadinger, Frank: The Play of International Practice, in: International Studies Quarterly 59 (2015), 449–460.
(Ein lesenswerter Artikel zur wachsenden Bedeutung der außenpolitischen Praxis bei der Theoriebildung der Internationalen Beziehungen.)

Pratt, Simon Frankel: Pragmatism as Ontology, Not (Just) Epistemology: Exploring the Full Horizon of Pragmatism as an Approach to IR Theory, in: International Studies Review 18:3 (2016), S. 508–527.
(Betonnung des pragmatischen Wechsels bei der Theoriebildung aus ontologischer Sicht. Eher etwas für Experten.)

Lake, David A.: Theory is dead, long live theory: The end of the Great Debates and the rise of eclecticism in International Relations, in: European Journal of International Relations 19:3 (2013), S. 567–587.
(Ein Schwergewicht der Disziplin setzt sich für einen methodisch kombinierten Neuanfang der Forschung der internationalen Beziehungen ein.)

Solomon, Ty/Steele, Brent J.: Micro-moves in International Relations theory, in: European Journal of International Relations 22:1 (2016), S. 1–25.
(Ein gut lesbarer Artikel zur neusten Entwicklung der Theoriebildung in der Disziplin.)

Teil B: **Realistische Schule**

4 Klassischer Realismus

Wenn wir hier vom „Klassischen Realismus“ sprechen, ist in erster Linie die von Hans J. Morgenthau begründete „Realistische Schule“ gemeint. In der Literatur ist sie auch als „Chicago Schule“ oder „Politischer Realismus“ bekannt. Morgenthaus „Realistische Schule“ ist deswegen „klassisch“ geworden, weil sich seit Mitte der 1970er Jahre eine Denkrichtung herausgebildet hat, die sich zwar zum Realismus bekennt, aber doch versucht, die von Morgenthau vertretenen Positionen zu revidieren bzw. weiterzuentwickeln. Diese in der wissenschaftlichen Diskussion als „Neorealismus“ bezeichnete Denkrichtung, die sich wiederum in diverse realistische Theorien ausdifferenziert hat, wird in den nächsten Kapiteln noch ausführlich behandelt. Dieses Kapitel konzentriert sich auf die Analyse der „Realistischen Schule“ von Morgenthau, den „Klassischen Realismus“.

4.1 Historischer Hintergrund

Die Entstehung der Realistischen Schule in den 40er Jahren des 20. Jahrhunderts war kein plötzliches Ereignis, sondern stellte das Ergebnis von einem Wechselspiel zweier Prozesse dar: Sie wurde gesellschaftlich-politisch von den idealistischen Bewegungen nach dem Zweiten Weltkrieg provoziert und intellektuell vorbereitet durch eine Reihe von realistisch gesinnten Autoren, die wir als Vorläufer des realistischen Denkens bezeichnen können.

Bei der geschichtlichen Darstellung der Disziplin der Internationalen Beziehungen wurde bereits darauf hingewiesen, dass unmittelbar nach dem Ende des Zweiten Weltkrieges eine Reihe von Denkströmungen auftraten, die sich mit friedenssichernden Mechanismen für die globale Ordnung beschäftigten. Besonders die wiederaufgelebte idealistische Hoffnung, durch die Kraft der Vernunft und universeller Ideale sowie durch die Schaffung internationaler Organisationen und Institutionen (wie der Vereinten Nationen) den globalen Frieden sichern zu können und den Machtkampf zwischen den Staaten zähmen zu können, fand Ablehnung bei Morgenthau.

In der Tat waren die Akteure in den Vereinigten Staaten in einen nie da gewesenen idealistisch geprägten Sog geraten und träumten von einer Weltregierung. Thomas G. Weiss, Präsident der „Convention of the International Studies Association“, fand 65 Jahre später für die Beschreibung dieses Zustandes die folgenden Worte: „*Throughout the 1940s, it was impossible in the United States to read periodicals, listen to the radio, or watch newsreels and not encounter the idea of world government.*“[1]

1 Weiss, Thomas G.: What Happened to the Idea of World Government, in: International Studies Quarterly 53:2 (2009), S. 253–271 (S. 259).

https://doi.org/10.1515/9783486855081-004

Als Reaktion auf diese Denkströmung entwickelte sich die Realistische Schule als theoretisches Gegenmodell in der Lehre der Internationalen Beziehungen. Wie Morgenthau pointiert angemerkt hat, war der Kern der idealistischen Denkweise die gefährliche „*Abwertung der politischen Macht*“[2] in der internationalen Politik. Die idealistisch geprägte Philosophie des 19. Jahrhunderts und die spezifischen Elemente der amerikanischen Erfahrung als ein Beobachter des Machtkampfes auf dem europäischen Kontinent, so Morgenthau, erzeugten bei den Amerikanern „*den Glauben, dass Verstrickung in Machtpolitik keineswegs unabwendbar, sondern nur ein historischer Zufall sei*“. In diesem Glauben sieht Morgenthau die geistige Quelle der idealistischen Vorstellung, wonach „*jede Nation die Wahl zwischen Machtpolitik und anderen Formen der Außenpolitik habe, die vom Verlangen nach Macht unberührt sind*“.[3]

Offenbar von der Tendenz der idealistischen Abwertung von „Macht“ als Antriebskraft der internationalen Beziehungen bei Intellektuellen, aber auch bei Staatsmännern alarmiert, forderte Morgenthau eine realistische und nüchterne Betrachtung der internationalen Politik und wies darauf hin, dass der Kampf um Macht einen universellen Charakter in Zeit und Raum habe und daher eine unwiderlegbare Erfahrungstatsache darstelle. „The struggle for power“ zwischen Staaten sei ein überzeitlich und universal zu beobachtendes empirisches Phänomen, nahezu eine Gesetzmäßigkeit der internationalen Beziehungen.

Vor diesem Hintergrund veröffentlichte Morgenthau 1948 sein Hauptwerk „Politics among nations“ in New York. Ein Buch, das interessanterweise zunächst kein Verleger publizieren wollte. Angesichts des großen Erfolges dieser Veröffentlichung bemerkte Morgenthau später anekdotisch: „*I doubt that he [the publisher Alfred Knopf] has been sorry because it has been a bestseller for twenty years now.*“[4]

Die Veröffentlichung dieses Werkes markierte in der Tat die Konsolidierung der Prinzipien des politischen Realismus in der akademischen Welt, die sich gleichzeitig auch in den Kreisen der amerikanischen Entscheidungsträger durchsetzten. Wie Scott Burchill zu Recht angemerkt hat, war dieses Buch „*designed to provide intellectual support for the role the United States was to play in the post-war world*“. „*Morgenthau's most important work*“, so Burchill, „*therefore straddled two worlds: it was an intellectual statement designed to influence generations of students in the academy and a series of guidelines for US foreign policy-makers confronted by the uncertainties of the Cold War.*“[5]

---

2 Vgl. hierzu Morgenthau, Hans J.: Macht und Frieden. Grundlegung einer Theorie der internationalen Beziehungen, Gütersloh 1963, S. 74.

3 Morgenthau, Hans J.: Internationale Politik: Der Kampf um die Macht, in: Frei, Daniel (Hrsg.): Theorien der internationalen Beziehungen, 2. überarbeitete und ergänzte Auflage, München 1977, S. 78–88 (S. 88).

4 Zitiert nach Bernard Johnson's Interview mit Hans J. Morgenthau, in: Thompson, Kenneth/Myers, Robert J. (Hrsg.): Truth and Tragedy. A Tribute to Hans Morgenthau, New York 1984, S. 372ff.

5 Burchill, Scott: Realism and Neo-realism, in: Burchill, Scott/Linklater, Andrew (Hrsg.): Theories of International Relations, London 1996, S. 67–92.

4.2 Intellektuelle Vorläufer

Die Realistische Schule entstand zwar in der Nachkriegszeit, steht aber in einer längeren geistesgeschichtlichen Tradition.[6] In diesem Sinne hat sie eine lange Liste von Vorläufern, die die Grundsteine des realistischen Ansatzes gelegt haben. Auf dieser Liste stehen Namen wie Thucydides, Niccolò Machiavelli, Jean Bodin, Thomas Hobbes, Friedrich Nietzsche, Friedrich Meinecke, Max Weber, Edward Hallett Carr, Frederick L. Schuman, Nicholas Spykman, Walter Lippmann und Reinhold Niebuhr. Jeder von ihnen, auf spezifische Art und Weise, hat seinen intellektuellen Beitrag zur Entstehung der Realistischen Schule geleistet.

So wurde ein zentrales Thema bei Morgenthau – das Gleichgewicht der Mächte – schon von Thucydides (ca. 455–400 v. Chr.) ausführlich behandelt. Thucydides glaubte an eine systemverändernde Gesetzmäßigkeit des Machtgleichgewichts, welches zum Ausbruch des Peloponnesischen Krieges geführt habe (431 v Chr.): Der Aufstieg von Athen und die von Sparta wahrgenommene Bedrohung durch Athens Aufstieg. Für Thucydides, der nicht nur ein authentischer Zeitzeuge dieses Krieges war, sondern auch als Kommandeur einer athenischen Flotte im Krieg gekämpft hatte, war der Krieg als Konsequenz der Machtverschiebung einfach unausweichlich gewesen.[7]

Man kann weiter unschwer erkennen, dass die Begründung der Autonomie des politischen Handelns gegenüber ethischen und moralischen Kategorien durch Niccolò Machiavelli (1469–1527) bei Morgenthaus realistischer Theorie tiefe Spuren hinterlassen hat. Das Gleiche gilt auch für den Einfluss der Naturzustandstheorie von Thomas Hobbes auf die Betonung der internationalen Anarchie durch Morgenthau.

Während die Auswirkung der Souveränitätstheorie von Bodin auf die staatszentrische Denkweise Morgenthaus unübersehbar bleibt, lässt sich ebenfalls eine enge geistige Verbindung zwischen Nietzsches Postulat vom moralisch ungebundenen „Übermensch" und Morgenthaus Ablehnung von Moral als einem konstruktiven Element der internationalen Politik eindeutig erkennen. Für Christoph Frei stellt Nietzsche sogar den geistigen Vater von Morgenthau dar.[8]

Wenn es zutrifft, dass der Begriff „Nationalinteresse" bei Morgenthau eine zentrale Rolle spielt, so ist dessen inhaltliche Formulierung offensichtlich auf Friedrich Meineckes Konzept der Staatsräson zurückzuführen. In Anlehnung an Meineckes Definition der „Staatsräson" als *„die Maxime staatlichen Handelns"* und *„das Bewegungsgesetz des Staates"*[9] entwickelte Morgenthau seine Anforderung an die Staatsmänner, beim politischen Handeln auf der internationalen Ebene der Realisierung des Nationalinteresses die höchste Priorität einzuräumen.

---

6 Behrens, Henning/Noack, Paul: Theorien der internationalen Politik, München 1984, S. 58.

7 Thucydides: The Peloponnesian War, Book 5, Chapter 7, englische Übersetzungsauszüge nachgedruckt in: Luard, Evan: Basic Texts in International Relations. The Evolution of Ideas about International Society, London 1992, S. 120–126.

8 Frei Christoph: Hans J. Morgenthau. Eine intellektuelle Biographie, Bern 1993, S. 114ff.

9 Meinecke, Friedrich: Die Idee der Staatsräson, München 1957, S. 34.

Obwohl der Einfluss von Max Weber auf Morgenthau in der wissenschaftlichen Literatur umstritten ist,[10] lässt sich der hohe Grad der Übereinstimmung zwischen Webers Machtverständnis und Morgenthaus Definition von Macht nicht übersehen. Während Macht bei Weber als Fähigkeit zu verstehen ist, *„den eigenen Willen auch gegen Widerstreben durchzusetzen, gleichviel worauf diese Chance beruht"*,[11] versteht Morgenthau unter Macht die Fähigkeit zur Beherrschung und Beeinflussung des Denkens und damit des Handelns der Anderen. Dass beide Theoretiker das Vermögen zur Durchsetzung des eigenen Willens als konstruktives Element der Macht betrachten, ist naheliegend.

Morgenthau selbst betrachtet Niebuhr als den Intellektuellen, der ihn am stärksten beeinflusst hat. Nach eigener Aussage war Niebuhrs Einfluss auf ihn *„Bestätigung, Vertiefung, Stimulierung"*.[12] In der Tat ist Niebuhrs Anthropologie eine der Grundlagen, auf denen die realistische Theorie von Morgenthau beruht. In diesem Sinne ist Alexander Siedschlag zuzustimmen, wenn er behauptet, dass Niebuhrs *„dualistisches Menschenbild zweifellos die Säule des klassischen Realismus"* darstelle.[13]

In gewissem Sinne hat die Kritik, die bereits vor dem Zweiten Weltkrieg im Hinblick auf die Expansionspolitik Japans (1931), Italiens (1935) und Deutschlands (1939) am Idealismus geübt wurde, die Entstehung der Realistischen Schule unmittelbar vorbereitet. So hat das Werk von Walter Lippmann „The Stakes of Diplomacy" (1915) die Grenzen der „demokratischen Außenpolitik" eindeutig zum Ausdruck gebracht. Theoretische Anleitung brachte auch der amerikanische Politikwissenschaftler Frederick Schuman, als er sein Werk „International Politics" 1933 präsentierte. In diesem Buch wurde das Misstrauen zwischen den unabhängigen Staaten als eine unabänderliche Tatsache der internationalen Politik dargestellt.

Das Werk von Nicholas J. Spykman „The Geography of Peace" (1944) entwickelte den geostrategischen Ansatz, der später zu einem organischen Bestandteil des Realistischen Denkens wurde. Scharfe Kritik am Idealismus übte auch der britische Historiker Edward Hallett Carr, als er 1939 sein Kabinettstück „The Twenty Years' Crisis 1919–1939: An Introduction to the Study of International Relations" veröffentlichte. Der Einfluss des realistischen Denkens von Carr auf die akademische Welt war so groß, dass er weitgehend als ein gleichrangiger „founding father" des Klassischen Realismus gilt.[14]

---

10 Vgl. hierzu Frei, a. a. O., S. 113ff. So will Frei selber in Max Weber nur einen Intellektuellen erblicken, dessen Einfluss auf Morgenthau unbedeutend sei.

11 Vgl. hierzu Schwarz, Hans-Peter: Die gezähmten Deutschen. Von der Machtbesessenheit zur Machtvergessenheit, Stuttgart 1985, S. 64.

12 Zitiert nach Frei, a. a. O., S. 115.

13 Siedschlag, Alexander: Neorealismus, Neoliberalismus und postinternationale Politik, Opladen 1997, S. 52.

14 Burchill, Scott: Realism and Neo-realism, in: Burchill, Scott/Linklater, Andrew (Hrsg.): Theories of International Relations, London 1996, S. 67–92 (S. 67). Zu einer kurzen, aber überblicksartigen Darstellung der Vorgeschichte der Realistischen Schule vgl. auch Behrens/Noack, a. a. O., S. 58–62.

Wenn es zutrifft, dass der Klassische Realismus aus Grundelementen wie internationaler Anarchie, Macht, Staatsräson, Gleichgewicht und Geopolitik besteht, so wurden diese Bausteine bereits von den Vorläufern zumindest ansatzweise entwickelt. Aber diese realistischen Ansätze sollten noch eine systematische Begründung erhalten, um sich als ein in sich geschlossenes Theoriesystem zu qualifizieren.

Diese Theorieleistung erbrachte Morgenthau mit seinem bereits erwähnten Werk von 1948. Die Veröffentlichung dieses Werkes kann als die sichtbare Entstehung der Realistischen Schule interpretiert werden. Wenig später wurde sie als die dominierende Denkrichtung in der Disziplin der Internationalen Beziehungen anerkannt. In diesem Sinne sprach Gottfried-Karl Kindermann von einem *„philosophischen und methodologischen Durchbruch"* der realistischen Richtung, der das *„geistige Klima"* in der akademischen Welt der Nachkriegszeit dramatisch verändert habe.[15]

In der Tat berührt diese Frage nicht nur den Kern des Theoriegebäudes, das Morgenthau entwickelt hat, sondern auch die Leistung eine geschlossene Theorie zu entwickeln, die ihn von seinen Vorläufern unterscheidet, obwohl „seine" Realistische Schule ohne ihre intellektuellen Vorarbeiten nicht hätte entstehen können. Die verschiedenen realistischen Ansätze konnten sich deswegen in eine „Schule" integrieren, weil es Morgenthau gelang, sie durch eine systematische Begründung miteinander zu verbinden.

Morgenthaus radikale Abrechnung mit dem Idealismus, seine kategorische Ablehnung moralisch geprägten außenpolitischen Handelns und die Art und Weise, wie er die zentrale Stellung der Macht in der internationalen Politik hervorhebt, haben sich rege und vielseitige Kritik eingehandelt. An dieser Stelle wird jedoch auf eine Ausführung dieser Kritik verzichtet, vor dem Hintergrund, dass sämtliche Theorieansätze, die später in den Teilen „Liberal-Institutionalistische Schule", „Behavioristische Schule" und „Alternativ-Oppositionelle Schule" dieses Buchs ausführlich behandelt werden, im Grunde genommen eine Kritik der Realistischen Schule darstellen. Wie Kenneth W. Thompson pointiert zum Ausdruck gebracht hat, war Morgenthaus Werk so bahnbrechend, dass die wissenschaftliche Literatur über internationale Politik durch Morgenthaus Durchbruch ein *„dialogue, explicit or not, between Morgenthau and his critics"*[16] geworden ist.

---

15 Kindermann, Gottfried-Karl: Hans J. Morgenthau und die theoretischen Grundlagen des politischen Realismus, in: Morgenthau, Hans J.: Macht und Frieden. Grundlegung einer Theorie der internationalen Beziehungen, Gütersloh 1963, S. 19–47 (S. 46).

16 Thompson, Kenneth W.: Political Realism and the Crises of the World Politics, Princeton 1960, S. 33 zitiert nach Kindermann, a.a.O, S. 46.

4.3 Macht: Das entscheidende Motiv des politischen Handelns

Die zentrale Frage, die Morgenthau in seinem Hauptwerk „Macht und Frieden“[17] zu beantworten versuchte, lautet: Wodurch werden die Staaten beim Eintritt in die internationale Politik motiviert? Werden ihre Handlungen motiviert durch universelle Ideale und Werte, wie die Idealisten behaupten, oder durch das Bedürfnis nach internationaler Macht? Dahinter steckt die Frage: Was treibt die Staaten in den internationalen Beziehungen an? Folgen sie moralischen und normativen Idealen oder folgen sie dem Bedürfnis Macht zu erlangen und auszuüben?

Seine Antwort war klar und prägnant: Die Zielsetzungen der Staaten mögen sehr verschieden und unterschiedlich angelegt sein. *„Streben sie die Erreichung ihrer Ziele aber mit den Mitteln internationaler Politik an, dann durch Kampf um Macht.“* In diesem Sinne formulierte Morgenthau seinen viel zitierten Satz: *„Internationale Politik ist, wie alle Politik, ein Kampf um die Macht. Wo immer die letzten Ziele der internationalen Politik liegen mögen, das unmittelbare Ziel ist stets die Macht.“*[18]

Nicht also universelle Prinzipien, sondern das Bedürfnis nach Macht motivieren nach Morgenthau die Staaten, sich an der internationalen Politik zu beteiligen. Da die Staaten nach seiner Logik nur mit Hilfe von Macht ihre Ziele erreichen können, wird Macht zugleich Ziel und Mittel der nationalen Außenpolitik.

In seinen „Sechs Grundsätzen des politischen Realismus“ lehnt Morgenthau eine Vermischung des politischen Handelns eines Staates mit moralischen Vorstellungen des Individuums streng ab. Dabei wird bekräftigt, dass Politik eine weitgehend autonome Sphäre sei. In dieser Sphäre bestehe kaum Raum für moralische und ethische Sorgen oder persönliche philosophische Präferenzen, wenn es darum gehe, außenpolitische Entscheidungen für die Nation zu treffen. Dieser moralische Handlungsspielraum sei erheblich eingeschränkt durch die relative Macht, die eine Nation gegenüber den anderen Akteuren besitze. Versuchten die Regierenden trotz der relativen Macht ihres Landes moralisch zu handeln, würde das nationale Interesse darunter leiden, und zwar auf Kosten seiner internationalen Macht definiert als Durchsetzungsfähigkeit auf internationaler Ebene.[19]

Morgenthau war allerdings klug genug, keinen logischen Fehler zu machen, indem er genau definierte, was zum politischen – also nach Macht strebenden – Handeln, gehört und was nicht. So teilte er die internationalen Aktivitäten eines Staates in zwei Kategorien ein: Die eine von politischer Natur mit dem Ziel nach Machtvergrößerung und die andere von nicht-politischer Natur mit sachlichen Zielsetzungen.

---

17 Morgenthau, Hans J.: Macht und Frieden. Grundlegung einer Theorie der internationalen Beziehungen, Gütersloh 1963.

18 Morgenthau, Hans J.: Internationale Politik: Der Kampf um die Macht, in: Frei, Daniel (Hrsg.): Theorien der internationalen Beziehungen, 2. überarbeitete und ergänzte Auflage, München 1977, S. 78–88, (S. 78).

19 Morgenthau, Macht und Frieden, a. a. O., S. 48ff.

„Nicht jeder Akt“, so Morgenthau, *„den eine Nation einer anderen gegenübersetzt, ist politischer Natur. Viele dieser Akte werden ohne machtpolitische Erwägungen gesetzt und haben daher auf die Machstellung der Nation, von der sie ausgehen, keinerlei Einfluss. Solcher Art sind viele Akte juristischer, wirtschaftlicher, humanitärer und kultureller Natur“*. Für ihn betreibt daher eine Nation *„zumeist nicht internationale Politik, wenn sie mit einer anderen einen Auslieferungsvertrag schließt, mit anderen Nationen Waren und Dienstleitungen austauscht, wenn sie zusammen mit anderen Nationen Hilfe bei Naturkatastrophen leistet oder den Austausch kultureller Leistungen auf der ganzen Welt fördert.“ „Die internationale Politik“*, so führte Morgenthau weiter an, *„ist daher nur eine der zahlreichen Formen, in der die Beteiligung einer Nation am internationalen Geschehen zum Ausdruck kommen kann.“*[20]

Aber sobald eine Nation versucht, ihre Macht gegenüber anderen Staaten zu vergrößern, betreibt sie nach Morgenthau internationale Politik. Oder andersherum formuliert: Bedient sich eine Nation bei der Verfolgung bestimmter nationaler Zielsetzungen der internationalen Politik, betreibt sie schon Machtpolitik. Die „Macht“ ist das, was das Politische vom Nicht-Politischen abgrenzt. Durch die Entdeckung der Macht als Fundamentalelement der Politik, ja durch die Gleichsetzung der Politik mit dem Machtstreben, glaubt Morgenthau, die Eigengesetzlichkeit der Politik entdeckt zu haben. Genau so wie der Ökonom sich um Wohlstand, der Moralist um Ethik und der Jurist um Rechtsordnung kümmert, bemüht sich der Politiker um Macht.[21] Nach dieser Logik verlässt ein Politiker bereits sein Berufsfeld, wenn er sich nicht um die Macht, sondern um andere Dinge, wie z. B. die universelle Durchsetzung eines moralischen Prinzips kümmert. *„Der Ökonom“*, so Morgenthau komparatistisch, *„fragt: Wie wirkt Politik auf den Wohlstand der Gesellschaft oder eines Teils davon? Der Jurist fragt: Steht diese Politik im Einklang mit den Rechtsvorschriften? Der Moralist fragt: Steht diese Politik im Einklang mit den sittlichen Grundsätzen? Der politische Realist aber fragt: Welche Auswirkungen hat diese Politik auf die Macht des Staates?“*[22]

4.4 Macht als Einflussvermögen

Da Morgenthau „Macht“ als das Fundamentalelement der Politik betrachtet, dreht sich seine Theorie stets um den Begriff der Macht. Morgenthaus Verständnis zufolge ist Macht die Fähigkeit, bestimmte Handlungen von Menschen oder ihren Organisationen durch Beeinflussen ihres Denkens oder Handelns zu kontrollieren oder zu lenken. *„Wenn von*

---

20 Morgenthau, Internationale Politik, a. a. O., S. 78f.

21 Vgl. hierzu: Kindermann, Gottfried-Karl: Hans J. Morgenthau und die theoretischen Grundlagen des politischen Realismus, in: Morgenthau, Hans J.: Macht und Frieden. Grundlegung einer Theorie der internationalen Beziehungen, Gütersloh 1963, S. 19–47 (S. 24ff.).

22 Morgenthau, Hans J.: Macht und Frieden. Grundlegung einer Theorie der internationalen Beziehungen, Gütersloh 1963, S. 50.

Macht gesprochen wird", so Morgenthau, *„ist die Herrschaft von Menschen über das Denken und Handeln anderer Menschen gemeint.*"[23]

Dieser Einfluss auf das Denken des Menschen kann nach Morgenthau *„durch Befehle, Drohungen, Überzeugung, Autorität oder die Befugnis eines Menschen oder eines Amtes oder durch eine Verbindung zwischen diesen ausgeübt werden. Wo immer die materiellen Ziele einer Außenpolitik liegen, in der Gewinnung von Rohmaterialquellen, der Beherrschung von Meeresstraßen oder in territorialen Veränderungen, stets ist ihre Erreichung mit der Kontrolle des Handelns anderer durch Beeinflussung ihres Denkens verbunden.*" Auch die Anwendung militärischer Gewalt oder das politische Ziel eines Krieges, so begründet Morgenthau, *„ist an sich nicht die Eroberung fremden Gebietes und die Vernichtung feindlicher Armeen, sondern ein Wandel im Denken des Feindes, der ihn dazu führen wird, sich dem Willen des Siegers zu unterwerfen.*"[24]

Der Kampf um Macht, d. h. der Kampf um die Fähigkeit zur Beeinflussung des Denkens und Handels von anderen Staaten hat nach Morgenthau *„universellen Charakter in Zeit und Raum*"; er ist die Konstante internationaler Politik. Das Bedürfnis das Verhalten anderer Nationen zu beeinflussen, sei dabei der zentrale Bestimmungsfaktor der internationalen Politik. Nach Morgenthau gebe es keinen Staat, der nicht nach Macht strebe, wenn er internationale Politik betreibe: *„Es wäre sinnlos und selbstmörderisch, dem einen oder anderen Volk auf Erden das Verlangen nach Macht zu nehmen, solange man es den übrigen lässt. Kann das Verlangen nach Macht nicht auf der ganzen Welt beseitigt werden, so würden die, die davon geheilt sind, der Macht der anderen zum Opfer fallen.*"[25]

Diesen Grundgedanken des Politischen Realismus interpretierte Hans-Peter Schwarz, einer der führenden Politikwissenschaftler in der Bundesrepublik Deutschland, mit einem prägnanten Satz: *„Jedesmal [wenn Gewalt angewendet wurde], standen die Regierungen und Völker vor der Frage, ob sie sich kampflos unterwerfen oder ob sie ihre eigene Macht zum Widerstand einsetzen sollten.*"[26]

Ein weitere zentrale Annahme Morgenthaus, neben dem universellen Machtstreben der Staaten, ist die, dass das internationale System einen anarchischen Charakter hat: Auf internationaler Ebene gibt es keine Weltregierung oder einen Regelsetzer, es gibt keine verbindliche Hierarchie und keine Instanz oberhalb der Staaten, welche das „Zusammenleben" der Staaten für alle verbindlich reglementieren und Verstöße gegen die Regeln effektiv und legitim mittels Sanktionsgewalt ahnden könnte. Die Staaten sind in gewisser Weise auf sich gestellt.

Um zu überleben oder die Bedingungen zum Überleben unter der Bedingung der internationalen Anarchie zu verbessern, so stellt Morgenthau fest, versuchen alle

23 Ders., Internationale Politik, a. a. O., S. 79; Ders., Macht und Frieden, a. a. O., S. 69, S. 124.

24 Ders., Internationale Politik, a. a. O., S. 80–81.

25 Ebenda, S. 84.

26 Schwarz, Hans-Peter: Die Zentralmacht Europas. Deutschlands Rückkehr auf die Weltbühne, Berlin 1994, S. 71.

Staaten, Einfluss aufeinander, d. h. Macht, zu gewinnen. Allerdings glaubt Morgenthau, dass alle formulierbaren außenpolitischen Zielsetzungen der Staaten in drei Gruppen eingeordnet werden können: Erhalten des Status quo (keep power), Expansion von Macht (increase power) und Erhöhung des Prestiges (demonstrate power). Dementsprechend gibt es drei Typen von Außenpolitik: Status-quo-Politik; Imperialismuspolitik und Machtdemonstrationspolitik.

Status-quo-Politik soll dazu dienen, die vorhandene Machtverteilung zu bewahren und damit die eigenen Einflussmöglichkeiten aufrechtzuerhalten. Hingegen dient die Imperialismuspolitik (increase power) dazu, das existierende Machtverhältnis zu eigenen Gunsten zu verändern, also die eigene Macht zu vergrößern. Ziel dieser Politik könnte die Errichtung einer regionalen Vorherrschaft, eines kontinentalen Empires oder einer globalen Hegemonie sein.

Im Unterschied zu diesen beiden außenpolitischen Typen wird die Machtdemonstrationspolitik von einem Staat nur betrieben, um andere Staaten mit dem eigenen Machtpotential zu beeindrucken oder um sie davon zu überzeugen, dass man Macht besitzt. Dies könnte durch Diplomatie oder Demonstration militärischer Stärke geschehen. Machtdemonstrationspolitik kann das nationale Prestige erhöhen, aber auch zur Realisierung der Status-quo- oder Imperialismuspolitik beitragen, je nachdem, wie die Wahrnehmung der Politik bei den anderen Staaten ist.[27]

Es ist aber oft sehr schwer, die Intention der Staaten, die nach mehr Macht streben, genau einzustufen. Verfolgen sie das Ziel, durch mehr Macht mehr Sicherheit zu gewinnen und/oder mehr Dominanz gegenüber anderen Staaten zu erreichen? Damit ist das Theorem des „Sicherheitsdilemmas" von John Herz angesprochen. John Herz, ein Emigrant aus Deutschland in die Vereinigten Staaten, kann als ein Mitgründer des Klassischen Realismus angesehen werden, auch wenn er, im Unterschied zu Morgenthau, das Machstreben nicht als anthropologisch gegebene Tatsache angesehen hat. Für Morgenthau lag die Ursache für das Streben nach Macht in der menschlichen Natur und ist damit eine anthropologische Konstante.

Für John Herz hingegen, der 1950 sein inzwischen klassisch gewordenes, aber für realistisch denkende Theoretiker nach wie vor inspirierendes Theorem in seinem weit verbreiteten Aufsatz „Idealistischer Internationalismus und das Sicherheitsdilemma" aufgestellt hatte, besteht ein *„Teufelskreis von Sicherheitsbedürfnis und Machtanhäufung"* in der Staatenwelt. Unter den Bedingungen der Abwesenheit einer höheren Autorität mit Sanktionsgewalt, der alle Staaten verbindlich unterworfen wären, sind sie ständig der Gefahr des Angriffs durch andere Staaten ausgesetzt. Da *„Schutz von oben"* fehlt, müssen sie *„um ihre Sicherheit vor Angriffen, Unterwerfung, Beherrschung oder Vernichtung"* durch andere Staaten oder Staatengruppen fürchten. Sie sind daher gezwungen, *„immer mehr Macht zu akkumulieren"*, um mehr Sicherheit vor den anderen zu gewinnen. *„Dies wiederum"*, so die Kernaussage von John Herz, *„macht die anderen*

27 Vgl. hierzu Morgenthau, Hans J.: Macht und Frieden, a. a. O., S. 80–112.

unsicherer und zwingt sie, sich auf ‚das Schlimmste' vorzubereiten." „*In einer Welt derart konkurrierender Einheiten*" kann sich kein Staat sicher fühlen und die logische Konsequenz daraus ist ein „*Wettlauf um die Macht*".[28] Das Dilemma für die Staaten ist klar: je mehr sie nach Macht streben, was eigentlich zu mehr Sicherheit beitragen sollte, desto unsicherer wird die Konstellation, in der sie eingebettet sind.

4.5 Machtstreben: Ein politisches Gesetz

Zuvorderst geht Morgenthau grundsätzlich davon aus, dass politische Dynamik und politische Prozesse wissenschaftlich zugänglich sind. Mit anderen Worten besitzt Politik für ihn eigene Gesetzmäßigkeiten wie Wirtschaft, Recht und Moral und es ist dem Wissenschaftler möglich diese zu erkennen und zu analysieren. Diese Gesetzmäßigkeiten herauszufinden betrachtet er als die vorrangige Aufgabe seiner realistischen Theorie.

Die erkenntnistheoretische Bekenntnis, dass „*die Politik, so wie die Gesellschaft allgemein, von objektiven Gesetzen beherrscht wird, deren Ursprung in der menschlichen Natur liegt*"[29], veranlasst ihn, nach den eigenständigen Gesetzen der Politik zu suchen. Er landete, wie oben bereits angeführt, bei der Erkenntnis, dass die Politik von einem dauerhaften „Machtkampf" beherrscht ist, sowohl auf der nationalen als auch auf der internationalen Ebene. Dabei nutzt er methodisch eine kombinierte Methode von philosophisch-anthropologischer Deduktion und historisch-empirischer Induktion. Man kann feststellen, dass Morgenthau drei Aspekte anführt um die Konstante des Machtstrebens zu erklären und die Frage zu klären, warum internationale Politik ein Kampf um Macht ist: den anthropologischen, den soziologischen und den historischen Aspekt. Von diesen drei Warten aus wollte Morgenthau beweisen, das Machtstreben der Staaten eine unabänderliche Gesetzmäßigkeit der internationalen Politik ist.

Die anthropologische Begründung:

Vor allem vertritt Morgenthau die Auffassung, dass das Machtstreben von Kollektiven und Individuen mit der Natur des Menschen zu tun habe. „*Die Welt, so unvollkommen sie vom Standpunkt der Vernunft aus sein möge, ist das Ergebnis von Kräften, die der menschlichen Natur innewohnen.*"[30] Die Frage, was die menschliche Natur ist, versucht er in Anlehnung an das Menschenbild zu erklären, das der amerikanische, protestantische

28 Alle Zitate: Herz, John: Idealistischer Internationalismus und das Sicherheitsdilemma, in: Herz, John: Staatenwelt und Weltpolitik. Aufsätze zur internationalen Politik im Nuklearen Zeitalter, Hamburg 1974, S. 39–56.

29 Morgenthau, Macht und Frieden, a. a. O., S. 49f.

30 Morgenthau, Hans J.: Macht und Frieden, a. a. O., S. 49.

Theologe Reinhold Niebuhr (1892–1971) in seinem Werk „Moral man and immoral society“ (1932) postuliert hat.

Nach Niebuhr ist der Mensch von Natur aus egoistisch, sucht nach Befriedigung von eigenen Bedürfnissen und bemüht sich nur darum, sein Eigeninteresse zu verfolgen. Die Natur des Menschen sei durch drei Triebe bestimmt: den Selbsterhaltungstrieb, den Fortpflanzungstrieb und den Machttrieb. Sein Selbsterhaltungstrieb führe ihn dazu, die Kräfte aller fremden Gegenstände aus der Natur und von anderen Menschen als potentielle Bedrohungen für seine Existenz und Entfaltung zu betrachten. Um diese Bedrohungen zu reduzieren und zu beseitigen, treiben sein Selbsterhaltungs- und Fortpflanzungstrieb ihn dazu, andere seinem Willen zu unterwerfen. In diesem Sinne sei sein Machttrieb eine Folge seines Selbsterhaltungs- und Fortpflanzungstriebes. Der Machttrieb entstehe aus der permanenten Unsicherheit in Bezug auf seine Existenz und verfolge daher ständig das Ziel, durch Erwerb von Macht die potentielle Unsicherheit des Lebens in Sicherheit zu verwandeln.[31]

Den Mechanismus des Umschlagens vom individuellen auf kollektiven Machttrieb sieht Morgenthau in den Nebenwirkungen der Einschränkungen des individuellen Machttriebes durch Einrichtungen und Normen, denen sich das Individuum innerhalb seiner Gesellschaft zu unterwerfen habe. Die Individuen, die im eigenen Staat nur Objekt der Macht seien und sich deshalb beim Streben nach Macht nicht befriedigt fühlten, streben nun kollektiv danach, ihr Machtverlangen auf die internationale Ebene zu verlagern und durch das Machtverlangen der Nation das eigene zu ersetzen.[32]

Dabei habe der Mensch erstaunlicherweise die Fähigkeit und die Neigung, einen hochtrabenden Altruismus bezüglich seiner eigenen Nation mit einem extremen Egoismus gegenüber anderen Staaten zu verbinden. Daraus ergebe sich ein starker kollektiver Egoismus. Dieser kollektive Egoismus führe einen Staat dazu, ständig von seinen Eigeninteressen auszugehen und sich in erster Linie um die Erreichung der Ziele der eigenen Nation zu bemühen. Die Nationen seien nicht fähig, ihre Eigeninteressen zu überwinden. *„Die Intensität des nationalen Empfindens setzt der Bereitschaft einer Nation, ihre Eigeninteressen im Dienst universeller Prinzipien oder des Wohls anderer zu überwinden, enge Grenzen.“*[33] Problematisch ist hier sicherlich die Verbindung einer als anthropologische Konstante gesehenen Triebkraft (kollektives Machtstreben) mit einem bestimmten historischen Phänomen, dem des Nationalstaates. In gewisser Weise relativiert diese Verbindung den Anspruch der Allgemeingültigkeit des Machstrebens. Haben archaische Stämme, untergegangene Großmächte (wie das Römische Reich) nicht nach Macht gestrebt, ist kollektives Machtstreben ein Spezifikum von Nationalstaaten!? Hier bleibt Morgenthau Antworten schuldig.

---

31 Vgl. hierzu: Kindermann, a. a. O., S. 21ff.; Behrens/Noack, a. a. O., S. 60f.

32 Morgenthau, Macht und Frieden, a. a. O., S. 124ff.

33 Osgood, Robert E.: Idealismus und Egoismus in der Außenpolitik, in: Haftendorn, Helga (Hrsg.): Theorie der Internationalen Politik. Gegenstand und Methoden der Internationalen Beziehungen, Hamburg 1975, S. 52–68 (S. 62).

Keine Anthropologie, sondern Biologie
Mehr Tier als Mensch

Die soziologische Begründung:

Morgenthau vertritt die Auffassung, dass das Streben nach Macht ein Merkmal darstelle, das *„allen menschlichen Gemeinschaften eigen ist, von der Familie über Verbände von Berufs- und Gesinnungsgenossen und lokalen politischen Organismen bis zum Staat."* Für ihn ist Kampf um Macht überall dort zu finden, wo Organisation von Menschen besteht. So weist er darauf hin, dass der typische Gegensatz zwischen der Schwiegermutter und der Gattin ihres Sohnes in einer Familie dem Wesen nach ein Kampf um Macht sei, weil es dabei um *„die Verteidigung einer überkommenen Machtstellung gegen den Versuch geht, eine neue zu errichten."* Von der Form und Struktur her, so glaubt Morgenthau, sei dieser familiäre Konflikt mit dem Konflikt zwischen der Politik des Status quo und der Politik des Imperialismus auf der internationalen Ebene vergleichbar, weil eine imperialistisch geprägte Außenpolitik grundsätzlich die alte Machtverteilung in Frage stellt und eine neue errichten möchte. Auch in Geselligkeitsvereinen, Studentenverbänden, Fakultäten und Berufsvereinigungen erblickt Morgenthau den *„Schauplatz ständiger Machtkämpfe"* zwischen Gruppierungen, die danach trachten, mehr Macht zu gewinnen. Dieses ständige Streben nach Macht gilt sowohl für den Wettbewerb zwischen Unternehmen als auch für Arbeitskonflikte zwischen Arbeitgebern und Arbeitnehmern. *„Das ganze politische Leben einer Nation, besonders einer demokratischen Nation, von der lokalen bis zu der nationalen Ebene"*, so Morgenthau ausdrücklich, *„ist nichts anderes als ein dauernder Kampf um Macht."*[34]

Aus dieser gesellschaftlich-soziologischen Beobachtung zieht Morgenthau den Schluss, dass es dort, wo Gruppierungen und Gemeinschaften bestehen, es auch einen Machtkampf gebe. *„Bei der Allgegenwart des Kampfes um die Macht in allen gesellschaftlichen Beziehungen und auf allen Stufen gesellschaftlicher Organisation"*, so Morgenthau, *„kann es nicht überraschen, dass die internationale Politik zwangsläufig Machtpolitik ist." „Würde es nicht überraschen"*, so fragt er zurück, *„wenn der Kampf um Macht nur ein zufälliges und vorübergehendes Attribut internationaler Politik wäre, da er doch ein dauerndes und zwangsläufiges Element aller Bereiche der nationalen Politik ist?"*[35]

Die historische Begründung:

Morgenthaus Überzeugung vom Wesen der internationalen Politik als einem Kampf um Macht beruht auch auf den Schlüssen, die er aus der Geschichte gezogen hat. Hier wendet er eine empirisch-induktive Methode an, während die zwei vorangegangenen Annahmen deduktiv gewonnen wurden. Für ihn ist der Kampf um die Macht auf

34 Morgenthau, Internationale Politik, a. a. O., S. 85.

35 Ebenda.

der internationalen Ebene *„eine unwiderlegbare Erfahrungstatsache“*.[36] In der Tat ziehen sich die historische Rückschau und das Geschichtsbewusstsein wie ein roter Faden durch seine Theorie. Umso selbstbewusster glaubt Morgenthau, dass in der Geschichte der Menschheit kein einziges Beispiel zu finden sei, das seine Theorie über das Machtstreben von Staaten als Eigengesetzlichkeit der internationalen Politik widerlegen könne.

„Welches Volk“, so argumentiert Morgenthau, *„will von einer stärkeren Macht unterdrückt werden? Wer möchte, dass sein Eigentum widerrechtlich geraubt werde? Aber gibt es eine einzige Nation, die nicht schon ihre Nachbarn unterdrückt hätte? Wo auf der Welt gibt es ein Volk, das nicht fremdes Eigentum geraubt hätte? Wo?“*[37]

Morgenthau weist aber auch darauf hin, dass die Geschichte zeige, dass Machtpolitik auch unter dem Deckmantel von Kooperation oder im Namen von universellen Idealen betrieben werden kann. *„Die Kreuzfahrer“*, so führte Morgenthau an, *„wollten das Heilige Land von der Herrschaft der Ungläubigen befreien. Woodrow Wilson wollte die Welt für die Demokratie gewinnen, die Nazis wollten Osteuropa für deutsche Kolonisierung erschließen, Europa beherrschen und die Welt erobern. Alle bedienten sich der Macht, um diese Ziele zu erreichen, alle beteiligten sich daher am Spiel der internationalen Politik.“*[38]

Insbesondere von der geschichtlichen Erfahrung ausgehend, schlagen Morgenthau und seine Realistische Schule Alarm – dies vor allem vor dem Hintergrund der idealistischen Hochkonjunktur nach dem Ende des Zweiten Weltkrieges –, dass *„mit der brutalen Machtanwendung durch bedenkenlose, nicht selten verbrecherische Führungen von Großmächten oder kleineren Staaten gerechnet werden muss“*. Nach Interpretation von Hans-Peter Schwarz wollten die Realisten um Morgenthau der Welt mitteilen, dass *„gegenüber Angreifern und Bösewichtern“* die *„Macht der Bedrohten stark genug sein müsste, diese zu zerbrechen oder jedenfalls abzuschrecken“*. *„Verantwortungsloser Machtpolitik“* der Angreifer sollten die Bedrohten eine *„verantwortliche Machtpolitik“*[39] entgegensetzen.

Fasst man die theoretischen Begründungen von Morgenthau zusammen, so ergibt sich die Kernaussage des Klassischen Realismus, dass das Machtstreben von Staaten eine anthropologische Notwendigkeit, eine sozialorganisatorische Zwangsläufigkeit und eine historische Gesetzmäßigkeit darstelle. Darauf beruht die realistische Überzeugung, dass internationale Politik ein Kampf um Macht ist.

---

36 Ebenda.

37 Morgenthau, Macht und Frieden, a. a. O., S. 77, zitiert nach Schwarz, a. a. O., S. 65.

38 Morgenthau, Internationale Politik, a. a. O., S. 78; siehe auch: Ders., Macht und Frieden, a. a. O., S. 49ff.

39 Schwarz, a. a. O., S. 66.

4.6 Ist der Klassische Realismus eine Apologie der Machtpolitik?

Wegen seiner starken Betonung der Rolle der Macht in der internationalen Politik ließ der Klassische Realismus den Eindruck entstehen, dass er anscheinend eine Apologie der Machtpolitik darstelle. Insbesondere durch die nicht zu übersehende Gemeinsamkeit zwischen Morgenthaus Politischem Realismus und der in Verruf stehenden „realpolitischen Richtung“ im Sinne der starken Beachtung des Machtphänomens in der internationalen Politik *„wurde Raum gegeben für die Entstehung einer groben naturalistischen und biologischen Gewaltethik“*, so Kritiker des Ansatzes.[40] Dieser Eindruck verpufft jedoch schnell, wenn man die politische Ethik, die Hans Morgenthau im Rahmen seines Politischen Realismus entwickelt hat, genauer unter die Lupe nimmt. Grob betrachtet weist die politische Ethik des Klassischen Realismus folgende fünf Komponenten auf:

- Philosophische Nüchternheit: Der Klassische Realismus belehrte die Politiker, dass Macht nie absolut gerecht ausgeübt werden kann. Daher verlangt er von den Regierenden Mäßigung und Abwägung bei der Machtausübung. Dort, wo diese philosophische Nüchternheit über die Natur der Macht fehlt und Macht zwecks absolut definierter Gerechtigkeit ausgeübt wird, nimmt die Destruktivität der Macht zu. Insbesondere wenn sie *„vom Geiste fanatischer Selbstgerechtigkeit regiert wird“*, so interpretierte Kindermann den Ausgangspunkt von Morgenthau, ist die Machtausübung in ihrer furchtbarsten Gestalt zu erwarten.[41]
- Moralische Befähigung: Der Klassische Realismus belehrte die Staatsmänner, dass Kriege, insbesondere Präventivkriege zur Machtvergrößerung, eine moralisch verwerfliche Angelegenheit sind. Diese moralische Befähigung zum Verabscheuen des Kriegs als aller übelstes Mittel der Politik erwartete Morgenthau von den Staatsmännern bei der Machtausübung, wenn sie als anständig betrachtet werden wollen. Es geht ihm bei diesem Prinzip im Wesentlichen darum, dass die Staatsmänner die Fähigkeit besitzen, ihren angeborenen Machtantrieb durch die moralischen Skrupel zu relativieren. Daher sollte der Krieg, der *„ein Übel ist“*, *„aus moralischen Gründen gemieden werden“*. Mit anderen Worten lehnte der Klassische Realismus aus moralischen Gründen den Krieg als eine Form von Machtausübung kategorisch ab. Morgenthau appellierte an die Staaten, nicht mit Kriegen anzufangen. *„Wenn der Krieg [unausweichlich] ausbricht“*, so Morgenthau verwerfend, *„muss er als Naturkatastrophe oder als die böse Tat eines anderen Staates kommen, nicht als ein vorgesehenes und geplantes Ereignis der eigenen Außenpolitik. Nur so können*

40 Meinecke, Friedrich: Die Idee der Staatsräson in der Neueren Geschichte, München 1957, S. 502, zitiert nach Kindermann, Gottfried-Karl: Hans J. Morgenthau und die theoretischen Grundlagen des politischen Realismus, in: Morgenthau, Hans J.: Macht und Frieden. Grundlegung einer Theorie der internationalen Beziehungen, Gütersloch 1963, S. 19–47 (S. 35).

41 Kindermann, a. a. O., S. 36.

die moralischen Skrupel beruhigt werden, die aus der verletzten moralischen Norm entstehen, dass es überhaupt keinen Krieg geben darf, wenn sie überhaupt beruhigt werden können.“[42]

- Intellektuelle Klugheit: Hans Morgenthau belehrte die Staatsmänner, dass „*es keine politische Moral ohne Klugheit [gibt]*“. Mit dem Begriff „Klugheit“ meinte er „*Berücksichtigung der politischen Folgen eines anscheinenden moralischen vertretbaren Vorgehens*“. Mit anderen Worten sollten Staatsmänner, wenn sie ein guter Machtpolitiker sein wollen, in der Lage sein, machtpolitische Konsequenzen ihres moralisch motivierten Handelns von vornherein zu erkennen und gegen alternative Optionen abzuwägen. „*Der Realismus*“, so fügte er hinzu, „*betrachtet diese Klugheit – das Abwägen der Folgen alternativer politischer Handlungen – daher als die höchste Tugend der Politik. Abstrakte Ethik beurteilt Handlungen nach ihrer Übereinstimmung mit dem Sittengesetz; politische Ethik beurteilt Handlungen nach ihren politischen Folgen.*“[43]
- Politische Tugend: Der Klassische Realismus belehrte die Staatsmänner, dass „*die Regierung Herr, nicht Sklave der öffentlichen Meinung [ist].*“ Morgenthau wies ausdrücklich darauf hin, dass „*das rationale Element guter Außenpolitik nicht von vornherein mit der Unterstützung einer öffentlichen Meinung rechnen [kann], die eher dem Gefühl als der Vernunft folgt.*“ Für Morgenthau ist Machtausübung stets mit Kompromiss verbunden, im Sinne des Prinzips, „*Ziele der anderen Seite anzuerkennen und eigene Ziele aufzugeben*“. Diese Art von kompromissorientierter Außenpolitik könnte nach Morgenthau schwerlich von der Öffentlichkeit akzeptiert werden, „*besonders unter Bedingungen demokratischer Kontrolle und im Zeichen des Kreuzzugseifers einer politischen Religion*“. Diese könnten die Staatsmänner dazu verleiten, „*Elemente einer guten Außenpolitik dem Beifall der Massen zu opfern*“. Morgenthaus Rat an den Außenpolitiker lautet: „*Sich den Gefühlswellen der Öffentlichkeit nicht ergeben, aber gleichzeitig zwischen Anpassung an solche Gefühlsströmungen und ihrer Ausnützung für seine Politik geschickt das Gleichgewicht halten. Er muss führen. Er muss die höchste Tugend staatsmännischer Kunst erreichen: seine Segel nach dem Wind öffentlicher Stimmungen richten und dennoch mit ihrer Hilfe das Staatsschiff, sei es auch auf Umwegen und im Zickzackkurs, in den Hafen guter Außenpolitik führen.*“[44]
- Strategische Rücksicht: Der Klassische Realismus belehrte die Staatsmänner, bei der Definition und Durchsetzung eigener Nationalinteressen ein rücksichtsloses und ausschließlich selbstbezogenes Handeln in der internationalen Politik zu meiden. Nationalinteresse sollte im Kontext und unter der Berücksichtigung der Interessen anderer Nationen definiert werden. Eigenes Nationalinteresse mit dem von anderen

---

42 Morgenthau, Macht und Frieden, a. a. O., S. 211.
43 Ebenda, S. 56.
44 Ebenda, S. 478.

> Nationalstaaten kompatibel zu machen, hat aus der Sicht von Morgenthau eine moralische Qualität. „*The national interest of a nation that is conscious not only of its own interest but also of that of other nations*", so Morgenthau klar und deutlich, „*must be defined in terms of compatible with the latter. In a multinational world this is a requirement of political morality; in an age of total war it is also a condition for survival.*"[45]

Abschließend kann festgestellt werden, dass der Klassische Realismus zwar die Rolle der Macht in der internationalen Politik betont, aber sich keineswegs bemüht, Machtpolitik als eine politische Tugend zu verteidigen. Im Gegenteil fordert die politische Ethik von Morgenthau eine rücksichtsvolle und behutsame Ausübung von politischer Macht. In diesem Sinne kann wohl davon gesprochen werden, dass der Klassische Realismus in der Ausprägung des Politischen Realismus von Morgenthau zwei Säulen aufweist: das Theorem des Machtstrebens als das Gesetz der internationalen Politik und die politische Ethik als Mittel zur Einschränkung der Machtpolitik und damit zur Begrenzung der Destruktivität der Macht.

Neue Entwicklungen des Klassischen Realismus

In der Literatur findet sich unter dem Schlagwort „Revival of Realism" die vielstimmige Beobachtung, dass der Klassische Realismus in jüngster Zeit eine breite Wiederbelebung erfahren hat.[46] Schuessler führt diese Entwicklung teilweise auf die offene Aussprache der Realisten gegen den Irakkrieg und die Bush-Doktrin zurück sowie die anschließende Debatte über die Ausrichtung der Außenpolitik unter Barack Obama und ob diese realistisch sei. Im Zuge dessen hat sich ein populärer Trend entwickelt und die Literatur, die den realistischen Kanon neu bewertet, ist enorm angewachsen. Zwar wird die realistische Tradition für revisionsbedürftig gehalten, insbesondere wird jedoch die

---

45 Morgenthau, Hans: The Problem of the National Interest, in: Ders.: Dilemmas of Politics, Chicago 1958, S. 54–87 (S. 74), zitiert nach Kindermann, a. a. O., S. 37.

46 Vgl. hierzu: Williams, Michael Charles (Hrsg.): Realism reconsidered: the legacy of Hans Morgenthau in international relations. Oxford 2007; Rynning, Sten/Ringsmose, Jens: Why are revisionist states revisionist? Reviving classical realism as an approach to understanding international change, in: International Politics 45:1 (2008), S. 19–39; Schuessler, John M.: Should Realism Return to its Roots?, in: International Studies Review 12:4 (2010), S. 583–589; Scheuerman, William E.: The realist revival in political philosophy, or: Why new is not always improved, in: International Politics 50:6 (2013), S. 798–814; Sleat, Matt: Realism, liberalism and non-ideal theory or, are there two ways to do realistic political theory?, in: Political Studies 64:1 (2016), S. 27–41; Lebow, Richard Ned.: Classical Realism, in: Dunne, Tim/Kurki, Milja/Smith, Steve (Hrsg.). International Relations Theories, Oxford 2016, S. 34–50; Stullerova, Kamila: Embracing ontological doubt: The role of ‚reality' in political realism, in: Journal of International Political Theory 13:1 (2017), S. 59–80.

Unzufriedenheit mit dem durch den Neorealismus nach Waltz ausgelösten Fokus auf strukturelle Phänomene zum Ausdruck gebracht.[47]

Sten Rynning und Jens Ringsmose etwa kritisieren die modernen Neorealisten, weil diese entweder davon ausgehen würden, dass alle Staaten Status-quo-Spieler (defensiver Realismus) oder alle Staaten revisionistisch (offensiver Realismus) seien. Beide Spielarten des Neorealismus können aber die Quellen und Dynamiken internationalen Wandels nicht erklären. Deshalb wird dafür plädiert, dass der Realismus zu seinen Wurzeln zurückkehren müsse, weil der klassische Realismus eine angemessenere Plattform für die Debatte über globalen Wandel und wichtige Fragen über Krieg und Frieden bieten würde.[48] Auch Richard Ned Lebow kritisiert, Waltz habe mit seinem nicht erfolgreichen Versuch, die realistische Tradition in eine wissenschaftliche Theorie zu transformieren, dieser Tradition u. a. ihre Komplexität und Feinheit, ihre Anerkennung der Bedeutsamkeit von Akteuren und die Erkenntnis, dass Macht nicht automatisch Einfluss verleiht, genommen. Dieser Niedergang des Neorealismus hat laut Lebow zu einer Rückbesinnung vieler Realisten auf ihre Wurzeln geführt und ein neu erwachtes Interesse an den klassischen Realisten des 19. und 20.Jh hervorgerufen.[49] Felix Rösch beobachtet ebenfalls eine Renaissance des Klassischen Realismus und zudem ein vermehrtes Interesse am Verhältnis von Morgenthau und Carl Schmitt.[50] Außerdem sensibilisiert Rösch für Morgenthaus Interesse an der Definition und Praktikabilität des politischen Raums und unterstreicht die Gemeinsamkeiten in Morgenthaus und Arendts Machtverständnis.[51]

Der Trend zur Wiederbelebung des Klassischen Realismus lässt sich auch bei der Diskussion über den Einfluss der Griechen bzw. Aristoteles und den „practice turn" beobachten. So diagnostiziert Chris Brown einen aristotelischen Moment, der die Theorien der IB erreicht habe und postuliert, dass eine klare Verbindung zwischen Aristoteles und modernen IB-Theorien in der Arbeit klassischer Realisten gefunden werden könne, speziell in der Morgenthaus, der einen wenig bekannten Kommentar zu Aristoteles' *Politik* verfasst hat und dessen Gedanken zur Natur der sozialwissenschaftlichen Theorie maßgeblich von Aristoteles Vorstellungen beeinflusst seien. Die klassischen Realisten würden entsprechend etwa der Vorstellung von praktischer Vernunft, verstanden als Besonnenheit oder Praxis an sich, große Bedeutung beimessen. Deshalb, so Browns These, gibt es familiäre Ähnlichkeiten zwischen dem „practice turn" (der normalerweise mit der Arbeit von Vincent Pouliot und Emanuel Adler assoziert wird, aber auch in

47 Vgl. Schuessler, John M., a. a. O., S. 583–589.

48 Vgl. Rynning, Sten/Ringsmose, Jens, a. a. O., S. 19–39.

49 Vgl. Lebow, Richard Ned, a. a. O., S. 34–50.

50 Vgl. hierzu u. a. auch: Reichwein, Alexander: Rethinking Morgenthau in the German context, International Relations Online Working Paper 2011/4, http://www.uni-stuttgart.de/soz/ib/forschung/IRWorkingPapers/ (letzter Abruf 26.02.2018), S. 38.

51 Vgl. Rösch, Felix: Entpolitisierung in der Moderne. Zur Zentralität des Begriffs des Politischen im Denken Hans J. Morgenthaus, in: Zeitschrift für Politik (2013), S. 430–451 (S. 432 u. 438).

Beziehung zur aristotelischen Vorstellung von „phronesis“ gesetzt werden kann), der aristotelischen Vorstellung von praktischer Vernunft und klassischer realistischer IB-Theorie. Er betont, dass die klassischen Realisten Diplomatie als Praxis verstanden und um die Wichtigkeit praktischen Denkens wussten und dass diese Orientierung zur Praxis hin wertvoll für die IB sei. Gleichzeitig weist er darauf hin, dass Ansätze, die Praxis und praktisches Urteilen akzentuieren, der immerwährenden Gefahr der Hybris ausgesetzt sind.[52]

Auch Lebow legt in seinem Kapitel zur Einführung in den Klassischen Realismus besonderen Wert auf den Einfluss, den die Griechen, die tragischen Dramatiker und Thucydides auf Morgenthau (und u. a. Weber) hatten. Dieser Einfluss manifestiert sich im holistischen Politikverständnis der klassischen Realisten und ihrer Betonung von Ethik und Gemeinschaft.[53] Des Weiteren betrachten die klassischen Realisten ebenso wie die griechischen Tragiker die Geschichte als zyklisch.[54] In Bezug auf die *balance of power* halten zeitgenössische klassische Realisten militärische Kapazitäten und Allianzen für die Basis von Sicherheit. Die klassischen Realisten und Thucydides sehen hier aber zugleich eine machtpolitische Zweischneidigkeit, d. h. dass militärische Macht und Allianzen einen Konflikt ebenso provozieren wie verhindern können. Deshalb betonen sie, wie bereits zuvor erwähnt, die Bedeutung der Stärke einer Gemeinschaft für Ordnung, Stabilität und Frieden.[55]

Weiterführende Literatur

Behr, Hartmut/Williams, Michael C.: Interlocuting classical realism and critical theory: Negotiating ‚divides‘ in international relations theory, in: Journal of International Political Theory 13:1 (2017), S. 3–17.
(Fachaufsatz, der die Beziehung von Klassischem Realismus und Kritischer Theorie behandelt, obwohl beide sonst gemeinhin als oppositionelle Denkschulen aufgefasst werden.)

Levine, Daniel J.: Why Hans Morgenthau was not a critical theorist (and why contemporary IR realists should care), International Relations 27:1 (2013), S. 95–118.
(Interessanter Fachaufsatz, der in der Debatte um das Verhältnis von Kritischer Theorie und Klassischem Realismus Stellung bezieht. Allerdings keine leichte Kost.)

Rösch, Felix: Entpolitisierung in der Moderne. Zur Zentralität des Begriffs des Politischen im Denken Hans J. Morgenthaus, in: Zeitschrift für Politik (2013), S. 430–451.
(Guter deutschsprachiger Artikel, zur vertiefenden Auseinandersetzung mit dem Denken Morgenthaus geeignet.)

52 Vgl. Brown, Chris: The ‚practice turn‘, phronesis and classical realism: Towards a phronetic international political theory?, in: Millennium 40:3 (2012), S. 439–456.

53 Vgl. Lebow, Richard Ned, Classical realism, in: International relations theories: Discipline and diversity (2016), S. 35–40.

54 Vgl. ebenda, S. 35.

55 Vgl. ebenda, S. 39–41.

Rynning, Sten/Ringsmose, Jens: Why are revisionist states revisionist? Reviving classical realism as an approach to understanding international change, International Politics 45:1 (2008), S. 19–39.
(Lesenswerter Aufsatz, der defensiven und offensiven Neorealismus gleichermaßen für seine mangelnde Erklärungskraft im Hinblick auf die Quellen und Dynamiken globalen Wandels kritisiert und deshalb für eine Rückkehr des Realismus zu seinen klassischen Wurzeln plädiert.)

Scheuerman, William E.: The realist revival in political philosophy, or: Why new is not always improved, International Politics 50:6 (2013), S. 798–814.
(Interessanter Beitrag zur Debatte um die Wiederbelebung des Klassischen Realismus. Für Politologen, die den Stand der Forschung erfassen wollen, sehr empfehlenswert, aber nur bedingt für Einsteiger geeignet.)

Schuessler, John M.: Should Realism Return to its Roots?, in: International Studies Review 12:4 (2010), S. 583–589.
(Der Artikel bietet einen nützlichen Überblick über die seit Beginn der 2000er andauernde Entwicklung der Wiederbelebung des Klassischen Realismus, die unter dem Stichwort „Revival of Realism" bekannt ist.)

Sleat, Matt: Realism, liberalism and non-ideal theory or, are there two ways to do realistic political theory?, in: Political Studies 64:1 (2016), S. 27–41.
(Englischsprachiger Aufsatz, eher geeignet für Politologen mit vertieftem Interesse an der Thematik.)

Stullerova, Kamila: Embracing ontological doubt: The role of ‚reality' in political realism, in: Journal of International Political Theory 13:1 (2017), S. 59–80.
(Interessanter, aber sehr komplexer Fachartikel zur Vertiefung.)

5 Neorealismus

Etwa drei Jahrzehnte nach der Begründung des Politischen Realismus im Sinne des Klassischen Realismus von Hans Morgenthau in der Lehre der Internationalen Beziehungen, hat eine Reihe von Wissenschaftlern in den USA angefangen, die realistische Lehre zu erneuern und zu erweitern. Der erste, aber auch der erfolgreichste und daher der einflussreichste Wissenschaftler, der den Realismus in der Ausprägung von Hans Morgenthau systematisch und komplett umstrukturiert hat, war Kenneth N. Waltz, seinerzeit Professor für Politikwissenschaft an der University of California in Berkeley.

1979 veröffentlichte er seine Monographie „Theory of International Politics".[1] Mit diesem Werk präsentierte Kenneth Waltz die erste Version des sogenannten Neorealismus, welcher auch als „Struktureller Realismus" bekannt ist. Der Hauptanlass für seine Entschlossenheit, sich von Morgenthau zu distanzieren und ein überarbeitetes Theoriegebäude aufzubauen, scheint in seiner tiefen Enttäuschung über den Grad des Theoriegehalts des Klassischen Realismus nach Morgenthau zu liegen. Aus der Sicht des Neorealisten Waltz sind die theoretischen Defizite des Klassischen Realismus so groß, dass er den Realismus nach Morgenthau nicht als kohärentes Theoriegebäude ansah.

Geleitet von einem stark positivistisch geprägten Wissenschaftsverständnis kritisierte Waltz wesentliche Teile des Realismus. „*Morgenthau*", so bemerkt Kenneth N. Waltz, „*described his purpose as being ‚to present a theory of international politics'. Elements of a theory are presented [in realism], but never a theory. He confused the problem of explaining foreign policy with the problem of developing a theory of international politics.*" Morgenthaus Versuch zur Theoriebildung, so Waltz, sei deswegen gescheitert, „*[because] he was forestalled by his belief that the international political domain cannot be marked off from others for the purpose of constructing a theory*".[2]

Trotz heftiger Kritik an Morgenthau wollte Waltz den Boden des Realismus nicht verlassen. Im Gegenteil hat er sich entschlossen, auf der Grundlage der Lehre von Morgenthau eine neue Theorie aufzubauen, was ihm auch mit der Entwicklung seines „Strukturalismus/Neorealismus" gelungen ist. In diesem Kontext scheint es angebracht, zu fragen, inwiefern der Strukturalismus oder der Neorealismus in der Ausprägung von Waltz noch als „realistisch" betrachtet werden kann und wie er sich vom Klassischen Realismus unterscheidet.

---

1 In der Tat handelt es sich bei diesem Werk um das Hauptwerk von Kenneth Waltz: Theory of International Politics, Reading, Mass. 1979. Ob sein früheres Buch „Man, the State and War" (New York 1954) als ein neorealistischer Klassiker gelten kann, ist umstritten.

2 Waltz, Kenneth N.: Realist Thought and Neorealist Theory, in: Journal of International Affairs 44:1 (1990), S. 21–37 (S. 26); zum Theorieverständnis von Waltz siehe auch: Waltz, Kenneth N.: Theory of International Politics, a. a. O., S. 122f.

https://doi.org/10.1515/9783486855081-005

Konkret werden wir auf folgende vier Fragen eingehen:

1. Welche Grundannahmen des Klassischen Realismus wurden von Waltz übernommen? Oder anders formuliert: Wo und in welchen Kategorien ist die intellektuelle Kontinuität zwischen Morgenthau und Waltz zu sehen?
2. Welche Grundannahmen des Politischen Realismus wurden vom Strukturalismus verworfen? Oder anders gefragt: In welchen Bereichen hat sich Waltz deutlich vom Klassischen Realismus distanziert?
3. Welche Grundannahmen des Klassischen Realismus wurden von Waltz modifiziert? Oder anders formuliert: Inwiefern präzisierte der Strukturalismus von Waltz die Grundannahmen des Politischen Realismus von Morgenthau?
4. Was ist die innovative Leistung, die der Neorealist Waltz gegenüber dem Klassischen Realismus erbracht hat? Oder anders formuliert: Inwiefern hat Waltz die realistische Theorie intellektuell und kreativ weiterentwickelt?

5.1 Kontinuität zwischen dem Klassischen Realismus und dem Neorealismus

Die entscheidende Kontinuität zwischen dem Politischen Realismus von Morgenthau und dem Strukturalismus von Waltz liegt darin, dass letzterer das pessimistische Weltbild des ersten übernommen hat. Genauso wie die klassischen Realisten gehen die Neorealisten davon aus, dass die Beziehungen zwischen den Staaten nicht durch ein Herrschaftsverhältnis, sondern durch Anarchie gekennzeichnet sind.

Dementsprechend nimmt Waltz an, dass Konflikte die zwischenstaatlichen Beziehungen dominieren. „*Among states*“, so behauptet Waltz, „*the state of nature is a state of war.*“ Der Krieg findet zwar nicht immer statt, jedoch muss unter den Bedingungen der Anarchie stets mit ihm gerechnet werden. Denn in der Anarchie, in der keine übergeordnete Instanz mit Sanktionsgewalt existiert, entscheidet jeder Staat autonom und souverän darüber, ob er Gewalt gegen andere anwendet, um seine Sicherheit und seine Chance zum Überleben zu bewahren. Es gebe, so die Neorealisten, keine Garantie, nicht von außen angegriffen zu werden, da es keine übergeordnete Instanz gebe, die die Staaten effektiv von Gewaltanwendung abhalten könne.

Nach Waltz unterscheidet sich das internationale System vom nationalen nicht dadurch, dass es auf der internationalen Ebene immer zur Gewaltanwendung kommt. Gewalt, so baut Waltz seine Theorie auf, werde innerhalb eines Staates oft in höherem Maße als auf der internationalen Ebene angewendet. Aber auf nationaler Ebene habe der Staat die Gewaltanwendung monopolisiert und mache dadurch Selbsthilfe überflüssig bzw. nicht zur Regel. Jeder Bürger könne davon ausgehen, dass der Staat das legitime Gewaltmonopol innehält und ihn vor Angriffen schützen kann oder diese effektiv sanktioniert. Hingegen fehlt im internationalen System mit seiner anarchischen Grundordnung eine solche Sicherheitsgarantie und eine übergeordnete Sanktionsinstanz mit Gewaltmonopol. Dies zwinge die Staaten dazu, sich selbst zu helfen, da sie sich nicht auf äußere Hilfe verlassen können. Das internationale System zeichnet sich folglich durch seinen Charakter als Selbsthilfesystem aus, wo gleichberechtigte Einheiten (Staaten) in einer anarchischen Ordnung existieren.

Diesen Gedanken machte Waltz deutlich mit der folgenden Ausführung: *„To achieve their objectives and maintain their security, units in a condition of anarchy – be they people, corporations, states or whatever – must rely on the means they can generate and the arrangements they can make for themselves. Self-help*“, so Waltz, *„is necessarily the principle of action in an anarchic order.*“[3]

Aus diesen Überlegungen ziehen die Neorealisten die pessimistische Schlussfolgerung, dass es nicht möglich sei, das Prinzip der Selbsthilfe zu überwinden, solange in der internationalen Politik Anarchie herrscht. Wer versucht, auf Selbsthilfe zu verzichten, muss damit rechnen, dass die Staaten *„erobert, geteilt und beherrscht werden, also aufhören zu existieren.*“[4]

Nach den Neorealisten ist diese Kalkulation bei den Staaten so beständig, dass sie sich nie bereit erklären können, auf Selbsthilfe zu verzichten. *„[The] Self-help system*“, so argumentiert Waltz, *„is one in which those who do not help themselves, or who do so less effectively than others, will fail to prosper, will lay themselves open to dangers, will suffer.*“[5]

5.2 Die verworfene Anthropologie

Wir erinnern uns: für Morgenthau gilt *„Conflict and war [are] rooted in human nature.*“ In seiner realistischen Theorie ist der Mensch ein von Natur aus „böses“, „egoistisches“ und „machtbesessenes“ Wesen. Dieses negative Menschenbild des Klassischen Realismus haben die Neorealisten verworfen. Im Gegensatz zu Morgenthau, der seinem Realismus die anthropologischen Grundannahmen von Niebuhr zugrunde legt, bauen die Neorealisten mit ihrer Theorie auf der „micro theory“ von Adam Smith[6] auf.

Waltz war offensichtlich von dieser Theorie begeistert. So weist er mit hoher Anerkennung der Aussagekraft der Smith-Theorie zu ordnungsgenerierenden Wirkungen

3 Waltz, Kenneth N.: Theory of International Politics, a. a. O., S. 102ff, S. 111ff.; Ders.: From Theory of International Politics, in: Vasquez, John A. (Hrsg.): Classics of International Relations, 2. Aufl., Englewood Cliffs 1990, S. 287–293 (S. 290ff).

4 Weede, Erich: Der ökonomische Erklärungsansatz in der internationalen Politik, in: Politische Vierteljahresschrift 30 (1989), S. 254–272 (S. 256).

5 Waltz, From Theory, a. a. O., S. 291.

6 Die Wirtschaftstheorie von Adam Smith erklärt den Mechanismus der Entstehung des Marktes zwischen Nachfrage und Angebot. Dabei wird die Selbstregulierungsfähigkeit des Marktes durch die Marktpreisbildung stark betont. Zu einer kurzen, aber prägnanten, Darstellung der Theorie von Adam Smith vgl. Schirm, Stefan A.: Internationale Politische Ökonomie, Baden-Baden 2004, S. 18ff.

des Wettbewerbs unter den einzelnen Marktteilnehmern darauf hin, dass „*classical economic theory, developed by Adam Smith and his followers, is micro theory [...]. Microeconomic theory describes how an order is spontaneously formed from the self-interested acts and interactions of individual units – in this case, persons and firms*“.[7]

Was Kenneth Waltz offenbar besonders an dieser Mikroökonomietheorie interessiert hat, ist ihr „famous economic man“. Dieser „Wirtschaftsmensch“ wurde als ein „single-minded maximizer“ charakterisiert. Er denkt rational, ist gut informiert, strebt danach sein berechtigtes Interesse zu maximieren, kennt aber auch seine Grenzen. Auch wenn Waltz zugibt, dass ein solcher „economic man“ in der Wirtschaftsrealität eigentlich nicht existiert, betrachtet er diese Annahme als „useful in the construction of theory“. Für Waltz ist es daher sekundär wichtig, ob ein Marktteilnehmer tatsächlich jederzeit und überall wie ein „economic maximizer“ agiert oder agieren kann. Entscheidend ist sein von Adam Smiths „economic man“ inspiriertes Postulat vom Staat als „self-interested“ and „greed-driven economic man“[8], der immer darauf achtet, sein Nationalinteresse zu maximieren. In diesem Postulat hat Morgenthaus anthropologische Erklärung keinen Platz mehr. Es ist nicht mehr die schlechtartige, machtversessene menschliche Natur, die die Handlungslogik der Staaten im anarchischen internationalen System bestimmt, sondern vielmehr das rationale Kalkül eines in ökonomischer Rationalität denkenden Akteurs unter dem Druck des Sicherheitsdilemmas.

Durch diesen rationalen und Nutzen maximierenden Menschen wurde Morgenthaus angeborener Egoist ersetzt. Durch Übertragung dieser Konzeption auf die als geschlossen gedachte Einheit „Staat“ wird ein internationales System angenommen, das aus Akteuren besteht, die die eigene Sicherheit im Kontext der von Anarchie und Machtverteilung bestimmten Struktur aufrechterhalten wollen.[9]

5.3 Der modifizierte Machtbegriff

Wir erinnern uns daran, dass Morgenthau angenommen hat: „*Internationale Politik ist, wie alle Politik, ein Kampf um die Macht.*“ Mit anderen Worten wird Macht von dem Klassischen Realismus als das höchste Ziel des staatlichen Handelns definiert. „*For Morgenthau, as for Hobbes*“, so merkte Waltz an, „*even if one has plenty of power and is secure in its possession, more power is nevertheless wanted.*“[10]

In der Tat hat Morgenthau eine unbegrenzte und unbedingte Vermehrung der Macht als die höchste Priorität der Außenpolitik angesehen, indem er sagte: „*Since the desire to attain a maximum of power is universal, all nations must always be afraid that*

7 Waltz, Theory of International Politics, a.a.O, S. 89; Ders., From Theory, a. a. O., S. 288f.

8 Ders., Theory of International Politics, a.a.O, S. 90–91.

9 Vgl. Ders., From Theory, a. a. O., S. 288f.

10 Waltz, Realist Thought, a. a. O., S. 35.

their own miscalculations and the power increases of other nations might add up to an inferiority for themselves which they must at all costs try to avoid.“[11]

Dieses klassische Machtverständnis hat von den Neorealisten eine erhebliche Modifizierung erfahren. Vor allem wird Macht nicht mehr als das höchste Ziel des außenpolitischen Handelns des Staates angesehen. Vielmehr reduziert der Neorealismus die grundlegende Zielsetzung der Staaten in der internationalen Politik von Machtvermehrung auf Sicherheitsgewährleistung. Für Waltz und seine neorealistischen Gleichgesinnten liegt das fundamentale Interesse des Staates nun in der Sicherheit, die das Überleben garantieren soll. „*Survival*“, so Waltz ausdrücklich, „*is a prerequisite to achieving any goals that states may have, other than the goal of promoting their own disappearance as political entities. The Survival motive is taken as the ground of action in a world where the security of states is not assured.*“[12]

Der neorealistische Ansatz leugnet zwar nicht, dass der Staat Macht braucht, um Sicherheit zu gewährleisten, aber Macht als Zweck der Politik wird nicht mehr anerkannt. Vielmehr soll Macht nach Ansicht der Neorealisten nur als Mittel zum Zweck dienen. Macht wurde nun als ein Kriterium angesehen, über das entschieden wird, welche Position der Staat im internationalen System einnimmt. Ihr wird auch die Bedeutung zugesprochen, den Staat zu befähigen, seine grundlegende Aufgabe, die aus der anarchischen Struktur entsteht, nämlich das eigene Überleben zu sichern, zu erfüllen. Aber Macht ist nicht mehr das vorrangige Ziel, das das Gesamtverhalten in der Außenpolitik des Staates bestimmt. Ihre Bedeutung und ihre Wichtigkeit werden allein von der Struktur des internationalen Systems bestimmt.

In diesem Zusammenhang wird der Machtbegriff des Klassischen Realismus inhaltlich dahingehend modifiziert, dass Macht nicht mehr als „*Herrschaft über das Denken und Handeln der anderen*“, sondern als „*combined capability of a state*“ verstanden wird. Aufgrund dieses Machtverständnisses geht der Neorealismus davon aus, dass Macht kein Selbstzweck, sondern nur Mittel zum Zweck ist. Bezogen auf die Struktur des internationalen Systems bedeutet dies, dass den Staaten daran gelegen ist, ihre relative Stellung gegenüber anderen Staaten zu bewahren, ihre Position beizubehalten oder weiter zu verbessern. Nicht ein in der menschlichen Natur wurzelndes, diffuses Machtstreben, sondern die sich aus der Struktur ergebende Notwendigkeit, sich als autonom und unabhängig im anarchischen System gegenüber anderen zu behaupten und gegen die ständige Gefahr, Opfer der Gewaltanwendung anderer zu werden, gegenzusteuern, bestimmt das Verhalten der Staaten.

Im Unterschied zum Klassischen Realismus, der eine unbegrenzte Vermehrung der Macht als notwendig und wünschenswert betrachtet, erscheint dem Neorealismus ein Niveau an Macht bereits dann als angemessen, wenn es in der Lage ist, die Sicherheit

---

11 Morgenthau, Hans J.: Politics Among Nations, 5. Aufl., New York 1972, S. 208. Zitiert nach Waltz, ebenda.

12 Waltz, From Theory, a. a. O., S. 289.

zu gewährleisten. Ein unbedingtes Streben nach Macht wird aus der Überlegung heraus abgelehnt, dass ein Zuviel an Macht die nationale Sicherheit gefährden könnte. „*Neorealists, rather than viewing power as an end in itself*", so argumentiert Waltz, „*see power as a possibly useful means, with states running risks if they have either too little or too much of it. Weakness may invite an attack that greater strength would dissuade an adversary from launching. Excessive strength may prompt other states to increase their arms and pool their efforts. Power is a possibly useful means, and sensible statesmen try to have an appropriate amount of it. In crucial situations, the ultimate concern of states is not for power but for security. This is an important revision of realist theory.*"[13]

5.4 Strukturelles Denken: Das innovative Element

Das innovative Element, welches der Neorealismus gegenüber dem Klassischen Realismus entwickelt hat, liegt in seiner strukturellen Sichtweise der internationalen Politik. Obwohl er nach wie vor die Staaten als die Hauptakteure der internationalen Politik betrachtet, lehnt der Neorealismus die akteurszentrische Sichtweise des Klassischen Realismus ab. Für die Neorealisten haben die Intentionen und Motivationen, die einen Staat zum außenpolitischen Handeln veranlassen, keinen direkten Einfluss auf das internationale Geschehen.

Die Neorealisten bestreiten zwar nicht, dass das grundlegende Motiv, die Sicherung des eigenen Überlebens, den Staat ständig antreibt zu handeln. Aber wie er handeln kann, sollte oder muss, wird nicht von seinen Motivationen und internen Charakteristika, sondern von der Struktur des internationalen Systems vorbestimmt. Die vorhandene Struktur, in die die Staaten eingebettet sind, wirkt auf diese insoweit, als sie dem Handeln der Staaten Beschränkungen auferlegt.

Den äußeren Bedingungen unterworfen, haben die Staaten bei der Verfolgung ihrer Zielsetzung nur eine äußerst begrenzte Optionsauswahl. Daher, so Waltz, lassen sich Ergebnisse der Interaktionen zwischen Staaten nur durch Analyse der internationalen Struktur erklären. Wenn man die Struktur und die von ihr ausgehenden Beschränkungen auf die Staaten durch Untersuchungen erkennt, vermag man nach Ansicht der Neorealisten sogar das Handeln der einzelnen Staaten und das Ergebnis der internationalen Politik, wenn nicht präzise, so doch innerhalb einer gewissen Bandbreite vorherzusagen.[14]

Damit wurde eine Art von „Strukturzwängen" (structural constraints)[15] postuliert, die unsichtbar, aber doch wirkungsvoll, die Vorgänge der internationalen Politik beeinflussen. Da die Staaten diese Strukturzwänge nicht aufheben und sich deswegen

13 Waltz, Realist Thought, a. a. O., S. 36.
14 Vgl. hierzu: Waltz, Theory of International Politics, a. a. O., S. 69ff.
15 Ebenda, S. 109.

nur anpassen können, haben die innenpolitischen Prozesse oder Aspekte wie Regierungsform, vorherrschende Weltanschauung, interne Machtkämpfe, soziale Konflikte, subjektive Vorstellungen außenpolitischer Eliten etc. keinen direkten Einfluss auf den Ausgang der Interaktionen auf internationaler Ebene wie Krieg, Frieden, Kooperation oder Integration. Daher, so die Neorealisten, sollten diese staatsinternen Aspekte nicht herangezogen werden, um das internationale Geschehen zu erklären. Der einzelne Staat sei als eine „black box" zu betrachten, in der endogene Faktoren für das außenpolitische Verhalten nicht von Bedeutung sind.

„*Variations in the quality of the units*", so erklärt Waltz in diesem Zusammenhang, „*are not linked directly to the outcomes their behavior produces, nor are variations in the patterns of interaction. [...] Neorealism contends that international politics can be understood only if the effects of structure are added to traditional realism's unit-level explanations.*" Die Neorealisten glauben, dass viele internationale Phänomene, die mit Hilfe des Klassischen Realismus nicht erklärt werden können, sich nun im Licht des Neorealismus erklären lassen. „*Realists*", so Waltz, „*cannot explain the disjunction between supposed causes and observed effects, but neorealists can. Neorealism develops the concept of a system's structure and enables [the people] to see how the structure of the system, and variations in it, affect the interacting units and the outcomes they produce. International structure emerges from the interaction of states and then constrains them from taking certain actions while propelling them toward others.*"[16]

Diese starke Betonung der „Strukturzwänge" veranlasst wissenschaftliche Kreise, den Neorealismus auch als „Strukturellen Realismus" zu bezeichnen, obwohl Waltz selbst den Ausdruck „Neorealismus" bevorzugt. Aber er gesteht ein, dass gerade der strukturelle Aspekt das ausmacht, was seinen Neorealismus vom Klassischen Realismus unterscheidet. „*The idea that international politics can be thought of as a system with a precisely defined structure is neorealism's fundamental departure from traditional realism*", so Waltz zu dieser Frage.[17]

Wie ist es den Neorealisten gelungen, in der internationalen Anarchie, die ja per definitionem strukturlos sein sollte, eine Struktur zu postulieren? Anders gefragt: Wie kann aus Anarchie, die selbst strukturlos ist, eine Struktur entstehen? Bei der Lösung dieser scheinbar unlösbaren Aufgabe hat Waltz auf die Wirtschaftswissenschaft zurückgegriffen und sich wieder von der „micro theory" inspirieren lassen. Dabei nimmt er das von ihm als das zweite Element der „micro theory" definierte Konzept des Marktes unter die Lupe und entwickelt in Analogie zur Entstehung eines Marktes sein Postulat der Entstehung der internationalen Struktur. Da seine Idee von „Strukturzwängen" und den damit zusammenhängenden Effekten für das außenpolitische Handeln der Staaten im Wesentlichen durch Auseinandersetzung mit der „micro theory" entstanden

16 Waltz, Realist Thought, a. a. O., S. 29ff.
17 Ebenda, S. 30.

ist, scheint es interessant und hilfreich zu sein, zu zeigen, wie er versucht hat, ein wirtschaftswissenschaftliches Konzept auf die Analyse der internationalen Politik zu übertragen.

Zuerst geht Waltz davon aus, dass ein Markt, bevor er sich konstituiert hat, auch keine Struktur aufweist. „*The market arises out of the activities of separate units – persons and firms – whose aims and efforts are directed not toward creating an order but rather toward fulfilling their own internally defined interests by whatever means they can muster.*“[18]

An dieser Stelle scheint Waltz besonders daran interessiert zu sein, darauf hinzuweisen, dass jeder Teilnehmer des Marktes ein autonomer und unabhängiger Akteur ist. „*The individual*“, so stellt Waltz fest, „*acts for itself. From the coaction of like units emerges a structure that effects and constrains of them. Once formed, a market becomes a force in itself, and a force that the constitutive units acting singly or in small numbers cannot control.*“[19]

Das Charakteristische an diesem Mechanismus liegt aus seiner Sicht darin, dass das Ergebnis, welches der Markt hervorbringt, etwas völlig anderes darstellt als jeder Teilnehmer ursprünglich intendiert hat. Die Interaktion im Markt erzeugt eine Struktur, welche sich nicht mit den Intentionen der individuellen Akteure deckt. „*If a laissez-faire economy is harmonious it is so because the intentions of actors do not correspond with the outcomes their actions produce. Each would like to work less hard and price his product higher. Taken together, all have to work harder and price their products lower. Each firm seeks to increase its profit; the result of many firms doing so drives the profit rate downward. Each man seeks his own end, and in doing so, produces a result that was not part of his intention. Out of the mean ambition of its members, the greater good of society is produced.*“[20]

In Anlehnung an diesen ökonomischen Mechanismus merkt Waltz an, dass eine internationale Struktur genauso wie ein Markt aus Interaktionen zwischen autonomen Akteuren entstehen könne. Aus diesen Interaktionen entstehe zwangsläufig eine Struktur, obwohl keiner der Akteure ursprünglich die geringste Absicht hatte, eine Struktur zu erzeugen, die sie später in ihren Handlungen einschränkt. Aber nachdem sie in diese Struktur eingebettet seien, hätten sie keine andere Wahl, als sich den strukturellen Zwängen anzupassen, wenn sie in der Struktur überleben möchten. „*Whether those units live, prosper or die*“, so Waltz nüchtern, „*depends on their efforts.*“ Da im Vergleich zu einem Markt, dessen Rahmenbedingungen durch gesetzliche Vorschriften doch einigermaßen geregelt werden, das internationale System noch anarchischer ist, stellt Selbsthilfe nach der neorealistischen Ansicht für die Staaten ein unverzichtbares Prinzip dar, das sie bei der Anpassung an die Strukturzwänge verfolgen müssen.

---

18 Waltz, From Theory, a. a. O., S. 288.

19 Waltz, Theory of International Politics, a. a. O., S. 90.

20 Ebenda, S. 90.

5.5 Machtverteilung als Kriterium zur Strukturbildung

Aber was genau versteht Waltz unter der „Struktur“ des internationalen Systems? Für ihn ist die Frage nach der Struktur eines Systems gleich der nach dem Anordnungsverhältnis, wie die Parteien innerhalb eines Systems zueinander stehen. „*Structural questions are questions about the arrangement of the parts of a system.*“[21] Vereinfacht gesagt: Struktur bedeutet für Waltz die Art und Weise, wie Systemelemente in einem Arrangement oder einer Anordnung zueinander stehen und welche Position sie in der Struktur einnehmen. Die Struktur ergibt sich also aus dem Arrangement und der Anordnung der Systemelemente und definiert sich über diese. In diesem Sinne spricht er von Struktur als „*positional picture*“.[22]

Dieses Grundverständnis von Struktur auf die internationale Ebene übertragend, vertritt Waltz die Auffassung, dass unter der Bedingung der Anarchie, die als ein Ordnungsprinzip des internationalen Systems gelten soll, sich das „*positional picture*“ durch die „*distribution of capabilities across units*“[23] ergibt. Die unterschiedliche Verteilung von relevanten „capabilities“ der Einheiten erzeugt die Struktur in der sich die Einheiten wiederfinden. Kleinere Staaten, die keine ausreichenden „capabilities“ besitzen, haben für Waltz nur äußerst begrenzte strukturbildende Funktion. Die strukturbildende Fähigkeit spricht er nur den großen Mächten mit ausreichend „capabilities“ zu: „*So long as the major states are the major actors, the structure of international politics is defined in terms of them.*“[24] Unter „capabilities“ versteht Waltz, vereinfacht gesagt, all jene Ressourcen, die im Kontext des internationalen Systems relevanten Einfluss auf die Fähigkeit eines Staates haben Sicherheit und Unabhängigkeit zu erreichen, also letztlich Machtressourcen wie Militär, Bevölkerung, Wirtschaftskraft etc.

Aber wie lässt sich die Struktur eines internationalen Systems „in terms of major actors“ ermitteln? Die Methode von Waltz für diese Aufgabe lautet: „*Counting*“. Also abzählen, wie viele Großmächte es in einem internationalen System gibt. Dabei bleibt Waltz konsequent bei seiner Loyalität zur Logik der Marktwirtschaft: „*Market structure is defined by counting firms, international-political structure by counting states. In the counting, distinctions are made only according to capabilities.*“[25] Alle Staaten, welche sich nur durch ihre „capabilities“ unterscheiden, sollen also gezählt werden. Großmächte können definiert werden durch ihren, im Vergleich zu den anderen Einheiten, signifikant größeren Anteil an „capabilities“. An dieser Stelle bleibt Waltz in seinem Werk „Theory of international Politics“ allerdings vage, was die möglichst trennscharfe Distinktion von Großmächten und Nicht-Großmächten angeht. Es muss jedoch erwähnt werden, dass es

21 Ebenda, S. 88.
22 Ebenda, S. 99.
23 Ebenda, S. 99.
24 Ebenda, S. 94.
25 Ebenda, S. 99.

ihm weniger um die genaue Abgrenzung als mehr um die theoretischen Implikationen seiner Annahmen geht und die Abgrenzung fallabhängig erfolgen kann. Wichtig für Waltz ist der Einfluss auf die Struktur.

Die Anzahl der so nach „capabilities" ermittelten Großmächte bestimmt nach Waltz die Struktur eines internationalen Systems. Eine „unipolare Machtverteilung" liegt vor, wenn es nur eine einzige Supermacht gibt; wenn hingegen zwei besonders mächtige Staaten gleichzeitig existieren, spricht Waltz von einer „bipolaren Struktur"; falls aber die Anzahl der Großmächte, die in der internationalen Politik jeweils eine besonders wichtige Rolle spielen, mehr als zwei beträgt, ist das System durch eine „multipolare Machtverteilung" gekennzeichnet. Dementsprechend kennt der Strukturelle Realismus von Waltz im Grunde genommen nur drei mögliche Strukturen der internationalen Politik: Unipolarität, Bipolarität und Multipolarität.[26]

Unter diesen drei polaren Strukturen beinhaltet die Bipolarität aus der Sicht von Waltz das größte Stabilitätspotential. Seine Argumentation für eine bipolare Stabilität dreht sich im Großen und Ganzen um Sicherheit und Unabhängigkeit, also die zwei Kerninteressen, die die Neorealisten für die Staaten in der internationalen Politik entdeckt haben. Eine multipolare Struktur, so Waltz, weist deswegen ein größeres Instabilitätspotential auf, weil man in einer solchen Konstellation nie mit Sicherheit kalkulieren kann, woher die Bedrohung für die eigene Sicherheit kommen könnte, ein Problem, das eine bipolare Struktur in dieser Form nicht kennt. *„In the great power politics of bipolar worlds, who is a danger to whom is never in doubt"*, so Waltz zu dieser Problematik.[27]

Im Vergleich zu einer bipolaren Struktur sieht Waltz den entscheidenden Nachteil einer unipolaren Struktur darin, dass den Staaten unter der Herrschaft eines Hegemons ständig die Gefahr drohe, ihre Unabhängigkeit wegen einer erzwungenen funktionalen Aufgabenaufteilung im Rahmen einer vom Hegemon angeordneten Kooperation zu verlieren. Aus seiner Sicht ist eine solche unabhängigkeitsbeeinträchtigende funktionale Kooperation unter einer hegemonialen Führerschaft mit den „virtues of anarchy" und damit mit dem Prinzip der „self-help" kaum vereinbar.[28]

Waltz ist zwar ein leidenschaftlicher Anhänger, aber kein Erfinder der Gleichgewichtstheorie. Die Tatsache, dass er sich bei der Begründung seines Strukturellen Realismus intensiv auf die Gleichgewichtstheorie gestützt hat, bedeutet nicht, dass die Gleichgewichtstheorie sich erst durch den Neorealismus entfaltet hat. Im Gegenteil wurde sie bereits von den Vordenkern des Neorealismus in einer ausgereiften Form und mit ergiebigen Inhalten entwickelt, noch bevor Waltz begann, seinen

26 Zum Polaritätsverständnis von Kenneth Waltz vgl. insbesondere: Waltz, Theory of International Politics, a. a. O., S. 129–138.

27 Ebenda, S. 170.

28 Vgl. hierzu: Ebenda, S. 111.

Strukturellen Realismus zu begründen. Tatsächlich war Morgenthaus Auseinandersetzung mit dem Phänomen „Machtgleichgewicht" nicht minder wertvoll und anregend als die von Waltz.[29]

Die spezifische Theorieleistung, die Kenneth Waltz zuzuschreiben ist, ist daher eine andere. Es ist die analytisch saubere Trennung von „Internationaler Politik" und „Außenpolitik", die den Theorien der internationalen Politik einen systematischen Charakter und damit eine „elegance" im Sinne von „*explanations and predictions*" (Kenneth Waltz[30]) verliehen hat. Ihm ist es gelungen, die internationale Politik als ein von den nationalen Außenpolitiken und deren Interaktionen unabhängiges System mit eigenen Strukturen zu erfassen und deren prägende Wirkungen auf das Verhalten der Nationalstaaten als Systemteilnehmer zu entdecken. Wenn es zutrifft, dass Morgenthau es geschafft hat, nationale Außenpolitik von individuellen moralischen Vorstellungen zu befreien, so befreite Waltz die internationale Politik von der begrifflichen Verwicklung mit nationaler Außenpolitik.

Die eigenständigen Strukturen des internationalen Systems und deren Zwänge für die Staaten kennzeichnen das intellektuelle Patent des Strukturellen Realismus. Eingebettet in unipolare, bipolare oder multipolare Strukturen der internationalen Politik kann kein souveräner Staat so souverän handeln wie er will. In diesem Sinne wird hier noch eine prägnante Aussage von Waltz zitiert, um die Wirkungen der „Systemzwänge" zu veranschaulichen:

„To say that states are sovereign is not to say that they can do as they please, that they are free of other's influence, that they are able to get what they want. Sovereign states may be hard pressed all around, constrained to act in ways they would like to. [...] To say that a state is sovereign means that it decides for itself how it will cope with its internal and external problems, including whether or not to seek assistance from others and in doing so to limit its freedom by making commitments to them."[31]

5.6 Die „Verfeinerer" des Neorealismus

Kenneth Waltz hat das realistische Denken zwar entscheidend vorangetrieben, jedoch hat sich sein Neorealismus als eine Theorie erwiesen, die an verschiedenen Stellen logische, inhaltliche und methodische Mängel aufweist, auf die auch die späteren Kapitel implizit oder explizit eingehen werden. In der Tat waren es diese Defizite,

29 Allerdings war Morgenthau bei der Beurteilung der stabilisierenden Wirkung des Gleichgewichts viel skeptischer als Waltz. Für Morgenthau könne ein System mit Gleichgewicht wegen seiner systemischen „Ungewissheit", „Unwirklichkeit" und „Unzulänglichkeit" leicht versagen. Zu Morgenthaus Beitrag zur Gleichgewichtstheorie vgl. ausführlich: Morgenthau, Hans J.: Macht und Frieden. Grundlegung einer Theorie der internationalen Beziehungen, Gütersloh 1963, S. 145–197.

30 Waltz, Theory of International Politics, a. a. O., S. 68.

31 Ebenda, S. 96.

die viele nicht-realistisch denkende Wissenschaftlerinnen und Wissenschaftler eingeladen haben, den Neorealismus in Frage zu stellen, sowohl ontologisch, als auch epistemologisch. Provokant formuliert kann gesagt werden, dass nahezu alle heutigen theoretischen Auseinandersetzungen in der Lehre der Internationalen Beziehungen die Kritik am Neorealismu als Ausgangspunkt hatten. Diese Angriffswellen haben wiederum eine Reihe von realistisch gesinnten Autoren provoziert und stimuliert, das neorealistische Denken zu vertiefen, zu präzisieren und weiterzuentwickeln.

Auch wenn sich nicht jeder von ihnen bei der Theoriedebatte explizit als „Neorealist" bezeichnet oder bezeichnen will, laufen ihre Arbeiten praktisch auf eine „Verfeinerung" des neorealistischen Denkens hinaus, das Waltz entwickelt hat. In diesem Zusammenhang sind insbesondere drei solche „Theorieverfeinerer" des Neorealismus zu erwähnen:

Joseph M. Grieco und sein Ansatz der *„defensive state positionality"*

Das Postulat des Staates als eines *„defensive positionalist"*, das der Neorealist Joseph M. Grieco bei den Auseinandersetzungen mit den Institutionalisten entwickelt hat, ist eine Präzisierung der Logik der Selbsthilfetheorie von Kenneth Waltz. Die Kernthese der Selbsthilfe des Neorealismus ist zwar in sich schlüssig, hatte aber erhebliche Probleme, das Phänomen der zwischenstaatlichen Kooperationen plausibel zu erklären. Bis Joseph M. Grieco 1988 seine Abhandlung „Anarchy and the Limits of Cooperation: A Realist Critique of the Newest Liberal Institutionalism" veröffentlichte,[32] schien der Neorealismus nicht in der Lage zu sein, die institutionalistische Behauptung wirkungsvoll zu entkräften, wonach Staaten in einem durch Anarchie geprägten internationalen System nicht zwangsläufig auf Selbsthilfe zurückgreifen müssten, sondern vielmehr durch Kooperation Unsicherheit und Misstrauen abbauen könnten.

Den von den Institutionalisten thematisierten logischen Widerspruch zwischen „Selbsthilfe" und „Kooperation" versuchte Grieco mit seinem Ansatz der *„defensive state positionality"* zu beheben. Dabei griff er den Gedanken „relativer Gewinne" von Kenneth Waltz[33] auf und wies darauf hin, dass Staaten nur willig seien zu kooperieren, wenn sie durch Kooperation mehr gewinnen können als ihre Partner. Genau in diesem Sinne betrachtet Grieco internationale Kooperation nicht als Widerspruch zu der von Neorealisten postulierten Zwangsläufigkeit der Selbsthilfe, sondern als eine Funktion oder Form der Selbsthilfe.

---

32 Grieco, Joseph M.: Anarchy and the Limits of Cooperation: A Realist Critique of the Newest Liberal Institutionalism, in: International Organization 42:3 (1988), S. 485–507.

33 1979 wies Waltz in seinem Werk darauf hin, dass die Sorge um relative Gewinne die Staaten daran hindern könnte, mit anderen Staaten zu kooperieren: „When faced with the possibility for cooperation for mutual gain, states that feel insecure must ask how the gain will be divided. They are compelled to ask not ‚Will both of us gain?' but ‚Who will gain more'", Waltz, Theory of International Politics, a. a. O., S. 105.

Begrifflich präzisierte Grieco die von Waltz angenommene Sorge der Staaten um Positionsverschlechterung durch Kooperation, indem er eine „*defensive state positionality*" postulierte. Aus der neorealistischen Annahme vom Überlebenszwang für den Staat in einem anarchischen System leitete er ab, dass Staaten vom Charakter her nicht „*atomistic*", sondern „*positional*"[34] sind, mit der Kernbedeutung, dass Staaten bei Veränderungen im Positionsverhältnis stets empfindlich seien und dazu tendieren, der Machtvermehrung anderer Staaten vorzubeugen. „*State positionality*", so Grieco, „*engenders a ‚relative gains problem' for cooperation. That is, a state will decline to join, will leave or will sharply limit its commitment to a cooperative arrangement if it believes that partners are achieving, or are likely to achieve, relatively greater gains.*"[35]

Die Logik der „*defensive state positionality*" bewirkt nach Grieco, dass sich die Staaten bei der Angelegenheit internationale Kooperation äußerst vorsichtig verhalten. Seiner Ansicht nach werden die Staaten zwischenstaatliche Kooperation aus drei Gründen als riskant betrachten:

- Erstens können die Staaten nicht mit Sicherheit davon ausgehen, dass ihre Kooperationsbereitschaft von den potentiellen Partnern erwidert wird. „*Da es keine übergeordnete Instanz gibt, welche die Einhaltung internationaler Abmachungen gewährleisten könnte, besteht immer die Möglichkeit, dass ein Partner die Abmachung bricht und damit vom kooperativen Verhalten des Partners profitiert, ohne selbst die versprochene Gegenleistung zu erbringen.*"[36]
- „*Zweitens befürchten Staaten oft, dass andere Staaten von der Zusammenarbeit mehr profitieren als sie selbst.*" Insbesondere wird die Angst vor der Gefahr, „*dass ein Staat durch die Zusammenarbeit seine Machtposition gegenüber den Partnern so weit ausbauen kann, dass er ihnen später seinen Willen aufzwingen könnte*", die Staaten zur Vorsicht bei Kooperationen veranlassen.[37]
- Drittens „*sind Staaten immer bestrebt, funktionale Abhängigkeiten von anderen Staaten zu vermeiden*". Aus Angst vor einer Ausnutzung dieser Abhängigkeit

34 Grieco, Joseph M.: Anarchy and the Limits of Cooperation: A Realist Critique of the Newest Liberal Institutionalism, in: Baldwin, David A. (Hrsg.): Neorealism and Neoliberalism. The contemporary debate, New York, 1993, S. 116–140 (S. 127). Siehe auch: Grieco, Joseph M.: Understanding the Problem of International Cooperation: The Limits of Neoliberal Institutionalism, and the Future of Realist Theory, in: Baldwin, David A. (Hrsg.): Neorealism and Neoliberalism. The contemporary debate, New York, 1993, S. 301–338.

35 Grieco, Anarchy and the Limits of Cooperation, a. a. O., S. 128.

36 Zu einer hervorragenden Zusammenfassung der neorealistischen Positionen zu diesem Thema vgl. Hellmann, Gunther/Wolf, Reinhard: Systemische Theorien nach dem Ende des Ost–West-Konfliktes, in: Österreichische Zeitschrift für Politikwissenschaft 22:2 (1993), S. 153–167 (S. 157ff.).

37 Grieco, Anarchy and the Limits of Cooperation, a. a. O., S. 127ff.

durch andere Staaten „*verzichten Staaten auf die Kostenvorteile, die möglich wären, wenn sie im Zuge internationaler Arbeitsteilung bestimmte Funktionen an andere Staaten abgäben*".[38]

Fest von der Ratio der Akteure überzeugt, geht Grieco davon aus, dass die Staaten sich nur für relative Gewinne interessieren und sich von absoluten Gewinnen distanzieren wollen, wenn sie Unsicherheiten in der Machtrelation zu den Kooperationspartnern mit sich bringen. Während es sich bei absoluten Gewinnen um Vorteile handelt, die die eigene Position gegenüber ihrem früheren Zustand, ungeachtet des weiteren Umfeldes, verbessern, beziehen sich die relativen Gewinne auf die Vorteile, die ein Staat in Relation zu seinem Partner erzielt. Bei den relativen Gewinnen geht es also darum, nicht einfach (absolut) zu gewinnen, sondern mehr Gewinne gegenüber anderen zu erzielen.

Nach Robert Reich gehört diese Rationalität zum „common sense" des neorealistischen Denkens. Eine von ihm selbst durchgeführte Untersuchung scheint seine Behauptung zu bestätigen. So hat er bei einer Umfrage Gruppen von graduierten Studenten, Investmentbankern, Bürgern in Massachusetts, Managern, höheren Mitarbeitern des State Department sowie von professionellen Ökonomen vor die fiktive Alternative gestellt, ob sie

- entweder als Resultat eines Kooperationsabkommens ein japanisches Wachstum von 75 % verbunden mit einem amerikanischen Wachstum von 25 %
- oder ob sie durch Ablehnung eines solchen Abkommens ein Wachstum in beiden Volkswirtschaften um nur 10 % vorzögen.

Das Ergebnis sah so aus: Mit einer Ausnahme entschied sich die Mehrheit in jeder Gruppe für die zweite Möglichkeit. Die Wirtschaftswissenschaftler, die die Ausnahme darstellten, wählten einstimmig die erste Möglichkeit und waren erstaunt, dass andere Amerikaner 15 % Wachstum verschenken wollten, nur um die Japaner in ihrer Entwicklung zu behindern.[39]

Für die Neorealisten wie Waltz und Grieco lieferte dieses Ergebnis ein Musterbeispiel dafür, dass sich der Staat nur kooperativ verhalten kann, wenn er von der Angst befreit wird, dass sich der Abstand zwischen ihm und dem Partner zu seinem Nachteil verändern würde. Der „*economic man*", dessen Pendant in der internationalen Politik der Staat ist, sei nicht einfach ein Gewinnsuchender, sondern ein mit dem Sinn von „*state positionality*" gefüllter „Gewinnmaximierer".

---

38 Hellmann, a. a. O., S. 157.

39 Vgl. hierzu: Reese-Schäfer, Walter: Neorealismus und Neoliberalismus in den internationalen Beziehungen. Zur empirischen Überprüfung einer These Immanuel Kants, in: Gegenwartskunde, Bd. 44, 1995, S. 449–460 (S. 456).

Er denkt und handelt nicht nur historisch-vertikal, indem er seine gegenwärtige Position mit dem früheren Zustand vergleicht, sondern auch strukturell-horizontal, indem er seine gegenwärtige und künftige Position in Relation mit der von anderen Staaten setzt.

Robert Gilpin und seine „cyclical theory of change"

Robert Gilpins „*cyclical theory of change*" kann als eine inhaltliche Dynamisierung der statischen Strukturtheorie von Kenneth Waltz betrachtet werden. Wir erinnern uns an eine Kernaussage von Waltz: „*The structure of a system changes with changes in the distribution of capabilities across the system units. And changes in structure change expectations about how the units of the system will behave and about the outcomes their interactions will produce.*"[40]

Dieser Annahme ist deutlich zu entnehmen, dass für Waltz die Machtverteilung zwischen den Staaten das Fundamentale seiner Theorie ausmacht: Ändert sich die Machtverteilung, ändert sich die Struktur des internationalen Systems; sollte sich die Struktur des internationalen Systems ändern, ändert sich auch das Verhalten der Staaten und das Ergebnis ihrer Interaktionen. So weit, so gut. Bis zu diesem Punkt wirkt die Theorie von Waltz in sich schlüssig und logisch. Aber warum sollte sich die Machtverteilung ändern und unter welchen Umständen? Eine überzeugende Antwort auf diese Frage, die eine grundierende Funktion für seinen Neorealismus haben sollte, ist Waltz schuldig geblieben.

Diese Lücke füllte Robert Gilpin mit seiner Theorie vom zyklischen Wandel des internationalen Systems. Der Kernbegriff von Gilpins „*cyclical theory of change*" ist „*systemic change*". Mit diesem Begriff bezeichnet er die Veränderung der Anzahl der Großmächte, deren „Arrangement" die Struktur des internationalen Systems im Sinne des Neorealismus ausmacht, und die Verschiebung der Identifizierung der dominanten Macht oder Mächte, die die Machtverteilung prägen. Für Gilpin kann sich die Machtverteilung deswegen verschieben, weil die Staaten, insbesondere die Großmächte, dazu tendieren, das vorhandene internationale System zu verändern, wenn sie zu der Überzeugung gelangen, machtpolitisch davon profitieren zu können. Gerade unter diesem Aspekt spricht Gilpin von einem „zyklischen Wandel" des internationalen Systems, mit der Bedeutung, dass es ständig Staaten gibt, die nach Vorteilen durch eine Machtverteilung streben.[41]

Wann und unter welchen Umständen kann sich die Machtverteilung eines existierenden internationalen Systems verschieben? Gilpins „*cyclical theory of change*", die u. a. folgende Kernaussagen beinhaltet, gibt dafür eine aufschlussreiche Antwort:

40 Waltz, Theory of international politics, a. a. O., S. 97.

41 Vgl. hierzu: Gilpin, Robert: War and Changes in World Politics, New York 1981, S. 10ff.

An international system is stable, if no state believes it profitable to change the system;
A state will attempt to change the international system if the expected benefits exceed the expected costs;
A state will seek to change the international system through territorial, political and economic expansion until the marginal costs of further change are equal to or greater than the expected benefits.[42]

Gilpins Auffassung von „*cyclical change*" ist begründet in seiner Überzeugung, dass Hegemonie in einem beliebig definierbaren internationalen System immer von einer neuen Großmacht ausgeübt wird. Die Logik dieser ständigen oder zyklischen Ablösung der hegemonialen Macht durch eine neue Macht liegt für ihn vor allem in einer Gesetzmäßigkeit, der, historisch betrachtet und ökonomisch erklärbar, sich noch keine hegemonialen Mächte entziehen konnten: Für eine hegemoniale Macht ist es unmöglich, ihren Machtvorsprung auf Dauer zu erhalten, da sie in der Regel langsamer wächst und saturierter ist als aufstrebende Staaten, so Gilpin.[43]

Susan Strange und ihre Theorie der „structural power"

Oberflächlich betrachtet, scheint es sehr problematisch zu sein, die britische Politikwissenschaftlerin Susan Strange (1923–1998), die als eine der maßgebenden Begründerinnen der modernen Disziplin „Internationale Politische Ökonomie"[44] gilt, als eine Neorealistin einzustufen. Sie brach nämlich alle Tabus für einen orthodoxen Neorealisten: Sie dachte nicht staatszentrisch, trennte nicht scharf zwischen dem Staat und dem Markt und lehnte es kategorisch ab, internationale Politik von nationalen Binnenstrukturen entkoppelt zu analysieren.

Dennoch müssen wir wohl respektieren, wenn Susan Strange sich selbst stets als „*new realist in the sub-field of international political economy*" verstanden hat.[45] Inhaltlich sah sie ihre Aufgabe bei der Theoriebildung darin, eine „*neue realistische Ontologie*"[46] zu entwickeln. Wie Robert Cox pointiert anmerkte, drehte sich die Theorie von Susan Strange im Wesentlichen um die Frage: „*Where does power lie?*"[47]

---

42 Ebenda, S. 10ff.

43 Vgl. hierzu: Gilpin, Robert: The Theory of Hegemonic War, in: Journal of International History 18 (1988), S. 591–613.

44 Vgl. hierzu: Strange, Susan: Political Economy and International Relations, in: Booth, Ken/Smith, Steve (Hrsg.): International Relations Theory Today, Oxford 1997, S. 154–174; Gilpin, Robert: The Political Economy of International Relations, Princeton 1987; Schirm, Stefan A.: Internationale Politische Ökonomie, Baden-Baden 2004, S. 43ff.

45 Vgl. hierzu: Griffiths, Martin: Fifty Key Thinkers in International Relations, London/New York 1999, S. 41.

46 Vgl. hierzu: Bieling, Hans-Jürgen: Internationale Politische Ökonomie, in: Schieder, Siegfried/Spindler, Manuela (Hrsg.): Theorien der internationalen Beziehungen, S. 361–389 (S. 368).

47 Cox, Robert: Approaches to World Order, Cambridge 1996, S. 183.

Stranges Motivation zur Identifizierung der Quellen der Macht, oder noch präziser formuliert, zur Herausarbeitung der ontologischen Beschaffenheit der Macht, entsprang offensichtlich ihrer Unzufriedenheit mit den neorealistischen Antworten auf diese Frage. In der Tat fällt Kenneth Waltz' machtontologische Antwort allgemein und undifferenziert aus. Für ihn liegt die Macht des Staates in „*size of population and territory, resource endowment, economic capabilities, military strength, political stability and competence.*" „*States*", so Waltz, „*spend a lot of time estimating one another's capabilities, especially their abilities to do harm.*"[48]

Susan Stranges Antwort auf diese Frage hat jedoch eine andere Qualität. Sie spricht von „*structural power*" als Quelle der Macht der Akteure, die in der internationalen Politik involviert sind, sei es ein Staat, ein international aufgestellter Konzern oder eine international agierende Organisation. Analytisch identifiziert sie vier in Wechselbeziehungen stehende, aber trennbare Grundstrukturen, aus denen Macht entspringen kann: Sicherheitsstruktur (security structure), Produktionsstruktur (production structure), Finanzstruktur (financial structure) und Wissensstruktur (knowledge structure).[49]

Dabei versteht Strange unter Macht die Fähigkeit zur Beeinflussung des Endergebnisses von internationalen Vorgängen, in denen die Akteure involviert sind. Je höher der Grad der Übereinstimmung zwischen dem Ergebnis der Vorgänge und den Präferenzen oder Erwartungen eines Akteurs, desto größer ist seine Macht.[50] In diesem Sinne spricht sie von „*structural power*" als einer unsichtbaren Macht: „*What is common to all kinds of structural power is that the possessor is able to change the range of choices open to others without apparently putting pressure directly on them to take one decision or to make one choice rather than others.*"[51]

Unter dem ontologischen Aspekt war Susan Stranges Konzept von „Struktureller Macht" ohne Zweifel eine Vertiefung und Erweiterung des Machtverständnisses des Neorealismus im Sinne von Kenneth Waltz' Strukturalismus. Im Lichte ihrer Theorie der „*structural power*" wurde Macht nicht mehr statisch, sondern dynamisch, nicht mehr relational, sondern strukturell, nicht mehr offensichtlich, sondern verborgen gesehen.

Abschließend soll an dieser Stelle auf den „*Neoclassical Realism*" von Schweller und Snyder und auf den „*Offensive Structural Realism*" von Mearsheimer hingewiesen werden. Beim „*Neoclassical Realism*" handelt es sich um eine Denkrichtung innerhalb

---

48 Waltz, Theory of International Politics, a. a. O., S. 131.

49 Strange, Susan: States and Markets, London 1988, S. 29ff.

50 Vgl. Strange, Susan: The Retreat of the State. The Diffusion of Power in the World Economy, Cambridge 1996, S. 17ff; Strange, Susan: Political Economy and International Relations, in: Booth, Ken/Smith, Steve (Hrsg.): International Relations Theory Today, Oxford 1997, S. 154–174 (S. 158ff).

51 Strange, Susan: States and Markets, London 1988, S. 29.

des Neorealismus, die, von Waltz abweichend, aber auf Morgenthau zurückgreifend, bei der Erklärung des Verhaltens der Staaten die Staatsmotivationen wieder verstärkt berücksichtigen will. Eines ihrer Kernkonzepte „balance of interests“ betont beispielsweise die ebenbürtige Bedeutung von Charakteristika des Staates und der Einstellungen seiner Führungselite im Vergleich zum Strukturzwang des internationalen Systems, wenn es um die Analyse außenpolitischen Verhaltens geht.[52]

Bei den Vertretern des „Offensiven Realismus“ handelt es sich vor allem um John Mearsheimer und seine Gleichgesinnten, denen Waltz' Neorealismus zu defensiv erscheint. Im Rahmen der Debatte um die Frage *„how much power is enough“* spricht Waltz sich für ein *„appopriate amount of power“* aus und betrachtet es als *„strategically foolish to pursue hegemony.“* Hingegen vertritt Mearsheimer eine deutlich offensivere Position: *„States should always be looking for opportunities to gain more power and should do so whenever it seems feasible. States should maximize power, and their ultimate goal should be hegemony, because that is the best way to guarantee survival“*, so Mearsheimer.[53]

In gewissem Sinne kann man auch den Neoklassischen Realismus und den Offensiven Realismus als eine Verfeinerung des Neorealismus betrachten. In der Tat erhielt der Neorealismus durch diese realistischen Varianten eine beeindruckende Ergänzung und Ausdifferenzierung. Jedoch vom Selbstanspruch her scheinen die Vertreter des Neoklassischen Realismus und des Offensiven Realismus sich eher als systematische Herausforderer des Neorealismus von Waltz denn als seine Aushilfe positionieren zu wollen. Daher kann man sie höchstens als „objektive Verfeinerer“ des Neorealismus interpretieren.

Obwohl Waltz weiterhin als der Hauptvertreter des Neorealismus gilt, wird seine Version des defensiven Realismus stets vom offensiven Realismus nach Mearsheimer abgegrenzt.[54] Zudem ist die interne Debatte zwischen offensiven und defensiven Realisten sehr dominant innerhalb des Neorealismus. Mearsheimers offensivem Realismus zufolge ist es für Staaten strategisch sinnvoll, so viel Macht wie möglich zu akkumulieren und bei Gelegenheit eine hegemoniale Stellung (in ihrer Region) anzustreben. Anders als Waltz, der davon ausgeht, dass das System jene Staaten durch Gegenmachtbildung auch bestrafen kann, wenn sie nach zu viel Macht streben, ist Mearsheimer der Auffassung, dass mehr Macht auch mehr Sicherheit für führende Staaten bedeutet.

---

52 Einen kurzen Überblick zum Neoklassischen Realismus gibt Colin Elman in seinem Aufsatz „Realism“, in: Griffiths, Martin (Hrsg.): International Relations Theory for the Twenty-First Century, London/New York 2007, S. 11–20, insbesondere S. 16f.

53 Mearsheimer, John J.: Struktural Realism, in: Dunne, Tim/Kurki, Milia/Smith, Steve (Hrsg.): International Relations Theories, Oxford 2007, S. 71–88.

54 Vgl. Schörning, Niklas. Neorealism, in: Schieder, Siegfried, Spindler, Manuela (Hrsg.). Theories of international Relations. New York 2014, S. 47; Daddow, Oliver. International relations theory. London 2017, S. 102ff.; Mearsheimer, John J. Structural Realism, in: Dunne, Tim, Milja Kurki, and Steve Smith (Hrsg.): International Relations Theories. Oxford 2016, S. 51–67.

In den letzten Jahren hat es vermehrt Versuche gegeben, die Ursachen der Spaltung zwischen offensivem und defensivem Neorealismus zu ergründen und diese zu überwinden. Hamilton und Rathbun versuchen, eine Erklärung für die unterschiedlichen Ansätze der beiden Ausrichtungen zu finden und damit auch eine tiefere gemeinsame Grundlage. Sie kommen dabei zu dem Ergebnis, das offensiver und defensiver Neorealismus sich aus unterschiedlichen internationalen Umfeldern ergeben – einer „competitive world“, in der vor allem Ressourcenknappheit das Verhalten der Staaten beeinflusst, sowie einer „dangerous world“, in der Unsicherheit das zentrale Problem ist.[55] Daraus leiten sie die Möglichkeit ab, eine einheitliche neorealistische Theorie auf der Basis von materiellen Faktoren zu schaffen.[56] Der defensive Neorealist Charles Glaser versucht mit seiner „*Rational Theory of International Politics*“[57] ebenfalls die konkurrierenden Weiterentwicklungen von Waltz' Werk in einer Theorie zu vereinen. Randall Schweller begrüßt diesen Versuch den Konflikt zwischen verschiedenen neorealistischen Ansätzen zu beenden, da die Beilegung des Konflikts aufgrund drängenderer Probleme für die Theorie längst überfällig sei. Seiner Meinung nach ist es Glaser zumindest aus theoretischer Sicht gelungen, zentrale Streitpunkte zu klären. Allerdings bleibe auch Glasers Theorie in der territorialen Balance-of-Power-Logik des 18. Jahrhunderts verhaftet, obwohl (Neo-)Realisten eigentlich die gemeinsame Herausforderung, das Machtverständnis an die Realität des 21. Jahrhunderts anzupassen, lösen müssten.[58]

Mearsheimer kritisiert Glasers theoretische Arbeit würde als normative Theorie zwar beschreiben, wie Staaten bzw. Politiker sich verhalten sollten, könne aber nicht erklären, wie man diese zu eben diesem Verhalten bringt, womit die Theorie für das Verständnis der realen Internationalen Politik nur von begrenztem Nutzen sei.[59] Diesen Vorwurf mangelnder Erklärungskraft formuliert allerdings Pashakhanlou ebenso gegen den offensiven Realismus Mearsheimers.[60] Die Debatte dauert somit weiter an. Welche Auswirkungen die unterschiedlichen Annahmen des offensiven und defensiven Neorealismus für empirische Untersuchungen haben, lässt sich momentan insbesondere an Untersuchungen zu den Konsequenzen des Aufstiegs Chinas beobachten.[61]

---

55 Vgl. Hamilton, Eric J./Rathbun, Brian C.: Scarce differences: toward a material and systemic foundation for offensive and defensive realism, in: Security Studies 22:3 (2013), S. 436–465 (S. 457).

56 Vgl. ebenda, S. 459.

57 Vgl. Glaser, Charles L.: Rational theory of international politics: The logic of competition and cooperation, Princeton 2010.

58 Vgl. Schweller, Randall L.: Rational theory for a bygone era, in: Security Studies 20:3 (2011), S. 460–468.

59 Vgl. Mearsheimer, John: Realists as idealists, in: Security Studies 20:3 (2011), S. 424–430.

60 Vgl. Pashakhanlou, Arash Heydarian: Back to the drawing board: A critique of offensive realism, in: International Relations 27:2 (2013), S. 202–225.

61 Vgl. Mearsheimer, John J.: Structural Realism, in: Dunne, Tim/Kurki, Milja/Smith, Steve (Hrsg.): International Relations Theories, Oxford 2016, S. 62–65; Li, Xiaoting: Applying offensive realism to the rise of China: structural incentives and Chinese diplomacy toward the neighboring states, in: International Relations of the Asia-Pacific16:2 (2016), S. 241–271; Fels, Enrico: Shifting Power in

Eine weitere Debatte beschäftigt sich mit den Auffassungen zu Waltz' Theorieverständnis und den daraus resultierenden Anwendungen seiner Theorie. Humphreys kontrastiert Waltz' neopositivistisches Verständnis von Theorie und den sieben Schritten des Theorientestens in *Theory of International Politics* mit der Art und Weise, wie er seine Theorie tatsächlich angewendet hat und weist daraufhin, dass Forscher diesen Unterschied auch bei ihrer Anwendung des Neorealismus berücksichtigen sollten.[62] Auch Wæver betont, wie wichtig es ist, Waltz' Auffassung von Theorien zu verstehen, um den Neorealismus richtig anzuwenden. Er schreibt Waltz dabei eine stark antiempiristische und anti-positivistische Position zu. Allgemein will Wæver einen Beitrag dazu leisten, die Debatte in den Internationalen Beziehungen weg von einer zwischen Rationalismus und Reflektionismus hin zu einer zwischen Theorie und Empirie zu bewegen.[63] In diesem Sinne beklagt auch Mearsheimer den allgemeinen *„triumph of methods over theory"*[64] in den Internationalen Beziehungen, wo zunehmend einfaches Hypothesentesten statt (Weiter-)Entwicklung von Theorie betrieben wird. Darüber hinaus kritisiert Krishner den Hyperrationalismus des Neorealismus der zur Fehlanwendung wirtschaftlicher Theorien und Analogien in den Internationalen Beziehungen geführt habe.[65] Polansky argumentiert, viele Debatten über die Anwendbarkeit des Neorealismus für empirische Untersuchungen seien durch Missverständnisse über das Staatskonzept im Neorealismus entstanden und will daher die implizite Staatstheorie des Neorealismus aus Waltz Werken extrahieren.[66]

Kritik am Neorealismus

An dieser Stelle sei zunächst auf die Kritik am Neorealismus verwiesen, die angeführt wird, um eine Rückkehr zu den Wurzeln, also ein „Revival" des Klassischen Realismus zu rechtfertigen (vgl. Kapitel zum Klassischen Realismus). Diese Kritiker werfen den Neorealisten vor, den Klassischen Realismus falsch zu interpretieren, und weisen

---

Asia-Pacific? The Rise of China, Sino-US Competition and Regional Middle Power Allegiance, Cham 2017; Kirshner, Jonathan: The tragedy of offensive realism: Classical realism and the rise of China, in: European Journal of International Relations 18:1 (2012), S. 53–75; Schweller, Randall L./Xiaoyu Pu: After unipolarity: China's visions of international order in an era of US decline, in: International Security 36:1 (2011), S. 41–72.

62 Vgl. Humphreys, Adam RC: Another Waltz? Methodological rhetoric and practice in theory of international politics, in: International Relations 26:4 (2012), S. 389–408.

63 Vgl. Wæver, Ole: Waltz's theory of theory, in: International Relations 23:2 (2009), S. 201f.

64 Mearsheimer, John J.,/Walt, Stephen M.: Leaving theory behind: Why simplistic hypothesis testing is bad for International Relations, in: European Journal of International Relations 19:3 (2013), S. 429.

65 Vgl. Kirshner, Jonathan: The economic sins of modern IR theory and the classical realist alternative, in: World Politics 67:1 (2015), S. 156.

66 Vgl. Polansky, David: Drawing out the Leviathan: Kenneth Waltz, Hobbes, and the neorealist theory of the state, in: International Studies Review 18:2 (2016), S. 270.

darauf hin, dass der Klassische Realismus – richtig verstanden – diverse Probleme des Neorealismus lösen könne. Entsprechend findet eine ständige Auseinandersetzung über die Kontinuitäten und Unterschiede der beiden Theorieströmungen statt.[67] In dem Artikel *Misreading IR theory and ideology critique: Morgenthau, Waltz and neorealism* von Behr und Heath wird auf die Hegemonie des Neorealismus in der zweiten Hälfte des 20. Jahrhunderts, sowohl im akademischen Bereich als auch in der Politikgestaltung in den IB hingewiesen. Zugleich wird dem Neorealismus unterstellt, dass er sich mehr zu einer Ideologie als zu einer Theorie entwickelt habe.[68]

In dem Aufsatz *Mearsheimer and the post-Cold War world: The rise of America and the fall of structural realism* stellt Pashakhanlou die These auf, dass weder Waltz' defensiver noch Mearsheimers offensiver Realismus die internationale Politik unter Bedingungen der Hegemonie oder Unipolarität[69] erklären könnten. Entsprechend attestiert er dem strukturellen Realismus, seit Ende des Kalten Krieges über keinerlei Erklärungskraft mehr zu verfügen.[70] Obwohl auch Schörning darauf hin weist, dass es mit dem Ende des Ost-West-Konflikts so schien, als sei der Neorealismus in eine Krise geraten, da er diese Entwicklung nicht vorhergesagt hatte, teilt er die Einschätzung von Pashakhanlou nicht. Stattdessen verweist er darauf, dass der 11. September 2001 dem Neorealismus neuen „Auftrieb" gegeben habe, da seitdem Probleme nationaler Sicherheit (wie die Kriege in Afghanistan und im Irak) die Agenda der IB beherrscht hätten und der Neorealismus mit seiner staatszentrischen Ausrichtung für die Erklärung von Spannungen zwischen Nationalstaaten (wie im Mittleren Osten und Asien) gut gewappnet sei.[71] Allerdings argumentiert er auch, dass sich aus der politisch ökonomischen Theorie von Robert Gilpins und der „Power Transition Theory" möglicherweise bessere Prognosen für

---

67 Vgl. z. B. Parent, Joseph M./Baron, Joshua M.: Elder abuse: how the moderns mistreat classical realism, in: International Studies Review 13:2 (2011), S. 193–213; Rynning, Sten/Ringsmose, Jens: Why are revisionist states revisionist? Reviving classical realism as an approach to understanding international change, in: International Politics 45:1 (2008), S. 19–39; Kirshner, Jonathan, a. a. O., S. 155–183.

68 Vgl. Behr, Hartmut/Heath, Amelia: Misreading in IR theory and ideology critique: Morgenthau, Waltz and neo-realism, in: Review of International Studies 35:2 (2009), S. 327–349.

69 Verschiedene Autoren beschäftigen sich weiter damit, was ein Ende der Unipolarität (und eine möglicherweise neue multipolare Weltordnung) für die Stabilität des internationalen Systems bedeuten würde. Siehe u. a.: Layne, Christopher: This time it's real: The end of unipolarity and the Pax Americana, in: International Studies Quarterly 56:1 (2012), S. 203–213; Schweller, Randall L./Xiaoyu Pu: After unipolarity: China's visions of international order in an era of US decline, in: International Security 36:1 (2011), S. 41–72; Haass, Richard N.: The Age of Aonpolarity: What Will Follow U.S. Dominance, in: Foreign Affairs (2008), S. 44–56; De Keersmaeker, Goedele: Introduction: Multipolarity and Unipolarity after the Cold War, in: Polarity, Balance of Power and International Relations Theory. Palgrave Macmillan, Cham 2017, S. 3–9.

70 Vgl. Pashakhanlou, Arash Heydarian: Waltz, Mearsheimer and the post-Cold War world: The rise of America and the fall of structural realism, in: International Politics 51:3 (2014), S. 295–315.

71 Vgl. Schörning, Niklas: Neorealism, in: Schieder, Siegfried/Spindler, Manuela (Hrsg.): Theories of international Relations, New York: Routledge, 2014, S. 38.

die gegenwärtigen Herausforderungen der IB, wie den Aufstieg der Volksrepublik China und Indien, ableiten lassen.[72] Auch William C. Wohlforth wirft die Frage auf, wo das wissenschaftliche Feld der IB heute wäre, wenn Gilpin und nicht Waltz zum Standardvertreter des Neorealismus geworden wäre.[73]

Weiterführende Literatur

Fels, Enrico: Shifting Power in Asia-Pacific? The Rise of China, Sino-US Competition and Regional Middle Power Allegiance, Cham 2017.
(Umfassende empirische Analyse der Machtverschiebung im asiatisch-pazifischen Raum, des Aufstiegs Chinas und des sino-amerikanischen Konkurrenzkampfs, die die realistischen Strömungen eklektisch verbindet.)

Hamilton, Eric J./Rathbun, Brian C.: Scarce differences: toward a material and systemic foundation for offensive and defensive realism, in: Security Studies 22:3 (2013), S. 436–465.
(Guter Fachaufsatz, der die Spaltung in offensive und defensive Neorealisten zu erklären versucht und die Unterschiede zwischen den beiden Spielarten des Realismus eingängig untersucht.)

Humphreys, Adam RC: Another Waltz? Methodological rhetoric and practice in theory of international politics, in: International Relations 26:4 (2012), S. 389–408.
(Ein interessanter Beitrag zur wissenschaftstheoretischen Debatte, der sich mit Waltz' neopositivistischem Theorieverständnis und mit der Art und Weise, wie er seine Theorie tatsächlich anwendet, kontrastierend auseinandersetzt.)

Kirshner, Jonathan: The economic sins of modern IR theory and the classical realist alternative, in: World Politics 67:1 (2015), S. 155–183.
(Fachaufsatz, der vor allem für Politologen mit Interesse an einer vertieften Auseinandersetzung mit der Thematik zu empfehlen ist. Kirshner kritisiert hier den Hyperrationalismus des Neorealismus, der zur Fehlanwendung wirtschaftlicher Theorien und Analogien in den IB geführt habe.)

Mearsheimer, John J.: Structural Realism, in: Dunne, Tim/Kurki, Milja/Smint, Steve (Hrsg.): International Relations Theories. Oxford 2016, S. 51–67.
(Mearsheimer, bekanntester Vertreter des Offensiven Realismus, schreibt hier einführend über die Theorieschule.)

Mearsheimer, John J./Walt, Stephen M.: Leaving theory behind: Why simplistic hypothesis testing is bad for International Relations, in: European Journal of International Relations 19:3 (2013), S. 427–457.
(Ein weiterer Beitrag im Rahmen der wissenschaftstheoretischen Debatte über den Neorealismus. Mearsheimer und Walt kritisieren in diesem Aufsatz den Trend, dass in den IB zunehmend einfaches Hypothesentesten anstelle der Weiterentwicklung von Theorie betrieben wird.)

Mearsheimer, John: Realists as idealists, in: Security Studies 20:3 (2011), S. 424–430.
(In diesem Aufsatz setzt sich Mearsheimer, Begründer des offensiven Realismus, mit der defensiven neorealistischen Theorie Glasers auseinander. Der Aufsatz bietet sehr gute Einblicke in die Grundsatzdebatte zwischen offensiven und defensiven Neorealisten.)

---

72 Ebenda, S. 49.

73 Vgl. Wohlforth, William C.: Gilpinian realism and international relations, in: International Relations 25:4 (2011), S. 499–511.

Parent, Joseph M./Baron, Joshua M.: Elder abuse: how the moderns mistreat classical realism, in: International Studies Review 13:2 (2011), S. 193–213.
(Interessanter Artikel, der die Kritik der Strukturellen Realisten am Klassischen Realismus für nicht gerechtfertigt hält und die Auffassung vertritt, dass sich die realistische Tradition durch mehr Kontinuität auszeichnet als von den Neorealisten postuliert wird.)
Pashakhanlou, Arash Heydarian: Back to the drawing board: A critique of offensive realism, in: International Relations 27:2 (2013), S. 202–225.
(Lohnenswerter Beitrag zur Diskussion zwischen Offensivem und Defensivem Realismus. Pashakhanlou analysiert und kritisiert hier ersteren.)
Polansky, David: Drawing out the Leviathan: Kenneth Waltz, Hobbes, and the neorealist theory of the state, in: International Studies Review 18:2 (2016), S. 268–289.
(Lesenswerte Verteidigung der These, dass der Neorealismus, entgegen der allgemeinen Behauptung, eine Staatslehre enthalte.)
Wohlforth, William C.: Gilpinian realism and international relations, in: International Relations 25:4 (2011), S. 499–511.
(Ein interessanter Artikel, der die Frage aufwirft, wo das wissenschaftliche Feld der IB heute wäre, wenn Gilpin und nicht Waltz zum Standardvertreter des Neorealismus geworden wäre.)

6 Gleichgewichtstheorie

Der Begriff Balance of Power („Gleichgewicht von Machtverhältnissen") ist in der wissenschaftlichen Literatur höchst umstritten. Ernst B. Haas hat einmal versucht, die Begrifflichkeit des Gleichgewichts zu erklären und dabei festgestellt, dass diesem Begriff mindestens acht verschiedene Bedeutungen zugewiesen werden. Auf seiner Liste stehen folgende Umschreibungen für den Terminus: „ *(1) Any distribution of power, (2) equilibrium or balancing process, (3) hegemony or the search for hegemony, (4) stability and peace in a concert of power, (5) instability and war, (6) power politics in general, (7) a universal law of history, and (8) a system and guide to policymakers.*"[1]

Auch Hans Morgenthau, der geistige Vater des Klassischen Realismus, in dem die Theorie des Gleichgewichts eine fundamentale Bedeutung einnimmt, scheint unentschlossen zu sein, wenn es darum geht, den Begriff Balance of Power fest zu definieren. „*The term ‚balance of power'*", so schreibt er in seinem viel zitierten Werk „Politics among Nations", „*is used in the text with four different meanings: (1) as a policy aimed at a certain state of affairs, (2) as an actual state of affairs, (3) as an approximately equal distribution of power, (4) as any distribution of power.*" Jedoch tendiert Morgenthau dazu, den Begriff Balance of Power im Sinne der dritten Bedeutung zu verwenden. In dem gleichen Buch fügt er hinzu: „*Whenever the term is used without qualification, it refers to an actual state of affairs in which power is distributed among several nations with approximately equality.*"[2]

Streng genommen ist Balance of Power eine Begriffsfindung des Realismus, auch wenn Kritiker des Realismus durch die kritischen Auseinandersetzungen mit diesem Begriff einen bedeutenden Beitrag zu seiner verbreiteten Anwendung geleistet haben. Die Realisten glauben, dass Balance of Power das zentrale Phänomen der zwischenstaatlichen Beziehungen darstellt. Dabei wird internationales Gleichgewicht als regionale oder globale Konstellation begriffen, in der die Kräfte der Staaten als Akteure der internationalen Politik so ausgeglichen sind, dass kein einziger Staat oder keine einzige Staatengruppe Hegemonie ausüben kann. Allerdings ist Balance of Power als Idee in den Theorien der Internationalen Beziehungen viel älter als der moderne Realismus. Ihre historischen und geistigen Ursprünge können auf das Altertum zurückgeführt werden.

1 Dougherty, James E./Pfaltzgraff, Robert L.: Contending Theories of International Relations. A Comprehensive Survey, 3. Aufl., New York 1990, S. 31.

2 Morgenthau, Hans: The Balance of Power as an Automatic Stabiliser, in: Luard, Evan (Hrsg.): Basic Texts in international Relations, London 1992, S. 479–485 (S. 480).

https://doi.org/10.1515/9783486855081-006

6.1 Balance of Power als politische Idee und Theorieansatz

Ein historischer Rückblick zeigt, dass die Idee, durch Bildung politischer und militärischer Bündnisse die Unabhängigkeit und Sicherheit von Staaten zu bewahren oder die Entstehung einer Vorherrschaft durch einen Staat zu verhindern, also Machtverhältnisse auszugleichen/zu balancieren, in vielen Hochkulturen weit entwickelt war. Dies gilt zumindest für die chinesische, die griechische und die römische Hochkultur.

Die Chinesen kannten den Gleichgewichtsgedanken sehr früh. Schon in der Zeit der „Streitenden Reiche" (481–221 v. Chr.) wurde die Gleichgewichtspolitik massiv als ein politisches Instrument eingesetzt. Damals zerfiel die feudalistische Zhou-Dynastie in eine Reihe von Teilstaaten. Militärbündnisse wurden von den Fürstentümern abwechselnd geschlossen, um ein Gegengewicht gegen die Mächte zu schaffen, die nach einer Vorherrschaft über ganz China strebten.

Auch in Griechenland wurde die Idee des Gleichgewichtes von Machtverhältnissen in einer sehr frühen Phase angewandt. Die Geschichte des Peloponnesischen Krieges, bei dem Sparta die Perser erfolgreich gegen die Athener ausspielte, zeigt, dass die Griechen schon vor 2000 Jahren die Kunst der Herstellung militärischer Gleichgewichte beherrschten. Ohne die Stützpunkte und Gelder, die Sparta für die Anerkennung der Oberhoheit des persischen Großkönigs über die gesamte kleinasiatische Küste und ihre Städte erhalten hatte, wäre es für die Spartaner nicht möglich gewesen, zahlreiche athenische Verbündete zum Abfallen zu bringen, eine Athen gegenüber ebenbürtige Kriegsflotte aufzubauen und die Athener schließlich auf deren ureigenstem Gebiet, dem der Seekriegsführung, zu besiegen.[3]

In der alten römischen Geschichte sind ebenfalls zahlreiche Beispiele für die Lebendigkeit des Gleichgewichtsgedankens zu finden. So begegnen wir in der Geschichtsschreibung von Polybios (200–120 v. Chr.) dem Tyrann von Syrakus, Hiero (306–215 v. Chr.), einem Staatsmann, der es brillant verstanden hat, die Gleichgewichtspolitik zur Erhaltung der Macht seines Staates zu verwenden. Im ersten Punischen Krieg (264–241 v. Chr.) um Sizilien zwischen Rom und Karthago stand Hiero zuerst auf der Seite Roms, um seine Position gegenüber Karthago zu verbessern. Aber als er die Gefahr einer römischen Vorherrschaft erkannte, wechselte Hiero das Bündnis und leistete Karthago Beistand.[4]

In der modernen wissenschaftlichen Literatur wird allerdings überwiegend darauf hingewiesen, dass der Italiener Francesco Guicciardini (1483–1540), ein Zeitgenosse von Machiavelli, der erste war, der die Idee des Gleichgewichtes systematisch thematisiert hat. In seiner um 1535 verfassten „Geschichte Italiens" (Storia d'Italia) spricht Guicciardini ausführlich von einem Gleichgewichtssystem der Mächte in Italien. Insbesondere

3 Lotze, Detlef: Griechische Geschichte. Von den Anfängen bis zum Hellenismus, München 1995, S. 67.

4 Waltz, Kenneth N.: The Balance of Power in International Politics, in: Viotti, Paull R./Kauppi, Mark V. (Hrsg.): International Relations Theory. Realism, Pluralism, Globalism, New York 1987, S. 96–103 (S. 97).

bei der Beschreibung der Zustände vor dem Einmarsch der französischen Truppen in Italien 1499 sieht Guicciardini ein Gleichgewichtssystem zwischen Florenz, Neapel und Mailand gegen Venedig. Guicciardini führt aus, dass bei dieser Bündnispolitik die Motivation, ein Gegengewicht zum mächtig gewordenen Venedig zu schaffen, um in Italien einen Gleichgewichtszustand zu bewahren, eine entscheidende Rolle spielte.[5]

Der Aufstieg der Idee des Gleichgewichts hin zu einem Theoriekonzept war jedoch eng verbunden mit den Entwicklungen naturwissenschaftlicher Erkenntnisse vom Gleichgewicht, insbesondere mit Newtons (1643–1727) Gravitationstheorie. Newton beschreibt den Kosmos als gigantisches Äquilibrium und stellt das Gleichgewicht als das Faktum fest, welches den Kosmos im Innersten zusammenhält. Newtons Theorie inspirierte viele Wissenschaftler, stabile Phänomene in eigenen Disziplinen mit dem Begriff „Äquilibrium" zu beschreiben. So sprechen die Chemiker im Falle einer chemischen Lösung vom stabilen Äquilibrium. Die Ökonomen bezeichnen eine Balance von zwei entgegengesetzten Kräften, z. B. die Balance von Angebot und Nachfrage, als ein stabiles Äquilibrium. Auch die Biologen sprechen von einem stabilen Gleichgewicht, wenn eine natürliche Balance zwischen einem Organismus und seiner Umwelt vorliegt. Die Politologen verwenden sehr häufig den Terminus „checks and balances", um ein stabiles Machtverhältnis zwischen verschiedenen politischen Institutionen zu beschreiben.[6]

Im Bereich der Lehre der Internationalen Beziehungen war Hans Morgenthau der erste von mehreren Wissenschaftlern, die systematisch versucht haben, Balance of Power als ein allgemeines Gesetz in der internationalen Politik zu begründen. Für ihn ist internationale Politik nichts anderes als Kampf um internationale Macht. Bei diesem Kampf haben die Staaten, so Morgenthau, keine andere Wahl als Machtpolitik im Sinne von Allianz- und Gegenallianzbildung zu betreiben, um sich selbst zu schützen und um ihr Überleben zu sichern. Ihm zufolge führt diese gegenseitige Ausübung von Allianzpolitik automatisch zur Entstehung von Balance of Power und damit zur Stabilität des internationalen Systems. Auch wenn er selbst bei der Beurteilung der Nachhaltigkeit dieser Art der Stabilität skeptisch blieb, betrachtete Morgenthau die Gleichgewichtbildung als ein unvermeidliches Phänomen der internationalen Politik mit zumindest kurzfristiger Stabilisierungswirkung. In diesem Sinne spricht Morgenthau davon, *„that the balance of power and policies aiming at its preservation are not only inevitable but are an essential stabilizing factor in a society of sovereign nations"*.[7]

31 Jahre nach der ersten Veröffentlichung von Morgenthaus Werk „Politics among Nations" (1948), in dem Balance of Power als universal gültig für alle Konstellationen

5 Guicciardini, Francesco: The Balance of Power among the Italian States (Übersetzung), in: Luard, Evan (Hrsg.): Basic Texts in international Relations, London 1992, S. 380–386 (S. 380ff).

6 Dougherty, James E./Pfaltzgraff, Robert L.: Contending Theories of International Relations. A Comprehensive Survey, 3. Aufl., New York 1990, S. 30.

7 Morgenthau, Hans: The Balance of Power as an Automatic Stabiliser, in: Luard, Evan (Hrsg.): Basic Texts in international Relations, London 1992, S. 479–485 (S. 481).

der internationalen Politik erklärt wurde, die aus autonomen Nationalstaaten bestehen, erhielt dieses Konzept eine inhaltliche Revision durch Kenneth Waltz. In seinem Werk „Theory of International Politics“ (1979) präzisierte Waltz unter anderem die Theorie von Balance of Power, die Morgenthau entwickelt hatte. Vor allem bekräftigte Waltz, dass die Theorie von Balance of Power eine Theorie für internationale Beziehungen und nicht eine für nationale Außenpolitik sei. Dadurch korrigierte er Morgenthaus Vorstellung über eine notwendige Korrelation zwischen nationalen Motivationen und internationalen Ergebnissen. Für Waltz hängt die Entstehung von Balance of Power in einem internationalen System nicht unbedingt davon ab, ob die Nationalstaaten bewusst eine Politik der Balance of Power betreiben. Entscheidend dafür seien nur zwei Bedingungen. Erstens: Das internationale System wird durch einen Naturzustand oder internationale Anarchie erfasst. Dies bedeutet: Es fehlt eine über Autorität verfügende Gewalt, die über den Staaten steht und die Beziehungen zwischen diesen im Notfall auch mit Sanktionsmaßnahmen regulieren kann. Zweitens: Die Staaten haben ständig im Bewusstsein, dass ein Staat untergehen kann, wenn er sich nicht um seine eigene Sicherheit kümmert und sich nicht auf die notwendige Selbsthilfe versteht. „*Balance of Power politics prevail*“, so Waltz, „*wherever two, and only two, requirements are met: that the order be anarchic and that it is populated by units wishing to survive.*“[8]

Auch Morgenthaus Annahme von einer bestimmten Anzahl von Staaten in einem internationalen System als Voraussetzung für die Entstehung von Balance of Power wird von Waltz in Frage gestellt. Morgenthaus Begründung, dass die Anzahl der Staaten eines internationalen Systems mindestens drei oder mehr betragen sollte, damit Kombinationsmöglichkeiten für die Staaten bestehen, um durch abwechselnde Allianzbildungen das System im Gleichgewicht zu halten, wird als falsch bezeichnet. So argumentiert Waltz: „*The statement [about this number] is false, for in a two power system the politics of balance continue, but the way to compensate for an incipient external disequilibrium is primarily by intensifying one's internal efforts.*“[9]

6.2 Arten von Balance of Power

Empirisch betrachtet sind Allianz- und Gegenallianzbildung nur eine von vielen Ursachen für die Entstehung von Balance of Power in der internationalen Politik. Je nachdem, wie eine Konstellation mit einem ausbalancierten Machtverhältnis entstanden ist, lässt sich Balance of Power in vier Arten unterteilen: (1) Balance of Power, die durch Bündnisbildung hergestellt wurde; (2) Balance of Power, die durch einen Friedensvertrag zustande gekommen ist; (3) Balance of Power, die „konspirativ“ vereinbart wurde; und (4) Balance of Power, die als ungewollte Konsequenz von zwischenstaatlicher Konkurrenz um Dominanz entstanden ist.

---

8 Waltz, Kenneth N.: Theory of International Politics, London 1979, S. 118.

9 Ebenda.

Bündnisbasierte Balance of Power

Bei dieser Art von Balance of Power handelt es sich um eine Konstellation, in der die internationale Macht durch bewusste Bündnispolitik der Staaten in einer Region oder auf einer überregionalen Ebene verteilt wird. Beispielsweise kann eine Unsicherheitswahrnehmung oder Bedrohungsperzeption eines Staates seine politische Führung dazu bewegen, mit einer Großmacht ein Bündnis zu bilden, um das Sicherheitsrisiko für den eigenen Staat zu reduzieren. Die Entstehung des Dreiecksgleichgewichts von Washington, Moskau und Peking in den 70er Jahren durch Chinas Hinwendung zu den Vereinigten Staaten, aber auch die Herstellung des Gleichgewichtes in Europa nach dem Zweiten Weltkrieg durch Adenauers Entscheidung, eine entschlossene Westbindungspolitik voranzutreiben, können in diesem Licht gedeutet werden. Außerdem können Staaten, die sich zur Selbstverteidigung unfähig fühlen, einem Bündnis mit einer Großmacht oder anderen Staaten beitreten, um sich gegen unerwartete Sicherheitsgefahren abzusichern. Das Militärbündnis zwischen Südkorea und den Vereinigten Staaten sowie die Sicherheitsverträge zwischen Amerika und den südostasiatischen Staaten gehören zu dieser Art von Balance-of-Power-System.

Bündnisbasierte Balance of Power kann auch dadurch entstehen, dass eine selbstverteidigungsfähige und bedrohungsfreie Großmacht nicht bereit ist, die Dominanz des internationalen Systems durch einen Staat oder eine Staatengruppe zu akzeptieren. Dieser Unwillen kann die Großmacht dazu bringen, ihr Eigengewicht in die Waagschale des schwächeren Teils des Systems zu werfen. Dabei wird das Ziel verfolgt, einen Staat, der nach Hegemonie strebt, in Schranken zu halten oder eine Konstellation zu verhindern, die potentiell ein Ungleichgewicht der Kräfte im System herbeiführen könnte. Das bekannteste Beispiel hierfür stellt das englische Arrangement für die Beendigung des Spanischen Erbfolgekrieges inklusive des Friedens von Utrecht dar.

Als 1701 das spanische Könighaus unterging, entbrannte unter den europäischen Großmächten ein Streit um dessen Erbe. Der spanische König hatte den Sohn des französischen Königs als Erben eingesetzt. Ein lang ersehnter Traum stieg vor Frankreich auf, nämlich Herr über Frankreich und Spanien, das spanische Kolonialreich, die Spanischen Niederlande (Belgien) und Italien zugleich zu werden. England und Holland fühlten sich jedoch von einer Vormachtstellung Frankreichs in Europa bedroht. Sie sahen die große Gefahr der Machtverschiebung und der Störung des Gleichgewichtssystems des Westfälischen Friedens von 1648 gegeben. Eine antagonistische Koalition zwischen England, Holland und dem deutschen Kaiser, der auf den spanischen Besitz gleichfalls Erbansprüche anmeldete, wurde gebildet.

In der als Spanischer Erbfolgekrieg bezeichneten militärischen Auseinandersetzung wurde Frankreich geschlagen. Die Kraft, die zu einer gigantischen Unternehmung wie der Gründung eines spanisch-französischen Weltreiches nötig gewesen wäre, war in Frankreich nicht mehr vorhanden. Kaiser Karl VI. (1711–1740) aus der Familie der Habsburger wurde Erbe des ganzen Spanischen Reiches, zu dem auch die Spanischen Niederlande, die Lombardei, Neapel und Sizilien gehörten.

Nun sah England aber wiederum die Gefahr einer habsburgisch-spanisch-österreichischen Übermacht und legte gemäß seiner traditionellen Politik des europäischen Gleichgewichts sein Gewicht in die Waagschale des schwächeren Teils des europäischen Staatensystems. Schließlich wurde in Utrecht ein Friede geschlossen. Philipp, der Sohn des französischen Königs, wurde als König von Spanien und der überseeischen Besitzungen Spaniens ausgerufen. Die Vereinigung zwischen Frankreich und Spanien wurde allerdings durch den Frieden verboten. In der Geschichtsschreibung wird das durch den Frieden von Utrecht mit neun Verträgen von 1713 bis 1716 geschaffene Gleichgewicht auch als das „Gerechte Mächtegleichgewicht" in Europa bezeichnet.[10]

Friedensvertragsbasierte Balance of Power

Hierbei handelt es sich um eine offene und vertraglich geregelte Machtneuverteilung aufgrund eines Friedensvertrages, der das Ende eines Krieges regelt. Eine solche Art von Balance of Power kommt zustande, wenn keine Seite der Kriegsparteien sich in der Lage sieht, den Kampf militärisch für sich zu entscheiden, und beide Seiten eine Verständigung auf eine Machtneuverteilung als am kostengünstigsten betrachten. Ein typisches Beispiel für die Entstehung derartiger Balance of Power ist der so genannte Westfälische Frieden von 1648.

Das Machtverhältnis in Europa wurde im Jahre 1648 durch die Friedensverträge zur Beendigung des „Dreißigjährigen Krieges" (1618–1648) zwischen dem deutschen Kaiser und den deutschen Reichsständen einerseits und Frankreich und Schweden andererseits reguliert. In Bezug auf die Konfessionszugehörigkeit der Territorialstaaten wurde das Prinzip „cuius regio, eius religio" (Wessen das Land, dessen die Religion) bekräftigt. Das Recht des Landesherrn, die Religion seiner Untertanen zu bestimmen, wurde jetzt selbstverständlich. Die zwischenstaatlichen Konfliktmöglichkeiten aus religiösen Gründen wurden dadurch eingeschränkt.

Gleichgewichtspolitisch gesehen wurde ein gewisser Machtausgleich in Europa dadurch erreicht, dass das Deutsche Reich in folgenden zwei Aspekten geschwächt wurde: Nach außen schieden die Schweiz und die Niederlande aus dem Reichsverbund aus. Das Reich musste auch Territorien im Westen an Frankreich und im Nordosten an Schweden abtreten. Auf nationaler Ebene erhielten die deutschen Reichsstände eine innere Souveränität in Form der vollen Hoheit über ihre Territorien. Der Kaiser wurde bei den Reichsgeschäften und der Gesetzgebung im Reich an die Zustimmung der Reichsstände gebunden und dadurch innenpolitisch geschwächt.

Die Grenzen zwischen den europäischen Territorialstaaten wurden durch den Westfälischen Frieden festgelegt und sind auch weitgehend unverändert geblieben. Die Westfälischen Verträge verteilten die Macht in Europa so, dass keine einzige

---

10 Freund, Michael: Deutsche Geschichte. Von den Anfängen bis zur Gegenwart, München 1979, S. 373ff.

Großmacht der damaligen Zeit (Frankreich, Schweden, Polen, Russland, Spanien und das Deutsche Reich) in der Lage sein sollte, eine Hegemonie in Europa zu errichten. Dieses Gleichgewichtssystem wird in der wissenschaftlichen Literatur auch als das „ausgeglichene Europa der neugeborenen territorialen Nationalstaaten" bezeichnet.[11]

„Konspirativ" vereinbarte Balance of Power

Diese Art von Balance of Power kann nur hergestellt werden, wenn mehrere Staaten, insbesondere die Hauptmächte in einem bestimmten internationalen System, nach einer gemeinsamen Herrschaft streben. Diese Form der Vorherrschaft mehrerer Staaten über eine Region oder über einen Kontinent wird in der wissenschaftlichen Literatur auch als Kondominium bezeichnet. Ein Kondominium kommt aber erst dann zustande, wenn sich die Großmächte auf die Aufteilung der Einflussbereiche verständigt haben. Die Tatsache, dass das Kondominium in der Regel nur die Interessen der Großmächte berücksichtigt und auf Kosten kleinerer Staaten gestaltet wird, veranlasst viele auch von einem „ungerechten Gleichgewicht" zu sprechen. Historisch findet sich ein solches Gleichgewicht bei dem so genannten Europäischen Konzert, das nach dem Wiener Kongress von 1814/5 entstanden ist.

Nach dem Sturz Napoleons I. kamen die europäischen Monarchen und Staatsmänner in Wien zusammen, um in Europa wieder ein Machtgleichgewicht herzustellen, das auf einer Restauration vorrevolutionärer Zustände und auf dem Grundsatz dynastischer Legitimität beruhen sollte. Die Territorien in Europa wurden neu geordnet. Die fünf dominierenden Mächte – Russland, Österreich, Frankreich, England und Preußen – erhielten mehr oder weniger territoriale Anteile. Das europäische Gleichgewicht wurde durch territoriale Kompensation wieder hergestellt. Österreich erhielt seinen Besitz restituiert; dies sicherte ihm die Vormachtstellung in Italien. Russland annektierte große Teile Polens. Die Niederlande wurden Einflussgebiet Englands. Preußen, das Sachsen „stark dezimierte", war durch die Annexion des Rheinlands und von Westfalen endgültig „westdeutsche" und „rheinische Macht" geworden.[12]

Ungewollte und unintendierte Balance of Power

Ein Gleichgewicht von Machtverhältnissen kann auch entstehen als unbewusste oder nicht gewollte Konsequenz der Bemühungen von zwei oder mehreren Staaten um Überlegenheit. Das heißt, eine Politik, die subjektiv nicht nach Gleichgewicht, sondern nach Hegemonie strebt, kann auch zur Entstehung von Balance of Power führen. Ein

---

11 Freund, a. a. O., S. 333.
12 Freund, a. a. O., S. 518.

Musterbeispiel dafür ist die Entstehung der Bipolarität zwischen Osten und Westen nach Ende des Zweiten Weltkriegs. Um die Oberhand im Kalten Krieg zu gewinnen, strebten sowohl Moskau als auch Washington nach einer militärischen Überlegenheit gegenüber dem Gegner. Dies führte Ende der 50er Jahre zu einer militärischen Parität, also einem bipolaren Gleichgewicht, das die Grundkonstellation der Weltpolitik bis zum Ende des Kalten Krieges bestimmte. Beide Akteure versuchten jeweils die Bestrebungen des Anderen eine hegemoniale Position zu erreichen durch Gleichgewichtsbemühungen zu verhindern; so entstand ein ungewollter Gleichgewichtszustand der beiden Mächte.

6.3 Balance of Power als Gegenstand wissenschaftlicher Kontroverse

Nachdem Morgenthau 1948 seine These über Balance of Power als einen „Automatic Stabilizer" in die Diskussion gebracht hatte, drehte sich die wissenschaftliche Debatte um die Fähigkeit der Balance of Power, zur Sicherung von Frieden und Stabilität im internationalen System beizutragen. Realistische Vertreter sind von der Existenz einer inneren Gesetzmäßigkeit im Sinne von Balance of Power im internationalen System überzeugt. In Anlehnung an die natur- und wirtschaftswissenschaftliche Denkweise glauben die Gleichgewichtstheoretiker, dass das internationale System sich nach einer eigenen Gesetzmäßigkeit verhält, solange der anarchische Zustand in der internationalen Politik und die Überlebenssicherung als Hauptmotiv für das Agieren der Nationalstaaten auf internationaler Ebene unverändert bleiben. Demzufolge gibt es eine unsichtbare Hand, die das Gleichgewichtssystem reguliert und dafür sorgt, dass das System in einem stabilen Äquilibrium bleibt. Diese unsichtbare Hand bildet das Eigeninteresse an Sicherheit und Überleben, das den Staat motiviert, zu handeln oder nicht zu handeln. Das Eigeninteresse der Staaten wirkt sich so aus, dass Mitglieder eines internationalen Systems, sobald sie in einem nach Hegemonie strebenden Staat die Gefahr einer Störung des Gleichgewichts oder Gefährdung des Eigeninteresses sehen, eine Gegenkoalition bilden werden. Mathematisch drückt sich diese Gesetzmäßigkeit in folgender Formel aus: Wenn A nach Hegemonie strebt, werden sich B + C + D + E gegen A verbünden.[13] Die Realisten sind von der Logik dieser Theorie so überzeugt, dass Waltz einmal behauptet hat: „*If there is any distinctively political theory of international politics, balance of power theory is it.*"[14]

Da das Streben der Staaten nach Erfüllung ihrer Eigeninteressen nicht zu überwinden sei, so die Theoretiker des Gleichgewichts, gebe es im internationalen System ständige Konflikte und Kriegsdrohungen. Internationale Politik sei ein Prozess, in dem

13 Frei, Daniel: Gleichgewichtstheorie, in: Ders. (Hrsg.): Theorien der internationalen Beziehungen, 2. überarbeitete und ergänzte Aufl., München 1977, S. 63–66 (S. 64).

14 Waltz, a. a. O., S. 117.

nationale Interessen reguliert werden. Im Gleichgewicht sehen sie die effektivste Technik zum Machtmanagement in einem internationalen System, das auf konkurrierenden Verhältnissen beruht. Das Machtgleichgewicht, so die Anhänger der Gleichgewichtstheorie, verhindere die Entstehung einer Vorherrschaft durch einen Abschreckungsmechanismus. Ein Staat, der maßlos seine Eigeninteressen verfolgt, muss damit rechnen, dass die anderen Staaten ihre Beziehungen miteinander dynamisch gestalten und anpassen, um ihn zu stoppen. Dieser Mechanismus hält jeden Staat davon ab, nach Hegemonie zu streben. Dadurch stabilisiert sich das internationale System.

Gerade unter diesem Aspekt glaubten klassisch-realistisch gesinnte Staatsmänner und Staatsdenker wie Henry St. John Viscount Bolingbroke (1678–1751), Friedrich Gentz (1764–1832), Klemens von Metternich (1773–1859), Robert Steward Viscount Castlereagh (1798–1891) und Otto Fürst von Bismarck (1818–1898), dass sich Gleichgewicht positiv auf Friedenssicherung und Stabilitätserhaltung auswirken kann. Vor allem wird dem Gleichgewicht die Funktion der Verhinderung der Vorherrschaft durch einen Staat zugesprochen. Zweitens entspricht das Gleichgewichtssystem der Natur des Staates und schafft ihm einen Rahmen, in dem er sein berechtigtes Eigeninteresse ohne Unterdrückung verfolgen kann. Drittens hat die Logik oder auch die Gesetzmäßigkeit des Gleichgewichts an sich eine abschreckende Wirkung für die potentiellen „*disturber of the balance*“. Das Gleichgewichtssystem konfrontiert einen potentiellen Aggressor oder Akteur mit Hegemonialambitionen mit der Wahrscheinlichkeit, dass eine staatliche Expansionspolitik einer internationalen antagonistischen Koalition begegnen würde.[15]

In diesem Hegemonie einschränkenden Mechanismus sehen die Befürworter der Balance of Power quasi eine Macht ausgleichende und Aggression dämpfende Funktion, die dafür sorgt, dass das internationale System stabil bleibt. „*The balance-of-power system*“, so Henry Kissinger, „*did not support to avoid crises or even wars. When working properly, it was meant to limit both the ability of states to dominate others and the scope of conflicts. Its goal was not peace so much as stability and moderation. By definition, a balance-of-power arrangement cannot satisfy every member of the international system completely, it works best when it keeps dissatisfaction below the level at which the aggrieved party will seek to overthrow the international order.*“[16]

Allerdings ist die realistische Vorstellung von einem Automatismus zwischen Balance of Power und Stabilität des internationalen Systems auf heftige Kritik gestoßen. Robert O. Keohane, einer der führenden Vertreter des Institutionalismus, bezweifelt, ob die Theorie der Balance of Power eine empirische Prüfung bestehen kann. Die Gleichgewichtstheorie von Waltz, so Keohane, „*is so general that it hardly meets the difficult tests that he himself establishes for theory*“.[17] In diesem Sinne hat Daniel Frei

15 Vgl. hierzu: Dougherty, a. a. O., S. 31f.

16 Kissinger, Henry: Diplomacy, New York 1994, S. 21.

17 Keohane, Robert: Theory of World Politics: Structural Realism and Beyond, in: Viotti, Paull R./ Kauppi, Mark V.: International Relations Theory. Realism, Pluralism, Globalism, and Beyond, Boston 1999, S. 153–183 (S. 162).

schon 1977 die kritischen Argumente zusammengefasst, die die Logik der Balance of Power als ein stabilisierendes System in Frage stellen. Diesen Argumenten zufolge rufe ein Staat, der eine Vorherrschaft anstrebt, nicht unbedingt vor dem Zeitpunkt des Kriegsausbruches eine Gegenkoalition hervor. Bevor eine Allianz gebildet werde, sei das Gleichgewicht schon zerstört. So führte Daniel Frei an, dass *„alle bisher bekannten Gleichgewichtssysteme über kurz oder lang zusammengebrochen sind, so nach 1789, 1914 und 1939.“ „Für die Gleichgewichtstheorie“*, so stellte Frei fest, *„ist dies fatal: Denn entweder bildet das ‚self-interest‘ wirklich die unsichtbare Hand, die das System des Gleichgewichts reguliert – dann wäre aber auch kein Zusammenbruch des Gleichgewichtssystems möglich. Oder es haben sich einzelne Staaten eben ‚falsch‘, das heißt nicht ihrem ‚self-interest‘ und den Regeln des Systems entsprechend verhalten – dann hat es aber wenig Sinn, sich auf den Eigennutz als das entscheidende Motiv zum Handeln jedes Staates zu berufen. Wie immer man die Sache dreht und wendet“*, so kommt Frei zu dem Ergebnis, *„die Gleichgewichtstheorie erweist sich bald einmal als entweder der Realität unangemessen oder logisch nicht konsequent.“*[18]

Die von den Realisten postulierte Stabilisierungsfunktion der Balance of Power ist auch von denjenigen Wissenschaftlern angezweifelt worden, die an der „hegemonialen Stabilität“ festhalten. Es wird argumentiert, dass Gleichgewicht noch leichter zu einem Krieg führen könne. Denn Frieden sei meistens in Gefahr, wenn Macht zu genau ausbalanciert werde. Ein subtil organisiertes Gleichgewicht sei so empfindlich, dass selbst ein kleiner Interessenkonflikt die Ausbalancierung zerstören könne. Daher sei Krieg manchmal unwahrscheinlicher, wenn es eine dominierende Macht gebe, die bereit ist, für Kooperation und Ordnung zu sorgen.[19]

Die neuere Debatte über die Gleichgewichtstheorie ist durch eine inhaltliche Differenzierung dieser Theorie durch den in Kapitel fünf erwähnten Neoklassischen Realismus gekennzeichnet. Neoklassische Realisten wie Randall Schweller und William Wohlforth[20] vertreten die Auffassung, dass Staaten trotz starker Signale aus dem internationalen System zur Gegenmachtbildung nicht unbedingt zu einer Balancepolitik gegen eine nach Hegemonie strebende Großmacht übergehen können oder wollen. Die Gründe hierfür wurden im innenpolitischen Bereich identifiziert. Je nach herrschaftspolitischen Bedingungen, Machtkonstruktionen und Eliteneinstellungen sind vier Reaktionsmuster möglich, die Christoph Rohde wie folgt pointiert zusammengefasst hat:

---

18 Frei, a. a. O., S. 64f.

19 Vgl. hierzu systematisch: Brown, Chris: Understanding International Relations, London 1997, S. 173ff.; Viotti, Paul R./Kauppi, Mark V.: International Relations Theory. Realism, Pluralism, Globalism, and Beyond, Boston 1999, S. 78f.

20 Wohlforth, William: U.S. Strategy in a Unipolar World, in: Ikenberry, John (Hrsg.): America Unrivaled: The Future of the Balance of Power, Ithaca/London 2002, S. 106–121; Schweller, Randal: Unanswered Threat: A Neoclassical Theory of Underbalancing, in: International Security 29 (2004), S. 159–201.

1. Geeignetes Balancieren im Sinne einer machtpolitisch angemessenen Reaktion auf die Bedrohung;
2. Überbalancieren, das auf eine Überbewertung der Bedrohung zurückgeht, mit dem Risiko, eine kostenträchtige Rüstungsspirale zu betreiben und sich eventuell sogar auf einen fehlperzeptionsbedingten Krieg einzulassen;
3. Nichtbalancieren, entweder rational in Form von „*Buckpassing*", wenn andere Mächte die Gefahr beseitigen; irrational und kostenträchtig in Form von „*Appeasement*"; oder „*Bandwagoning*" im Sinne eines Arrangements mit dem Ziel, von den Vorteilen der stärkeren Macht zu profitieren;
4. Unterbalancieren im Sinne einer halbherzigen oder unentschlossenen und daher ineffektiven Balance-Politik.[21]

Noch differenzierter scheint der Ansatz von „*Soft Balancing*" zu sein. Für Robert A. Pape täuschte der Eindruck, dass die unipolare Herrschaft der Vereinigten Staaten in der Zeit nach dem Ende des Ost-West-Konfliktes keine eindeutige Gegenmachtbildung durch andere Großmächte hervorgerufen hätte. Er stellte fest, dass Großmächte wie Russland, Frankreich, Deutschland, China und Japan bereits angefangen hätten, ihr Balancierungsverhalten gegen die unilaterale Herrschaft der USA zu entwickeln. Ihre Balance-Politik beruhe jedoch nicht auf dem „*Hard Balancing*", sondern auf „*Soft Balancing*". Während die erste Kategorie sich auf „*military buildups, war-fighting alliances, and transfers of military technology to U.S. opponents*" bezieht, handelt es sich bei der letzteren nach Pape um „*actions that do not directly challenge U.S. military preponderance but that use nonmilitary tools to delay, frustrate, and undermine aggressive unilateral U.S. military policies. Soft balancing using international institutions, economic statecraft, and diplomatic arrangements*", so Robert Pape, „*has already been a prominent feature of the international opposition to the U.S. war against Iraq.*"[22]

Durch die Entwicklung des Ansatzes von „*Soft Balancing*" hat die Gleichgewichtstheorie offenbar eine starke Schubkraft erhalten. Die Passivität der Realisten, in die sie wegen des Ausbleibens einer offenen und traditionellen Gegenmachtbildung gegen die Vormachtstellung der USA geraten waren, milderte sich deutlich. Eine Reihe von empirischen Untersuchungen der weltpolitischen Ereignisse des 21. Jahrhunderts, die im Licht des „*Soft Balancing*" durchgeführt wurden, schien die Gültigkeit der Grundlogik der Gleichgewichtstheorie auch in der Zeit der Globalisierung zu bestätigen.[23] So

---

21 Rohde, Christoph: Das Postmoderne Balancing: Anmerkungen zum neuen Neorealismus unter besonderer Berücksichtigung des Mächtegleichgewichts, http://www.politischer-realismus.de (letzter Abruf 11. November 2017), S. 8ff.

22 Pape, Robert A.: Soft Balancing against the United States, in: International Security 30:1 (2005), S. 7–45 (S. 10).

23 Vgl. hierzu: Paul, T. V.: Soft balancing in the age of US primacy, in: International Security 30:1 (2005), S. 46–71; Kurlantzick, Joshua: Charm Offensive: How China's Soft Power is transforming the World, New Haven, CT, 2007.

fand Mark Beeson heraus, dass die hegemoniale Herrschaft der USA einen sichtbaren „*Chinese style*“ des „*Soft Balancing*“ im Westpazifik hervorgebracht hat, auch wenn eine „*hegemonic transition*“ in Ostasien von den USA auf die Volksrepublik China zur Zeit unwahrscheinlich erscheint.[24]

In diesem Zusammenhang ist jedoch ein neuer Theorieansatz zu erwähnen, der auf das Phänomen des „*Internal Balancing*“ hinweist. Joseph M. Parent and Sebastian Rosato beobachten zum Beispiel eine Erscheinung, welche bislang in der Theorie des Gleichgewichts noch nicht ausreichend diskutiert wurde: „*Overall internal balancing is relentless*“.[25] Sie stellen fest, dass Großmächte in Zeiten der Globalisierung eher dazu tendieren, nicht mehr durch externe Allianzbildungen, sondern durch unermüdliche interne Anstrengungen und Innovationen ihre Kapazitäten auszubauen, um das weltpolitische Machtverhältnis zu ihren Gunsten zu balancieren.

Aufgrund dieser Beobachtung vertreten sie die Auffassung, dass das Ausbleiben einer Gegenmachtbildung gegen einen Hegemon von außen (sie sprechen von „*external balancing*“) nicht unbedingt bedeutet, dass die Logik der Theorie des Gleichgewichts nicht mehr zutrifft. Vielmehr gilt es, die Machtbildung durch interne Anstrengungen und Innovation als eine Form der Machtbalancierung zu betrachten. Im Licht dieser neuen Beobachtung kritisieren Parent und Rosato das Gleichgewichtsverständnis der Mehrheit der traditionellen Gleichgewichtstheoretiker als „a narrower view“, weil es sich nur auf „*External Balancing*“ ausgerichtet sei. Daher setzen sie sich für eine Erweiterung der Gleichgewichtstheorie um den Ansatz des „*Internal Balancing*“ ein. In bestimmtem Ausmaß betonen sie sogar, dass im Vergleich zu externer Allianzbildung Gegenmachtbildungen durch interne Machtanstrengungen für Großmöchte eine noch zuverlässigere Methode sei, wenn es darum gehe, die wahrgenommene Machtverschiebungen auf globaler Ebene effektiv zu balancieren. Ein Zitat aus ihrem Forschungsergebnis veranschaulicht die Kernaussage dieses neuen Theorieansatzes:

„*In contrast, great powers have rarely balanced externally. In wartime, they have had little choice but to enter into alliances, but not so in peacetime. Even when alliances have formed, great powers have doubted the reliability of their partners and their adversaries' partners. In theory and in fact, great powers view internal balancing as reliable, practice it routinely, and reciprocate the internal efforts of others. Meanwhile, they view external balancing as risky, practice it rarely, and seldom respond to the external moves of their adversaries.*“[26]

24 Beeson, Mark: Hegemonic Transition in East Asia? The dynamics of Chinese and American power, in: Review of International Studies, Vol. 35, 2009, S. 95–112.

25 Parent, Joseph M./Rosato, Sebastian: Balancing in Neorealism, in: International Security 40:2 (2015), S. 51–86 (S. 85).

26 Ebenda.

Weiterführende Literatur

Behr, Hartmut/Heath, Amelia: Misreading in IR theory and ideology critique: Morgenthau, Waltz and neo-realism, in: Review of International Studies 35:02 (2009), S. 327–349.
(Guter und differenzierter Aufsatz. Schöne Wiedergabe des wissenschaftlichen Diskurses.)

Brown, Chris: The Balance of Power and War, in: Brown, Chris: Understanding International Relations, London 1997, S. 103–122.
(Zur Einführung eher zu empfehlender Aufsatz.)

Ikenberry, John (Hrsg.): America Unrivaled: The Future of the Balance of Power, Ithaca/London 2002.
(Ein hervorragender Sammelband, welcher verschiedene Facetten beleuchtet.)

Kissinger, Henry: Diplomacy, New York 1994.
(Ein Klassiker. Besonders lesenswert, da hier ein „Praktiker" zur Theorie schreibt.)

Morgenthau, Hans: The Balance of Power as an Automatic Stabiliser, in: Luard, Evan (Hrsg.): Basic Texts in international Relations, London 1992, S. 479–485.
(Dieser Aufsatz kann von keinem Studenten der Internationalen Beziehungen ignoriert werden.)

Pape, Robert A.: Soft Balancing against the United States, in: International Security 30:1 (2005), S. 7–45.
(Weiterentwicklung des Neorealismus als Reaktion auf die anhaltende Kritik am neorealistischen Verständnis von Balance of Power.)

Parent, Joseph M./Rosato, Sebastian: Balancing in Neorealism, in: International Security 40:2 (2015), S. 51–86.
(Ein sehr lesenswerter Fachartikel zur Rolle des Gleichgewichtskonzepts im Neorealismus.)

Pashakhanlou, Arash Heydarian: Waltz, Mearsheimer and the post-Cold War world: The rise of America and the fall of structural realism, in: International Politics 51:3 (2014), S. 295–315.
(Vergleichender Artikel, der Defensiven und Offensiven Realismus dahingehend testet, inwiefern sie internationale Politik nach Ende des Kalten Krieges erklären können.)

Schweller, Randall: Bandwagoning for Profit: Bringing the Revisionist State Back In, in: International Security 19:1 (1994), S. 72–107.
(Schweller ein aktueller Vertreter des Neorealismus zur Erklärung von Bündnissen unter ungleichen Partnern.)

Schweller, Randall: New Realist Research on Alliances: Refining, not Refuting Waltz's balancing Proposition, in: American Political Science Review 91 (1997), S. 927–930.
(Weiterer Artikel von Schweller zu Allianzbildung und Balance of Power-Bestrebungen aus Sicht des Neorealismus.)

Waltz, Kenneth N.: The Balance of Power in international Politics, in: Viotti, Paul R./Kauppi, Mark V. (Hrsg.): International Relations Theory. Realism, Pluralism, Globalism, New York 1987, S. 96–103.
(Vielleicht der prägnanteste Aufsatz von Waltz zum Thema.)

Waltz, Kenneth N.: Theory of International Politics, London 1979 (insbesondere S. 102–128).
(Der unverzichtbare Klassiker, sollte in jedem Fall im Original gelesen werden, um Waltz' Wissenschaftsverständnis nachvollziehen zu können.)

Wight, Martin: The Balance of Power and International Order, in: James, Alan (Hrsg.): The Bases of International Order. Essays in Honour of C. A. W. Manning, London 1973, S. 85–115.
(Ein lesenswerter Klassiker; sehr guter Überblick.)

Teil C: **Liberal-Institutionalistische Schule**

7 Klassischer Liberalismus

Wenn hier vom „Klassischen Liberalismus“ die Rede ist, ist damit weder Liberalismus in der ökonomischen Theorie, der das Recht des Privateigentums bekräftigt und sich für Aufhebung oder Einschränkung staatlicher Eingriffe in eine freie Marktwirtschaft einsetzt, noch der politische/philosophische Liberalismus, der das Individuum und sein Recht auf Freiheit in den Vordergrund stellt und damit jede Form politischer Unterdrückung kategorisch ablehnt, gemeint. Das heißt: Weder der Wirtschaftsliberalismus in der Tradition von Adam Smith noch der politische Liberalismus im Sinne von John Lockes Freiheitslehre, stehen im Zentrum der Diskussion. Vielmehr soll an dieser Stelle die Denkrichtung in der Disziplin der Internationalen Beziehungen, die auf die Idee des „ewigen Friedens“ von Immanuel Kant (1724–1804) zurückgeht, thematisiert werden. Charakteristisch für diese Denkrichtung ist ihre Annahme von der Existenz einer Korrelation zwischen liberal-demokratisch verfassten Regierungssystemen und internationalem Frieden. Dementsprechend betrachten Theoretiker dieser Schule eine globale Verbreitung der Demokratie als die beste Garantie für eine dauerhafte Friedenssicherung in der Welt. Streng genommen ist der Klassische Liberalismus eine substantielle Theorie über die Logik des interdemokratischen Friedens, der friedlichen Koexistenz demokratisch verfasster Staaten.

Tabelle 2 veranschaulicht die Unterschiede zwischen dem Wirtschaftsliberalismus, dem politischen Liberalismus und dem Liberalismus in der Lehre der Internationalen Beziehungen.

Tab. 2: Unterschiede zwischen dem wirtschaftlichen, politischen und internatinalen Liberalismus.

Ansatz **Aspekte**	**Wirtschaftlicher Liberalismus**	**Politischer Liberalismus**	**Internationaler Liberalismus**
Ziel	Wirtschaftliche Freiheit	Politische Freiheit	„ewiger Frieden“ in der Welt
Voraussetzung	Marktwirtschaft	Rechtsstaat	Int. demokr. Verfassungshomogenität
Bezugspunkt	Unternehmen	Individuum	Staat
In Tradition von	Adam Smith	John Locke	Immanuel Kant

Quelle: Eigene Darstellung

Das Präfix „Klassisch“ im Begriff „Klassischer Liberalismus“ ist nicht in dem Sinne zu verstehen, dass diese Ansätze Klassiker geworden und nicht weiter entwickelt worden wären. Vielmehr bezieht sich die Verwendung des Präfixes „Klassisch“ auf die klassische geistige Prägung von modernen Theoretikern, die, inspiriert von Kant oder in Anlehnung an ihn, versuchen, das empirisch beobachtbare Phänomen von Kriegsabwesenheit zwischen liberal-demokratisch verfassten Regierungssystemen

https://doi.org/10.1515/9783486855081-007

zu erklären. In der Tat knüpfen die Theorieannahmen, die wir als „klassisch-liberal" bezeichnen eng an die Ideengeschichte des 18. Jahrhunderts an und verdanken ihre Entwicklung insbesondere den Überlegungen von Kant über die Friedfertigkeit eines politisch liberalen Staates. In gewissem Sinne kann man sagen, dass der Klassische Liberalismus nichts anderes als eine theoretische Richtung in der Lehre der Internationalen Beziehungen des 20. Jahrhunderts darstellt, die versucht, die von Kant vor mehr als 200 Jahren entwickelte These des „Demokratischen Friedens" durch empirische Untersuchungen zu verifizieren und dieses Phänomen mit der Logik der demokratischen Verfasstheit und deren Implikationen für das staatliche Außenverhalten zu erklären.

7.1 Die Erscheinungen des „Demokratischen Friedens"

Was hat aber die liberal gesinnten Theoretiker veranlasst, bei der Theoriebildung auf die Idee des „ewigen Friedens" von Kant zurückzugreifen? Es sind mehrere von ihnen beobachtete historische und gegenwärtige Erscheinungen in der internationalen Politik, die aus ihrer Sicht mit der Theorie des Realismus, aber auch mit Hilfe von anderen nicht-realistischen Ansätzen, nicht plausibel erklärt werden können. Dazu gehören vor allem das empirisch beobachtbare Phänomen des interdemokratischen Friedens (Friedenszustand zwischen demokratischen Staaten); die Exklusivität der demokratischen Aggressivität gegenüber Nichtdemokratien; und das Phänomen der demokratischen Überlegenheit gegenüber autoritären Systemen im Krieg.

Das Phänomen des interdemokratischen Friedens (*Demokratien führen gegeneinander keine Kriege*)

1986 hat Michael Doyle, seinerzeit Assistant Professor of Political Science an der Johns Hopkins University in Baltimore, eine in der Disziplin aufsehenerregende Studie vorgelegt. In seinem Aufsatz „Liberalism and World Politics", veröffentlicht in der Zeitschrift „American Political Science Review", ist er systematisch der Frage nachgegangen, wie häufig Demokratien bisher miteinander Kriege geführt haben, genauer gesagt wie häufig Kriege zwischen Demokratien vorgefallen sind. Durch sorgfältige Nachzählung und tabellarische Vergleiche kam er zu dem Ergebnis, *„dass zwischen Demokratien so etwas wie ein Separatfriede existiert"*. *„Liberal states"*, so Doyle *„do exercise peaceful restraint, and a separate peace exists among them."*[1]

1 Vgl. Doyle, Michael W.: Liberalism and World Politics, in: American Political Science Review 80:4, 1986, S. 1151–1169 (S. 1156); Vgl. hierzu auch: Reese-Schäfer, Walter: Neorealismus und Neoliberalismus in den internationalen Beziehungen. Zur empirischen Überprüfung einer These Immanuel Kants, in: Gegenwartskunde, Bd. 44, 1995, S. 449–460, (S. 450). Doyle ist jedoch nach der Recherche von Sean M. Lynn-Jones nicht der erste Wissenschaftler, der auf die Existenz des Phänomens des Demokratischen Friedens hinweist. Schon im Jahre 1964 hat Dean Babst einen Artikel mit dem Titel

Doyle zufolge hat es in der Neuzeit überhaupt keinen wirklichen Krieg zwischen Demokratien gegeben. Dies gilt sowohl für die Jahre von 1700 bis 1945, während denen sowieso wenige Staaten als demokratisch zu qualifizieren sind, als aber auch für die Jahre nach 1945, während der die Staaten durch die so genannte zweite und dritte Welle der Demokratisierung erfasst wurden und eine Vielzahl demokratischer Staaten entstand. Dieses Ergebnis wurde auch von David A. Lake bestätigt, als er 1992 seine Studie vorlegte.[2] Nach Lake hat es in der Zeit zwischen 1816 und 1988 30 Kriege gegeben, an denen Demokratien beteiligt waren. Dabei lassen sich nur zwei Kriege ermitteln, in denen demokratische Staaten gegeneinander gekämpft haben: Die Teilnahme Finnlands am Zweiten Weltkrieg als Verbündete der Achse Berlin-Rom-Tokio und der Krieg zwischen den Vereinigten Staaten und Spanien im Jahre 1898. Ebenfalls verstärkte sich die allgemeine Beobachtung der Existenz eines interdemokratischen Friedens durch die empirische Untersuchung von Bruce Russett, wonach auch in eine sogenannte dyadische Rivalität (*dyads of rivals*) geratene Demokratien kaum dazu neigen, Konflikte untereinander durch Kriegsführung auszutragen.[3]

Die Exklusivität der demokratischen Aggressivität gegen Nichtdemokratien (*Demokratien sind manchmal auch aggressiv und kriegslustig. Aber wenn sie Kriege führen, dann nur gegen nicht-demokratische Staaten*)

Die neoliberalen Theoretiker geben zu, dass demokratische Herrschaftsbegrenzung einen Staat oder dessen Regierung nicht unbedingt davon abhalten könne, überhaupt Kriege zu führen. „*These domestic republican restraints*", so Doyle, „*do not end war. If they did, liberal states would not be warlike, which is far from the case.*"[4]

Allerdings verweisen sie auf die Vorsicht, mit der Demokratien Kriege führen. Während autokratische Staaten als willkürlich bei der Kriegsführung dargestellt werden, weil keine demokratische Kontrolle vorhanden ist, wird bei den demokratischen Staaten eine starke Berechenbarkeit beobachtet. „*Liberal wars*", so Doyle, „*are only fought for popular purposes. The historical liberal legacy is laden with*

„Elective Governments – A Force for Peace" in der Zeitschrift „The Wisconsin Sociologist" (Vol. 3, No.1 1964, S. 9–14) veröffentlicht, der von einem „permanent peace between democracies" sprach. Auch Rudolph J. Rummels fünfbändiges Werk „Understanding Conflict and War" (Los Angeles 1975–1981) argumentierte, so Sean M. Lynn-Jones, „that they [democracies] do not wage war on one another". Vgl. hierzu: Sean M. Lynn-Jones' Vorwort für den von ihm, Michael E. Brown und Steven E. Miller gemeinsam herausgegebenen Sammelband „Debating the Democratic Peace" (Cambridge/London 1999), S. IX–XXXIII (S. XIV).

2 Lake, David A.: Powerful Pacifists: Democratic States and War, in: American Political Science Review 86:1 (1992), S. 24–37.

3 Brussett, Bruce: The Facts of Democratic Peace, in: Brown, Michael E./Lynn-Jones, Sean M./Miller, Steven E. (Hrsg.): Debating the Democratic Peace, Cambridge 1999, S. 58–81.

4 Doyle, Liberalism, a. a. O., S. 1160.

popular wars fought to promote freedom, to protect private property, or to support liberal allies against non-liberal enemies.“[5]

Nach Doyle haben Demokratien große Bedenken (*hesitation*) Kriege zu führen, obwohl internationale „Unklugheit“ (*imprudence*) bei der demokratischen Kriegsführung manchmal nicht zu leugnen sei. Aber Demokratien greifen in der Regel nur an, wenn sie sich bedroht fühlen. Da sie sich von autokratischen Staaten, die bei willkürlicher Machtausübung von keinen Mechanismen kontrolliert werden, permanent bedroht fühlen, ist präventive Kriegsführung von Demokratien nicht von vornherein auszuschließen. Damit wird die These angesprochen, dass sich Demokratien und Autokratien von Natur aus, d. h. durch die gegensätzlichen Herrschaftsprinzipien vorbestimmt, permanent in einem konfrontativen Zustand befinden. Doyle führt an:

„*Kant's republics – including our own – remain in a state of war with non-republics. Liberal republics see themselves as threatened by aggression from non-republics that are not constrained by representation. Even though wars often cost more than the economic return they generate, liberal republics also are prepared to protect and promote – sometimes forcibly – democracy, private property, and the rights of individuals overseas against non-republics, which, because they do not authentically represent the rights of individuals, have no rights to noninterference.*“[6]

Das Phänomen der demokratischen Überlegenheit gegenüber autoritären Systemen im Krieg (*Demokratien gewinnen Kriege häufiger als nicht-demokratische Staaten*)

Inspiriert von Doyles Untersuchung des demokratischen Separatfriedens vertiefte Lake seine Untersuchung und stieß auf ein interessantes Phänomen: „*Democracies are more likely to prevail in wars with autocratic states.*“[7] Tatsächlich kann er diese These durch Untersuchungen der 30 Kriege zwischen 1816 und 1988 verifizieren. Bei diesen 30 Kriegen, in die demokratische Staaten verwickelt wurden, waren neun demokratische Staaten auf der Verliererseite, 38 auf der Gewinnerseite. Hingegen waren 42 der autokratischen Staaten auf der Verliererseite und 32 auf der Gewinnerseite. Statistisch ausgedrückt, haben die Demokratien zu 81 % die Kriege gewonnen und nur zu 19 % verloren. Hingegen haben die autokratischen Staaten nur zu 43 % die Kriege gewonnen, aber zu 57 % verloren.

Lake ist nicht auf der Ebene der statistischen Korrelation geblieben. Vielmehr versucht er, diese von ihm als eine Gesetzmäßigkeit betrachtete Erscheinung zu erklären. In Anlehnung an die „microeconomic theory“ vergleicht er den Staat mit einem Unternehmen, das ständig versucht, Profit zu machen. Dies gilt sowohl

5 Ebenda.

6 Ebenda, S. 1162.

7 Lake, David A.; a. a. O. S. 24.

für demokratische als auch für autokratische Staaten. Einen Unterschied gibt es nur insofern, als Diktatoren durch Profitmachen die Macht des Staates vermehren und Demokraten den Wohlstand der Bürger erhöhen. Ihm zufolge neigen – von der Profitmotivation angetrieben – sowohl autokratische als auch demokratische Staaten zu einer imperialistischen Außenpolitik. Aber die demokratischen Staaten sind weniger imperialistisch als die autokratischen, weil die Profitfähigkeit der ersteren höher ist als die der letzteren.

Der Grund dafür soll darin liegen, dass autokratische Staaten viel mehr Ressourcen für die Aufrechterhaltung innerer Stabilität aufbringen müssen, als Demokratien. Dieser Zwang zu mehr Ausgaben zur Kontrolle der Gesellschaft reduziere wiederum ihre Fähigkeit, aus Erschließung von inneren Ressourcen Profit zu erzielen, und führt sie zwangsläufig zu einer imperialistischen Ausbeutungspolitik. Hierin begründet sich nach Lake die relative Friedfertigkeit von Demokratien.

Damit verbunden ist auch ihre überlegene Schlagfähigkeit gegenüber Diktaturen, wenn sie in Kriege mit diesen verwickelt werden. „*Democracies*", so die Begründung von Lake, „*(constrained by their societies from earning rents) create fewer economic distortions and possess greater national wealth, enjoy greater societal support for their policies, and tend to form overwhelming counter-coalitions against expansionist autocracies. Thus, democracies will be more likely to win wars.*"[8]

Die neuere wissenschaftliche Debatte[9] zeigt, dass sich die Autoren des Klassischen Liberalismus trotz unterschiedlicher Akzente oder Varianten zunehmend darauf konzentrieren, das Phänomen des interdemokratischen Friedens mit der systemischen Eigenlogik des liberal verfassten Staates zu erklären. Wie Bruce Russett betont hat, können plausible Erklärungen für den permanenten Frieden zwischen den Demokratien nur in den Demokratien selbst und in deren unmittelbaren Implikationen für das Außenverhalten der Staaten gefunden werden.[10] In der Tat bewegen sich die bisher entwickelten Ansätze im Rahmen des Kantischen Gedankengebäudes, wenn es um die intellektuellen Argumentationsverbindungen und die Deduktionslogik geht. Daher scheint es sinnvoll und notwendig zu sein, zuerst die Idee des „ewigen Friedens" von Kant systematisch unter die Lupe zu nehmen, um dann die einzelnen Ansätze der modernen Klassiker des Liberalismus zur Erklärung des interdemokratischen Friedens begreifen und einordnen zu können.

---

8 Ebenda, S. 32.

9 Zu den Hauptttendenzen der gegenwärtigen Debatte vgl. Panke, Diana/Risse, Thomas: Liberalism, in: Dunne, Tim/Kurki, Milja/Smith, Steve (Hrsg.): International Relations Theories, Oxford 2007, S. 89–107; Geis, Anna/Wagner, Wolfgang: Vom demokratischen Frieden zur liberalen Friedens- und Konfliktforschung, in: Politische Vierteljahresschrift 47:2, 2006, S. 267–309.

10 Russett, Bruce: Why Democratic Peace?, in: Brown, Michael E./Lynn-Jones, Sean M./Miller, Steven E. (Hrsg.): Debating the Democratic Peace, Cambridge 1999, S. 82–115.

7.2 Die Idee des „ewigen Friedens“ von Immanuel Kant: Die intellektuelle Quelle des Klassischen Liberalismus

Die Idee des „ewigen Friedens“ von Kant war eher ein politisches Konzept für als eine empirische Reflektion über die Aufgabe der Friedenssicherung seiner Zeit. Das Jahr 1795 erlebte ein Europa, das zwischen der Hoffnung auf einen dauerhaften Frieden und der Angst vor einem erneuten Kriegsausbruch stand, nachdem Preußen und Frankreich sich mit dem „Basler Frieden“ auf eine gemeinsame Grenze geeinigt hatten. Viele Beobachter aber fürchteten, dass dieser Friedensvertrag nur eine Verschnaufpause einleitete und ein neuer Krieg unmittelbar bevorstünde. Vor diesem Hintergrund sind die Stimmen in der europäischen Öffentlichkeit nach einem wirklichen Frieden, also einem „ewigen Frieden“ laut geworden. Unter den Intellektuellen, die den Frieden in solchen Verträgen nicht verwirklicht sahen und den Konflikt nur als aufgeschoben betrachteten, war auch Immanuel Kant, der seit 1770 in Königsberg als Professor für Logik und Metaphysik lehrte.

Am Tag der Michaelismesse 1795 legte Kant seine Gedanken darüber vor, wie er den ewigen Frieden unter den Menschen herzustellen gedenke. Seine Gedanken, die er in Form eines Völkerrechtsvertrages verfasst hat, tragen den Titel: „Zum ewigen Frieden. Ein philosophischer Entwurf“. Der Text beinhaltet eine Ansammlung von Bekenntnissen und Verpflichtungen der Staaten nebst einer klaren Bestimmung darüber, wie die einzelnen inhaltlichen Absichtserklärungen und Verpflichtungen verwirklicht werden könnten. Angesichts dieser Einteilung sah seine Schrift nicht wie ein „philosophischer Entwurf“ aus, wie der Nebentitel angibt, sondern wie ein politisches Konzept. In diesem Zusammenhang weist Ludger Kühnhardt darauf hin, dass es dem Königsberger Professor *„im Grunde nicht um einen idealistischen Entwurf ging, sondern durchaus um einen Text, der für die Praxis taugen sollte, eine Empfehlung für die Praxis, für die Staatenwelt“*.[11]

Kants Schrift „Zum ewigen Frieden“ besteht aus vier Teilen: Dem ersten Abschnitt, *„welcher die Präliminarartikel zum ewigen Frieden unter Staaten enthält“*, dem zweiten Abschnitt, *„welcher die Definitivartikel zum ewigen Frieden unter Staaten enthält“*[12], den Zusätzen und dem Anhang. Seine Gedanken, die die liberalen Theoretiker in der Disziplin der Internationalen Beziehungen 200 Jahre später besonders inspiriert haben, sind im zweiten Abschnitt enthalten, wobei nicht übersehen werden darf, dass seine Idee nur im Kontext des Gesamtkonzeptes zu verstehen ist. In diesem Abschnitt zeigte der Königsberger Philosoph den Weg zum „ewigen Frieden“, der aus drei fundamentalen Prinzipien oder – um mit ihm zu sprechen – drei „definitiven Artikeln“ besteht.

---

11 Vgl. hierzu Kühnhardt, Ludger: Von der ewigen Suche nach Frieden. Immanuel Kants Vision und Europas Wirklichkeit, Bonn 1996, insbesondere S. 160ff.

12 Kant, Immanuel: Zum ewigen Frieden (1795), in: Ders: Kleinere Schriften zur Geschichtsphilosophie, Ethik und Politik, hrsg. von Karl Vorländer, Hamburg 1973, 117–169 (S. 127–135).

> *„Erster Definitivartikel zum ewigen Frieden. Die bürgerliche Verfassung in jedem Staat soll republikanisch sein“;*
> *„Zweiter Definitivartikel zum ewigen Frieden. Das Völkerrecht soll auf einen Föderalismus freier Staaten gegründet sein“;*
> *„Dritter Definitivartikel zum ewigen Frieden. Das Weltbürgerrecht soll auf Bedingungen der allgemeinen Hospitalität eingeschränkt sein.“*[13]

Im ersten Definitivartikel postuliert Kant eine Friedfertigkeit der Republik, wobei er unter Republik nicht die Staatsform, sondern die Regierungsart versteht. Für ihn gibt es nur zwei Regierungsarten: Die republikanische und die despotische. Als eine republikanische Verfassung bezeichnet Kant das Staatsprinzip der Trennung der ausführenden Gewalt (der Regierung) von der gesetzgebenden. Republikanisch zu regieren bedeutet für ihn, das Volk nach den Prinzipien Freiheit, Rechtsstaat und Gleichheit zu behandeln. Dabei nennt er die *„Freiheit der Glieder einer Gesellschaft als Menschen“* das erste Prinzip des Republikanismus und spricht ihm die höchste Bedeutung zu.[14] Obwohl Kant die republikanische Regierungsart in der Demokratie für nicht realisierbar hält, was auf sein historisch bedingtes Demokratieverständnis als „Despotismus“ zurückzuführen ist, stimmt sein Republikanismus mit dem liberaldemokratischen Verfassungsstaat des 21. Jahrhunderts inhaltlich überein. Dies trifft insbesondere zu, wenn es um die Verfassungsprinzipien Freiheit, Rechtsstaatlichkeit und Gleichheit geht.

Dies ist auch der Grund, warum die liberal gesinnten Wissenschaftler in der Lehre der Internationalen Beziehungen nicht mit dem Begriff der Republik, sondern mit dem der Demokratie arbeiten. Dass dabei Demokratie nicht im Sinne vom Kants Verständnis als „Despotismus“ interpretiert werden darf, ist in der wissenschaftlichen Literatur unumstritten. Außerdem – dies scheint noch wichtiger zu sein – nennen sich heute viele Staaten selbst Republik, eine Bezeichnung, die nicht die geringste Gemeinsamkeit mit dem Republikanismus von Kant aufweist. Im Gegenteil lassen sie sich zur von Kant verworfenen, despotischen Regierungsart rechnen, die *„eine exekutive Gewalt gründet, die willkürlich, nicht repräsentativ und deshalb eigentlich eine Unform ist.“*[15]

Im ersten Definitivartikel seines „ewigen Friedens“ unterstellt Kant nach republikanischen Verfassungsprinzipien organisierten Staatswesen eine Friedfertigkeit. Er geht davon aus, dass das republikanisch organisierte Volk im Grunde keinen Krieg wolle. Die Bedenken der Bürger gegen den Zwang, an der Front *„selbst zu fechten“*, *„die Kosten des Krieges aus ihrer eigenen Habe herzugeben“*, *„die Verwüstung, die er [der Krieg] hinter sich lässt, kümmerlich zu verbessern“* und die *„zu tilgende Schuldenlast*

---

13 Ebenda.

14 Ebenda; vgl. hierzu auch Baruzzi, Arno: Kant, in: Maier, Hans/Rausch, Heinz/Denzer, Horst (Hrsg.), Klassiker des politischen Denkens, Bd. 2, München 1987, S. 136–158, insbesondere S. 152ff.

15 Kant, Immanuel: Zum ewigen Frieden (1795), in: Ders: Kleinere Schriften zur Geschichtsphilosophie, Ethik und Politik, hrsg. von Karl Vorländer, Hamburg 1973, 117–169 (S. 127–135).

selbst zu übernehmen“, all diese Bedenken würden die Bürger dazu bewegen, sich einer Kriegsführung gegenüber ablehnend zu verhalten. „*Wenn die Bestimmung der Staatsbürger dazu erfordert wird*“, d. h. wenn die Bürger in einer republikanischen Verfassung selber darüber zu entscheiden hätten, „*ob Krieg sein solle oder nicht*“, so argumentiert Kant, „*so ist nichts natürlicher als daß [...] sie sich sehr bedenken werden, ein so schlimmes Spiel anzufangen.*“[16] Mit anderen Worten wird nach Kant keine Kriegsgefahr von einem Staat ausgehen, der auf der Grundlage einer liberaldemokratischen Verfassung aufgebaut wird, weil das Volk die Kriegsleiden selbst nicht tragen will. Im zweiten Definitivartikel vertritt Kant die Auffassung, dass ein „*Bund von besonderer Art*“ durch die Staaten gegründet werden könnte. Diesen Bund „*kann man den Friedensbund nennen, der vom Friedensvertrag darin unterschieden sein würde, daß dieser bloß einen Krieg, jener aber alle Kriege auf immer zu endigen suchte. Dieser Bund*“, so führt Kant weiter an, „*geht auf keinen Erwerb irgendeiner Macht des Staates, sondern lediglich auf Erhaltung und Sicherung der Freiheit eines Staates für sich selbst und zugleich anderer verbündeter Staaten, ohne daß diese doch sich deshalb (wie Menschen im Naturzustande) öffentlichen Gesetzen und einem Zwange unter denselben unterwerfen dürfen.*“[17]

Dabei gibt Kant zu verstehen, dass er weder an einen „Völkerstaat“ denkt, der von den einzelnen Staaten die Aufgabe ihrer Freiheit verlange, noch an eine Weltrepublik, die ihm zwar als „eine positive Idee“ erscheint, aber doch zu utopisch ist. Auch einen Staatenbund, der unter Anwendung des herkömmlichen Völkerrechts errichtet werden könnte, schließt er eindeutig aus, weil es sich beim Völkerrecht um „*ein Recht zum Kriege*“ handele.

Dabei scheint die Tatsache interessant zu sein, dass Kant gar nicht an einen föderalistischen Bundesstaat denkt, obwohl er im zweiten Definitivartikel auffordert: „*Das Völkerrecht soll auf einen Föderalismus freier Staaten gegründet sei.*“ Er bevorzugt den Begriff der „Föderalität“, um seine Friedensidee auszudrücken. Diese Föderalität entsteht weder aus einer völkerrechtlichen Regulierung noch wird sie auf der Grundlage einer ausdrücklichen Vereinbarung errichtet. Vielmehr gründet sie sich in der republikanischen Verfassungshomogenität der Staaten. Kant ist selbst überzeugt von der „*Ausführbarkeit dieser Idee der Föderalität, die sich allmählich über alle Staaten erstrecken soll und so zum ewigen Frieden hinführt.*“ Konkret stellt sich der Professor für Logik vor, „*daß ein mächtiges und aufgeklärtes Volk sich zu einer Republik (die ihrer Natur nach zum ewigen Frieden geneigt sein muss) bilden kann, so gibt diese einen Mittelpunkt der föderativen Vereinigung für andere Staaten ab, um sich an sie anzuschließen und so den Freiheitszustand der Staaten gemäß der Idee des Völkerrechts zu sichern und sich durch mehrere Verbindungen dieser Art nach und nach immer weiter auszubreiten.*“[18]

16 Ebenda.
17 Ebenda, S. 133.
18 Ebenda, S. 133f.

Eine wichtige Aussage lässt sich aus dieser Idee ableiten: Ein friedliches Zusammenleben zwischen den Staaten, die sich herrschaftspolitisch an der im Mittelpunkt stehenden Republik ausrichten, die ja *„ihrer Natur nach zum ewigen Frieden geneigt“* ist, ist möglich, obwohl sie gemäß des Völkerrechts nach wie vor ihre Souveränität selbständig ausüben. Nach Kant besteht die unsichtbare Hand, die die zwischenstaatlichen Beziehungen unter den Republiken friedlich macht, in ihrem gemeinsamen Sinn nach Freiheit und Gerechtigkeit. *„Nur Rechtsstaaten“*, so folgerte Karl Jaspers in seiner Interpretation der Kantischen Friedensschrift, *„können miteinander in ewigem Frieden leben. Nur in ihnen ist der Sinn für Gesetzlichkeit so stark entwickelt, dass das Rechtsbewusstsein schließlich vielleicht auch ohne Zwangsgewalt zuverlässig wird.“*[19]

Damit wird Kants Idee des republikanischen Separatfriedens angesprochen. Aus dieser Idee, wonach Republiken keine Kriege miteinander oder gegeneinander führen, entwickelten die liberalen Theoretiker später die These, dass Demokratien sich gegenseitig nicht bekämpfen und nur bereit sind, Krieg zu führen, wenn sie sich von nichtdemokratischen Staaten provoziert oder bedroht fühlen. Diese These ist in der Tat eine intellektuelle Reflexion auf Kants Postulat von interrepublikanischer Hospitalität. Im dritten Definitivartikel seiner Ordnungsvorstellung tritt der einzelne Mensch als Subjekt der Weltpolitik und der Ordnung des „ewigen Friedens“ auf. In diesem Abschnitt postuliert Kant den Menschen in seinem Wesen als ein Mitglied einer liberalen Gesellschaft, als einen „Weltbürger“, und damit verbunden das Weltbürgerrecht der Hospitalität. Kant definiert es als *„das Recht eines Fremdlings, seiner Ankunft auf dem Boden eines anderen wegen von diesem nicht feindselig behandelt zu werden.“* Mit diesem Postulat lässt Kant deutlich erkennen, dass der gegenseitige Respekt der Menschen als Weltbürger ein wesentliches Merkmal ausmacht, das die republikanische Verfassung kennzeichnet. *„Die Idee des Weltbürgerrechts“*, so Kant, *„ist keine phantastische und überspannte Vorstellungsart des Rechts, sondern eine notwendige Ergänzung des ungeschriebenen Kodex sowohl des Staates als auch des Völkerrechts zum öffentlichen Menschenrechte überhaupt, und so zum ewigen Frieden.“*[20] In diesem Recht sieht Kant das grundlegende Motiv zur „kontinuierlichen Annäherung“ zwischen den unter der republikanischen Verfassung lebenden Bürgern. Er schien sich nicht vorstellen zu können, dass Krieg in einer solchen vom Sinne des Weltbürgers beherrschten Welt unter den Republiken ausbrechen könnte.

---

19 Jaspers, Karl: Kants ‚Zum ewigen Frieden‘, in: Ders.: Aneignung und Polemik. Gesammelte Reden und Aufsätze zur Geschichte der Philosophie, München 1968, S. 205–232 (S. 207), zitiert nach Kühnhardt, a. a. O., S. 168.

20 Kant, a. a. O., S. 135; siehe auch Kühnhardt, a. a. O., S. 180ff.

7.3 Interdemokratischer Frieden: Erklärungsansätze der modernen Liberalen

Die Thesen von Kant konnten jedoch zum Teil die historischen Prüfungen nicht bestehen. Wie Walter Reese-Schäfer zu Recht anmerkte, schien Kants Hypothese über die Friedfertigkeit von Demokratien „*längst widerlegt, weil Demokratien sich genauso häufig an Kriegen beteiligen wie andere Staaten auch, und dies keineswegs immer nur als unschuldige Opfer oder Angegriffene. Die Wählbarkeit der Regierung durch die Bevölkerung und die komplexeren Entscheidungsstrukturen halten demokratische Staaten offenbar keineswegs davon ab, überhaupt Kriege zu führen und in Kriege einzutreten.*“[21]

Ernst-Otto Czempiel hingegen vertritt die Auffassung, dass Kants Theorem, dessen Kerngehalt er in der „*demokratische[n] Mitbestimmung der Bürger an der Außenpolitik ihres Staates*“ sieht, nach wie vor wirkt. Dass die existierenden westlichen Demokratien „*noch immer nicht friedlich*“ sind, falsifiziert nach Czempiel das Theorem von Kant nicht, weil sie „*zwar beträchtliche Grade der Demokratisierung*“ aufweisen, aber „*nicht beanspruchen*“ können, „*bereits demokratisiert zu sein*“. Mit anderen Worten: Czempiel lehnt es kategorisch ab, Kants Theorem vor dem Hintergrund der häufigen Gewaltanwendung der westlichen Demokratien nach außen als falsifiziert und daher als nicht mehr brauchbar zu betrachten, da die notwendigen Bedingungen von Kants Annahmen noch nicht erreicht seien. „*Kants Theorem*“, so Czempiel, „*verlangt zur Nachprüfung sequentielle Querschnittanalysen des außenpolitischen Entscheidungsprozesses von Demokratien*“. Wenn sich die Hypothese im Sinne des Kantischen Theorems – „*Je partizipatorischer ein demokratisches Herrschaftssystem ausgestattet ist, desto geringer seine Neigung und seine Fähigkeit zur Gewaltanwendung*“ – „*nicht falsifizieren lässt, wenn sich immer wieder erweist, dass eine funktions- und modernisierungsfähige Demokratie desto stärker auf den Gewaltenverzicht nach außen drängt, je mehr sich ihre partizipatorischen Elemente entwickeln, kann Kants Theorem als bestätigt gelten. Wir wissen dann*“, so Czempiel, von der absoluten Friedensfertigkeit der Demokratie überzeugt, „*dass die westlichen Demokratien deswegen noch immer nicht ganz friedlich sind, weil sie noch immer keine voll entfalteten Demokratien abgeben.*“[22]

Aber unabhängig davon, ob eine Demokratie beim Erreichen eines hohen Grades der Demokratisierung im Sinne einer hohen Beteiligung der Bürger an außen- und sicherheitspolitischen Entscheidungen des Staates friedlicher wird, bleibt das empirisch beobachtbare Phänomen des Friedens zwischen den Demokratien, auch wenn sie „keine voll entfalteten Demokratien abgeben“, erklärungsbedürftig. Diese

---

21 Reese-Schäfer, Walter: Neorealismus und Neoliberalismus in den internationalen Beziehungen. Zur empirischen Überprüfung einer These Immanuel Kants, in: Gegenwartskunde, Bd. 44, 1995, S. 449–460, (S. 450).

22 Czempiel, Ernst-Otto: Kants Theorem. Oder: Warum sind die Demokratien (noch immer) nicht friedlich?, in: Zeitschrift für Internationale Beziehungen 3:1 (1996), S. 79–101 (S. 98).

Erklärungsbedürftigkeit tritt umso dringlicher auf, weil neuere Studien zeigen, dass Frieden eben auch zwischen Demokratien mit großen Demokratiedefiziten herrschen kann. Auch die These, *„states with weak institutions undergoing incomplete transitions to democracy are more likely to initiate an external war than other types of states"*, wurde aufgrund empirischer Fallanalysen als unbegründet zurückgewiesen.[23]

Lässt sich der zwischendemokratische Frieden liberaldemokratisch-logisch erklären, handelt es sich dabei nur um einen Zufall oder begründet er sich in anderen Faktoren wie beispielsweise geographischer Entfernung, wirtschaftlicher Integration, gemeinsamem Außensicherheitsdruck oder kompatiblem Grad von Wohlstand?[24] Klassisch gesinnte Liberale sind hier mit großer Leidenschaft ans Werk gegangen und haben beeindruckende Forschungsergebnisse vorgelegt.[25] Dabei stellte sich heraus, dass diejenigen Ansätze, die sich ausgiebig von den drei Kernelementen des Theorems von Kant über die demokratische Friedfertigkeit (plebiszitäre Mitbestimmung, zwischenstaatliche Föderalität und liberale Hospitalität) inspirieren lassen und unmittelbar aus Kants Theorem ihre Erklärung ableiten, besonders aufschlussreich erscheinen. Vor allem verdienen die normative Erklärung von Bruce Russett, die föderative Erklärung von Ernst-Otto Czempiel und die ideelle Erklärung von John M. Owen eine verstärkte Berücksichtigung. Gemeinsam ist ihnen die Ansicht, dass die Beziehungen zwischen den Demokratien aufgrund der liberalen Verfassungshomogenität eine *„special relation"* darstellen, eine Eigenschaft, die das Verhältnis zwischen Demokratie und Autokratie nicht kennt und auch dem zwischen autokratischen Staaten fremd ist.

Die normative Erklärung von Bruce Russett

Die Sonderbeziehung zwischen liberal-demokratisch verfassten Staaten, die einen Kriegsausbruch zwischen ihnen unmöglich macht und damit einen permanenten Separatfrieden ermöglicht, ist für Russett[26] der in Demokratien vorherrschende

---

23 Vgl. Hierzu: Narang, Vipin/Nelson, Rebecca M.: Who Are These Belligerent Democratizers? Reassessing the Impact of Democratization on War, in: International Organization 63:2 (2009), S. 357–379; zur früheren Literatur über die Friedensfertigkeit defizitärer Demokratie vgl. Russett, Bruce: The Facts of Democratic Peace, in: Brown, Michael E./Lynn-Jones, Sean M./Miller, Steven E. (Hrsg.): Debating the Democratic Peace, Cambridge 1999, S. 58–81; Gleditsch, Nils P./Hegee, Havard: Peace and Democracy. Three Levels of Analysis, in: Journal of Conflict Resolution 41:2 (1997), S. 283–310.

24 Für eine Zusammenfassung nicht-liberaler Erklärungen des Demokratischen Friedens vgl. Lynn-Jones, Sean M.: Preface in: Brown, Michael E./Lynn-Jones, Sean M./Miller, Steven E. (Hrsg.): Debating the Democratic Peace, Cambridge 1999, S. IX–XXXIII (XVII); vgl. auch: Spiro, David E.: The Insignificance of Liberal Peace, in: International Security 19:2 (1994/95), S. 50–86.

25 Einen guten Überblick liefern Panke, Diana/Risse, Thomas: Liberalism, in: Dunne, Tim/Kurki, Milja/Smith, Steve (Hrsg.): International Relations Theories, Oxford 2007, S. 89–107; Hasenclever, Andreas: Liberale Ansätze zum „demokratischen Frieden", in: Schieder, Siegfried/Spindler, Manuela (Hrsg.): Theorien der Internationalen Beziehungen, 2. Aufl., Opladen 2006, S. 213–241.

26 Russets normativer Erklärungsansatz entstand viel früher (1993, 1996) als sein institutionalistischer Ansatz, den er Anfang dieses Jahrhunderts mit John R. Oneal in ihrem Buch „Triangulating Peace: Democracy, Interdependence, and International Organization" (New York 2000) systematisch vorstellte. Darin

innenpolitische normative Imperativ, beim Austragen von Interessenkonflikten auf Gewaltanwendung zu verzichten und eine friedliche Konfliktlösung zu verfolgen. Diese innenpolitischen Erfahrungen und Werte übertragen Demokratien auf die internationale Ebene, wenn ihre Konfliktpartner oder Konkurrenten Demokratien sind, die ebenfalls Gewaltanwendung beim Austragen von Konflikten mit Demokraten verabscheuen. Daher versuchen Demokratien immer, Konflikte untereinander friedlich zu lösen. Sie verhalten sich untereinander so, weil sie einfach normativ daran gewöhnt sind. Damit greift Russett offensichtlich Kants Vorstellung einer Verbindung zwischen der inneren Verfasstheit der Republiken und dem zwischenrepublikanischen Frieden auf. Nicht ohne Grund hat Kant ja die Homogenität der Verfassungen der Staaten, die auf bürgerlicher Freiheit und Gleichheit beruhen sollen, als die erste Bedingung für seinen „ewigen Frieden" gestellt.

Ein Zitat soll Russets Anlehnung an Kant in der Sache der Verfassungshomogenität deutlich machen: „*The norms of regulated political competition, compromise solutions to political conflicts, and peaceful transfer of power are externalized by democracies in their dealing with other national actors in world politics. On the other hand, non-democracies may not externalize these norms. Hence, when two democracies come into a conflict of interests, they are able to apply democratic norms in their interactions, and these norms prevent most conflicts from mounting to the threat or use of military force. […] By contrast, when a democracy comes into conflict with a non-democracy, it will not expect the non-democratic state to be restrained by those norms.*"[27]

Die föderative Erklärung von Ernst-Otto Czempiel

Offensichtlich von Kants Theorem inspiriert, spricht Ernst-Otto Czempiel vom „Friedensbund der Demokratien". Wir erinnern uns daran, dass Kant in seinem „Zweiten Definitivartikel" einen Friedensbund (foedus pacificum) als einen Bund von besonderer Art mit friedensstiftender Funktion postuliert hat. Czempiel sieht einen solchen Bund von besonderer Art darin existierend, dass sich die westli-

wird Demokratischer Frieden als Ergebnis von zwischendemokratischen Institutionen erklärt, was den Eindruck entstehen lässt, dass sich dieser Ansatz viel stärker an den Theorien des Neoinstitutionalismus anlehnt als an Kants Theorem. Auch wenn der Versuch, über den Weg der internationalen Institutionen oder Regime den interdemokratischen Frieden zu erklären, als eine theoretische Erweiterung des Liberalismus erscheint, fehlt ihm die Kantisch-liberale Originalität, die in seinem normativen Ansatz stark zu erkennen ist. Denn Kant spricht zwar von „Föderalität", aber nicht von einem internationalen Regime zur Friedenssicherung. Wie Andrew Moravcsik pointiert angemerkt hat: „Kant's federation is a general treaty, not an international regime." Moravcsik, Andrew: Federalism and Peace: A Structural Liberal Perspective, in: Zeitschrift für Internationale Beziehungen 3:2, 1996, S. 123–132 (S. 125). Dies ist auch der Grund dafür, dass dieses Buch wenig dazu neigt, Russets institutionalistische Erklärung als einen originär klassisch-liberalen Ansatz anzusehen.

27 Russett, Bruce: Why Democratic Peace? in: Brown, Michael E./Lynn-Jones, Sean M./Miller, Steven E. (Hrsg.): Debating the Democratic Peace, Cambridge 1999, S. 82–115 (S. 94).

chen Demokratien seit 1945 *„stets in einem Verband"* befinden. Dieser Bund von besonderer Art *„mit dem verabredeten Gewaltenverzicht sichert wechselseitig die Existenzgarantie und reduziert damit das Sicherheitsdilemma"*. Der Frieden der EU-Staaten existiert deswegen, so könnte man aus Czempiels Gedankengang ableiten, weil die Mitglieder dieses Bundes von besonderer Art sich gegenseitig nicht bedroht fühlen. Wenn demokratische Staaten auf internationaler Ebene in wechselseitige Beziehungen treten, verliert so das Sicherheitsdilemma seine Wirkung, das ständig zur Konflikteskalation und Kriegsführung zwischen unterschiedlichen Herrschaftssystemen geführt hat. *„Demokratische Herrschaftssysteme"*, so Czempiel zuversichtlich, *„können sich den Wirkungen des Sicherheitsdilemmas entziehen, weil sie seine gesellschaftliche Konstituierung zu erkennen vermögen und es nicht zur Stützung des binnengerichteten Wertverteilungsprozesses brauchen."*[28]

Die ideelle Erklärung von John M. Owen[29]

In Anlehnung an Kants Postulat eines „Weltbürgers", das den universalen Anspruch des Menschen auf Respekt und Freiheit begründet, betrachtet Owen die Hochhaltung der Freiheit als den entscheidenden Mechanismus, der alle liberal-demokratisch verfassten Staaten verbindet. Seine Logik lautet: Eine wirkliche Demokratie muss ein Staat sein, in dem der Liberalismus die Rolle einer *„dominant ideology"* spielt. Dominant in dem Sinne, dass Freiheit dort als das höchste Gut angesehen ist und Frieden als die unverzichtbare Voraussetzung für Freiheit verstanden wird. Daher werden Kriege von demokratischen Staaten nur zur Gewinnung von Freiheit und zur Sicherung des Friedens geführt. Demokratische Staaten vertrauen sich diesbezüglich gegenseitig und verhalten sich zueinander daher friedlich und vertrauensvoll, zumal ihnen Freiheit und Frieden als Ordnungsprin-

---

28 Czempiel, Kants Theorem, a. a. O., S. 93ff. Das einzige Element, das in Czempiels Erklärung eine Unklarheit aufweist, ist seine augenscheinliche Verwechslung zwischen dem Kantischen „Friedensbund" und einer internationalen Organisation. Aus dem Begriff „foedus pacificum" eine Art internationaler Organisation wie OECD oder EU heraus zu interpretieren, ist für Andrew Moravcsik problematisch. „Such developments", so Moravcsik direkt auf Czempiels Aufsatz reagierend, „could be politically harmful and philosophically contradictory."
Der amerikanische Theoretiker begründet seine Skepsis mit dem Argument: „It is by no means obvious that international organizations in Kant's theorem are more than minimalist agreements. Kant's federation is a general treaty, not an international regime." Moravcsik, Andrew: Federalism and Peace: A Structural Liberal Perspective, in: Zeitschrift für Internationale Beziehungen 3:2 (1996), S. 123–132 (S. 124).

29 Intellektuelle Ähnlichkeit zu Owens Erklärung weist der kommunikative/konstruktive Ansatz von Thomas Risse auf, der in den gemeinsamen Wertvorstellungen der demokratischen Staaten interaktive und lerneffektive Wirkungen für die Herausbildung einer gemeinsamen demokratischen Identität (Risse spricht vom „part of us") sieht. Vgl. hierzu: Panke, Diana/Risse, Thomas: Liberalism, in: Dunne, Tim/Kurki, Milja/Smith, Steve (Hrsg.): International Relations Theories, Oxford 2007, S. 89–107 (insbesondere S. 96–98).

zipien und Politiktatsache gemeinsam sind. Außerdem bedeutet der Primat des Liberalismus in einem demokratischen Staat auch, dass die Regierungen durch die Bürgerinnen und Bürger gewählt und abgewählt werden. Diese Strukturen und Prozesse sorgen dafür, dass, auch bei einem eskalierenden Interessenkonflikt, eine Kriegspolitik gegen einen anderen demokratischen Staat bei der Bevölkerung keine Unterstützung finden kann. Solange ein demokratischer Staat einen anderen als einen ideologischen Artgenossen betrachtet, wird er ihm politisch vertrauen. Aus diesem Grund ist es aus der Sicht von Owen schwer vorstellbar, dass ein liberalgesinnter Freiheitsstaat einen Krieg gegen einen anderen Staat führen würde, in dem die Freiheit der Menschen hoch gehalten wird. In diesem Sinne führte Owen an: *„Ideologically, liberals trust those states they consider fellow liberal democracies and see no reason to fight them."*[30]

7.4 Klassischer Liberalismus im Kreuzfeuer

Bei den Versuchen, die Hypothesen von Kant durch empirische Überprüfung zu verifizieren und verschiedene Erklärungen für den interdemokratischen Frieden herauszuarbeiten, hat der Klassische Liberalismus viele Schwachstellen offenbart. Diese wurden von seinen Kritikern, insbesondere aus dem neorealistischen Lager, ohne zu zögern als Angriffspunkte genutzt, um den Ansatz generell in Frage zu stellen. Es wurde kritisiert, dass die empirische Grundlage zu schmal sei, weil die Mehrheit der Staatenwelt noch nicht zur demokratischen Familie gehöre. Kritik hat es auch gegeben im Hinblick auf den Mangel an eindeutigen Kriterien für die Zuordnung der Staaten als Demokratie oder Nicht-Demokratie. Auch die Frage, ob es sich bei dem Demokratischen Frieden um einen Zufall oder eine Gesetzmäßigkeit handelt, ist höchst umstritten. Ein schwergewichtiger Vorwurf kommt aber insbesondere aus dem Blickwinkel, dass die bisherige vorgelegte Empirie sich nur auf die Vergangenheit bezieht und noch nichts über die Zukunft aussagt. *„Mit einer wachsenden Zahl der Demokratien"*, so diese Kritik, *„wachsen möglicherweise auch die Konfliktmöglichkeiten und Konfliktpotentiale zwischen ihnen."*[31]

Scharfe Kritik wurde auch von deutschen Wissenschaftlern erhoben. So sieht Ludger Kühnhardt, Direktor des Zentrums für Europäische Integrationsforschung an der Universität Bonn, die *„Unzulänglichkeit"* der neoliberalen Forschung darin begründet, *„dass sie Kants drei aufeinander bezogene Friedensdefinitive auf die Demokratiefrage reduzieren und damit die Komplexität der Kantischen Gedankenführung verdunkeln. Kants Friedenstheorie"*, so Kühnhardt, *„kann nur dann plausibel sein, wenn alle drei*

30 Owen, John M.: How Liberalism Produces Democratic Peace, in: Brown, Michael E./Lynn-Jones, Sean M./Miller, Steven E. (Hrsg.): Debating the Democratic Peace, Cambridge 1999, S. 116–164 (S. 153).

31 Zu einer kurzen, aber schlüssigen Zusammenfassung der Kritik am Klassischen Liberalismus vgl. Reese-Schäfer, a. a. O., S. 453.

Definitivkriterien erfüllt sind, also neben der Rechtsstaatlichkeit noch der Menschenrechtsschutz und die Handlungsfähigkeit eines Bündnisses. Überdies bleibt das Verhältnis von Rechtsstaatlichkeit und Demokratie nicht spannungsfrei, was von den Autoren, die im Anschluss an Kant die These der Friedensfähigkeit der Demokratien aufstellen, zumeist außer Betracht gelassen wird."[32]

Noch deutlicher gibt Werner Link, der als einer der führenden Neorealisten in der Bundesrepublik Deutschland gilt, seine Kritik ab. „*Die extreme These, Demokratien seien wesensmäßig friedlich, ist eindeutig empirisch widerlegt. Demokratien haben mindestens*", so Link, „*ebenso viele oder gar häufiger Kriege geführt wie Nicht-Demokratien. Auch die im Licht dieses Sachverhalts modifizierte These, dass Demokratien untereinander keine Kriege führen, ist problematisch.*"[33] Link weist darauf hin, dass es, „*je nachdem wie Demokratie und Krieg definiert und dementsprechend die Zuordnung vorgenommen werde*", Ausnahmen von der behaupteten Regel gibt. Als derartige Ausnahmen zieht Link folgende „demokratische Kriege" heran: Den amerikanisch-britischen Krieg 1812; den nordamerikanischen Krieg zwischen der Union und den Konföderierten Staaten in den Jahren 1861 bis 1865; den sogenannten „Ruhrkampf" zwischen Frankreich/Belgien und der Weimarer Republik 1923/24; den Krieg zwischen Finnland und den Westmächten im Rahmen des Zweiten Weltkriegs, einschließlich der Bombardierung Finnlands durch Großbritannien.

In Anlehnung an David E. Spiro[34], den härtesten Kritiker der Theorie des Demokratischen Friedens, nennt Link die Aussagekraft des von den Liberalen ermittelten statistischen Wertes „Null" als Zahl der Kriege zwischen den Demokratien schwach. In Anbetracht der geringen Anzahl demokratischer Zweierbeziehungen (in Relation zu den „Dyaden" zwischen allen Staaten) muss der Wert „Null" als ein Zufallsphänomen gelten, das nichts erklärt. Um die Logik seiner Kritik zu veranschaulichen, sagt Link: „*So wie die Tatsache, dass die Mitglieder einer bestimmten Familie noch nie im Lotto gewonnen haben, nichts über besondere Eigenschaften dieser Familie aussagt oder nicht auf sie zurückzuführen ist, ist auch die These des ‚Separatfriedens' nicht aussagekräftig.*" Link glaubt feststellen zu können, dass „*eine Kausalbeziehung zwischen demokratischer Herrschaftsform und friedlichem Verhalten zwischen Demokratien zu begründen, [...] bisher jedenfalls trotz vielfältiger Bemühungen nicht gelungen [ist].*" Unter Berufung auf geschichtswissenschaftliche Fallanalysen verweist Link darauf, „*dass bei gravierenden Konflikten zwischen demokratischen Großmächten nicht die Rücksichtnahme auf gemeinsame demokratische Normen oder innenpolitische demokratische Beschränkungen dafür verantwortlich gemacht werden, dass diese Konflikte schließlich doch nicht kriegerisch ausgetragen wurden. Vielmehr*", so argumentiert Link, „*waren strategische Überlegun-*

32 Kühnhardt, a. a. O., S. 169.

33 Link, Werner: Zur internationalen Ordnung – Merkmale und Perspektiven, in: Zeitschrift für Politik 44:3. (1997), S. 258–277 (S. 263).

34 Zu seinen bekanntesten Veröffentlichungen gehört: Spiro, David E.: The Insignificance of Liberal Peace, in: International Security 19:2 (1994/95), S. 50–86.

gen und Gründe internationaler Machtverteilung bestimmend.“[35] Eine Position, die wir bereits bei den amerikanischen Neorealisten wie Kenneth Waltz kennengelernt haben.

Die neuste Kritik am Klassischen Liberalismus richtet sich nicht mehr so konzentriert auf die Friedensfertigkeit der etablierten und konsolidierten Demokratien. Ein Schauplatzwechsel scheint stattgefunden zu haben. Traditionelle realistische Kritiker wie Edward D. Mansfield und Jack Snyder, die schon früher auf die „Kriegsgefahr der Demokratisierung“[36] hingewiesen haben, forcieren nun ihre Kritik auf die Friedensunfähigkeit von „Schwellendemokratien“. Ihre Kernargumentation lautet: „*An incomplete democratic transition increases the risk of international and civil war in countries that lack the institutional capacity to sustain democratic politics. The combination of increasing mass political participation and weak political institutions creates the motive and the opportunity for both rising and declining elites to play the nationalist card in an attempt to rally popular support against domestic and foreign rivals.*“[37]

In diesem Bereich ist in der Tat bereits eine neue Debatte zwischen den Realisten und den Liberalen angebrochen. Auf die realistische These der Kriegsgefahr der „*incomplete democratic transition*“ reagierend, präsentierten Vipin Narang und Rebecca M. Nelson ihre Studie mit dem Titel „Who Are These Belligerent Democratizers? Reassessing the Impact of Democratization on War“. In dieser empirisch angelegten Studie kommen die Autoren zu dem Ergebnis, dass die These der „Kriegstendenz demokratisierender Staaten“ einen „*dearth of observation*“ aufweise. Sie wiesen darauf hin, dass es sich bei den von Edward D. Mansfield und Jack Snyder ausgewählten Beispielen zur Unterstützung ihrer realistischen These gar nicht um „*incomplete democratizers with weak institutions*“ handle. Vielmehr, so die liberalen Autoren, sei der kriegerische Zustand auf den Zusammenbruch des Osmanischen Reiches vor dem Ersten Weltkrieg zurückzuführen.[38]

Die kritischen Auseinandersetzungen mit der Theorie des Demokratischen Friedens in den letzten Jahren zeigen, dass der Klassische Liberalismus sowohl bei der Ausdifferenzierung seiner Forschungsgegenstände als auch beim Ausbau seiner Logik ein neues Niveau erreicht hat. Dazu beigetragen haben nicht nur die methodische und inhaltliche Kritik von Seiten anderer Theorieschulen, sondern auch viele neue Impuls von innen heraus.

---

35 Link, a. a. O., S. 263f.

36 Mansfield, Edward D./Snyder, Jack: Democratization and the Danger of War, in: Brown, Michael E./Lynn-Jones, Sean M./Miller, Steven E. (Hrsg.): Debating the Democratic Peace, Cambridge 1999, S. 301–334.

37 Mansfield, Edward D./Snyder, Jack: Pathways to War in Democratic Transitions, in: International Organization 63:2 (2009), S. 381–390 (S. 381). Siehe auch: Mansfield, Edward D./Snyder, Jack: Prone to Violence: The Paradox of the Democratic Peace, in: The National Interest 82 (2005/2006), S. 39–45; Dies.: The Sequencing ‚Fallacy‘, in: Journal of Democracy 18:3 (2007), S. 5–9.

38 Narang, Vipin/Nelson, Rebecca M.: Who Are These Belligerent Democratizers? Reassessing the Impact of Democratization on War, in: International Organization 63:2 (2009), S. 357–379.

So veröffentlichten Anna Geis, Harald Müller und Niklas Schörnig 2013 einen prächtigen Sammelband mit dem Titel „*The Militant Face of Democracy*“[39], um eine Art von Theorie über „Demokratische Kriege“ ins Theoriegebäude des Demokratischen Friedens zu integrieren. Auch neue Formen der modernen Kriegsführung werden als Herausforderung für den Klassischen Liberalismus thematisiert. Einen besonderen empirischen Aspekt der demokratischen Kriegsführung untersuchen Niklas Schörnig und Frank Sauer beispielsweise in „*Killer Drones: The ‚Silver Bullet‘ of Democratic Warfare?*“[40], indem sie einen Konnex zwischen der demokratischen Verfasstheit von Staaten und dem militärischen Einsatz von Drohnen zu zeigen suchen. Empirisch bestätigt sehen sie diesen in dem Zusammenhang zwischen einem hohen Demokratisierungsfaktor und Drohneneinsätzen.[41]

Ein neues Forschungsfeld öffnete Jarrod Hayes im Jahre 2011, indem er versucht, das Phänomen „*democratic security*“[42] wissenschaftlich zu erschließen. Jarrod Hayes argumentiert in „*Securitization, Social Identity, and Democratic Security: Nixon, India, and the Ties That Bind*“,[43] dass die Securitization von Konfliktsituationen – er demonstriert dies am Beispiel des Bangladesch-Krieges 1971, in dem kurzzeitig ein bewaffneter Konflikt zwischen den USA und Indien möglich schien – durch die staatlichen Entscheidungsträger als ‚securitizing actors‘ enorm erschwert werde, sollte es sich beim vermeintlich bedrohlichen Akteur um einen ebenfalls demokratischen Staat handeln, da die geteilte demokratische Identität den Konstruktionsprozess zur existentiellen Bedrohung des ‚referent object‘ erschwere. Dies sieht Hayes vor allem in den Einschränkungsmechanismen der demokratischen sozialen Identität der Bevölkerung begründet, die von demokratischen Normen gespeist und auf den Umgang mit anderen Demokratien übertragen werde.[44]

Für realistische Kritiker ist internationaler Frieden allerdings eher ein Resultat balancierter Großmachtspiele als ein Ergebnis der demokratischen Verfasstheit der internationalen Akteure. So stellt Patrick J. McDonald die kausale Erklärbarkeit der friedlichen Beziehungen zwischen Demokratien und ihrer innerstaatlichen Verfasstheit in Frage und vertritt die These, dass eine statistische Kausalität der endogenen Faktoren des Regimetyps die weit überwiegenden Einflüsse durch die spezifische historische Struktur des internationalen Systems verkenne:„*The statistical relationship between*

---

39 Geis, Anna/Müller, Harald/Schörnig, Niklas (Hrsg.): The Militant Face of Democracy: Liberal Forces for Good, New York 2013.

40 Sauer, Frank/Schörnig, Niklas: Killer drones: The ‚silver bullet‘ of democratic warfare?, in: Security Dialogue 43:4 (2012), S. 363–380.

41 Ebenda, S. 364.

42 Hayes, Jarrod: The Democratic Peace and the New Evolution of an Old Idea, in: European Journal of International Relation 18:4 (2011), S. 767–791.

43 Hayes, Jarrod: Securitization, Social Identity, and Democratic Security: Nixon, India, and the Ties That Bind, in: International Organization 66:1 (2012), S. 63–93.

44 Ebenda, S. 68ff.

democracy and peace rests on research design decisions that neglect a larger role for historically specific structural factors that shape patterns of military conflict in dyads, the number of states in the system, and their regime types".[45]

Die Frage nach einem möglichen „Kippeffekt" des friedensstiftenden Effekts bei zunehmender Zahl an Demokratien bildet den Fokus eines äußerst anregenden Beitrags von Eric Gartzke und Alex Weisiger. Sie argumentieren, dass der friedensstiftende Effekt von Demokratien für das internationale System abnimmt, sobald die absolute Zahl an Demokratien drastisch zunimmt. Sobald das Feindbild der autokratischen Staaten nicht mehr ausreichend aufrechterhalten werden kann, so ihre Kernthese, sinke somit auch der innerliche Zusammenhalt der demokratischen Staaten. Während sie also explizit nicht die dyadisch fokussierte Theorie des Demokratischen Friedens kritisieren, hegen die Autoren Skepsis gegenüber optimistischen Annahmen über befriedende Effekte auf das internationale System.[46]

Durch diese kritischen Beiträge sehen sich die Liberalen zunehmend dazu veranlasst, die Erschließungsarbeiten aus Kants Theorem zu intensivieren und darüber hinaus neue ideengeschichtliche und sozialwissenschaftliche Ansätze zu entwickeln. Kant gegenüber stets treu bleibend, versuchen sie die liberalen Ansätze über die Begründung des interdemokratischen Friedens hinaus zu einer größeren Theorie auszudehnen. Mit neuen liberalen Ansätzen sollen nicht nur die unterschiedlichen Erscheinungen des interdemokratischen Friedens, sondern auch die allgemeine internationale Politik eine systematische und dem Neorealismus, Institutionalismus und Konstruktivismus gegenüber ebenbürtige liberale Erklärung erhalten. Diese neueren liberalen Theorieansätze nennen wir Neoliberalismus, der im anschließenden Kapitel systematisch behandelt werden soll.

Weiterführende Literatur

Geis, Anna/Müller, Harald/Schörnig, Niklas (Hrsg.): The Militant Face of Democracy: Liberal Forces for Good, New York 2013.

(Spannender Sammelband zu kriegerischen Einsätzen von Demokratien, der aus einem theoretischen und einem fallorientierten Teil besteht. Letzterer ist nach Ländern gegliedert und behandelt etwa die USA, Frankreich und Deutschland. Keine grundlegende, aber lohnende Lektüre.)

Hayes, Jarrod: The Democratic Peace and the New Evolution of an Old Idea, in: European Journal of International Relation 18:4 (2011), S. 767–791.

(Gibt einen guten Überblick über die Phasen der Theorie des Demokratischen Friedens und übt anschließend überzeugende methodische Kritik.)

45 McDonald, Patrick J.: Great Powers, Hierarchy, and Endogenous Regimes: Rethinking the Domestic Causes of Peace, in: International Organization 69:3 (2015), S. 557–588 (S. 585).

46 Weisiger, Alex/Gartzke, Erik: Debating the Democratic Peace in the International System, in: International Studies Quarterly 60:3, 2016, S. 578–585 (S. 579).

Hayes, Jarrod: Securitization, Social Identity, and Democratic Security: Nixon, India, and the Ties That Bind, in: International Organization 66:1 (2012), S. 63–93.
(Weiterführender Artikel, der Aspekte der Theorie des Demokratischen Friedens mit der innenpolitischen Konstruktion von externen Krisen als potentielle nationale Bedrohung verknüpft und so anschaulich die mögliche Rechtfertigung von Kriegseinsätzen beobachtet.)
Mansfield, Edward D./Snyder, Jack: Pathways to War in Democratic Transitions, in: International Organization 63:2 (2009), S. 381–390.
(Neorealistische Kritik am „liberalen Frieden". These vom Aggressionspotential von Transitionsdemokratien.)
McDonald, Patrick J.: Great Powers, Hierarchy, and Endogenous Regimes: Rethinking the Domestic Causes of Peace, in: International Organization 69:3 (2015), S. 557–588.
(Der Artikel stellt die empirische Gültigkeit des Phänomens des Demokratischen Friedens in der Nachkriegszeit des Zweiten Weltkriegs grundsätzlich infrage und stellt damit eine entschiedene Kritik an der Theorie dar, die zur weiterführenden Lektüre geeignet ist.)
Ohnesorge, Hendrik W.: USA: „Zum Ewigen Frieden", in: ADLAS 1/2016, S. 37–41.
(Eine gute Analyse der US-Außenpolitik im Licht der Idee des „Ewigen Friedens" von Immanuel Kant.)
Reese-Schäfer, Walter: Neorealismus und Neoliberalismus in den internationalen Beziehungen. Zur empirischen Überprüfung einer These Immanuel Kants, in: Gegenwartskunde, Bd. 44, 1995, S. 449–460.
(Einer der besten deutschsprachigen Artikel zum Thema. Auch gut zur Einführung.)
Spiro, David E.: The Insignificance of Liberal Peace, in: International Security, 19:2 (1994/95), S. 50–86.
(Einer der größten Kritiker des „liberalen Friedens". Absolut lesenswert, um die Kritik nachvollziehen zu können.)
Weisiger, Alex/Gartzke, Erik: Debating the Democratic Peace in the International System, in: International Studies Quarterly 60:3, 2016, S. 578–585.
(Eine spannende Kritik, die sich mit möglichen zukünftigen Entwicklungen des Demokratischen Friedens beschäftigt, aber ebenfalls eher zur weiterführenden Lektüre geeignet ist.)

8 Neoliberalismus

Schon am Anfang soll darauf hingewiesen werden, dass der Begriff „Neoliberalismus" in der Disziplin der Internationalen Beziehungen noch nicht einheitlich definiert worden ist. Für viele gilt er als ein Sammelbegriff für alle möglichen Denkansätze, die irgendwie „antirealistisch" angelegt sind. Insbesondere gibt es eine große Überschneidung zwischen den Begriffen „Neoliberalismus" und „Institutionalismus". Diese nicht zufriedenstellende Situation ist in erster Linie darauf zurückzuführen, dass ein überwiegender Teil der amerikanischen Wissenschaftler dazu tendiert, alle optimistisch und rationalistisch denkenden Kritiker, die in den 80er Jahren und später als Herausforderer des bereits dargestellten Neorealismus auftraten, pauschal als „neoliberal Institutionalists" zu bezeichnen.

„In recent years", so bemerkt David A. Baldwin, *„the most powerful challenge to neo-realism, sometimes labeled structural realism, has been mounted by neoliberal institutionalists. The term distinguishes these scholars from earlier varieties of liberalism, such as commercial liberalism, republican liberalism, and sociological liberalism. Commercial liberalism refers to theories linking free trade and peace; republican liberalism refers to theories linking democracy with peace; and sociological liberalism refers to theories linking transnational interactions with international integration. The immediate intellectual precursors of liberal institutionalism are theories of international regimes."*[1]

Wie es aus dieser Analyse zu lesen ist, umfasst der Begriff „Neoliberalismus" viele Elemente. Um Klarheit zu schaffen, werden wir in unserer Analyse den Institutionalismus, der in einem eigenen Kapitel dargestellt werden soll, aus dem Liberalismus herausnehmen und gesondert betrachten. Diese Trennung ist insofern vertretbar, da eine Institutionalisierung der internationalen Beziehungen durch die stärkere Betonung von institutionellen Regimen, welches das Hauptanliegen des Institutionalismus ist, im engeren Sinne mit Liberalismus nichts zu tun hat. Nach Andrew Moravcsik, einem der führenden Vertreter des Neoliberalismus, stehen Liberalismus und Institutionalismus weit voneinander entfernt, wenn es um die *„consistency of their ‚hard-core' assumptions"* geht.

„Neoliberal institutionalist theory", so Moravcsik pointiert, *„has relatively little in common with liberal theory [...], because most of the analytic assumptions and basic causal variables employed by institutionalist theory are more realist than liberal. Like realism, institutionalists take state preferences as fixed or exogenous, seek to explain state policy as a function of variation in the geopolitical environment – albeit for institutionalists information and institutions for realists material capabilities – and focuses on the way in which anarchy leads to suboptimal outcomes."* Just unter diesem Aspekt bezeichnet

1 Baldwin, David A.: Neoliberalism, Neorealism, and World Politics, in: Baldwin, David A. (Hrsg.): Neorealism and Neoliberalism. The contemporary debate, New York 1993, S. 3–25 (S. 4).

https://doi.org/10.1515/9783486855081-008

Moravcsik die „Regimetheorie“, die den Kern des Institutionalismus ausmacht, als *„modified structural realism“*.[2]

Nachdem wir der liberalen Selbstabgrenzung entsprechend den Liberalismus und den Institutionalismus voneinander getrennt haben, bleibt noch die Frage zu klären, was wir unter dem Begriff „Neoliberalismus“ verstehen. Der Neoliberalismus ist, kurz formuliert, eine reformierte Version des klassischen Liberalismus. Er ist mehr als die Theorie des Demokratischen Friedens, die den Kern des Klassischen Liberalismus ausmacht. Bei ihm handelt es sich um eine Vertiefung und Erweiterung des Klassischen Liberalismus. Die Begründung der Friedfertigkeit der demokratischen Herrschaft und die Erklärung des demokratischen Separatfriedens stehen nicht mehr im Vordergrund der Theoriebildung. Vielmehr wird versucht über den Radius des Demokratischen Friedens hinaus eine allgemeine, aber liberal geprägte, Theorie der Internationalen Beziehungen zu bilden.

„Liberal“ meint in diesem Sinne, dass stets im Bewusstsein der liberalen Tradition darauf geachtet wird, das Außenverhalten der Staaten durch Untersuchung ihrer Binnenverfasstheit/inneren politischen Struktur zu erklären. Im Vergleich zum Klassischen Liberalismus zeichnet sich der Neoliberalismus durch eine intensivierte methodische und „szientistische“/positivistische Grundierung des liberalen Denkens aus. Dabei hat sich der US-amerikanische Politikwissenschaftler Andrew Moravcsik als äußerst innovativ erwiesen. Mit seiner „Liberal Theory of International Politics“ hat er der Weiterentwicklung der liberalen IB-Ansätze praktisch einen neuen Boden gegeben. Auch wenn Moravcsik selbst die Bezeichnung „New Liberalism“[3] zu favorisieren scheint, nennen wir seine Theorie „Neoliberalismus“, weil das Präfix „neo-“ die Erneuerungsleistung seiner Theorie semantisch besser zur Geltung bringen kann als das Adjektiv „new“.

8.1 Die Theorienprämisse und die Präferenztheorie

Andrew Moravcsik betrachtet seine liberale Theorie in Analogie zu Kenneth Waltz' „Structural Realism“ als „Structural Liberalism“. Diese liberale Theorie konzentriert sich auf die Beziehungen zwischen Staat und Gesellschaft und fragt nach deren Implikationen für die Außenpolitik des Staates und damit für die Weltpolitik.[4] Moravcsik beschreibt seine liberale Theorie als *„a logically coherent, theoretically distinct, empiri-*

---

2 Moravcsik, Andrew: Taking Preferences Seriously. A Liberal Theory of International Politics, in: International Organization 51:4 (1997), S. 513–553 (S. 536f.).

3 Moravcsik, Andrew: The New Liberalism, in: Christian Reus-Smit/Duncan Snidal (Hrsg.), The Oxford Handbook of International Relations, Oxford 2008, S. 234–254.

4 Moravcsik, Andrew: Federalism and Peace: A Structural Liberal Perspective, in: Zeitschrift für Internationale Beziehungen 3:2 (1996), S. 123–132 (S. 126).

cally generalizable social science theory – one that follows from explicit assumptions and generates a rich range of related propositions about world politics that reach far beyond cases of cooperation among a minority of liberal states.“[5]

Im Zentrum seiner Theorie steht der Begriff der „Präferenzen“. Dieser Begriff hat in Moravcsiks Liberalismus eine ähnliche Stellung wie „Macht“ im Realismus und „Institution“ im Institutionalismus. Diese theoriekonstituierende Bedeutung der Staatspräferenzen lässt Moravcsik schon im ersten Absatz seiner Hauptabhandlung „Taking Preferences Seriously: A Liberal Theory of International Politics“ unmissverständlich erkennen. „*For liberals*“, so Moravcsik, „*the configuration of state preferences matters most in world politics – not, as realists argue, the configuration of capabilities and not, as institutionalists [...] maintain, the configuration of information and institutions.*“[6] Warum die Staatspräferenzen so bedeutend sind, erklärte er so: „*To motivate conflict, cooperation, or any other costly political action, states must possess sufficiently intense state preferences. Without such social concerns that transcend borders, states would have no rational incentives to engage in world politics at all [...].*“[7]

Dass die Präferenzen in der liberalen Theorie von Moravcsik eine theoriekonstituierende Stellung einnehmen, hat vor allem mit der fundamentalen Prämisse zu tun, die für alle liberal denkenden Theoretiker eine unumstößliche Wahrheit darstellt: Diese Prämisse besagt – um mit Moravcsik zu sprechen – „*that the relationship between states and the surrounding domestic and transnational society in which they are embedded critically shapes state behavior by influencing the social purposes underlying state preferences.*“[8]

Wir müssen diesen kurzen, aber inhaltsreichen Satz hier genauer unter die Lupe nehmen, um später die Logik und den Aufbau der liberalen Theorie von Moravcsik besser verstehen zu können. Drei Kernaussagen wohnen dieser liberalen Prämisse inne:

- Der Staat ist kleiner als die Gesellschaft oder mit anderen Worten: Der Staat ist eingebettet in ein gesellschaftliches Gefüge aus Innen- und Außenbeziehungen und kann daher nicht von der Gesellschaft isoliert betrachtet werden;
- Das außenpolitische Verhalten ist in erster Linie ein gesellschaftliches Verhalten oder mit anderen Worten: Außenpolitisches Verhalten ergibt sich aus den Interaktionen zwischen Staat und Gesellschaft. Das außenpolitische Verhalten kann zwar vom internationalen Umfeld über seine Verbindungen zu inländischen gesellschaftlichen Gruppen beeinflusst, aber nicht vorbestimmt werden;

5 Ders.: Taking Preferences Seriously. A Liberal Theory of International Politics, a. a. O., S. 547.
6 Moravcsik, Andrew: Taking Preferences Seriously. A Liberal Theory of International Politics, a. a. O., S. 513–553.
7 Ders.: The New Liberalism, a. a. O., S. 234.
8 Ders.: Taking Preferences Seriously. A Liberal Theory of International Politics, a. a. O., S. 516.

- Staatspräferenzen entspringen aus der gesellschaftlichen Bestimmung oder mit anderen Worten: Staatspräferenzen reflektieren die Vorstellungen der Gruppen oder Schichten, die die Gesellschaft politisch dominieren.

Diese mikroanalytische Zerlegung der liberalen Prämisse macht deutlich, dass die Liberalen von einer kausalen Beziehung zwischen gesellschaftlichen Verhältnissen und außenpolitischem Verhalten der Staaten ausgehen, wobei die Gesellschaft stets die unabhängige Variable und das Staatsverhalten die abhängige darstellt. Dieser Prämisse entsprechend, betrachtet Moravcsik die Staatspräferenzen als den Knotenpunkt seiner Theorie, der drei grundlegende Aspekte *„jeder gesellschaftlichen Theorie der Internationalen Beziehungen“* (er spricht von *„any social theory of IR“*) miteinander verbindet: das Individuum, den Staat und das internationale System.

Schon bei der Grundlegung der Prämisse der Theorie lässt Moravcsik erkennen, dass sein Theorieanspruch viel ambitionierter ist als der des Realismus und des Institutionalismus. Immerhin verstehen sich letztere als so genannte systemische Theorien, die sich nur auf die Ebene des internationalen Systems konzentrieren und die Binnenstrukturen des Staates bei der Erklärung des Staatsverhaltens ausblenden. In den systemischen Theorien wird der Staat als eine „black box“ betrachtet, wobei endogene Faktoren keinen relevanten Einfluss auf die Außenpolitik und das internationale System haben. Staatliches Verhalten wird dabei nicht gesellschaftlich ausdifferenziert, geschweige denn durch Analyse der Präferenzen der individuellen Akteure erklärt. Die Struktur des internationalen Systems bestimmt vielmehr das staatliche Verhalten, sowohl in den Annahmen des Neorealismus als auch des Institutionalismus. Der einmal vom Realisten Kenneth Waltz thematisierte Ansatz der „Three Images“ der internationalen Beziehungen im Sinne von drei analytischen Ebenen der internationalen Politik (Individuum, Staat und das internationale System) findet merkwürdigerweise nicht bei anderen Realisten, sondern bei dem Liberalen Moravcsik seine volle Verwirklichung.[9]

8.2 Die drei Grundannahmen der liberalen Theorie nach Moravcsik

Die Präferenztheorie von Moravcsik ist von ihrer Struktur her vergleichbar mit einem Gebäude, das aus drei Geschossen besteht, die ihrerseits jeweils drei Räume haben. Dabei fungieren die „Präferenzen“ als das Treppenhaus, das alle drei Etagen verbindet, wobei jede Etage eine unterschiedliche Funktion hat. Wenn wir bei diesem Vergleich bleiben, können wir im Erdgeschoss drei Räume betreten, die jeweils eine theoriefundierende Aussage beherbergen. Moravcsik nennt sie *„core assumptions of liberal IR*

9 Zum „Three-Images“-Ansatz von Kenneth Waltz vgl. Waltz, Kenneth N.: Explaining War, in: Viotti, Paul R./Kauppi, Mark V. (Hrsg.): International Relations Theory. Realism, Pluralism, Globalism, and Beyond, 3. Aufl., Boston 1999, S. 130–144.

theory". Später bezeichnete er diese sogar als die drei „*hard core assumptions shared by all work within the ‚scientific liberal research' program in international relations*".[10] Betrachten wir nun diese drei Kernannahmen näher:

Annahme 1: Der Primat der gesellschaftlichen Akteure (The Primacy of Societal Actors)

„*The fundamental actors in international politics are individuals and private groups, who are on the average rational and risk-averse and who organize exchange and collective actions to promote differentiated interests under constraints imposed by material scarcity, conflicting values, and variations in societal influence.*"

Dieser ersten Kernannahme wohnen Moravcsiks ontologische Vorstellung über die Natur der internationalen Politik, sein Menschenbild und seine Vorstellung über die Natur der Gesellschaft, die aus diesen Menschen besteht, inne:

– Die ontologische Vorstellung: Es geht hier um die Beurteilung der Beschaffenheit der internationalen Politik. Oder anders formuliert: Was macht die internationale Politik überhaupt aus? Im Gegensatz zu Realisten und Institutionalisten betrachtet Moravcsik nicht die Staaten, sondern die Individuen und gesellschaftlichen Gruppen als Hauptakteure der internationalen Politik. Für ihn wird die internationale Politik von Menschen und sozialen Gruppen konstituiert. Der Staat spielt nur die Rolle der Repräsentation dieser Gruppen. „*Individuals and groups in domestic and transnational society constitute the most fundamental actors in international politics*", so Moravcsik zu dieser Frage in klaren Worten.[11]
  Diese liberale Ontologie steht im Einklang mit dem Grundsatz des Liberalismus, dass gesellschaftliche Prozesse durch ihren Charakter „von unten nach oben" gekennzeichnet sind. Moravcsik spricht in diesem Zusammenhang von „*a bottom-up view of politics in which the demands of individuals and societal groups are treated as analytically prior to politics*".[12]
  So gesehen ist seine Vorstellung vom Primat der gesellschaftlichen Gruppen als Akteure der internationalen Politik in der liberalen Grundvorstellung über die Natur der Politik begründet. Nicht die Menschen sind für den Staat da, sondern der Staat für die Menschen. Die liberale Idee, dass das Individuum das Subjekt, nicht das Objekt der Politik darstellt, lässt sich dadurch deutlich erkennen. Dass den aus Individuen organisierten gesellschaftlichen Gruppen der Vorrang gegenüber den Staaten eingeräumt wird, sollte aber nicht

---

10 Moravcsik, Andrew: Liberal International Relations Theory: A Scientific Assessment, in: Elman, Colin/Fendius Elman, Miriam (Hrsg.): Progress in International Relations Theory: Appraising the Field, Cambridge, Mass. 2003, S. 159–204 (S. 159 und 161).

11 Moravcsik, Andrew: Federalism and Peace: A Structural Liberal Perspective, a. a. O., S. 126.

12 Ders., Taking Preferences Seriously, a. a. O., S. 517.

technisch verstanden werden, wenn es um die „durchführenden“ Akteure der internationalen Politik geht.
Moravcsik gibt zu verstehen, dass er durchaus die Staaten als die Hauptakteure der internationalen Politik betrachtet, aber nicht im Sinne einer geschlossenen „black box“, wonach der Staat selbst der Willensführer sei. Im Gegenteil stellt der Staat nur einen Repräsentanten der gesellschaftlich dominierenden Gruppen da, seelisch gefüllt durch ihre Wünsche, inhaltlich gelenkt durch ihre Prioritäten und politisch geführt durch ihre Präferenzen.

- Das Menschenbild: Für Moravcsik ist der Mensch rational. Er ist aber kein Interessenmaximierer, da er hierfür zu risikoscheu ist. Moravcsik spricht von „risk-averse“. Damit meint er, dass der Mensch das stark verteidigt, was er bereits erreicht oder investiert hat, aber bei der Kalkulation von Kosten und Risiken eher vorsichtiger handelt, wenn es darum geht, neue Gewinne zu verfolgen. Der Mensch ist auch ein soziales Wesen, organisiert sich gerne und tritt gruppenweise auf, um kollektiv definierte Ziele zu erreichen. Dennoch beschränkt sich diese Charakterisierung nur auf die Menschen *„on average“*, mit der Andeutung, dass Politik auch von Menschen „entführt“ werden könnte, die irrational oder extrem risikofreudig sind. Diese sollen jedoch durch seine Theorie nicht gedeckt werden. In diesem Sinne führt er aus: *„What is true about people on the average, however, is not necessary true in every case: some individuals in any given society may be risk-acceptant or irrational.“*[13]
- Die Natur der Gesellschaft: Die Gesellschaft, die aus solchen rational gesinnten, gewinnorientierten, aber doch risikoscheuen Menschen besteht, ist für Moravcsik eine Wettbewerbsgesellschaft. Eine automatische gesellschaftliche Harmonie, die er als Utopie bezeichnet, gibt es nicht. Vielmehr herrscht zwischen den einzelnen gesellschaftlichen Gruppen harte Interessenkonkurrenz. Aus der Sicht von Moravcsik entsteht überall Wettbewerb, wo materielle und ideelle Vorteile oder Wohlfahrten, die an sich knapp sind, von den Individuen als vorhanden wahrgenommen werden.

Dadurch grenzt sich Moravcsik deutlich von den utopischen Elementen der traditionellen liberalen Vorstellungen ab. *„Liberal theory […]“*, so Moravcsik entschlossen, *„rejects the utopian notion of an automatic harmony of interest among individuals and groups in society. Rather, scarcity and differentiation render some competition inevitable.“*[14] Es ist deutlich zu erkennen, dass Moravcsik seine Ablehnung der liberalen Utopie von einer automatischen Harmonie gesellschaftlicher Interessen nicht philosophisch, sondern analytisch begründet. Dabei spielt die Bezugnahme auf das Phänomen der Globalisierung eine zunehmende Rolle.

13 Ebenda, S. 517ff.
14 Moravcsik, Andrew: Liberal International Relations Theory: A Scientific Assessment, a. a. O., S. 163.

„For the purpose of studying world politics, the critical source of social interests is globalization – that is, the changing opportunities and incentives to engage in transnational economic, social, and cultural activity – which changes the prospects for realizing domestic objectives. Without globalization, societal actors, like states, would have no rational incentive to attend to world politics.“[15]

Für ihn intensiviert Globalisierung die Anreize für die Menschen zum Wettbewerb und erhöht damit auch das Konfliktpotential unter den gesellschaftlichen Gruppen. Vor dem Hintergrund, dass Globalisierung oft schnell und deutlich zeigt, wer Gewinner und wer Verlierer sind, erscheint es für ihn nicht zeitgemäß von „Harmonie“ zu sprechen. *„A harmonious pattern of interest associated with liberal ‚utopianism‘ is no more than one ideal endpoint. In nearly all social situations, shifts in control over material resources, authoritative values, and opportunities for social control have domestic and transnational distributional implications, which almost invariably create winners and losers.“*[16]

Man könnte sagen, Moravcsik geht davon aus, dass Individuen und gesellschaftliche Gruppen – da sie rational und sozial zugleich sind – stets motiviert sind, sich untereinander auszutauschen und sich zu gemeinsamen Aktionen kollektiv zu organisieren. Sobald Anreize für Austausch und kollektive Aktionen als vorhanden identifiziert sind, versuchen sie diese zu erschließen. Moravcsik glaubt sogar, dass es eine Gesetzmäßigkeit hierfür gibt: *„The greater the expected benefits, the stronger the incentive to act.“*[17] Wir sehen, dass Moravcsik schon hier an dieser Stelle angefangen hat, die Vorstufe seines Postulats von „Staatspräferenzen“ durch die Definition unterschiedlicher gesellschaftlicher Interessen aufzubauen. Nicht ohne Grund weist er darauf hin, dass die Definition der Interessen von gesellschaftlichen Akteuren „*theoretically central*“[18] ist.

Annahme 2: Repräsentation und Staatspräferenzen (Representation and State Preferences)

„States (or other political institutions) represent some subset of domestic society, on the basis of whose interests state officials define state preferences and act purposively in world politics.“[19]

Die zweite Kernannahme betrifft die Frage nach dem Wesen der Staatspräferenzen. Drei Theorieaussagen sind dabei maßgebend:

- Die Staaten sind nominale, aber nicht substanzielle Akteure der Weltpolitik. Sie sind institutionalisierte Repräsentanten von bestimmten Teilschichten oder

---

15 Ders.: The New Liberalism, a. a. O., S. 236.

16 Ebenda, S. 236ff.

17 Moravcsik, Taking Preferences Seriously, a. a. O., S. 517.

18 Ebenda, S. 517.

19 Ebenda, S. 518.

Sektoren der inländischen Gesellschaft. In diesem Sinne betont Moravcsik: *„All political institutions, such as nation-states, represent the interests of some (not necessarily complete) subset of the society they govern.“*[20]
Die außenpolitischen Würdenträger, die auf der internationalen Ebene im Namen der Staaten handeln, sind ständig dem Zugriff der inländisch-gesellschaftlichen Akteure ausgesetzt. Aus diesem ständigen Zugriffsprozess (Moravcsik verwendet hierfür den Begriff *„transmission belt“*) entsteht die Staatspolitik. Diese ist das Ergebnis der *„capture and recapture, construction and reconstruction by coalitions of social actors“*. Die Logik des Keilriemens, der für die Umwandlung der Präferenzen der dominanten gesellschaftlichen Gruppen in Staatspräferenzen sorgt, erklärt Moravcsik so: *„Individuals turn to the state to achieve goals that private behavior is unable to achieve effectively.“*[21]

- Staatspräferenzen sind nie universal und unvoreingenommen oder unbefangen. *„No government rests on universal or unbiased political representation; every government represents some individual and groups more fully than others.“*[22] In diesem Sinne betrachtet Moravcsik die Staaten als „instrumentalisierte Akteure“ (*„instrumental actors“*[23]). Demnach kann sich die Instrumentalisierung theoretisch von demokratisch koordinierter Interessenvertretung über technokratische Manipulation durch Bürokratie bis zu diktatorischer Monopolisierung á la Pol Pot oder Josef Stalin erstrecken.[24]
- Die Art und Weise, wie ein Staat die individuellen Interessen zu Staatspräferenzen erhebt, beeinflusst die Möglichkeiten für die gesellschaftlichen Gruppen sich zu artikulieren und durchzusetzen. Es kann sein, so differenziert Moravcsik, dass in einem klientelistisch-autoritären System Gruppen, die über ausgeprägte familiäre, bürokratische oder wirtschaftliche Beziehungen zur Regierung verfügen, mehr Einfluss auf die Bildung von Staatspräferenzen haben als die Gruppen ohne solche Beziehungen. Aber auch in einem System in dem Regierungsinstitutionen formal fair und offen ausgerichtet sind, passiert es nicht selten, dass eine ungleiche Verteilung von Reichtum, Risiken, Information oder organisatorischen Ressourcen für ungleiche Interessenvertretung sorgen kann. *„A relatively in-egalitarian distribution may create social or economic monopolies to dominate policy.“*[25]

20 Moravcsik, Andrew: Federalism and Peace: A Structural Liberal Perspective, a. a. O., S. 126.
21 Ders., Taking Preferences Seriously, a. a. O., S. 517.
22 Ebenda, S. 518.
23 Moravcsik, Andrew: The European Constitutional Settlement, in: The World Economy 31:1 (2008), S. 158–183 (S. 158).
24 Ders., Taking Preferences Seriously, a. a. O., S. 518.
25 Ebenda, S. 518.

Annahme 3: Interdependenz und Internationales System (Interdependence and the International System)

„The configuration of interdependent state preferences determines state behavior.“[26]

Diese Kernannahme reflektiert Moravcsiks Vorstellung über die Frage, wodurch das Verhalten der Staaten im internationalen System bestimmt wird und warum es so ist. Im Gegensatz zu den Realisten, die behaupten, das Verhalten der Staaten werde durch die Verteilung der Machtressourcen im internationalen System bestimmt, vertritt Moravcsik die Position, dass es die Konfiguration der ineinandergreifenden Staatspräferenzen ist, die die Staaten veranlasst, zu handeln oder nicht zu handeln, im Sinne *„to provoke conflict, propose cooperation, or take any other significant foreign policy action*“.[27] Dabei verdienen drei Aspekte eine besondere Berücksichtigung:

- Die Staaten sind bei der Formulierung ihrer außenpolitischen Präferenzen souverän, aber bei deren Durchsetzung auf der internationalen Ebene durch Präferenzen anderer Staaten und deren Veränderungen eingeschränkt. *„Each state seeks to realize its distinctive preferences under varying constraints imposed by the preferences of other states.*“[28]
- Ein internationales System formiert sich, wenn die außenpolitischen Präferenzen der Staaten ineinander greifend sind. Diese Interdependenz der staatlichen Präferenzen bedeutet nach der Definition von Moravcsik eine Verflechtung von Kosten und Gewinnen, die für ausländische gesellschaftliche Gruppen entstehen, wenn dominierende gesellschaftliche Gruppen in einer anderen nationalen Gesellschaft nach Verwirklichung ihrer Präferenzen streben. Damit meint Moravcsik, dass gesellschaftliche Präferenzen in einem Land transnationale externe Effekte (*„transnational externalities*“) herbeiführen können, die wiederum blockierend oder ermutigend rückwirken können. In dieser Hinsicht spricht er von einer „bindenden Einschränkung“ (*„binding constraint*“)[29] der Muster der ineinander greifenden Präferenzen der Staaten auf deren Verhalten zueinander.
- Moravcsik unterscheidet zwischen drei Mustern (*„patterns*“) der interdependenten Präferenzen der Staaten. Je nachdem in welchen Konfigurationen die außenpolitischen Präferenzen der Staaten ineinander greifend sind, verhalten sich die Staaten kooperativ oder konfrontativ. Diese drei denkbaren Konfigurationen sind:
  1. Kompatible Konfiguration der Präferenzen der Staaten: Eine solche Konfiguration entsteht, wenn die externen Effekte der gesellschaftlichen Präferenzen

26 Ebenda, S. 520.
27 Ebenda, S. 520.
28 Ebenda, S. 520.
29 Ebenda, S. 524.

der einzelnen Staaten „*naturally compatible or harmonious*" sind. Damit meint Moravcsik eine Situation, in der die Externalitäten oder Außenwirkungen einer unilateralen Politik für andere Betroffene optimal oder aber auch unbedeutend („*insignificant*") sind. Liegt eine solche Konfiguration vor, bestehen starke Anreize für die Staaten zur reibungsarmen Koexistenz mit niedrigem Konfliktpotential.

2. Gegensätzliche Konfiguration der Präferenzen der Staaten: Eine solche Konfiguration entsteht dort, wo die Bemühungen gesellschaftlich dominierender Gruppen in einem Staat um Verwirklichung ihrer Präferenzen durch staatliche Aktivitäten zwangsläufig Kosten oder Nachteile für dominierende gesellschaftliche Gruppen in anderen Staaten verursachen. Diese Konfiguration bezeichnet Moravcsik als ein Nullsummenspiel oder als eine Sackgasse („*zero-sum or deadlocked*"). In diesem Fall bestehen kaum Anreize für Kooperation für die Staaten. Im Gegenteil sind harte Verhandlungen mit geringen gegenseitigen Gewinnchancen und hohem Potential an Spannungen und Konflikten zu erwarten.

3. Komplementäre Konfiguration der Präferenzen der Staaten: eine solche Konfiguration liegt vor, wenn die Motive zu Präferenzen der einzelnen Staaten so gemischt sind, dass ein Austausch von politischen Kompromissen der Wohlfahrt von allen Seiten besser dienen kann als eine einseitige oder unilaterale Politikadjustierung. In diesem Fall bestehen Anreize für Staaten zur Koordinierung oder für gemeinsame Aktivitäten.

Wenn wir an dieser Stelle die Analyse der drei Kernannahmen von Moravcsik zusammenfassen wollen, können wir die Seele seiner Theorie mit einem einzigen Satz, den er selber als die Essenz seiner Annahmen identifizierte, beschreiben: „*What states want, is the primary determinant of what they do.*"[30]

Damit meint er, dass internationale Kooperation und Konflikte für ihn nur durch Untersuchung von Präferenzen gesellschaftlich dominierender Gruppen in den betroffenen Staaten zu erklären sind. Sind bestimmte Entwicklungen oder Bewegungen in der internationalen Politik zu beobachten, sollte man nach ihm zuerst die „*countervailing social preferences and unresolved domestic and transnational distributional conflicts*" unter die Lupe nehmen. Hierin sieht er den entscheidenden Theorieunterschied zwischen sich und den Realisten, die bei der Erklärung der beobachteten Entwicklungen auf die Konfiguration von Macht zwischen den Staaten zurückgreifen, aber auch im Gegensatz zu den Institutionalisten, die versuchen, die Ursachen für die beobachteten Phänomene in den informations- und kommunikationsbedingten Unsicherheiten der Staaten zu suchen.

30 Ebenda, S. 521.

8.3 Drei Argumente für den Liberalismus als systemische Theorie

Soweit lässt sich die liberale Theorie von Moravcsik als logisch und in sich geschlossen beschreiben. Allerdings läuft seine Theorie durch die Konzentration auf die Staatspräferenzen Gefahr, nur eine „inländische" Theorie zu sein oder sich die Reputation einzuhandeln, kein „*systemic understanding*" zu besitzen. Moravcsiks Versuch, den „reduktionistischen" und nicht-systemischen Eindruck – ein Begriff, den Kenneth Waltz verwendete, um liberale Ansätze, aber auch den Klassischen Realismus zu kritisieren – auszuräumen, zeigt, dass ihm, Moravcsik, diese Gefahr bewusst ist. Daher baut er unmittelbar nach den Ausführungen seiner fundamentalen Kernannahmen die zweite Etage seines liberalen Theoriegebäudes aus. Dabei konzentriert er sich darauf, eine Verbindung zwischen den Staatspräferenzen und der international-systemischen Ebene herzustellen. Drei Argumente, die er bei der Reaktion auf die „reduktionistische" Kritik der Realisten entwickelt hat, veranschaulichen sein „*systemic understanding of IR*".[31]

- Staatspräferenzen reflektieren nicht nur die Interessen der gesellschaftlich dominierenden Gruppen, sondern reflektieren auch die Muster der transnational-gesellschaftlichen Interaktionen. „*National preferences emerge not from a solely domestic context but from a transnational civil society*", so Moravcsik hierzu.[32]
  Damit spricht Moravcsik den Aspekt an, dass sich Staatspräferenzen ständig in einem Austauschprozess mit der Außenwelt befinden und sich beim Reagieren auf den sich ändernden transnationalen Kontext auch selber ändern können. Insbesondere bei der Präferenzentwicklung nehmen die gesellschaftlich dominierenden Gruppen ihre internationale Position, beispielsweise auf dem internationalen Markt, als Bezugspunkt, um eigene Interessen und Prioritäten zu identifizieren oder anzupassen. Mit anderen Worten sind Staatspräferenzen in sich nie rein inländisch, sondern transnational und daher systemisch.
- „*The expected behavior of any single state [...] reflects not simply its own preferences, but the configuration of preferences of all states linked by patterns of significant policy interdependence.*"[33]
  Mit diesem Argument postuliert Moravcsik eine Struktur aus Präferenzen der einzelnen Staaten auf internationaler Ebene, in der die Staaten eingebettet sind. Die Regierungen sind durch diese Struktur angehalten, stets systematisch über die Position ihrer Staaten und damit über ihre Handlungsspielräume nachzudenken. Zwar nicht explizit ausgesprochen, aber im Stil doch an Kenneth Waltz angelehnt, denkt Moravcsik an einen internationalen „Strukturzwang" für das Verhalten der Staaten. Der Unterschied zwischen ihm und Waltz ist, dass Waltz' System aus der machtpolitischen Ressourcenverteilung und sein eigenes aus den gesellschaftlichen Präferenzen besteht. Aber der Effekt dieses logisch postulierten Systemzwangs

31 Ebenda, S. 522.
32 Moravcsik, Andrew: The New Liberalism, a. a. O., S. 248.
33 Ders., Taking Preferences Seriously, a. a. O., S. 523.

wirkt ähnlich: „*The causal preeminence of state preferences does not imply that the states always get what they want.*“[34]

Das nachstehende Zitat aus seinem Artikel „The New Liberalism“ (2008) soll dazu dienen, diesen Gedanken besser zu verstehen:

„*These realist criticisms simply misunderstand liberal preference-based theory, which is non-utopian precisely because it is ‚systemic‘ in the Waltzian sense. Liberal theory implies neither that states get what they want, nor that they ignore the actions of others. The distribution of state preferences, just like the distribution of capabilities, information, or beliefs, is itself an attribute of the state system (that is, in Waltzian terms, of the distribution of state characteristics) outside the control of any single state. Every state would prefer to act as it pleases, yet each is compelled to realize its ends under a constraint imposed by the preferences of others. Liberal theory thereby conforms to Waltz's own understanding of systemic theory, explaining state behavior with reference to how states stand in relation to one another.*“[35]

- Moravcsik scheint zu glauben, dass die Staaten, insbesondere wenn eine komplementäre Konfiguration zwischen den Präferenzen der miteinander um Vorteile konkurrierenden Staaten vorliegt, stark am Pareto-Optimum interessiert sind. Die von Vilfredo Pareto (1848–1923) definierte optimale Situation, wenn kein Akteur seine Befriedigung verbessern kann ohne anderen zu schaden, entspricht in der Tat oftmals einem Präferenzgleichgewicht und verbindet beim Präferenzaustausch die Staaten. Dies kann manchmal die Staaten veranlassen, sich in die Positionen ihrer Partner oder Gegner zu versetzen, einfach um die anderen besser zu verstehen und die Chancen für die Durchsetzung eigener Präferenzen einzuschätzen. Die Konsequenz dieses Interaktionsmusters ist aber systemischer Natur: Versucht man sich durch Präferenzen anderer Staaten beeinflussen zu lassen oder aufgrund der Analyse anderer Staatspräferenzen eigene Präferenzen anzupassen, um Erfolgschancen zu erhöhen, sind die Staatspräferenzen nicht rein inländisch und damit systemisch geladen. „*They [states] engage in interstate bargaining to achieve Pareto-improving solutions and resolve distributional conflicts.*“[36]

8.4 Die drei Quellen der Staatspräferenzen

Bis jetzt hat Moravcsik uns noch nicht erklärt, woher die Präferenzen der gesellschaftlichen Gruppen kommen und warum sie bestimmte Politiken favorisieren. Diese Aufgabe erledigt er, indem er sein Theoriegebäude weiter nach oben ausbaut. Im dritten Geschoss seines Theoriegebäudes führt Moravcsik aus, aus welchen spezifischen Quellen die Staatspräferenzen entspringen. Mit anderen Worten will der liberale Theoretiker

34 Ebenda, S. 523.

35 Moravcsik, Andrew: The New Liberalism, a. a. O., S. 234–254.

36 Moravcsik, Andrew: The European Constitutional Settlement, a. a. O., S. 159.

uns mitteilen, dass die Individuen und die aus ihnen konstituierten gesellschaftlichen Gruppen nicht ohne Grund bestimmte Dinge präferieren und bestimmte Dinge ablehnen. Aus seiner Sicht gibt es drei spezifische Quellen der Staatspräferenzen: die ideelle, die kommerzielle und die institutionelle Quelle. Die erste nennt er „Ideellen Liberalismus", die zweite „Kommerziellen Liberalismus" und die dritte „Republikanischen Liberalismus". In diesem Sinne spricht er auch von *„three variants of liberal international theory"*.[37]

Ideeller Liberalismus betont die ideell geprägten und motivierten Präferenzen der gesellschaftlichen Gruppen und betrachtet die soziale Identität als eine der wichtigsten Quellen der Staatspräferenzen. Moravcsik vertritt die Auffassung, dass es aus der liberalen Tradition von John Stuart Mill, Giuseppe Mazzini und Woodrow Wilson herrührt, die sozialen Identitäten und gesellschaftliche Werte als Determinanten der Staatspräferenzen zu betrachten. Sich dieser Tradition bewusst, weist Moravcsik darauf hin, dass *„social Identity"* bei der nationalen Präferenzbildung eine zentrale Rolle spielt. *„One source of state preferences is its set of core domestic social identities"*, so Moravcsik pointiert. *„In the liberal understanding, social identity stipulates who belongs to the society and what is owed to them."*[38]

Diese soziale Identität beinhaltet aus seiner Sicht drei essentielle Elemente, die zugleich die inländische politische Ordnung konstituieren: Die nationalen Grenzen, das Regierungssystem und die sozioökonomische Wohlfahrtsordnung. Diese Identitätselemente sind die ideelle Grundlage der Staatspräferenzen. Gesellschaftlich dominierende Gruppen versuchen, die Staatspräferenzen mit den Inhalten ihrer Vorstellung über die nationale Größe einschließlich territorialer Grenzen, über die Art und Weise der politischen Entscheidungsfindung und über die Muster der sozioökonomischen Wohlfahrtsregulierung zu füllen. Umgekehrt werden Staatspräferenzen nur als legitim betrachtet, wenn sie im Einklang mit den Vorstellungen der gesellschaftlich dominierenden Gruppen über Staatswesen, Herrschaftsstruktur und Wirtschaftsordnung stehen. Es sind also die ideellen oder auch normativen Vorstellungen der dominierenden gesellschaftlichen Gruppen, welche die Staatspräferenzen prägen.

Die Konsequenzen dieser ideell geprägten Staatspräferenzen für die internationale Politik sind eindeutig, wenn sie auf die Staatspräferenzen anderer Staaten treffen: Dort, wo die Konzeptionen über legitime Staatsgrenzen, politische Institutionen und sozioökonomische Gleichheit miteinander kompatibel sind, ist Harmonie zu erwarten; dort, wo nationale Ansprüche durch gegenseitige politische Adjustierung kompatibler gemacht werden können, ist Kooperation möglich; dort, wo soziale Identitäten und Wertvorstellungen inkompatibel sind und daher negati-

37 Ders.: Liberal International Relations Theory: A Scientific Assessment, a. a. O., S. 167.
38 Ders.: The New Liberalism, a. a. O., S. 240.

ve externe Effekte erzeugen, sind Spannungen und Konflikte wahrscheinlicher.[39] Hier gilt die Faustregel, je größer der Unterscheid in den ideellen Vorstellungen der verschiedenen Staaten, desto wahrscheinlicher ist ein Konflikt und desto unwahrscheinlicher eine harmonische Lösung und umgekehrt, je größer die Nähe der ideellen Vorstellungen der Staatspräferenzen, desto wahrscheinlicher eine konfliktfreie Beziehung. Entscheidend ist nochmals zu erwähnen, dass sich in der Annahme des Neoliberalismus nach Moravcsik diejenigen ideellen Vorstellungen über die drei oben genannten Faktoren in den Staatspräferenzen widerspiegeln, welche die politisch dominierenden sozialen Gruppen vertreten.

Kommerzieller Liberalismus betont die durch wirtschaftliche Interessen motivierten Präferenzen der gesellschaftlichen Gruppen. Es wird ein Zusammenhang zwischen dem Verhalten der Individuen und der Staaten einerseits und den Mustern der wirtschaftlichen Anreize anderseits vermutet. Moravcsik argumentiert, dass Wandel in der Struktur der nationalen und globalen Wirtschaft die Kosten und Profite von transnationalem Wirtschaftsaustausch verändert, mit der Konsequenz, dass soziale Gruppen Druck auf die Regierung ausüben, ihre Politik in ihrem Sinne anzupassen.[40]

Die Regierung wird von den inländischen und grenzübergreifenden Wirtschaftsakteuren gedrängt, entweder eine wirtschaftliche Öffnung oder eine protektionistische Politik zu forcieren und ihre Außen- und Sicherheitspolitik dementsprechend zu gestalten. Allgemein gilt: Je größer die Gewinne des transnationalen Austausches für die Akteure, desto intensiver setzen sie sich bei den Regierungen für eine offene Außenwirtschaftspolitik ein; je größer die Kosten durch eine adjustierte Öffnung der Märkte, desto mehr Widerstand und Ruf nach Protektionismus und Isolation entsteht.[41] Je nachdem, welche Strömung gerade den dominierenden Einfluss für sich geltend machen kann, sei eine entsprechende Politik zu erwarten. Unterschiedliche Präferenzen der dominierenden sozialen Gruppen (Öffnung vs. Protektionismus) führe zu unterschiedlichen Staatspräferenzen.

An dieser Stelle beobachten wir einen Moravcsik, der sich mit seinen Annahmen völlig vom „*laissez-faire libertarianism*“ gelöst hat. Für ihn fungiert der Markt nun als eine „*variable creating incentives for both openness and closure.*“ Was Moravcsik uns mit dieser Formulierung mitteilen zu wollen scheint, ist offensichtlich die Botschaft, dass, wann auch immer Protektionismus als Staatspolitik praktiziert wird, der Staat von gewissen mächtigen gesellschaftlichen Gruppen „gefangengenommen“ wurde. In diesem Fall ist es wahrscheinlich, dass es bestimmten Gruppen, die sich als mögliche oder wirkliche Verlierer des transnationalen Aus-

39 Moravcsik, Taking Preferences Seriously, a. a. O., S. 525.

40 Ders.: Liberal International Relations Theory: A Scientific Assessment, a. a. O., S. 171; Ders.: The New Liberalism, a. a. O., S. 242–243.

41 Ebenda, S. 528.

tauschs fühlen, gelungen ist, sich bei der Bildung der Staatspräferenzen mit ihren protektionistischen Vorstellungen durchzusetzen. Ein Gedankengang, der mit leicht verschobener Pointierung auch von Paul Krugman, einem bedeutenden Ökonomen, in den Diskurs eingebracht wurde. Auch Krugman spricht sinngemäß von einer, durch Interessensgruppen, die entweder Protektionismus oder Öffnung präferieren, gefangengenommen Regierung.[42]

„*In explaining trade protectionism*", so erklärt Moravcsik, „*liberals look not to shifts of hegemonic power, suboptimal international institutions, or misguided beliefs about economic theory, but to economic incentives, interest groups, and distributional coalitions opposed to market liberalization.*"[43]

Republikanischer Liberalismus betont die durch die Eigenschaften der Herrschaftsstrukturen geprägten Staatspräferenzen. Grundlegend hierfür ist die Annahme, dass Staatsverhalten Staatszwecke reflektiert. „*State behavior, and therefore, levels of international conflict and cooperation*", so Moravcsik prägnant, „*reflect the nature and configuration of state purposes and preferences*".[44]

Dieser Aspekt impliziert, dass Staatspräferenzen bei gleichen internationalen Konditionen unterschiedlich ausfallen können, wenn die Art und Weise, wie die politischen Institutionen Forderungen der gesellschaftlichen Gruppen aggregieren und diese dann in Staatspolitik überführen, unterschiedlich sind. Ein Zitat aus Moravcsiks Hauptabhandlung veranschaulicht diesen zentralen Punkt des republikanischen Liberalismus:

„*The key variable in republican liberalism is the mode of domestic political representation, which determines whose social preferences are institutionally privileged. When political representation is biased in favor of particularistic groups, they tend to ‚capture' government institutions and employ them for their ends alone, systematically passing on the costs and risks to others.*"[45]

Moravcsik scheint daher in diesem Zusammenhang skeptisch, ob die Durchschnittsbürger und -bürgerinnen in einer Gesellschaft, die er als „*risk-averse*" betrachtet, kostspielige Außenpolitik mittragen wollen, wenn sie in die Bildung der Staatspräferenzen einbezogen sind. Je unbefangener die Reihe der gesellschaftlichen Gruppen repräsentiert ist, so Moravcsik, desto weniger wahrscheinlicher ist es, dass sie eine Politik unterstützen würden, die hohe Nettokosten oder Risiken für ein breites Spektrum von sozialen Schichten verursachen könnte.[46]

Damit stellt Moravcsik eine Verbindung zum Klassischen Liberalismus her. In der Tat scheint der Neoliberale Moravcsik bei der Ausführung des republikanischen

42 Krugman, Paul/Obstfeld, Maurice: Internationale Wirtschaft: Theorie und Politik der Außenwirtschaft, München 2004.

43 Moravcsik, Andrew: The New Liberalism, a. a. O., S. 235.

44 Ders.: Federalism and Peace: A Structural Liberal Perspective, a. a. O., S. 126.

45 Ders.: Taking Preferences Seriously, a. a. O., S. 530.

46 Ebenda, S. 531.

Liberalismus bemüht zu sein, aus der klassisch-liberalen Idee von Kant über die Friedfertigkeit der Republiken neue Impulse für seine Theorie zu schöpfen. *„Aggressive behavior – the voluntary recourse to costly or risky foreign policy – is most likely in undemocratic or in in-egalitarian polities where privileged individuals can offload its costs"*[47], so Moravcsik.

Damit haben wir die wesentlichen Punkte der neoliberalen Theorie von Andrew Moravcsik analysiert. Bei aller Kritik[48], die von den Realisten, Institutionalisten und Konstruktivisten an Moravcsiks Theorie geübt wurde, bleibt sein Neoliberalismus offenbar bislang die einzige Theorie im Bereich der Lehre von den Internationalen Beziehungen, der es gelungen ist, die drei analytischen Ebenen der internationalen Politik – Individuen, Staat und internationales System – organisch und ausgewogen in eine Theorie zu integrieren.

In der Tat ist das Postulat „Staatspräferenzen" eine intellektuelle Erneuerung in den Theorien der Internationalen Beziehungen. Konzipiert mit internen Quellen und externen Effekten, dienen die „Staatspräferenzen" als eine dreidimensionale Drehscheibe, die die Rolle der Individuen, das Verhalten der Staaten und die Bewegung im internationalen System vereinigen. Die Struktur der interdependenten Staatspräferenzen scheint nicht minder wirkungsvoll als die von Realisten postulierte internationale Machtverteilung, aber dafür sind sie viel elastischer und dadurch dynamischer, um multidimensionale und multikausale Verhältnisse erfassen zu können. Diese liberale Überlegenheit kann auch gegenüber der institutionalistischen und konstruktivistischen Architektur beobachtet werden. Solche Theorieleistungen werden selbst die schärfsten Kritiker dem Liberalen Andrew Moravcsik wohl fairerweise zugestehen müssen.

Dennoch bleibt Andrew Moravcsiks Theorie umstritten, auch wenn er sich nach der Veröffentlichung seines Hauptwerkes ständig bemüht, die distinktiven Dimensionen seiner Theorie zu verfeinern.[49] Die Kontroverse Beate Jahn – Andrew Moravcsik veranschaulicht beispielhaft, wie stark der Gründer des Neoliberalismus von seinen Kritikern unter die Luppe genommen wird.[50] Einer der vielleicht folgenreichsten Kritikpunkte Jahns an Moravcsiks Neoliberalismus richtet sich auf dessen angeblichen Mangel an

47 Moravcsik, Liberal International Relations Theory: A Scientific Assessment, a. a. O., S. 175.

48 Eine Selbstreflektion auf verschiedentliche Kritik an seiner Theorie liefert Moravcsik mit seinem Aufsatz Moravcsik, Andrew: The New Liberalism, a. a. O., insbesondere S. 247ff.

49 So bekräftigt er in einem seiner neusten Aufsätze: „Liberal theory is distinctive in the nature of the variables it privileges. The liberal focus on variation in socially-determined state preferences distinguishes liberal theory from other theoretical traditions [...]", Moravcsik, Andrew: Liberal Theories of International Relations: A Primer, http://www.princeton.edu/~amoravcs/library/primer.doc (letzter Abruf 05.02.2018), S. 1–15 (S. 1).

50 Stellvertrentend zu Beate Jahns Kritik an Moravcsik sowie dessen Replik vgl: Jahn, Beate: Liberal Internationalism: From Ideology to Empirical Theory – And Back Again, in: International Theory 1:3 (2009). S. 409–438; Jahn, Beate: Universal languages?: A reply to Moravcsik, in: International Theory 2:1 (2010), S. 140–156; Moravcsik, Andrew: Tilting at windmills: a final reply to Jahn, in: International

theoretischer Distinktion. Ihr Hauptargument ist dabei, dass Moravcsiks Kernaussagen von zahlreichen anderen Theorien geteilt würden.[51] Moravcsik hingegen verweist erneut auf „*variation in state preferences*" – statt etwa „*variation in coercive power resources*" in Positionen des Realismus – als zentralen und unterscheidbaren kausalen Mechanismus seines Neoliberalismus.[52]

Weiterführende Literatur

Jahn, Beate: Liberal Internationalism: From Ideology to Empirical Theory – And Back Again, in: International Theory 1:3 (2009), S. 409–438.
(Zentraler Aufsatz, um Jahns Kritik an Moravcisk nachzuvollziehen.)

Jahn, Beate: Universal languages?: A reply to Moravcsik, in: International Theory 2:1 (2010), S. 140–156.
(Rückantwort Jahns an Moravcsik, die einige ursprünglichen Kritikpunkte relativiert, aber nicht immer nachzuvollziehen ist.)

Moravcsik, Andrew: Liberalism and International Relations Theory, Cambridge 1992.
(Einer der theoretischen Grundlagentexte von Moravcsik, in dem er ausführlich auf das „liberale" Erbe in den IB eingeht.)

Moravcsik, Andrew: Taking Preferences Seriously. A Liberal Theory of International Politics, in: International Organization 51:4 (1997) S. 513–553.
(Der absolute Grundlagentext. Es gibt nicht viele weitere Aufsätze der IB, die so klar und pointiert eine theoretische Position entwickeln. Auch wenn er schwer zu lesen ist, ein absolutes Muss für jeden Studenten der internationalen Beziehungen.)

Moravcsik, Andrew: ‚Wahn, Wahn, Überall Wahn': A reply to Jahn's critique of liberal internationalism, in: International Theory 2:1 (2010), S. 113–139.
(Hier antwortet Moravcsik detailliert und überzeugend auf die Kritik Jahns und verdeutlicht erneut Anspruch und Spannweite seiner Theorie. Spannende und verständliche Lektüre, um eine wissenschaftliche Debatte nachvollziehen zu können.)

Moravcsik, Andrew: Tilting at windmills: a final reply to Jahn, in: International Theory 2:1 (2010), S. 157–173.
(Weitere Antwort Moravcsiks auf Jahn, die die Auseinandersetzung vorerst beendet hat.)

Schieder, Siegfried: Neuer Liberalismus, in: Schieder, Siegfried/Spindler, Manuela (Hrsg.): Theorien der internationalen Beziehungen, Opladen 2003, S. 169–198.
(Deutschsprachiger einführender Aufsatz. Man sollte Moravcsik im Original aber vorziehen. Leicht und verständlich geschrieben.)

Theory 2:1 (2010), S. 157–173; Moravcsik, Andrew: ‚Wahn, Wahn, Überall Wahn': A reply to Jahn's critique of liberal internationalism, in: International Theory 2:1 (2010), S. 113–139.

51 „[W]hile it may be true that ideational liberalism entails the general claim that human beings rationally pursue their particular vision of a legitimate form of political and economic organization, there is nothing distinctively liberal about this claim. Indeed, a host of other approaches would readily agree", Jahn, Beate: Liberal Internationalism: From Ideology to Empirical Theory – And Back Again", a. a. O., S. 418.

52 Moravcsik, Andrew: ‚Wahn, Wahn, Überall Wahn': A reply to Jahn's critique of liberal internationalism, a. a. O., S. 116.

9 Interdependenztheorie

Der Institutionalismus, dem die Interdependenztheorie zugeordnet wird, ist als ein „intellektueller Gegenspieler" des Neorealismus entstanden und entwickelt worden. Robert O. Keohane, einer der führenden Vertreter des Institutionalismus, spricht von einem prägenden Effekt der „Theorienkämpfe" (*theoretical struggles*) für den Institutionalismus, die er und seine Gleichgesinnten gegen die Realisten geführt haben und führen. Vor allem fühlen sich die Institutionalisten durch die *„beeindruckende Vorgehensweise des Neorealismus von Kenneth Waltz herausgefordert"*. Diese bezeichnete Keohane in anerkennender Weise als *„self-consciously deductive and rigorous yet consistent with the core propositions of realism"*[1]. Der wohl bekannteste Institutionalist spricht aber auch von *„Verärgerung"* im institutionalistischen Lager über den Begründer des Neorealismus Kenneth Waltz. Dessen systematischer Versuch, die Rolle der internationalen Organisationen für die internationale Politik herunterzuspielen, stellte in der Tat für die Institutionalisten eine unerträgliche Provokation dar.

Ohne Zweifel ist der Unterschied zwischen den Realisten und den Institutionalisten von grundsätzlicher Natur. Wie Gunther Hellmann und Reinhard Wolf angemerkt haben, basiert der Unterschied zwischen diesen beiden Denkrichtungen letztlich *„auf unterschiedlichen Vorstellungen darüber, wie rationale Akteure Unsicherheiten in ihrem Umfeld bewältigen."* Dieser Unterschied entspricht der Differenz zwischen den zwei von der modernen Organisationstheorie herausgearbeiteten strategischen Optionen für Akteure, um Unsicherheiten zu reduzieren: *„Sie können entweder Unsicherheiten dadurch reduzieren, dass sie Abmachungen mit Akteuren in diesem Umfeld treffen; oder sie können die von ihnen selbst kontrollierten Ressourcen vergrößern, um sich ungünstigen Entwicklungen besser anpassen zu können."*[2]

Mit anderen Worten haben Staaten, wenn es nach den Realisten und den Institutionalisten geht, nur zwei strategische Optionen, um ihr Überleben unter der Bedingung internationaler Anarchie zu sichern: Entweder durch internationale Kooperation oder durch nationale Selbsthilfe. Während der Realismus – wie bereits ausführlich dargestellt wurde – von einem Festhalten der Staaten an der Option der Selbsthilfe ausgeht und somit eine Überwindung der internationalen Anarchie als nahezu unmöglich betrachtet, ist der Institutionalismus von der Fähigkeit der Staaten zur internationalen Kooperation und damit von der Möglichkeit des Abbaus der internationalen Anarchie überzeugt.

---

1 Keohane, Robert O.: The Analysis of International Regimes. Towards a European-American Research Programme, in: Rittberger, Volker (Hrsg.): Regime Theory and International Relations, Oxford 1993, S. 23–45 (S. 29).

2 Hellmann, Gunther/Wolf Reinhard: Systemische Theorien nach dem Ende des Ost-West-Konfliktes, in: Österreichische Zeitschrift für Politikwissenschaft, 22:2 (1993), S. 153–167 (S. 161).

https://doi.org/10.1515/9783486855081-009

9.1 Institution als Kernbegriff des Institutionalismus

Aber wie sind die Institutionalisten zu dieser optimistischen Einstellung gelangt? Wo setzen sie theoretisch und analytisch an? Die Institutionalisten fangen dort an, wo die Schwächen der Realisten besonders sichtbar sind. Der Versuch der theoretischen Erklärung des empirisch zu beobachtenden Phänomens der Institutionalisierung der internationalen Politik entwickelte sich zum Hauptfeld der institutionalistischen Theoriebildung, ein Phänomen, das der Realismus einschließlich des Neorealismus bis heute mit seiner Selbsthilfe-Annahme als einer zwingenden Logik der Anarchie nicht in allen Belangen hinreichend erklären kann. Die Realisten tun sich hier nach wie vor schwer, weil die Institutionalisierung der internationalen Politik zum Teil konträr zu der Annahme der nationalen Selbsthilfe läuft. Denn Institutionalisierung ist ja nichts anderes als internationale Kooperation. Ohne internationale Kooperation mit Verzicht auf die Selbsthilfe-Mentalität gibt es keine internationalen Institutionen.

So gesehen ist der Institutionalismus eine Theorie, die sich hauptsächlich mit der Institutionalisierung der internationalen Politik beschäftigt. Dementsprechend stehen internationale Institutionen als solche im Mittelpunkt des Institutionalismus. Da der Begriff „Institution" eine theoriekonstituierende Bedeutung hat, haben sich die Institutionalisten sehr bemüht, eine operationalisierbare und substantielle Definition hierfür zu entwickeln. Für Robert Keohane ist Institution ein Sammelbegriff für die Summe von dauerhaften und miteinander verbundenen Regeln formeller und informeller Art, die ein besonderes Rollenverhalten der Staaten vorschreiben. Nach Keohane kann eine Institution die Form einer rechtspersönlichen Organisation annehmen, muss es aber nicht. Im Gegenteil übertreffen die Institutionen in Form von sogenannten internationalen Regimen (multilaterale Vertragswerke ohne eigenständige Rechtspersönlichkeit) zahlenmäßig diejenigen in Form von internationalen Organisationen (Organisationen mit Rechtspersönlichkeit wie die UN als Völkerrechtssubjekt). Bei diesen internationalen Regimen handelt es sich im Wesentlichen um Regelwerke, die die Regierungen der Staaten für die Regulierung bestimmter Felder der internationalen Politik vereinbart haben. Beispiele dafür sind das internationale Währungsabkommen, der Nichtweiterverbreitungsvertrag für Nuklearwaffen und das internationale Seerecht.[3]

Es ist wichtig, dieses institutionalistische Verständnis von Institution zu betonen, das für die spätere Analyse eine fundamentale Bedeutung hat. Wichtig ist es, an dieser Stelle zu wissen, dass der Begriff „internationale Institution" für die Institutionalisten eine größere inhaltliche Reichweite hat als „internationale Organisation" oder „interna-

---

3 Keohane, Robert O.: After Hegemony. Cooperation and Discord in the World Political Economy, Princeton 1984, S. 8ff.

tionales Regime“, die im anschließenden Kapitel noch ausführlich untersucht werden sollen. Daher wird Keohanes Institutionsverständnis hier nochmals im Original zitiert. Er definiert Institution

> „*as persistent and connected sets of rules (formal and informal) that prescribe behavioural roles, constrain activity, and shape expectations. Since an institution's rules must be ‚persistent', they must continue to be taken into account by participants, but no minimum standards of effectiveness are implied. International institutions include formal intergovernmental or transnational organizations, international regimes, and conventions. International organizations are purposive entities, with bureaucratic structures and leadership, permitting them to respond to events. International regimes are institutions with explicit rules agreed upon by governments that pertain to particular sets of issues in international relations. Conventions are informal institutions, with implicit rules and understandings that shape the expectations of actors.*“[4]

Schon an diesem Institutionsverständnis kann man spüren, dass die Institutionalisten eine andere Wahrnehmung und Beurteilung der Eigenschaften der internationalen Politik als die Realisten haben. Es sind diese ontologischen Vorstellungen oder Beobachtungen der Weltpolitik, die es ihnen ermöglichten, eine relativ optimistische Theorie der internationalen Politik zu entwickeln.

9.2 Interdependenz als die eigentliche Ontologie des Institutionalismus

Wie bereits erwähnt, hat jede in sich geschlossene Theorie eine grundlegende oder ontologische Vorstellung über die Beschaffenheit ihres Theoriegegenstands. Je klarer und unmissverständlicher ihre Ontologie zum Ausdruck gebracht wird, desto robuster ist das Fundament ihres Theoriegebäudes. Wir bezeichnen die Interdependenz als die „eigentliche Ontologie“ des Institutionalismus, weil wir eine merkwürdige Entwicklung bei den Institutionalisten beobachten: Sie haben zwar das Phänomen der Interdependenz als Zustand der modernen Weltpolitik hervorragend herausgearbeitet, es aber versäumt, sie explizit zur Ontologie ihrer Theorie zu erheben. Im Gegenteil haben sie die realistische Ontologie im Sinne der Wahrnehmung des internationalen Systems als ein „anarchisches System“ zum großen Teil angenommen und versuchen so auf dem ontologischen Boden der Realisten einen Theoriekampf gegen diese zu führen.

4 Keohane, Robert: The Analysis of International Regimes. Towards a European-American Research Programme, a. a. O., S. 28.

Keohanes Motivation – dies lässt sich eindeutig in seinem Hauptwerk „After Hegemony: Cooperation and Discord in the World Political Economy"[5] erkennen –, die zwei Elemente „Anarchie" und „Interdependenz" zu synthetisieren, verursachte jedoch Verwirrungen. Dadurch entsteht die Schwierigkeit, ontologisch zwischen den Realisten und den Institutionalisten zu unterscheiden. Dies führte den Neoliberalen Andrew Moravcsik sogar dazu, den Institutionalismus als „*modified structural realism*" zu bezeichnen.[6]

Die Folge des Mangels an einer klaren Ontologie scheint für den Institutionalismus selbst entmutigend zu sein. Robert Keohane und Joseph Nye, die zwei führenden Institutionalisten, gaben offen zu, dass ihre Theorie an innerer Inkonsistenz kranke. Aber gleichzeitig erweckten sie den Eindruck, dass es ihnen nicht bewusst erschien, dass die Ursache dieser Erkrankung bei ihrer verwirrenden Ontologie liegt. Ein Zitat aus einer ihrer gemeinsamen Abhandlungen bestätigt diesen Eindruck: „*Ironically [...] the result of our synthetic analysis in Power and Interdependence, and of subsequent work such as Keohane's After Hegemony, has been to broaden neorealism and provide it with new concepts rather than to articulate a coherent alternative theoretical framework for the study of world politics.*"[7]

Dennoch: Die Tatsache, dass die Institutionalisten ihre Beschreibung oder Wahrnehmung des Zustandes der internationalen Politik nicht explizit zu einer klaren Ontologie erhoben haben, bedeutet nicht, dass sie keine ontologischen Vorstellungen haben. Im Gegenteil ist ihre Ontologie nicht minder inhaltsreich als die des Realismus und Liberalismus. In gewissem Sinne fällt ihre ontologische Beurteilung der Beschaffenheit der modernen Weltpolitik viel differenzierter aus als die ihrer Konkurrenten. Der synthetische Charakter der institutionalistischen Ontologie, den Martin Griffiths als ein „*hybrid product*"[8] bezeichnete, entspringt dieser differenzierten Sichtweise.

In der Tat hat die vom Institutionalismus akzeptierte „Anarchie", die als die fundamentale Prämisse des Realismus gilt, eine andere Qualität als im Realismus. Institutionalisten denken an eine *transnationalisierte und interdependente Anarchie*, wenn sie von Anarchie sprechen. Mit anderen Worten handelt es sich, wenn es nach den Institutionalisten geht, bei der Natur der internationalen Politik um eine Anarchie, die durch transnationale Beziehungen und Institutionalisierung vieler Teilbereiche der internationalen Politik gezähmt ist. Dies bedeutet, dass die Institutionalisten die Weltpolitik als eine „Halbanarchie", eine teilweise regulierte Anarchie, und als eine Anarchie, die trotz der Abwesenheit einer Weltregierung transnationalen Verbindungen

5 Ders.: After Hegemony. Cooperation and Discord in World Political Economy, Princeton 1984.

6 Moravcsik, Andrew: Taking Preferences Seriously. A Liberal Theory of International Politics, in: International Organization 51:4 (1997), S. 513–553 (S. 536f.).

7 Keohane, Robert/Nye, Joseph: Power and Interdependence revisited, in: International Organization 41:4 (1987) S. 725–753 (S. 733).

8 Griffiths, Martin: Fifty Key Thinkers in International Relations, London and New York 1999, S. 188.

und zwischenstaatlichen Regulierungen unterworfen ist, ansehen. Grob betrachtet umfasst die institutionalistische Ontologie drei Komponenten:

Die rationale Komponente
Ähnlich wie die Neorealisten betrachten die Institutionalisten den Staat als einen rational denkenden und handelnden Akteur. Die Grundprämissen des Neorealismus, das internationale System sei eine Anarchie und der Staat ein rationaler Egoist, aber zugleich auch der Hauptakteur der internationalen Politik, werden von den Institutionalisten akzeptiert. „*Consistently with realism*", so Keohane, „(…) *institutionalist theory assumes that states are the principle actors in world politics and that they behave on the basis of their conceptions of their own self-interests. Relative capabilities – realism's distribution of power – remain important, and states must rely on themselves to assure themselves gains from cooperation.*"[9]

Die transnationale Komponente
Die transnationale Annahme ist durch die Anerkennung der autonomen Außentätigkeit der nichtstaatlichen Akteure (Parteien, Gewerkschaften, Unternehmen (Multis), Non-Governmental Organizations (NGOs), Kirchen und Medien) und der Schwächung der Nationalstaaten durch die Durchdringung ihrer traditionellen Handlungsbereiche seitens dieser Kräfte gekennzeichnet. Institutionalisten glauben, dass diese nicht mehr unter der Kontrolle der nationalen Regierung stehenden, aber transnational organisierten Aktivitäten die internationale Anarchie mildern können, indem sie gesellschaftliches, ökonomisches, politisches und kulturelles Leben transnational harmonisieren und damit Konfliktpotential nachhaltig abbauen.[10]

Die interdependente Komponente
Im Unterschied zu Imperialismustheorie und Dependenztheorie (vgl. hierzu die Analyse im Kapitel „Marxismus" in diesem Buch) sehen die Institutionalisten die internationale Politik nicht als eine *einseitige*, sondern als eine *gegen- oder wechselseitige* Abhängigkeitsbeziehung an. Diese gegenseitige Abhängigkeit wird als *Interdependenz* bezeichnet. In diesem Sinne schreiben Keohane und Nye: „*In common parlance, dependence means a state being determined or significantly affected by external forces. Interdependence, most simply defined, means mutual dependence. Interdependence in world politics refers to situations*

9 Keohane, Robert: Institutional Theory and the Realist Challenge after the Cold War, in: Baldwin, David (Hrsg.): Neorealism and Neoliberalism: The Contemporary Debate, New York 1993, S. 269–300 (S. 271). Vgl. hierzu: Keohane, Robert/Nye, Joseph: Transnational Relations and World Politics, Cambridge 1972.
10 Vgl. hierzu: Keohane, Robert/Nye, Joseph: Transnational Relations and World Politics, Cambridge 1972.

characterized by reciprocal effects among countries or among actors in different countries."[11]

Diesem Verständnis zufolge haben sich die Strukturen der internationalen Politik durch Zunahme der wechselseitigen Abhängigkeiten von politischen Konstellationen und Prozessen verändert. Insbesondere sind durch den liberalen Freilauf der Wirtschaft über die nationalen Grenzen hinweg Strukturen entstanden, die Staaten zu Kooperation veranlassen oder zwingen. Sie stehen zunehmend vor der Notwendigkeit, mit Hilfe internationaler und supranationaler Verhandlungsplattformen Regelwerke zu vereinbaren, um den Herausforderungen der stetig wachsenden Komplexität und Verflochtenheit der internationalen Politik zu begegnen.

9.3 Die Beschaffenheit der Interdependenz

Aber ist die Interdependenz messbar? Wenn ja, wo liegt das Kriterium dieser Messbarkeit? Die Institutionalisten unterscheiden einerseits streng zwischen der Verbundenheit, die zwar überall offensichtlich beobachtbar ist, aber keine politischen Konsequenzen hat, und andererseits der Interdependenz, die für das politische Verhalten der Staaten von Bedeutung und damit für die Konfiguration der internationalen Politik signifikant ist. Nach Keohane und Nye liegt Interdependenz nur vor, wenn Entstehung, Intensivierung, Veränderung, Beschädigung oder Beendung einer transnationalen oder zwischenstaatlichen Verbundenheit *Kosten für die Betroffenen* verursachen.

Es ist wichtig, diese kostenorientierte Abgrenzung der Interdependenz gegen die nicht als Interdependenz zu qualifizierende Verbundenheit zu begreifen. Denn Politik schaltet sich nur ein, wenn die Kostenfrage gestellt wird, sowohl im materiellen als auch im nicht-materiellen Sinne. Institutionalisten vertreten die Auffassung, dass Interdependenz eine Folge von internationalen Transaktionen im Sinne des Austauschs von Geld, Waren, Individuen und Nachrichten über die internationalen Grenzen darstellt. Aber nicht jeder derartige Austausch und nicht jede Verbundenheit ist für die beteiligten Akteure kostspielig und damit politisch sensibel. Hier sollen Keohane und Nye im Original zitiert werden, um ihren Schlüsselgedanken diesbezüglich besser begreifen zu können:

„*Yet this interconnectedness is not the same as interdependence. The effects of transactions on interdependence will depend on the constraints, or costs, associated with them. A country that imports all of its oil is likely to be more dependent on a continuous flow of petroleum than a country importing furs, jewelry or perfume (even*

11 Dies.: Realism and Complex Interdependence, in: Viotti, Paul R./Kauppi, Mark V. (Hrsg.): International Relations Theory. Realism, Pluralism, Globalism, and Beyond, 3. Aufl., Boston 1999, S. 307–318 (S. 308).

of equivalent monetary value) will be on uninterrupted access to these luxury goods. Where there are reciprocal (although not necessarily symmetrical) costly effects of transactions, there is interdependence. Where interactions do not have significant costly effects, there is simply interconnectedness. The distinction is vital if we are to understand the politics of interdependence."[12]

Für die Institutionalisten ist die Welt zwar nach wie vor anarchisch, aber durch wechselseitige kostspielige Transaktionen eng verbunden. Diese gegenseitigen kostspieligen Interaktionen wirken wie ein äußerer Zwang auf die politischen Entscheidungen der Staaten. Vor allem der Freihandel und die begrenzten Ressourcen haben eine Struktur geschaffen, in der Staaten auf andere Staaten angewiesen sind und jede größere Veränderung in einem Teil der Erde auch Veränderungen in anderen Teilen auslösen könnte. Mit dem Interdependenz-Konzept treten die Institutionalisten dem realistischen „Billard-Modell", wonach die Staaten wie Billardkugeln, nach innen geschlossen, in je wechselnden Formationen miteinander in Beziehungen treten, ohne dass ihr Inneres von diesen Interaktionen berührt wird, bewusst entgegen.

James N. Rosenau hat den Begriff „*linkage*" entwickelt, um den grenzübergreifenden Charakter der internationalen Politik der Gegenwart zu veranschaulichen. Diesem Konzept zufolge kann eine politische Entscheidung, die in einem Staat getroffen wird, auch das Interesse von anderen Staaten berühren und so zu internationalen Interaktionen führen. Auch ein wirtschaftliches Ereignis, das sich in einem Land vollzogen hat, kann sich negativ oder positiv auf die ökonomischen Entwicklungen anderer Staaten auswirken. Nach diesem Konzept ist die Zeit, in der Konsequenzen großangelegter politischer und ökonomischer Ereignisse national begrenzt werden können, ein für alle mal vorbei.[13]

Wie Lehmkuhl im Anschluss an Karl Kaiser bemerkt hat, hat dieser Umstand „*zur Folge, dass Entscheidungen einer Regierung eines politischen Systems immer auch – und mit zunehmender Interdependenz immer häufiger – von äußeren Faktoren beeinflusst werden. Umgekehrt haben aber auch alle Regierungsmaßnahmen wegen der zwischengesellschaftlichen Verflechtung Auswirkungen nicht nur auf die eigene Gesellschaft, sondern immer auch auf andere Gesellschaften. Die Austauschprozesse, die die moderne Welt charakterisieren, zeichnen sich durch ein komplexes Zusammenspiel verschiedener Prozesse und Interaktionsebenen und eine ausgeprägte wechselseitige Abhängigkeit der anderen beteiligten Akteure aus.*"[14]

Keohane und Nye verstehen sich darauf, die von den Institutionalisten unterschiedlich identifizierten und festgesellten interdependenten Transaktionen zwischen den

12 Ebenda, S. 308f.

13 Vgl. hierzu: Rosenau, James: Turbulence in World Politics: A Theory of Change and Continuity, New York 1990.

14 Lehmkuhl, Ursula (Hrsg.): Theorien Internationaler Politik: Einführung und Texte, 2. Aufl., München/ Wien 1997, S. 224.

Staaten fein und ausdifferenziert zu kategorisieren. Sie unterscheiden zwischen drei Stufen der Interdependenz im Sinne gegenseitiger oder wechselseitiger Abhängigkeit mit kostspieligen Effekten für die politischen Präferenzen der beteiligten Akteure:

- Interdependenz auf dem Niveau von „*Sensitivity*": Mit dem Begriff „*Sensitivity*" beschreiben Keohane und Nye die Belastung, die durch plötzliche und unerwartete Veränderungen in der internationalen Politik oder in anderen Staaten für einen Staat entsteht, bevor er Maßnahmen ergreifen kann, um die Situation zu verändern oder Schaden zu begrenzen. Mit anderen Worten bringt „*Sensitivity*" ein Niveau von Interdependenz zum Ausdruck, bei dem ein Staat zwar empfindlich für politische Entscheidungen von anderen Akteuren oder Veränderungen auf der internationalen Ebene ist, aber kostspielige Nachteile abwehren kann, wenn er schnell und effektiv reagiert. „*Sensitivity*" impliziert, dass die Interdependenz auf diesem Niveau noch relativ schwach ist und dass daher politisch gegengesteuert werden kann.[15]
- Interdependenz auf dem Niveau von „*Vulnerability*": Mit diesem Begriff wird zum Ausdruck gebracht, dass die Kosteneffekte der zwischenstaatlichen oder transnationalen Transaktionen so stark sind, dass bei Entgleisung der Transaktionen Schäden entstehen können, die auch durch politische Gegensteuerungen nicht mehr zu verhindern sind. Mit anderen Worten bringt „*Vulnerability*" ein Niveau der Interdependenz zum Ausdruck, bei dem die Staaten strukturell stark verwundbar sind, unabhängig davon, ob sie politisch schnell auf unerwartete äußere Veränderungen reagieren können/wollen oder nicht. In diesem Fall handelt es sich um Transaktionsbelastungen, die die Staaten zu erleiden haben, selbst wenn sie die Veränderungen bereits früh erkannt und entsprechende Gegenmaßnahmen *einseitig* getroffen hatten. Die Begrifflichkeit „*Vulnerability*" besagt also, dass die Staaten in der Zeit der Globalisierung zunehmend Veränderungen ausgesetzt sind, die sie allein nicht kontrollieren können, und dadurch immer empfindlicher und verwundbarer geworden sind.[16]
- Interdependenz auf dem Niveau von „*complex interdependence*": Mit dem Begriff „*complex interdependence*" wird das höchste Niveau der Interdependenz zum Ausdruck gebracht. Nach Keohane und Nye hat „*complex interdependence*" drei Charakteristika:
    1. Die Interdependenz umfasst alle Kanäle der Verbindungen zwischen den betroffenen Staaten, ganz im Unterschied zu Interdependenz im Sinne von Empfindlichkeit und Interdependenz im Sinne von Verwundbarkeit, die in der Regel nur einzelne Sachbereiche wie Handel, Industrieproduktionsketten oder Währungsangelegenheiten betreffen. Keohane und Nye sprechen im Hinblick

---

15 Keohane, Robert/Nye, Joseph: Power and Interdependence. World Politics in Transition, Boston 1977, S. 12ff.

16 Vgl. Keohane, Robert/Nye, Joseph: Power and Interdependence. World Politics in Transition, Boston 1977. Siehe auch Lehmkuhl, a. a. O., S. 194ff.

auf „*complex interdependence*“ von „*multiple channels*“. Sie erstrecken sich von „*interstate*“ über „*intergovernmental*“ bis zu „*transnational relations*“.[17]

2. Die internationale Interdependenz ist so vielseitig und vielschichtig, dass die traditionellen Kriterien zur Differenzierung oder zur Über- und Unterordnung verschiedener politischer Angelegenheiten nicht mehr anwendbar sind. Eine hierarchische Ordnung der Sachgebiete wird unmöglich, mit der Konsequenz, dass die militärische Sicherheit ihre gewöhnliche Vorrangstellung bei der Bestimmung der außenpolitischen Agenda einbüßt. Verschoben sind auch die Grenzen zwischen innen- und außenpolitischen Themen. Damit verbunden ist die Vermischung der Zuständigkeiten innerhalb der Ministerien, mit der Folge, dass eine ungeeignete Koordinierung erhebliche Transaktionskosten verursachen kann. „*[C]omplex interdependence*“ erzeugt, so Keohane und Nye, auch verschiedene Koalitionen innerhalb oder zwischen den Regierungen, mit der Konsequenz, dass diese gleichzeitig in verschiedenen Konflikten mit unterschiedlichen Graden involviert sind. Wenn „*complex interdependence*“ vorliegt, wird auch die politische Gestaltung komplexer: „*Politics [facing complex interdependence] does not stop at water's edge.*“[18]
3. Die Interdependenz ist so komplex, dass es keinen Sinn macht, Interessenkonflikte mit Hilfe von Militärgewalt zu lösen. Mit anderen Worten gehen die Institutionalisten davon aus, dass es keine eindeutigen Gewinner oder Verlierer gäbe, würden Streitkräfte unter der Bedingung der „*complex interdependence*“ zur Lösung von Interessenkonflikten eingesetzt. Es kann sein, so Keohane und Nye, dass das Militär nach wie vor wichtig für die Beziehungen zu anderen Staaten bleibt, zu denen man sich nicht in einer „*complex interdependence*“ befindet. Aber: „*When complex interdependence prevails*“, werde die Militärgewalt bedeutungslos.[19]

9.4 Theoriekritik und Weiterentwicklungen

Dieses institutionalistische Bild von der Natur der Weltpolitik stieß auf starke Kritik der Realisten. Speziell in der Bundesrepublik Deutschland ist die Kritik von Werner Link am lautesten und systematischsten. Seine Kritik konzentriert sich vor allem auf die transnationale Komponente der oben dargestellten Ontologie der Institutionalisten, in der die Realisten in der Tat kaum einen Berührungsbereich mit den Institutiona-

17 Keohane, Robert/Nye, Joseph: Realism and Complex Interdependence, in: Viotti, Paul R./Kauppi, Mark V. (Hrsg.): International Relations Theory. Realism, Pluralism, Globalism, and Beyond, 3. Aufl., Boston 1999, S. 307–318 (S. 311).

18 Ebenda, S. 312.

19 Ebenda, S. 312f.

listen sehen. Link fasste die Kernpunkte der transnationalen Ontologie aus seiner Sicht zusammen, bevor er diese verwarf: *„Indem die gesellschaftlichen, vor allem die ökonomischen Akteure autonom grenzüberschreitende globale Aktivitäten entfalten und sich selbständig transnational organisieren, sei es in transnationalen Konzernen, sei es in nicht-gouvernmentalen transnationalen Organisationen (wie z. B. Greenpeace, Amnesty International oder Sozialistische Internationale), werde die ‚Staatenwelt' von der ‚Gesellschafts- und Wirtschaftswelt' verdrängt. Globalisierung und Transnationalisierung gelten mithin als die beiden epochalen Zwillingstendenzen, die – so wird unterstellt – den Staat entmachten und das territorialstaatliche Ordnungsprinzip obsolet werden lassen. Mithin dürften – logischerweise – auch die zwischenstaatlichen Konflikte und Kriege obsolet werden.*“[20]

In der Tat stellt diese transnationale Annahme die tragende Säule des Realismus in Frage. Denn eine transnationalisierte und interdependente Anarchie, auf die die Institutionalisten unter Berufung auf die zunehmende Transnationalisierung und Verselbständigung der Interaktionen zwischen den Gesellschaften verweisen, würde die Selbsthilfe-Annahme als unlogisch erscheinen lassen und damit die realistischen Theorien gegenstandslos machen. Vielleicht sind gerade auf Grund dieser Infragestellung zenraler Inhalte der realistischen Ontologie die Einwände dieser Schule gegen die transnationale Annahme besonders stark. Werner Link, der selbst in den 1970er Jahren mit einer hervorragenden Studie zur transnationalen Forschung die Fachwelt beeindruckt hat[21], tritt seit den 1990er Jahren als einer der entschiedensten Kritiker der transnationalen Annahme auf. Bevor er seine Monographie „Weltpolitische Neuordnung zwischen Hegemonie und Gleichgewicht“ auf den Markt gebracht hat, hat Link die Kernthesen dieses Buches durch einen Aufsatz in der „Zeitschrift für Politik“ präsentiert. Als ein überzeugter Realist weist er die transnationale Annahme des Institutionalismus entschieden zurück.

Er argumentiert, dass *„das Phänomen internationaler Verflechtung und transnationaler Unternehmen ebenso wenig neu wie der Freihandelsliberalismus mit seinen Friedenshoffnungen ist.*“ Unter Berufung auf eine Reihe von ihm als namhaft bezeichnete Autoren verweist Link darauf, *„dass das Verhältnis zwischen Außen- und Binnenbeziehungen (d. h. der Quotient zwischen beiden) im 19. Jahrhundert sogar höher lag als Mitte der achtziger Jahre, als der Begriff ‚Globalisierung' populär wurde*“, und dass der Staat nicht untergegangen sei.

„Dass die Globalisierung in diesem Sinne ein empirisch feststellbarer Sachverhalt ist“, so Link, *„besagt freilich noch nicht, dass die Annahmen über ihre Folgewirkungen zutreffend sind. Bei genauerem Hinsehen ist weder eine Vereinheitlichung noch eine*

20 Link, Werner: Zur internationalen Ordnung – Merkmale und Perspektiven, in: Zeitschrift für Politik 44:3 (1997), S. 258–277 (S. 268).

21 Ders.: Deutsche und amerikanische Gewerkschaften und Geschäftsleute 1945–1975. Eine Studie über transnationale Beziehungen, Düsseldorf 1978.

‚Entgrenzung' oder ‚Entstaatlichung' festzustellen." Im Gegenteil kommt er nach empirischen Untersuchungen zu dem Ergebnis, dass *„nicht Vereinheitlichung, sondern Differenzierung, die Folge der Globalisierung*" und der Staat *„im Prozess der Globalisierung eher bedeutsamer als weniger bedeutsam geworden ist. Die internationale Zusammenarbeit*", so formuliert Link seine Argumentation weiter, *„beseitigt auch nicht die Konkurrenz zwischen den Staaten. Im Gegenteil, die Globalisierung steigert diese Konkurrenz, auch und gerade zwischen den großen und wirtschaftlich starken Staaten und Regionen.*" Ausdrücklich im Hinblick auf die transnationale Annahme sagt Link: *„Die unbestreitbare geo-ökonomische Konkurrenz, die ökonomische und politische Umverteilung und die Entstehung neuer Trennungslinien durch Globalisierung, die Tripolarität der ‚globalisierten' Märkte und die fortbestehende Bedeutung des national- und territorialstaatlichen Ordnungsprinzips dürften hinreichende Gründe dafür sein, die einheits- und friedensstiftende Perspektive der Globalisierung als unrealistisch und illusionär zu bewerten.*"[22]

Auf diese Art von grundsätzlicher Kritik der Realisten antworteten Robert Keohane und Joseph Nye 2001 mit der Vorlage der dritten Auflage ihres erstmals im Jahre 1977 erschienenen Werks „Power and Interdependence". In dem hinzugefügten Kapitel „Globalism and Information Age" argumentierten sie, dass ihre in den 70er Jahren entwickelte Theorie der Interdependenz nach wie vor Gültigkeit besitze und diese gerade vor dem Hintergrund der Intensivierung der Globalisierung und damit der Vertiefung der *„complex interdependence*" die Beschaffenheit der globalisierten Welt besser erklären könne als das Weltbild des Realismus.[23] Keohanes Ansicht wurde im Großen und Ganzen von Anne-Marie Slaughter bestätigt, die 2004 ihre weltweit beachtete Studie „A New World Order"[24] im Sinne einer *„networked world*" vorlegte. In dieser Studie stellte sie fest, dass das Ende der alten staatszentrischen Weltordnung durch eine gigantische Expansion von nichtstaatlichen Akteuren mit beachtlichen Einflüssen dramatisch beschleunigt wurde. Die Anarchie sei durch und durch transnationalisiert worden und selbst die Supermacht USA solle diese veränderten Strukturen der Weltordnung ernst nehmen und deren einschränkende Implikationen für die Geltung ihrer Macht auf globaler Ebene akzeptieren.[25]

Robert Keohane blickte 2009 in einem Artikel[26] auf die Entwicklung der Interdependenztheorie (die er als *Old International Political Economy* bezeichnet) systematisch zurück und äußert sich selbstkritisch über die methodische Qualität der damaligen Arbeit, die er zusammen mit Joseph Nye lieferte. Kernstück seiner Selbstkritik ist eine

---

22 Ders.: Zur internationalen Ordnung – Merkmale und Perspektiven, a. a. O., S. 271.

23 Vgl. hierzu: Keohane, Robert/Nye, Joseph: Power and Interdependence, 3. Aufl., New York 2001 (insbesondere S. 235ff).

24 Slaughter, Anne-Marie: A New World Order, Princeton 2004.

25 Dies.: America's Edge: Power in the Networked Century, in: Foreign Affairs 88:1 (2009), S. 94–113.

26 Vgl. Keohane, Robert O.: The old IPE and the new, in: Review of International Political Economy 16:1, (2009), S. 34–46.

Rückbesinnung auf die „Old IPE“[27] und die Forderung nach einer methodologisch rigoroseren Beschäftigung mit der zunehmend globalisierten Welt.

Keohanes selbstkritische Rückbesinnung rief eine neue Welle von Ansätzen zur Weiterentwicklung der Interdependenztheorie hervor, die von jüngeren Wissenschaftlern vorgelegt wurden. So nehmen Henry Farell und Abraham Newman[28] in ihrem neuen Theorieansatz die Kritik Keohanes auf und entwickeln, auf einige Annahmen der „klassischen“ Interdependenztheorie bezugnehmend, diese in entscheidenden Punkten weiter.

Farell und Newman argumentieren, dass die Globalisierung nicht in einem Umfeld der Anarchie stattfinde, sondern in einem Umfeld von sich überlappenden Regeln. Sie postulieren, dass die Welt sich heute dadurch auszeichne, dass die Regeln und Prinzipien, welche das Verhalten von Marktteilnehmern bestimmen, nicht mehr nur von Nationalstaaten entwickelt und auf nationalstaatlicher Ebene durchgesetzt werden.[29] Stattdessen charakterisiere sich die globalisierte Welt durch eine Überlappung von heimischen und globalen Autoritäten. Politik in Zeiten der Globalisierung sei daher vielmehr durch einen breiteren und komplizierteren Kampf um Regeln und Prinzipien bestimmt.[30] Auf Grundlage ihrer umfassenden Forschungsarbeiten glauben Farell und Newman drei Mechanismen entdeckt zu haben, welche das Verhältnis der global „überlappten Anarchie“ charakterisieren:

1. *Globalisierung* findet nicht in einem Zustand der Anarchie statt, sondern in einem Zustand von Regelüberlappung (*„rule overlap“*).[31] Interdependenz spielt hier insofern eine entscheidende Rolle, als sie die Überlappung befördere.[32]
2. Globalisierung schafft *Möglichkeitsstrukturen* (*„opportunity structures“*) für kollektive Akteure (z. B. Firmen, Konsumentenvereinigungen, Vertreter von Internationalen Organisationen usw.), transnationale Allianzen zu bilden.[33] Diese Allianzen bieten die Möglichkeit, auf die Konflikte, welche die Regelüberlappung mit sich bringt, zu reagieren.

---

27 Damit meint Keohane „IPE of the 1960s and 1970s [that] explored the political implications of economic interdependence, in an analytically loose but creative way“, ebenda, S. 34

28 Vgl. hierzu: Farell, Henry and Newman, Abraham: Domestic Institutions Beyond the Nation-State Charting the New Interdependence Approach, in: World Politics 66:2 (2014), S. 331–363; Farell, Henry and Newman, Abraham: The New Politics of Interdependence: Cross-National Layering in Trans-Atlantic Regulatory Disputes, in: Comparative Political Studies 48:4 (2015), S. 497–526; Farell, Henry and Newman, Abraham: The new interdependence approach: theoretical development and empirical demonstration, in: Review of International Political Economy 23:5 (2016), S. 713–736.

29 Farell, Henry/Newman, Abraham: The new interdependence approach: theoretical development and empirical demonstration, in: Review of International Political Economy 23:5 (2016), S. 714.

30 Ebenda.

31 Ebenda, S. 715.

32 Ebenda, S. 721.

33 Ebenda, S. 716.

3. Institutionen (innerstaatliche und internationale) stellen die Schlüsselquelle für *asymmetrische Macht* („*asymmetric power*") dar. Diese Asymmetrie resultiert aus unterschiedlichen Zugängen von Akteuren zu den Möglichkeitsstrukturen.[34]

Weiterführende Literatur

Farell, Henry/Newman, Abraham: Domestic Institutions Beyond the Nation-State Charting the New Interdependence Approach, in: World Politics 66:2 (2014), S. 331–363.
(Dieser Artikel gibt einen guten Ein- und Überblick über einen Literaturkorpus, welcher sich auf die dringende Kritik an der Interdependenz beziehend, von der staatszentrierten Perspektive abwendet und einen neuen Ansatz der Interdependenz zu entwickeln sucht.)

Farell, Henry/Newman, Abraham: The New Interdependence Approach: Theoretical Development and Empirical Demonstration, in: Review of International Political Economy 23:5 (2016), S. 713–736.
(Die Autoren fassen ihren bereits vorgestellten Theorieansatz bündig zusammen und ordnen ihn in den Kontext des Theoriediskurses der Internationalen Politischen Ökonomie ein.)

Farell, Henry/Newman, Abraham: The New Politics of Interdependence: Cross-National Layering in Trans-Atlantic Regulatory Disputes, in: Comparative Political Studies 48:4 (2015), S. 497–526.
(Anknüpfend an den früheren Artikel entwickeln die Autoren einen interessanten neuen Ansatz der Interdependenz.)

Keohane, Robert O.: The Old IPE and the New, in: Review of International Political Economy 16:1 (2009), S. 34–46.
(Die Koryphäe wirft einen (selbst-)kritischen Blick auf die von ihm mitentwickelte Theorie zurück und stellt wichtige neue Impulse für eine Weiterentwicklung vor.)

Slaughter, Anne-Marie: America's Edge: Power in the Networked Century, in: Foreign Affairs 88:1 (2009), S. 94–113.
(Artikel, der zeigt, dass die Gedanken der „Gründerväter" des Institutionalismus heute aktueller denn je sind. Lesenswert.)

34 Ebenda, S. 713.

10 Regimetheorie

Robert Keohane, Joseph Nye und Stephen Krasner, der im Unterschied zu seinen Kollegen die Regimeforschung aus einer realistischen Sichtweise betreibt, sind die prominentesten Institutionalisten der Gegenwart.[1] Wie eine Reihe ihrer deutschen Kolleginnen und Kollegen, darunter Beate Kohler-Koch, Volker Rittberger, Klaus-Dieter Wolf und Michael Zürn,[2] gehören sie zu den Institutionalisten, die mit ihrer frucht-

1 Folgende Werke von Keohane, Nye und Krasner können wohl als die „Klassiker" des Institutionalismus betrachtet werden: Keohane, Robert/Nye, Joseph: Transnational Relations and World Politics, Cambridge, Mass. 1972; Keohane, Robert/Nye, Joseph: Power and Interdependence. World Politics in Transition, Boston 1977; Krasner, Stephen D. (Hrsg.): International Regimes, Ithaka/London 1983; Keohane, Robert: After Hegemony. Cooperation and Discord in World Political Economy, Princeton, NJ 1984; Keohane Robert: The Theory of Hegemonic Stability and Changes in the International Economic Regimes, 1967–1977, in: Holsti, K. J. u. a. (Hrsg.): Change in the International System, Boulder, Col. 1980, S. 131–162; Keohane, Robert: Institutional Theory and the Realist Challenge after the Cold War, in: Baldwin, David (Hrsg.): Neorealism and Neoliberalism: The Contemporary Debate, New York 1993, S. 269–300; Keohane, Robert: International institutions and state power: essays in International relations theory, Boulder 1989; Keohane, Robert: Realism, Neorealism and the Study of the World Politics, in: Ders. (Hrsg.): Neorealism and its Critics, New York 1986.

2 Vgl. hierzu insbesondere Rittberger, Volker (Hrsg.): East–West Regimes. Conflict Management in International Relations, London 1990; Efinger, Manfred/Rittberger, Volker/Wolf, Klaus Dieter/Zürn, Michael: Internationale Regime und internationale Politik, in: Rittberger, Volker (Hrsg.): Theorien der Internationalen Beziehungen. Bestandsaufnahme und Forschungsperspektiven, PVS–Sonderheft 21, Opladen 1990, S. 263–285; Rittberger, Volker/Hummel, Hartwig: Die Disziplin der „Internationalen Beziehungen" im deutsch-sprachigen Raum auf der Suche nach ihrer Identität: Entwicklung und Perspektiven, in: Rittberger, Volker (Hrsg.): Theorien der Internationalen Beziehungen. Bestandsaufnahme und Forschungsperspektiven, Opladen 1990, S. 17–47; Rittberger, Volker/Mogler, Martin/Zangl, Bernhard: Vereinte Nationen und Weltordnung. Zivilisierung der internationalen Politik?, Opladen 1997; Rittberger, Volker/Zürn, Michael: Towards Regulated Anarchy in East–West–Relations: Causes and Consequences of East–West–Regimes, in: Rittberger, Volker (Hrsg.): International Regimes in East–West–Politics, London/New York 1990, S. 9–63; Wolf, Klaus Dieter/Zürn, Michael: „International Regimes" und Theorien der internationalen Politik, in: PVS 27, 1986, S. 201–221; Wolf, Klaus Dieter: Internationale Regime zur Verteilung globaler Ressourcen: Eine vergleichende Analyse der Grundlagen ihrer Entstehung am Beispiel der Regelung des Zugangs zur wirtschaftlichen Nutzung des Meeresbodens, des geostationären Orbits, der Antarktis und zu Wissenschaft und Technologie, Baden-Baden 1991; Wolf, Klaus Dieter: Regimeanalyse, in: Pipers Wörterbuch, Bd. 6: Internationale Beziehungen, hrsg. v. Andreas Boeckh, München 1994, S. 422–429; Kohler-Koch, Beate (Hrsg.): Regime in den internationalen Beziehungen, Baden-Baden 1989; Kohler-Koch, Beate: Zur Empirie und Theorie internationaler Regime, in: Dies. (Hrsg.): Regime in den internationalen Beziehungen, Baden-Baden 1989, S. 17–87; Zürn, Michael: Gerechte internationale Regime. Bedingungen und Restriktionen der Entstehung nicht-hegemonialer internationaler Regime, untersucht am Beispiel der Weltkommunikationsordnung, Frankfurt a. M. 1987; Zürn, Michael: Interessen und Institutionen in der internationalen Politik. Grundlegung und Anwendung des situationsstrukturellen Ansatzes, Opladen 1992; Zürn, Michael: Neorealistische und realistische Schule, in: Pipers Wörterbuch, Bd. 6: Internationale Beziehungen, hrsg. v. Andreas Boeckh, München 1994, S. 309–322; Zürn, Michael: Vom Nutzen internationaler Regime für eine Friedensordnung, in: Senghaas, Dieter (Hrsg.): Frieden machen, Frankfurt a. M. 1997, S. 465–481.

https://doi.org/10.1515/9783486855081-010

baren Erforschung des Phänomens „Internationaler Regime" zur Weiterentwicklung des Institutionalismus seit den 80er Jahren des letzten Jahrhunderts entscheidend beigetragen haben. Es muss anerkannt werden, dass es die Regimetheorie war, die die institutionalistische Forschung intellektuell wie methodisch maßgebend geprägt hat. Den Einfluss der Regimetheorie auf den gesamten Institutionalismus ins Auge fassend, sagt David A. Baldwin, der selber in die Reihe der Hauptvertreter des Institutionalismus einzureihen ist: „*The immediate intellectual precursors of liberal institutionalism are theories of international regimes.*"[3]

Streng genommen ist die Regimetheorie eine theoretische Sublimation der institutionalistischen Ontologie, die oben im Rahmen der Darstellung der Interdependenztheorie behandelt wurde. Bewusst oder unbewusst wurde sie vorbereitet durch zwei akademische Meilensteine von Robert Keohane und Joseph Nye: „Transnational Relations and World Politics" (1972) und „Power and Interdependence" (1977). Aus heutiger Sicht ist es schwer vorstellbar, dass Keohane 1984 sein Werk „After Hegemony", das praktisch die moderne Regimetheorie begründete, vorlegen konnte, ohne sich vorher mit den beiden Phänomenen „Transnationale Beziehungen" und „Interdependenz" systematisch und tiefgreifend beschäftigt zu haben. So gesehen ist die Regimetheorie eine natürliche und logische Weiterentwicklung der Ansätze von „Transnationalen Beziehungen" und „Interdependenz". In der Tat dienen diese beiden Ansätze als die ontologische Grundlage der Regimetheorie.

Wie bereits im Kapitel zur Interdependenztheorie ausführlich dargestellt, betrachten die Institutionalisten die internationale Politik als eine anarchische, aber *transnationalisierte und interdependente* Welt. Diese Welt besteht aus verschiedenen Akteuren, insbesondere aus Staaten, die als „rationale Egoisten" charakterisiert werden. Die Staaten handeln nicht nur rational, d. h. interessenmaximierend, sondern bleiben auch gegenüber fremden Entscheidungen mit weitergehender Reichweite empfindlich, durch unkontrollierbare Veränderungen in der Welt verwundbar und unter komplexen globalisierten Bedingungen koordinierungsbedürftig. Aus dieser grundlegenden Wahrnehmung der Beschaffenheit der internationalen Politik wird abgeleitet, dass – hier liegt der fundamentale Unterschied zu den Realisten – die Staaten bei der Maximierung ihrer Interessen nicht unbedingt auf Selbsthilfe zurückgreifen, sondern auch miteinander kooperieren können. „*Rational institutionalist theory*", so argumentiert Keohane, „*begins with the assumption, shared with realism, that states, the principal actors in world politics, are rational egoists. Contrary to realists, institutionalists argue that discord does not necessarily result from rational egoism.*"[4]

3 Baldwin, David: Neoliberalism, Neorealism, and World Politics, in: Baldwin, David (Hrsg.): Neorealism and Neoliberalism. The contemporary debate, New York 1993, S. 3–25 (S. 4).

4 Keohane, Robert: Institutional Theory and the Realist Challenge after the Cold War, in: Baldwin, David (Hrsg.): Neorealism and Neoliberalism: The Contemporary Debate, New York 1993, S. 269–300 (S. 273).

10.1 Regimebildung und Reduktion von Transaktionskosten

Wo liegen aber die Anreize für die Staaten zu kooperieren? Warum sollten sie auf Selbsthilfe verzichten und zur Kooperation mit anderen „egoistischen" Staaten übergehen? Der Schlüsselbegriff des Institutionalismus für die Beantwortung dieser Frage lautet: Reduktion von Transaktionskosten. Wir erinnern uns daran, dass es eine zentrale Annahme des Institutionalismus ist, dass Interdependenz immer mit *Transaktionskosten* verbunden ist. Transaktionskosten entstehen demzufolge, wenn Staaten sich wegen wechselseitiger Abhängigkeit im Austausch von Geld, Waren, Individuen, Technologie und Nachrichten quer durch die internationalen Grenzen befinden. Je intensiver der Austausch, desto größer sind die Transaktionskosten, wenn der Austausch unreguliert, unkontrolliert und unkoordiniert stattfindet. Politisch kostspielig wird es immer, wenn ein Beteiligter die Interdependenz, also die gegenseitige Abhängigkeit, aus welchen Gründen auch immer, *einseitig oder unkoordiniert* verändern oder beseitigen will.

Die Transaktionskosten zu reduzieren und die Unsicherheit der gegenseitigen Abhängigkeit zu mildern, hierin sehen die Institutionalisten die entscheidenden Anreize für die rational-egoistischen Staaten zur internationalen Kooperation, insbesondere zur Bildung von internationalen Institutionen. Lassen wir uns an dieser Stelle nochmals von Keohanes brillanter Ausführung inspirieren: „*If the egoists monitor each other's behavior and if enough of them are willing to cooperate on the condition that others cooperate as well, they may be able to adjust their behavior to reduce discord. They may even create and maintain principles, norms, rules, and procedures – institutions referred to in this book as regimes... Properly designed institutions can help egoists to cooperate even in the absence of a hegemonic power.*"[5]

Mit den Begriffen „*principles, norms, rules, and procedures*" sprach Keohane die Definition an, die Stephen Krasner 1983 für „*international regimes*" entwickelt hatte und die von den Institutionalisten weitgehend akzeptiert wurde. „*Regimes*", so Krasner, „*can be defined as sets of implicit or explicit principles, norms, rules, and decision-making procedures around which actors' expectations converge in a given area of international relations.*"[6]

Diese Definition von internationalen Regimen als „*eine im Zusammenhang stehende Reihe von impliziten oder expliziten Prinzipien, Normen, Regeln und Entscheidungsverfahren, in denen sich die Erwartungen von Akteuren in einem gegebenen Problemfeld der internationalen Beziehungen zusammenfinden*", sollte analytisch näher betrachtet werden, um die später noch zu untersuchenden kooperationsfördernden Wirkungen der internationalen Regime präziser zu begreifen. Nehmen wir die Welthandelsorganisation WTO als Regime-Beispiel, um die Unterschiede zwischen „*Prinzipien, Normen, Regeln und Entscheidungsverfahren*" eines Regimes zu verdeutlichen:

---

5 Ebenda.

6 Krasner, Stephen D.: Structural Causes and Regime Consequences: Regimes as Intervening Variables, in International Organization 36:2 (1982), S. 185–205 (S. 186).

1. *Prinzipien:* Prinzipien beschreiben die grundierende Funktion eines Regimes und umfassen in der Regel empirische, kausale und normative Grundsätze. Im Fall der WTO handelt es sich bei den Prinzipien um die Grundbekenntnisse wie „Handel ist eine gute Sache und Freihandel ist besser als eingeschränkter Handel". Aber auch das Prinzip „Freihandel fördert Wohlfahrt und Frieden" soll eine konstituierende Bedeutung für die Handelsorganisation haben. Diese Prinzipien oder Überzeugungen stehen hinter dem Handelsregime und werden von allen Mitgliedern akzeptiert.
2. *Normen:* Normen sind Verhaltensstandards, die sich in Rechten und Pflichten ausdrücken. Im Fall der WTO ist es beispielsweise eine Norm für alle Mitglieder, eine Meistbegünstigungsklausel, die einem Staat eingeräumt wird, auch allen anderen Staaten der WTO einzuräumen. Andernfalls verstößt eine Regierung gegen die Nicht-Diskriminierungsnorm des Handelsregimes.
3. *Regeln:* Regeln sind spezifische Vorschriften, die genau beschreiben, welche Aktivitäten erlaubt sind und welche nicht. Die WTO schreibt beispielsweise vor, dass es verboten ist, bestimmte Zolltarife, die für Industrieländer gelten, auf Entwicklungsländer anzuwenden.
4. *Verfahren:* Verfahren sind die maßgeblichen Praktiken beim Treffen und beim Implementieren kollektiver Entscheidungen. Die WTO kennt viele solcher Verfahren für die Entscheidungsfindung: WTO-Verhandlungsrunden als Verfahren, um grundlegende Entscheidungen für den Welthandel zu treffen; Verhandlungsverfahren zur Aufnahme von neuen Mitgliedern usw.[7]

Welches Regime welche Prinzipien, Normen, Regeln und Verfahren kennt, ist eine empirische Frage und muss daher von Fall zu Fall gesondert untersucht werden. Jedenfalls ist es allen Regimen gemeinsam, dass sie ein komplexes Regelwerk darstellen, das nicht nur auf allgemeinen Prinzipien beruht, sondern auch aus konkreten „Spielregeln" besteht, die regimekonformes Verhalten ermutigen und regimeabweichendes Verhalten sanktionieren.

10.2 Die Logik der internationalen Regime

Die Empfindlichkeit und Verwundbarkeit gegenüber fremden Entscheidungen und die damit verbundene Unsicherheit über die eigene Position und um das Verhalten anderer Staaten in einer interdependenten Anarchie haben aus der Sicht der Institutionalisten motivierende Wirkungen auf das Kooperationsverhalten der Staaten. Die Perspektive, durch Bildung internationaler Regime diese Probleme unter Kontrolle zu bringen

7 Zu einer inhaltlichen Präzisierung und Ausdifferenzierung des Regimes vgl. Efinger, Manfred: Internationale Regime und Internationale Politik, in: Rittberger, Volker (Hrsg.): Theorien der Internationalen Beziehungen. Bestandsaufnahme und Forschungsperspektiven, Opladen 1990, S. 263–285.

und damit die Transaktionskosten zu reduzieren, sorgt ihrer Ansicht nach ebenfalls maßgebend dafür, dass die Staaten internationale Kooperation der Selbsthilfe vorziehen. Gerade in diesem pragmatischen Zweck internationaler Regime, zur Reduzierung von Transaktionskosten beizutragen, sehen die Institutionalisten den entscheidenden Anreiz für die Staaten, internationale Kooperation gegenüber Selbsthilfe zu bevorzugen.

Eine Kernaussage Keohanes soll diese Logik deutlicher machen: „*Institutionalists do not elevate international regimes to mythical positions of authority over states: on the contrary, such regimes are established by states to achieve their purposes. Facing dilemmas of coordination and collaboration under conditions of interdependence, governments demand international institutions to enable them to achieve their interests through limited collective action. These institutions serve state objectives not principally by enforcing rules (...), but by facilitating the making and keeping of agreements through the provision of information and reductions in transactions costs.*“[8]

Aus der Sicht des Institutionalismus bietet die Bildung von internationalen Regimen den Staaten kostengünstigere Vorteile, die sie von der Selbsthilfe nicht erwarten können. Vor allem ermöglichen es internationale Regimen, interdependente Risiken zu managen und Transaktionskosten zu reduzieren. Institutionen im Sinne von Normen und Vorschriften, so der Institutionalismus, fördern den Abbau von Unsicherheit und Kostenrisiken auf mehrfache Weise, „*indem sie vorschreiben, dass relevante Informationen gleichmäßig unter den Partnern verteilt werden; indem sie allgemein akzeptierte Bewertungskriterien für das Verhalten der Partner etablieren; indem sie Prozeduren zur Überwachung von Abmachungen und Koordinierung von Sanktionen gegen Übertreter bereithalten.*“ Dadurch erhöhen Institutionen Kosten für diejenigen Staaten, die Transaktion und Kooperation untersagen, und verringern sie für diejenigen, die diese erlauben.[9]

Das Phänomen der Zunahme von internationalen Regimen in der internationalen Politik nach dem Ende des Ost-West-Konfliktes wird von den Institutionalisten mit der Intensivierung der Interdependenz erklärt. Ihre Formel lautet: Je höher das Niveau der Interdependenz, desto mehr werden internationale Regime von den Staaten gebildet. Keohane erklärte diese Formel mit folgenden vier Argumenten:

- Höhere Interdependenz steigert die Nachfrage der Staaten nach Regimen, die klare Regeln festlegen. Die kollektiv vereinbarten Regelwerke stellen Standards für die Beurteilung von berechenbarem Staatsverhalten zur Verfügung, stabilisieren gegenseitige Erwartungen zwischen den Staaten und reduzieren somit die Unsicherheit bei Kooperation;
- Höhere Interdependenz führt dazu, dass Opportunitätskosten, die durch Nicht-Bildung von internationalen Regimen entstehen, höher ausfallen können als Kosten durch Eingehen auf international bindende Vereinbarungen;

8 Keohane, Robert: Institutional Theory and the Realist Challenge after the Cold War, a. a. O., S. 273f.

9 Vgl. hierzu: Hellmann, Gunther/Wolf Reinhard: Systemische Theorien nach dem Ende des Ost-West-Konfliktes, in: Österreichische Zeitschrift für Politikwissenschaft 22:2 (1993), S. 153–167, S. 158.

- Höhere Interdependenz macht unilaterales und bilaterales Management von Transaktionsproblemen kostspieliger als multilaterale Regimebildung;
- Höhere Interdependenz macht manche Staatsziele durch unilaterale und bilaterale Anstrengungen nicht mehr erreichbar. Staaten sind bereit, neue internationale Regime zu gründen oder vorhandene zu erweitern, auch wenn zusätzliche Kosten für den institutionellen Aufbau zu erwarten sind.[10]

Es wurde deutlich, dass der Institutionalismus den rationalen egoistischen Staaten die Eigenschaft zuspricht, auch in Abwesenheit einer hegemonialen Macht, die sie zur Kooperation zwingen könnte, freiwillig zu kooperieren. Es wird davon ausgegangen, dass Staaten daran interessiert sind, das Verhalten anderer zu kontrollieren. Wenn einige Staaten willig sind, dieses Bedürfnis durch gegenseitige Kontrolle zu befriedigen, ist Kooperation nach der Ansicht des Institutionalismus nicht nur möglich, sondern sehr wahrscheinlich.

10.3 Internationale Regime und das Problem der „relativen Gewinne“

Die neorealistische Sorge, Staaten könnten niemals ausschließen, dass ihre Partner sie betrügen bzw. täuschen (engl.: *to cheat*) oder Machtgewinne, die sie heute durch die Zusammenarbeit mit ihnen erlangten, künftig nutzen würden, um die vormaligen Partner zu erpressen oder ihre staatliche Selbständigkeit zu gefährden, teilen die Institutionalisten nicht. Im Gegenteil weisen sie darauf hin, dass die Institutionen gerade dazu da sind, das Verhalten der Staaten zu „normieren“. Wenn Staaten die Normen und Regeln befolgen, demonstrieren sie, so die institutionalistische Argumentation, *„dass sie die Vorteile der institutionalisierten Kooperation höher bewerten als den Verlust an Autonomie. Damit signalisieren sie, dass sie auch künftig kooperative Beziehungen fortsetzen werden“*.[11]

Die Behauptung des Neorealismus, für Staaten sei Autonomie ein übergeordnetes Interesse, welches nicht aufgegeben wird und weswegen sie nicht interessiert seien, an internationalen Institutionen zu partizipieren bzw. Institutionen zu gründen, die ihre Handlungsfreiheit beschränken, wurde ebenfalls von den Institutionalisten zurückgewiesen. Insbesondere in einer Situation, so der Institutionalismus, in der gegenseitiges Misstrauen Kooperation behindert, kann es für Staaten attraktiv sein, zusammen mit

10 Vgl. hierzu: Keohane, Robert: Institutional Theory and the Realist Challenge after the Cold War, a. a. O., S. 274f; Keohane, Robert: The Analysis of International Regimes. Towards a European-American Research Programme, in: Rittberger, Volker (Hrsg.): Regime Theory and International Relations, Oxford 1993, S. 23–45 (S. 35f.).

11 Zitiert nach Hellmann, a. a. O., S. 160.

ihren Partnern auf die Option zu verzichten, nichtkooperativ zu handeln. Staaten würden so Einschränkungen ihrer Handlungsfreiheit in der Erwartung hinnehmen, dass auch die Autonomie der übrigen Staaten in gleicher Weise beschnitten wird und alle den gleichen Regeln unterliegen. Das Argument des Neorealismus, Staaten seien nur bereit zu kooperieren, wenn dadurch relative Gewinne zu erzielen sind, wollen die Institutionalisten nicht bedingungslos gelten lassen. So verweisen sie darauf, dass das Bestehen auf relative Gewinne höchstens bei einer bilateralen Beziehung eine Rolle spielen, aber bei einer multilateralen Konstellation an Bedeutung verlieren könnte. „*As the number of actors increases, the impact of relative gains motivations on cooperation declines*", so Keohane hierzu.[12]

Gerade unter diesem Aspekt riet Keohane den Realisten bei der Beurteilung der Auswirkungen der Sorge um relative Gewinne zur Vorsicht. Ein bedingungsloses Gelten der neorealistischen These über relative Gewinne wollen die Institutionalisten nicht zulassen. Im Gegenteil betonen sie, dass die Wirkung der Sorge der Staaten um relative Gewinne nur spekulative Bedeutung habe, weil sie in einer realen Konstellation der internationalen Politik gar nicht erfassbar sei. „*Any claims made about the impact of relative gains*", so Keohane analytisch, „*are highly conditional: they do not follow logically from the absence of common government, or ‚international anarchy'. Where a system of more than two actors is involved, such claims are fundamentally ambiguous in the absence of specification of which relationships ‚count' for the purpose of relative gains calculation.*"[13]

Lassen wir uns an dieser Stelle versuchen, ein Beispiel zur Veranschaulichung dieser Logik zu entwickeln. Wenn wir beim Argument von Keohane bleiben, kann eine solche Situation schon auftauchen, wenn drei Staaten folgende Konstellation bilden: A und B sind Verbündete und B und C sind verfeindet. Es ist dann für A zum Beispiel sehr schwierig, sein Ziel zu bestimmen, da sich Staat A in einer komplizierten Lage wiederfindet. Soll seine Politik darauf abzielen, bei der Gestaltung der Beziehung mit B diesen an der Erreichung von relativen Gewinnen zu hindern oder C vom Profitieren von einem „halbherzigen" A-B-Bündnisverhältnis abzuhalten oder eine unspezifische Position zu beziehen (siehe Abbildung 2)?

Durch die logische Konstruktion dieses multilateralen Verhältnisses, das in der Realität der Weltpolitik häufig auftaucht, schien es den Institutionalisten gelungen zu sein, das Relative-Gewinne-Argument des Neorealismus analytisch zu entkräften. In multilateralen Beziehungen, auf Grund ihres komplexen Charakters, kann ein Akteur (Staat) nie die letztlichen Auswirkungen seines Handelns in Bezug auf alle mathematisch möglichen Konstellationen endgültig abschätzen. Denn in der internationalen Politik des 21. Jahrhunderts haben es die Staaten nicht nur mit bilateralen

12 Vgl. hierzu: Keohane, Robert: Institutional Theory and the Realist Challenge after the Cold War, a. a. O., S. 277.

13 Ebenda.

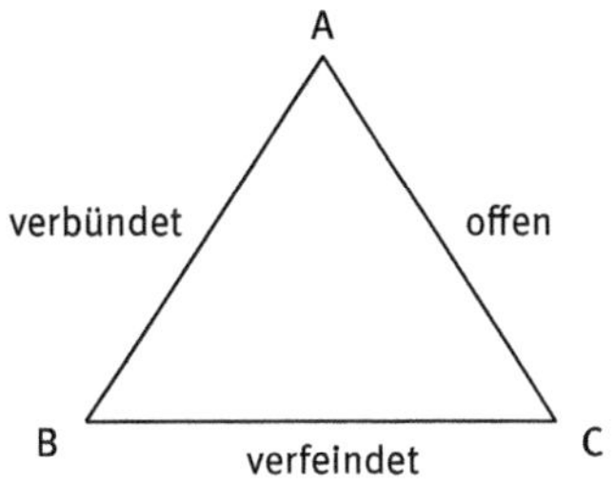

Erklärung: A muss zwischen folgenden drei Optionen entscheiden:

Option 1: B daran hindern, relativen Gewinn zu erzielen;
Konsequenz: Schwächung des Bündnisses, was dem Sinn der Allianz mit B widerspricht

Option 2: C daran hindern, von einem schwächeren A-B-Verhältnis zu profitieren;
Konsequenz: enge Kooperation mit B, was nicht ausschließen kann, dass B größeren Gewinn daraus erzielen könnte.

Option 3: Position offen; Risiko: Isolation sowohl von B als auch von C.

Abb. 2: Schwierigkeit der Zielbestimmung bei einer multilateralen Konstellation. Quelle: Eigene Darstellung

Beziehungen zu tun, sondern sind auch intensiv mit vielschichtigen multilateralen Beziehungen konfrontiert. Bei der Gestaltung dieser Beziehungen, die durch tiefgreifende Interdependenz geprägt sind, ist es praktisch unmöglich, von vornherein zwischen relativen und absoluten Gewinnen zu unterscheiden. Mit anderen Worten sind relative Gewinne unter den Bedingungen der „*complex interdependence*" kaum kalkulierbar.

10.4 Regimetheorie: Neuere Entwicklungstendenzen

Können internationale Regime tatsächlich das Verhalten von Staaten in den internationalen Beziehungen verändern? Wenn ja, über welche Mechanismen und durch welche Prozesse? Diese Frage hat sich die Regimetheorie zwar von Anfang an gestellt, eine systematische und plausible Antwort ist aber bis heute ausgeblieben. Schon Ende der 80er Jahre des letzten Jahrhunderts hat sich Beate Kohler-Koch darüber beklagt, dass „*die Diskussion darüber, wie Regime wirken, über rudimentäre Ansätze bisher nicht hinausgekommen [ist].*"[14] Auch Robert Keohane, der sein Gründungswerk der Regimetheorie „After Hegemony" 1984 veröffentlichte, stellte zehn Jahre später

14 Kohler-Koch, Beate (Hrsg.): Regime in den internationalen Beziehungen, Baden-Baden 1989; Kohler-Koch, Beate: Zur Empirie und Theorie internationaler Regime, in: Dies. (Hrsg.): Regime in den internationalen Beziehungen, Baden-Baden 1989, S. 17–87 (S. 49).

nüchtern fest, „*[that] we do not have very much solid scientific knowledge about the sources of change in international institutions over time [...].*“[15]

Die Situation schien sich jedoch zu ändern, als in den letzten Jahren vermehrt wissenschaftliche Untersuchungen über internationale Kooperationen und Regimewirkungen vorgelegt wurden. Dabei zeigte sich, dass die neuere Regimeforschung sich überwiegend darauf konzentrierte, die gängigen Thesen bzw. Hypothesen der Regimetheorie mit Hilfe der quantitativ-deduktiven Methode oder der empirisch-induktiven Analyse zu verifizieren oder zu falsifizieren. Drei Ansätze bzw. Untersuchungsergebnisse verdienen in diesem Zusammenhang eine besondere Berücksichtigung: Der Management-Ansatz der Compliance-Forschung von Abram Chayes und Antonia Handler Chayes; die Erklärung der Korrelation zwischen Machtverteilung und Regimewirkungen von Randall W. Stone, Branislav L. Slantchev und Tamar R. London; und die Erklärung der kooperationsfördernden Wirkungen der Handelsregime World Trade Organisation (WTO) und „Preferential Trading Arrangements“ (PTAs). von Edward D. Mansfield und Eric Reinhardt

Der Management-Ansatz der Compliance-Forschung von Abram Chayes und Antonia Handler Chayes

1995 veröffentlichten der Harvard-Juraprofessor Chayes und seine Ehefrau das Buch „The New Sovereignty: Compliance with International Regulatory Agreements“ (Cambridge 1995, Neuauflage 1998). Ihnen ging es hauptsächlich darum, zu erklären, warum Staaten generell versuchen, ihre internationalen Verpflichtungen zu befolgen. Der weitverbreitete Enforcement-Ansatz des Institutionalismus, wonach der Kooperationswille und das Einhaltungsverhalten der Staaten auf anreizende und sanktionierende Wirkungen internationaler Regime zurückzuführen seien, wurde auf Plausibilität überprüft. Aufgrund zahlreicher Fallstudien, die komparatistisch und sorgfältig durchgeführt wurden, kommen die beiden Autoren zu dem Ergebnis, dass die Angst vor Sanktionen und Strafe keine große Rolle spielt, wenn Staaten Normen internationaler Regelwerke befolgen. Vielmehr sei das Phänomen eines „normgeleiteten Verhaltens“ der Staaten zu beobachten. Die Chayes glaubten entdeckt zu haben, dass es die Normen und die ideelle Verpflichtung seien, die bei den Staaten ein Verpflichtungsgefühl zur „Compliance“ herbeigeführt hätten. Das Verpflichtungsgefühl könne deswegen entstehen und für „Compliance“ sorgen, weil die Normen von den staatlichen Akteuren internalisiert worden seien. Die Verinnerlichung und Internalisierung der Normen könnten ihrerseits deswegen stattfinden, weil Entstehungsprozesse von internationalen Regelwerken, die stets mit Verhandlungen bzw. Feilschen verbunden seien, eine Sozialisation bzw. Identifizierung

15 Keohane, Robert: The Analysis of International Regimes. Towards a European-American Research Programme, in: Rittberger, Volker (Hrsg.): Regime Theory and International Relations, Oxford 1993, S. 23–45 (S. 45).

der Beteiligten mit den ausgehandelten Normen herbeiführten. Im Gegensatz zum Enforcement-Ansatz sieht der Management-Ansatz der Chayes' daher den Grund für „Compliance" in der Identifikation der Staaten mit den Normen der verhandelten Institutionen als legitimer und angemessener Verhaltensstandard.[16] Hätte keine grundlegende Identifikation stattgefunden, hätten die Staaten etwaige Verhandlungen kaum zum Erfolg gebracht.

Die Erklärung von Randall W. Stone, Branislav L. Slantchev und Tamar R. London über die Korrelation zwischen Machtverteilung und Qualität der internationalen Kooperation

2008 veröffentlichten die drei amerikanischen Wissenschaftler in der Zeitschrift „International Studies Quarterly" ihre Studie „Choosing How to Cooperate: A Repeated Public-Goods Model of International Relations". Den Autoren ging es vor allem um die Frage nach möglichen Erklärungen von unterschiedlichen Qualitäten der internationalen Kooperation: *„Are cooperative coalitions broad or narrow; are regimes discriminatory or nondiscriminatory; is cooperation informal or institutionalized?"*, so die leitenden Fragestellungen.[17]

Dabei wurde internationale Kooperation einfach als *„a repeated game in which a number of states make contributions to a public good"* definiert. Internationale Wirtschaftsstabilität sei ein solches *„public good"*. Inspiriert durch die wissenschaftliche Debatte über die „hegemoniale Stabilität", vermuteten die Wissenschaftler die Existenz einer Korrelation zwischen internationaler Machtverteilung und Qualität von internationaler Kooperation. Auf Grundlage einer mathematischen Modellierung der Variablen *„hegemon"*, *„other countries"* und *„size of country"* wurde eine quantitativ-deduktive Analyse durchgeführt. Dabei kommen sie zu einer Reihe von interessanten Ergebnissen. Das wichtigste Ergebnis ist die Entdeckung des Einflusses der Machtverteilung auf die Kooperationsqualität. *„Our most important results concern the qualitative impacts of the distribution of power on cooperation: its breadth and depth, its discriminatory or nondiscriminatory nature, and its institutionalization. A large leading state"*, so die Autoren zusammenfassend, *„forms a narrow coalition of intensive contributors, and builds institutions, while a small leading state forms a broader coalition that makes shallow contributions, and is more inclined to multilateralism"*.[18]

Mit anderen Worten lässt sich die Qualität der internationalen Kooperation nicht vom Machtstatus des Staates trennen, der bei der Kooperation eine führende

16 Chayes, Abram/Chayes, Antonia Handler: The New Sovereignty: Compliance with International Regulatory Agreements, Cambridge 1995, insbesondere S. 114ff.

17 Stone, Randall W./Slantchev, Branislav L./London, Tamar R.: Choosing How to Cooperate: A Repeated Public-Goods Model of International Relations, in: International Studies Quarterly 52 (2008), S. 335–362 (S. 336).

18 Ebenda, S. 335 und S. 357.

Rolle spielt. Je mächtiger der Anführerstaat, desto kleiner der Koalitionskreis und intensiver die Beiträge der Kooperationspartner; je kleiner der Anführerstaat, desto breiter und oberflächlicher die Kooperation, was mehr zum Multilateralismus tendiere: Ein Phänomen, das die Regimelehre in der Ausprägung von Robert Keohane noch nicht kannte.

Die Erklärung von Edward D. Mansfield und Eric Reinhardt über die kooperationsfördernden Wirkungen der Handelsregime World Trade Organisation (WTO) und „Preferential Trading Arrangements" (PTAs)

Die Studie der beiden Autoren „International Institutions and the Volatility of International Trade", die 2008 in der Zeitschrift „International Organization" veröffentlicht wurde, bestätigte die Kernthese der Regimetheorie, wonach internationale Regime Transaktionskosten reduzieren und dadurch Anreize für internationale Kooperation konstituieren. Aus dieser Studie geht hervor, dass Staaten nach Mitgliedschaften in internationalen Handelsregimen hauptsächlich suchen, um *„volatility in trade policy and trade flows"* zu reduzieren. Die stark quantitativ geprägte Studie identifizierte drei Mechanismen, die die Volatilität des internationalen Handels reduzieren und daher Staaten zur institutionalisierten Handelskooperation ermutigen: *„First, institutions help enforce existing markets-access commitments and deter the erection of new protectionist barriers that could otherwise precipitate fluctuation in trade. Second, trade institutions foster transparency and policy convergence among member states. Third, such institutions change certain characteristics of markets, stimulating responses by private traders that reduce the volatility of cross border transactions."*[19]

Die Regimetheorie bleibt im Vergleich zu anderen *„major schools"* in der Disziplin der Internationalen Beziehungen noch eine „jüngere" Theorie, die jedoch ein größeres Potential zur Entfaltung zu haben scheint. Der Grund hierfür liegt darin, dass ihr Gegenstand, die institutionalisierte Kooperation zwischen den Staaten, in der modernen Weltpolitik zunehmend an Bedeutung gewinnt. Immer mehr internationale Regime sind freiwillig ins Leben gerufen und nicht vertikal (das heißt nicht von mächtigeren Staaten intendiert), sondern horizontal und auf gleichberechtigter Basis konstituiert worden. Dieses Phänomen zu verstehen und zu erklären heißt die Kernlogik der modernen Weltpolitik zu verstehen und zu erklären. Auf diesen Zusammenhang hat Robert Keohane schon vor 25 Jahren hingewiesen: *„Understanding the formation and impact of these systems of rules is therefore essential for an appreciation of the conditions under which international cooperation could occur."*[20]

---

19 Mansfield, Edward D./Reinhardt, Eric: International Institutions and the Volatility of International Trade, in: International Organization 62:4 (2008), S. 621–652 (S. 626).

20 Keohane, The Analysis of International Regimes, a. a. O., S. 21.

In einem breit angelegten Rückblick postuliert Robert Keohane 2012[21] eine Phase von 20 Jahren liberaler Dominanz (seit 1990). Im Mittelpunkt dieser Phase, so Keohane, stand der Geist des Institutionellen Liberalismus, kooperative Institutionen/Regime zu schaffen „*that can facilitate better lives for human beings*".[22]

Trotz der Anerkennung der kooperationsfördernden Leistungen von internationalen Regimen stellt Keohane eine abnehmende Kohärenz zwischen den internationalen Institutionen fest. Für ihn steht die Regimetheorie im 21. Jahrhundert daher vor der zentralen Aufgabe „*to figure out how to form coalitions that will build and maintain coherent multilateral institutions to address the major challenges of our time.*"[23] Diese Problematik greift Keohane zusammen mit Julia Morse 2014 mit dem Konzept des *contested multilateralism*[24] erneut auf. Die beiden Autoren gehen den Ursachen für das attestierte Phänomen nach und stellen fest, dass die abnehmende Kohärenz ein Ergebnis einer Strategie der teilnehmenden Akteure (Staaten, multilateralen Organisationen und NGOs) ist. Diese Strategie ziele darauf ab, durch die Bühne der multilateralen Institutionen die bereits vorhandenen Regeln, Praktiken oder Aufgaben von Institutionen herauszufordern, mit denen sie nicht zufrieden seien. Das dadurch entstandene Phänomen des „*contested multilateralism*" nehme entsprechend zwei Formen an: „*regime shifting and competitive regime creation.*"[25]

Am Beispiel der Klimapolitik postuliert Keohane, dass das Wachstum formeller internationaler Institutionen abgenommen habe, während neue Organisationsformen wie informelle Institutionen, losere regierungsübergreifende Netzwerke und private transnationale Regulierungsorganisationen zugenommen haben. Um dieses Phänomen zu erfassen, entwickelt Keohane mit einer Reihe weiterer Autoren ein theoretisches Konzept zur Beschreibung dieser Entwicklungen durch die Übertragung des Ansatzes der „Organisatorischen Ökologie" (*organizational ecology)* auf die Phänomene der IB.[26] Dieser Ansatz erklärt die Regimeverschiebungen und Schöpfung von konkurrierenden Regimen durch einen Selektionszwang der seinerseits durch „*greater or lesser resource scarcity*"[27] bedient sei.

Ebenfalls mit den Phänomenen der Regimeverschiebungen am Beispiel der Klimapolitik und im weiteren Sinne der Diffusion der Regimelandschaft beschäftigen sich Tana Johnson und Johannes Urpelainen. Diese suchen nach einer Erklärung des

---

21 Keohane, Robert O.: Twenty Years of Institutional Liberalism, in: International Relations 26:2 (2012), S. 125–138.

22 Ebenda, S. 127.

23 Ebenda, S. 136.

24 Morse, Julia C. and Keohane, Robert O.: Contested Multilateralism, in: The Review of International Organizations 9:4 (2014), S. 385–412.

25 Ebenda, S. 1.

26 Vgl. Abbott, Kenneth W., Green, Jessica F. and Keohane, Robert O.: Organizational Ecology and Institutional Change in Global Governance, in: International Organization 70:2 (2016), S. 247–277.

27 Ebenda, S. 272.

Phänomens der Regimeintegration bzw. -separation.[28] Hierbei erheben sie den Anspruch, über die bestehende(n) Regimetheorie(n) hinauszugehen, mit der Begründung, dass diese „*do not provide causal analyses to explain variation in the degree of regime integration or separation across cases*"[29].

Dies ist nicht zuletzt mit ihrer Prämisse verbunden, dass Regime mit zahlreichen Teilnehmern der klassischen Annahme der Regimetheorie zuwiderlaufen – „*A large number of participating states and uncertainty about the state of the world increase such transaction costs. Therefore, these factors should increase the probability of regime separation.*"[30]

Zentral in ihrem Theorieansatz ist die Unterscheidung zwischen positiven und negativen Spill-over-Effekten. Ein negativer Spill-over liegt vor, wenn die Kooperation zwischen Akteuren mit unterschiedlichen Präferenzen in einem Sachbereich die Zielverfolgung in einem anderen Bereich behindert. Ein positiver Spill-over tritt hingegen ein, wenn die Kooperation in einem Sachbereich die Zielverfolgung in einem anderen Bereich begünstigt.[31]

Entgegen den Erwartungen zeigt ihre Untersuchung, dass nicht beide Arten von Spill-over-Effekten zur Regimeintegration führen, sondern ausschließlich negative Spill-over. Durch eine Integration von Regimen versuchen die Teilnehmer die Effekte des negativen Spill-over zu minimieren. Wenn dagegen „*positive spillovers exist, separate regimes are superior for inducing states to cooperate because the group as a whole benefits more by permitting subgroups of states to invest wholly in respective pet projects rather than by forcing all to invest in multiple projects*"[32].

Die Frage nach der grundsätzlichen Leistungsfähigkeit von internationalen Institutionen/Regimen steht im Mittelpunkt der Untersuchung von Ranjit Lall (2017)[33]. Der Autor kommt dabei zu dem Schluss, dass die formellen Regeln internationaler Institutionen kaum Auswirkungen auf deren Funktionieren in der Realität haben. Darauf aufbauend postuliert er: „*This surprising finding calls for both a more sustained theoretical and empirical focus on de facto rather than de jure characteristics of IOs and for further research on the conditions under which the two coincide.*"[34]

---

28 Johnson, Tana and Urpelainen, Johannes: A Strategic Theory of Regime Integration and Separation, in: International Organization 66:4 (Fall 2012), S. 645–677.

29 Ebenda, S. 649.

30 Ebenda, S. 654.

31 Ebenda, S. 646.

32 Ebenda, S. 672.

33 Vgl. Lall, Ranjit: Beyond Institutional Design: Explaining the Performance of International Organizations, in: International Organization 71:2 (2017), S. 245–280.

34 Ebenda, S. 276.

Weiterführende Literatur

Abbott, Kenneth W., Green, Jessica F. and Keohane, Robert O.: Organizational Ecology and Institutional Change in Global Governance, in: International Organization 70:2 (2016), S. 247–277.
(Sehr aktuell – ein wichtiger Versuch, neue Entwicklungen im Bereich der Global Governance am bedeutenden Beispiel des Klimaregimes konzeptionell zu erfassen.)

Johnson, Tana and Urpelainen, Johannes: A Strategic Theory of Regime Integration and Separation, in: International Organization 66:4 (2012), S. 645–677.
(Ein anspruchsvoller Text zum Vertiefen. Gut geeignet, um weitere Facetten des Theoriefeldes kennenzulernen.)

Keohane, Robert O.: Twenty Years of Institutional Liberalism, in: International Relations 26:2 (2012), S. 125–138.
(Guter und pointierter Rückblick auf und Kritik an die/den Entwicklungen des liberalen Institutionalismus von *dem* Vertreter der Schule – lesenswert.)

Keohane, Robert: After Hegemony. Cooperation and Discord in World Political Economy, Princeton, NJ 1984.
(Klassiker und Grundlagenwerk des Institutionalismus. Sollte man gelesen haben.)

Kohler-Koch, Beate: Zur Empirie und Theorie internationaler Regime, in: Dies. (Hrsg.): Regime in den internationalen Beziehungen, Baden-Baden 1989, S. 17–87.
(Vielleicht einer der besten deutschsprachigen Aufsätze zum Thema.)

Morse, Julia C. and Keohane, Robert O.: Contested Multilateralism, in: The Review of International Organizations 9:4 (2014), S. 385–412.
(Ein Ansatz als Antwort auf die von Keohane 2012 selbst festgestellten Defizite und ein sinnvoller Versuch einer Weiterentwicklung der Regimetheorie.)

Rittberger, Volker/Hummel, Hartwig: Die Disziplin der „Internationalen Beziehungen" im deutschsprachigen Raum auf der Suche nach ihrer Identität: Entwicklung und Perspektiven, in: Volker Rittberger (Hrsg.): Theorien der Internationalen Beziehungen. Bestandsaufnahme und Forschungsperspektiven, Opladen 1990, S. 17–47.
(Aufsatz vom einflussreichsten deutschen Regimeforscher. Sollte man lesen, um auch einen Überblick über die deutsche IB-Szene zu bekommen.)

Stone, Randall W./Slantchev, Branislav L./London, Tamar R.: Choosing How to Cooperate: A Repeated Public-Goods Model of International Relations, in: International Studies Quarterly 52:2 (2008), S. 335–362.
(Fachaufsatz, der nicht unbedingt für Einsteiger gedacht ist.)

11 Integrationstheorie

Der Institutionalismus hat drei theoretische Ausprägungen: Interdependenztheorie, Regimetheorie und Integrationstheorie. Nachdem wir die ersten zwei Theorieansätze bereits ausführlich dargestellt haben, wenden wir uns nun der Analyse der Integrationstheorie zu. Wenn man unter Integration einen Zusammenschluss von zwei oder mehr Staaten zu einer höheren politischen Einheit mit verbindlicher Autorität gegenüber den konstituierenden Einheiten versteht, kennt die Integrationstheorie wiederum drei Varianten: den konstitutionellen bzw. föderalen Ansatz, den funktionalistischen Ansatz und den neofunktionalistischen Ansatz.

11.1 Der konstitutionelle bzw. föderale Ansatz

Trotz der eindeutigen Distanzierung von utopischen Elementen des früheren Idealismus ist der Institutionalismus nicht frei von idealistischen Vorstellungen. Im Unterschied zum Neorealismus nimmt der Institutionalismus an, dass es den Nationalstaaten nicht so schwer fällt, sich von der Staatssouveränität zu trennen. Vielmehr können Staaten, von Integrationsidealen der politischen Eliten angetrieben, Einschränkungen ihrer Souveränität hinnehmen und sich einer gemeinsamen supranationalen Willensbildung unterwerfen. In diesem Sinne wies Karl W. Deutsch mit Blick auf die Europäische Integration darauf hin, dass unter bestimmten Bedingungen, insbesondere wenn ein transnationaler Konsens unter den politischen Eliten hergestellt wurde, eine neue supranationale Identität geschaffen werden könne, die die einzelnen nationalen Identitäten ersetzen könnte.[1]

Nach dieser Annahme wird die internationale Anarchie in dem Maße zurückgehen, wie zwischenstaatliche Integration von politischen Eliten vorangetrieben wird. Diese Annahme impliziert die Überzeugung, dass es genügend Staatsmänner und gesellschaftliche Eliten gibt, die interessiert sind, Integrationsprozesse einzuleiten und neue supranationale Einheiten zu konstituieren. Für Karl W. Deutsch ist beispielsweise der Integrationsprozess in erster Linie auf die politischen Eliten der Staaten zurückzuführen, die „*den Verflechtungsvorgang*“ initiieren und „*die Arrangements zwischen den beteiligten gesellschaftlichen, politischen und ökonomischen Interessen*“ treffen. In ihrem Wunsch nach Frieden sieht Deutsch die entscheidende Motivation der politischen Eliten, eine Zusammenführung von zwei oder mehreren Staaten zu einer neuen und größeren politischen Gemeinschaft herbeizuführen, wobei die Staaten ihre Souveränität teilweise oder vollständig an die neu gebildete Einheit abtreten. Durch Integration will die politische Elite „eine pluralistische Sicherheitsgemeinschaft“ errichten. Nach Deutschs Kommunikationstheorie ist die Chance zur Integration beson-

1 Deutsch, Karl: Nationalism and its Alternatives, New York 1969.

https://doi.org/10.1515/9783486855081-011

ders dort als hoch zu bewerten, wo die Kommunikation zwischen den politischen Eliten verschiedener Staaten aufgrund gemeinsamer Werte und homogener Entscheidungsstrukturen zügig und störungsfrei ist. Einwandfreie Kommunikation und ähnliche Verhaltensgewohnheiten der politischen Elite begünstigen nach Deutschs Ansicht die Integration.[2]

In der Tat ist der Ansatz, der die zwischenstaatliche Integration als einen politisch gewollten und von Menschen bewusst ins Leben gerufenen Prozess deutet, nicht neu. Schon der Föderalismus/Konstitutionalismus diskutierte, wie eine Integration entsteht, welche Faktoren einen Integrationsprozess begünstigen und welche Bedingungen die Integration unumkehrbar machen. Als Mittel zur Überwindung des Naturzustandes einer anarchischen Staatenwelt und Errichtung einer organisierten internationalen Gemeinschaft wurde im Deutschland und anderen europäischen Ländern des 19. Jahrhunderts die Idee entwickelt, eine neue politische Einheit zu gründen, und zwar auf der Grundlage gemeinsamer Zielsetzungen und Wertvorstellungen.[3] Es wurde postuliert, dass die politische Elite mit einer Integrationsvision die treibende Kraft der Integration sein sollte. Die Auffassung war gängig, dass die Integration nur dauerhaft lebensfähig gehalten werden könne, wenn sie bewusst als ein überstaatliches Gebilde nach den föderalistischen Prinzipien gestaltet würde. Der Ansicht der europäischen Konstitutionalisten nach bedeutet Föderalismus nichts anderes als ein Gestaltungsprinzip sozialer Gebilde, insbesondere von Staaten.[4]

Den Kern dieser politischen Idee sahen sie in der Betonung der Sicherung von Eigenständigkeit und Selbstverantwortung gesellschaftlicher Teilbereiche in dem Sinne, dass der übergeordneten Gewalt nicht mehr Regelungsbefugnisse gegenüber den nachgeordneten Gewalten (z. B. im Verhältnis Gesamtstaat zu Gliedstaaten) eingeräumt werden, als im Interesse des Ganzen geboten ist. Also das sogenannte Subsidiaritätsprinzip, wonach übergeordnete gesellschaftliche Einheiten nur solche Aufgaben übernehmen sollen, zu deren Wahrnehmung untergeordnete Einheiten nicht in der Lage sind. Dabei sind zwei Formen – Staatenbund und Bundesstaat – möglich, je nachdem, ob die Gemeinschaft auf völkerrechtlicher oder auf staatsrechtlicher Grundlage organisiert ist. Viele sehen die Europäische Union als eine Mischform dieser beiden Prinzipien und betrachten sie im Unterschied zu anderen Annahmen, die im Nachfolgenden dargestellt werden sollen, vorrangig als eine politisch motivierte Friedensgemeinschaft, deren

---

2 Vgl. hierzu Lehmkuhl, a. a. O., S. 163.

3 Zu vergleichenden historischen und politikwissenschaftlichen Untersuchungen der Ausformung des Konstitutionalismus in Deutschland im engen Austausch mit anderen europäischen Staaten sowie zur Entfaltung des Konstitutionalismus in Europa vgl. Kirsch, Martin/Schiera, Pierangelo (Hrsg.): Denken und Umsetzung des Konstitutionalismus in Deutschland und anderen europäischen Ländern in der ersten Hälfte des 19. Jahrhunderts, (Schriften zur Rechts- und Verfassungsgeschichte; ERV 28) Berlin 1999.

4 Zur Entwicklungsgeschichte der Idee und Praxis des Föderalismus vgl. Barrata, Joseph P.: The Politics of World Federation., Westport 2004.

Endziel in der Ausrufung der „Vereinigten Staaten von Europa“ liegt.[5] Im völkerrechtlichen und politikwissenschaftlichen Diskurs wird die EU, als ein Phänomen sui generis zwischen Bundesstaat und Staatenbund, auch als Staatenverbund bezeichnet.

11.2 Der funktionalistische Ansatz

Wenn wir vom Funktionalismus sprechen, meinen wir die Theorie von David Mitrany. Als Mitrany in den 40er Jahren des letzten Jahrhunderts den funktionalistischen Ansatz begründete, erzeugte dies einen frischen Wind in der jungen Disziplin der Internationalen Beziehungen. Chris Brown kommentierte die Theorie von Mitrany 50 Jahre später mit einer beeindruckenden Begeisterung: *„Functionalism is the most elaborate, intellectually sophisticated and ambitious attempt yet made not just to understand the growth of international institutions, but also to plot the trajectory of this growth into the future, and to come to terms with its normative implications. It is an original set of ideas, parallel in scope to realism, but unlike realism, it has little contact with past diplomatic tradition.*“[6]

Was waren die neuen Ideen von David Mitrany, die Chris Brown, der selbst ein Schwergewicht im Bereich der IB-Theorie der Gegenwart darstellt, zu einer solchen Begeisterung geführt haben? Mitranys Grundprämisse bezieht sich auf das Verhältnis zwischen nationaler Souveränität und internationalem Frieden: Je weniger die Staaten über Souveränität verfügen, desto friedlicher wird die Welt. Je mehr funktionale Aufgaben durch explizit dafür errichtete internationale Organisationen von den Staaten übernommen werden, desto friedfertiger wird das internationale System, so die grundlegenden Annahmen. Er denkt an ein „*working peace system*“, das dadurch herbeigeführt werden kann, dass die Verfügungsmacht der Staaten durch internationale funktionale Organisationen ersetzt wird. Diese funktionale „Entmachtung“ der Staaten solle jedoch allmählich geschehen. Internationale Kooperation, zu der die Staaten ermutigt werden können, soll dafür sorgen, dass die nationalstaatlichen Funktionen graduell auf die internationalen Institutionen mit verschiedenen Funktionen überführt werden. Mit anderen Worten soll eine Verschiebung der Verfügungsgewalt von Staaten auf die funktionalen Organisationen allmählich stattfinden; so allmählich, dass die Fähigkeit der Staaten zur souveränen Operation nach und nach abnimmt. Am Ende soll ein internationales System entstanden sein, in dem die meisten Regierungs- und Verwaltungsaufgaben von internationalen Organisationen durchgeführt werden, die „*functional specific and non-territorial*“ sind.[7]

5 Vgl. hierzu Kühnhardt, Ludger: Europas Vereinigte Staaten. Annäherung an Werte und Ziele, Osnabrück 1991; siehe auch Boeckh, Andreas: Internationale Beziehungen. Theorien – Organisationen – Konflikte, (Pipers Wörterbuch zur Politik, Bd. 5), München 1984, S. 214ff.

6 Brown, Chris: Understanding International Relations, London 1997, S. 129f.

7 Mitrany, David: A Working Peace System, Chicago 1966; Brown, a. a. O., S. 130ff.

So gesehen bezieht sich der Funktionalismus in erster Linie auf die theoretische Möglichkeit, die Staaten funktional „auszuschalten“ und die ursprünglich von den Staaten ausgeübten Regierungsfunktionen gebündelt auf einzelne Organisationen mit spezifischen Funktionen zu übertragen. Abgesehen von der Konditionalität einer kompletten Realisierung dieser Vorstellungen sind solche internationalen Organisationen mit spezifischen Funktionen bereits beobachtbar und in der Tendenz zunehmend. Internationale Organisationen wie die ILO (International Labour Organization), die FAO (Food and Agriculture Organization of the United Nations), die WHO (World Health Organization) oder das Internationale Komitee vom Roten Kreuz entsprechen vom Prinzip her den funktionalistischen Vorstellungen von Mitrany. Die funktionale Zusammenarbeit in spezifischen internationalen Organisationen hat die Kooperationsfähigkeit und den Kooperationswillen der Mitgliedsstaaten in den einschlägigen Funktionsbereichen erheblich erhöht. Ob die Tendenz, dass die funktionale Zusammenarbeit nationale Gegensätze abbaut und sich die Kooperationsbereiche immer von nichtpolitischen auf politische ausdehnen, in dem Ausmaß fortgesetzt wird, wie David Mitrany erwartete, bleibt abzuwarten.

Fest steht nur, dass die seit Beginn des 21. Jahrhunderts intensiv diskutierte Idee von „*Global Governance*“ eine gewisse Ähnlichkeit zu Mitranys Konzept aufweist. Heutzutage zeigen sich die Staaten zunehmend interessiert, funktionale Dienstleistungen internationaler Organisationen in Anspruch zu nehmen und sich dabei durch internationale Normen und Verfahren einschränken zu lassen. Dabei lässt sich deutlich ihre Bereitschaft erkennen, statt eines „*World Government*“ eher eine politikfeldspezifische Form von „*Global Governance*“ zu akzeptieren. Die entscheidenden Gründe für dieses Verhalten liegen offensichtlich darin, dass „*Global Governance*“ die Philosophie verfolgt, funktionale Dienstleistungen für staatsübergreifende bzw. globale Probleme zur Verfügung zu stellen, ohne die Staaten zu einer ernsthaften Souveränitätsabtretung zu zwingen. So wie Thomas G. Weiss die Eigenschaft von „*Global Governance*“ charakterisierte, wirkt sie tatsächlich „*functional specific and non-territorial*“: „*Global Governance refers to collective efforts to identify, understand, or address worldwide problems that go beyond the capacities of individual states to solve; it reflects the capacity of the international system at any moment in time to provide government-like services in the absence of a world government.*“[8]

11.3 Der neofunktionalistische Ansatz

Der neofunktionalistische Ansatz ist dadurch gekennzeichnet, dass er zwischenstaatliche Integration auf den institutionellen Ebenen in erster Linie nicht als einen von

8 Weiss, Thomas G.: What Happened to the Idea of World Government, in: International Studies Quarterly 53:2 (2009), S. 253–271 (S. 257).

idealistischen Vorstellungen (z. B. der pan-europäischen Idee) ausgehenden oder einen von Politikern bewusst angesteuerten Annäherungsprozess, sondern als einen funktional-mechanischen Prozess betrachtet. Integration entsteht, so die Neofunktionalisten, weil ein unsichtbarer, aber wirksamer Mechanismus dafür sorgt, dass sich die Staaten immer aktiver und intensiver an Integration beteiligen, unabhängig davon, ob sie subjektiv wollen oder nicht. Diesen Mechanismus nennt man in der wissenschaftlichen Literatur „*spill-over effect*".

Ernst B. Haas, Hauptvertreter des Neofunktionalismus, definiert Integration als einen „*process whereby political actors in several distinct national settings are persuaded to shift their loyalties, expectations and political activities towards a new centre, whose institutions possess or demand jurisdiction over the pre-existing national states. The end result of a process of political integration is a new political community, superimposed over the pre-existing ones.*"[9]

Für Haas kann eine internationale Kooperation auf dem Niveau internationaler Integration aus verschiedenen Gründen bzw. durch verschiedene Entwicklungen ausgelöst oder in Gang gebracht werden, sei es aus einer idealistischen Vorstellung oder einer realistischen Machtüberlegung. Aber sobald ein Integrationsprozess in Gang gesetzt wurde, ist dieser Prozess nicht mehr aufzuhalten. Nach Haas können bereits integrierte Sektoren zwangsläufig übergreifend wirken und gleiche Entwicklungen in anderen Sektoren auslösen. Die Staaten sind nun von einem „*spill-over effect*" erfasst. Dieser Mechanismus treibt den Integrationsprozess derart voran, dass sich die Regierungen durch neue Entwicklungen gezwungen sehen, die Kooperation bzw. Integration auszudehnen, um zumindest das bereits Erreichte aufrechtzuerhalten und Gewinnchancen in der Zukunft zu sichern; oder die Vorteile der bereits durchgeführten Integrationsprojekte sind so eindeutig, dass sie sich ermutigt fühlen, die Integration zu vertiefen.[10]

Haas geht davon aus, dass die Staaten nur sehr schwer vom „Zug der Integration" abspringen können, nachdem sie einmal zugestiegen sind. Diejenigen Staaten, die sich von einer Integration distanzieren, in die sie bereits viel investiert haben und damit auch tiefgreifende Verflechtungen eingegangen sind, müssen nach Haas damit rechnen, dass sich die internationalen Bedingungen für sie politisch, ökonomisch und gesellschaftlich radikal und negativ verändern würden. Nicht nur könnten errungene Vorteile verloren gehen, sondern auch beträchtliche Nachteile entstehen, die sie in eine schwierige Lage bringen könnten. Angesichts dieser Logik sind die Neofunktionalisten von dem „*spill-over effect*" überzeugt: Sobald die Staaten angefangen haben, sich zu integrieren, d. h. ihre Souveränität an eine supranationale Institution abzutreten und

9 Haas, Ernst B. (Hrsg.): The Uniting of Europe: Political, Social and Economic Forces, 1950–1957, Notre Dame 2004, S. 16.

10 Vgl. Haas, Ernst B.: Beyond the Nation-State, Stanford 1964, Kap. 1–4, insbesondere S. 8f., S. 33f., S. 48ff.

gemeinsame Prinzipien, Normen, Regeln sowie Verfahren zu akzeptieren, wird es für sie äußerst schwierig sein, dies zurückzufahren. Ein Effekt, der beispielsweise auf den EU-Integrationsprozess zutrifft, in dem kein Staat die EU verlassen könnte, ohne erhebliche negative Effekte in Kauf nehmen zu müssen. Der *„spill-over effect“* sorgt dafür, dass der Integrationsprozess nur eine Richtung kennt: immer vorwärts, auch wenn sporadische Rückschläge und ein unregelmäßiger Stillstand nicht auszuschließen sind. Diese sollen aber Ausnahmen bleiben, insbesondere wenn extreme Unsicherheiten oder übertriebene nationalistisch-populistische Ängste den Meinungsbildungsprozess in den Mitgliedsstaaten beherrschen. Aber solange solche Ausnahmesituationen ausbleiben, ist der Integrationsprozess selten von innen bedroht. Im Gegenteil treibt der *„spill-over effect“* den Prozess ständig voran, bis die Finalität erreicht wird.[11]

Die *„Logic of Spill-Over“*, die Jeppe Tranholm-Mikkelsen als einen „snowball effect“ bezeichnete, wurde von ihm in drei Teilaspekte eingeteilt: *„functional spill-over, political spill-over and cultivated spill-over“*:[12]

„Functional Spill-Over“: *„The idea is that some sectors within industrial economies are so interdependent that it is impossible to treat them in isolation. Hence, attempts to integrate certain functional tasks will inevitablly lead to problems which can only be solved by integrating yet more tasks.“*

„Political Spill-Over“: *„The idea is that [...] elites [participating in integration process] will undergo a learning process, developing the perception that their interests are better served by seeking supranational rather than national solutions. They will therefore refocus their activities, expectations and perhaps their loyalties to the new centre.“*

„Cultivated Spill-Over“: *„[The idea is that] the prime role of the central institution is to offer solutions which involve an upgrading of the common interest in case of interest conflicts among states, and [...] hence function as midwives for the integration process.“*[13]

Aus dieser Logik und aus dem Mechanismus des *„spill-over“* lassen sich somit sechs Grundzüge des Integrationsprozesses aus der Sicht des Neofunktionalismus ableiten:

1. Die Integration ist – abgesehen von den verschiedenen Auslösern – in erster Linie nicht als ein politisch vorplanbarer und vollständig kontrollierbarer, sondern als ein mechanisch-vorwärtsorientierter Prozess zu begreifen;
2. Der Integrationsprozess schreitet nicht holistisch, d. h. ganzheitlich, sondern fragmentarisch voran. Haas spricht von *„fragmented issue linkage“* im Sinne von

---

11 Ders.: Turbulent Fields and the Theory of Regional Integration, in: International Organization 30:2 (1976), S. 173–212 (S. 182ff.).

12 Tranholm-Mikkelsen, Jeppe: Neo-Functionalism: Obstinate or Obsolete? A Reappraisal in the Light of the New Dynamism of the EU, in: Millennium: Journal of International Studies 20:1 (1991), S. 1–22 (S. 4).

13 Ebenda, S. 5f.

Verbindungen zwischen Lösungen für sachlich fragmentierte Problemfelder.[14] Die Offenbarung dieser Verbindungen bedarf jedoch eines Prozesses, in dem alte Projekte noch umstritten sind und neue Projekte bereits eingeführt wurden. In diesem Prozess akkumuliert sich der *„spill-over effect"* so intensiv, dass eine neue Grundlage für politische Gestaltung entsteht. Diese sorgt dafür, dass eine Adjustierung der Politik stattfindet, um sie an die veränderten Zielvorstellungen anzupassen;

3. Die Bereiche der Integration dehnen sich automatisch aus, aber die Richtung der Ausdehnung ist nicht von vornherein berechenbar. Dabei – offensichtlich, um die frühere These des Automatismus zu relativieren – betont Haas aber später, dass die automatische Ausdehnung der Integration von einem „inkrementalistischen" Mechanismus begleitet werde. Dieser dämpft die Geschwindigkeit der Ausdehnung, insbesondere wenn der Integrationsprozess von Umbrüchen und Veränderungen inner- und außerhalb der betroffenen Staaten erfasst werde;[15]
4. Internationale Integration erhält ständig von der nationalen Ebene Anschübe, die selbst supranationale Integration erzeugen. Der *„spill-over effect"* akkumuliert sich dadurch, dass im Laufe des Integrationsprozesses transnationale Verbindungen zwischen gesellschaftlichen Gruppen gebildet wurden, die sich als Nutznießer der supranationalen Integration verstehen. Diese Kräfte setzen nationale Regierungen ständig unter Druck, mit dem Ziel, sich durch immer integrativere Maßnahmen die bereits erreichten Vorteile zu sichern und neue materielle Vorteile zu verschaffen;[16]
5. Integration vertieft und erweitert sich durch Ausdehnung der supranationalen Institutionen, die zur Wahrnehmung der integrativen Aufgaben geschaffen worden sind. Haas sieht hier einen deutlichen *„spill-over effect"*. *„Policies made in carrying out an initial task and grant of power can be made real only if the task itself is expanded."*[17] Mit anderen Worten erwartet Haas, dass supranationale Organisationen, konfrontiert durch neue Probleme, ständig zunehmen, um die international beschlossenen integrativen Projekte zu verwirklichen.
6. Supranationale Bürokratien bleiben in der Regel aus eigenem institutionellem Interesse aktiv und tendieren dazu, unerwartete oder nicht vorgesehene Interessenkonflikte bei der Durchführung vereinbarter Projekte durch *„upgrading of the common interests"* zu lösen, mit der Konsequenz, *„eine weitere Ausdehnung und Intensivierung der Kooperation"* anzustoßen.[18]

14 Haas, Ernst B.: Turbulent Fields and the Theory of Regional Integration, a. a. O., S. 182ff.

15 Ders.: The Study of Regional Integration: Reflections on the Joy and Anguish of Pretheorizing, in: International Organization 24:4 (1970), S. 607–646.

16 Conzelmann, Thomas: Neofunktionalismus, in: Schieder, Siegfried/Spindler, Manuela (Hrsg.): Theorien der Internationalen Beziehungen, 2. Aufl., Opladen 2006, S. 145–174 (S. 157).

17 Haas, Ernst B.: Beyond the Nation-State, (repr), a. a. O., S. 94f.

18 Conzelmann, a. a. O., S. 158.

11.4 Neue Entwicklungen

Abschließend kann man sagen, dass unter den drei großen Varianten des Institutionalismus – Interdependenztheorie, Regimetheorie, Integrationstheorie – die Regimetheorie das größte Potential hat, sich zu einer allgemeinen Theorie der Internationalen Beziehungen zu entwickeln. Integrationstheoretische Ansätze wie Konstitutionalismus und Funktionalismus sind Theorien, deren empirisches Fundament noch relativ schmal erscheint. Ihre Annahmen und Hypothesen konnten bis heute nur auf Europa angewendet werden, da nur dort die regionale Integration im Sinne von supranationaler Gemeinschaftsbildung weit fortgeschritten ist.

Auch im Blick auf die Europäische Integration scheint die politische Praxis die Erklärungsfähigkeit der Integrationstheorie überholt zu haben. Zumindest zeigte die neuere Forschung über den Integrationsprozess in Europa, dass der „*Spill-Over*"-Ansatz bei der Analyse der Integrationsstörungen nicht mehr im Vordergrund zu stehen schien. So verwendete Andrew Moravcsik neulich eine „Tripartite New Synthesis", um „The European Constitutional Settlement" zu erklären. Eindeutig auf den „*Spill-Over*"-Ansatz verzichtend, stellte er seine „New Synthesis" als einen Ansatz dar „*that views integration as a rational response to exogenous pressures of interdependence*". Mit anderen Worten wurden Quellen funktionaler Störungen für Europäische Integration nicht mehr im Integrationsprozess selbst gesehen, sondern im Bereich der auswärtigen Herausforderungen. Durch diese Wahrnehmung beeinflusst und bedingt, fand auch „Spill-Over" keine Anwendung mehr. „*This reflects a basic truth about Europe*", so Moravcsik, „*namely, that it has passed the point of no return and is now a ‚mature' political system – one that does not need continually to move forwards on a neo-functionalist bicycle in order to be stable.*"[19]

Betrachtet man die Entwicklungen innerhalb der Integrationstheorien in den letzten Jahren, zeigt sich, dass gerade die Krise der Europäischen Union einen Katalysator in diesem Feld der IB darstellt. So wurden hier sowohl bestehende Ansätze wieder aufgegriffen, weiterentwickelt und ausdifferenziert, als auch neue Ansätze entwickelt.

So wurde die funktionalistische Theorie von Mitrany vor einigen Jahren u. a. von Brent J. Steele wieder aufgegriffen, allerdings mit einigen Anpassungen. So hätten zentrale Aussagen der Theorie auch heute noch Erklärungskraft, aber die Vorstellung über die Entstehung eines transnationalen Gemeinschaftsgefühls, das das Ende des Nationalstaatensystems einläutet, habe sich als zu idealistisch erwiesen. Steele verfolgt dass Ziel „the function back into classical functionalism"[20] zu bringen, aber ohne die Erwartung, dass dies letztlich automatisch zur Einheit der Welt führt. Auch übernimmt

---

19 Moravcsik, Andrew: The European Constitutional Settlement, in: The World Economy 31:1 (2008), S. 158–183 (S. 159 und S. 181).

20 Steele, Brent J.: Revisiting Classical Functional Theory. Towards a Twent-first century Micro-Politics, in Journal of International Political Theory 7:1 (2011), S. 16–39 (S. 26).

er nicht Mitranys spätere Annahmen zu „*functional possibilities*“, sondern konzentriert sich auf mikropolitische Analysen funktionaler Gebilde im Hier und Jetzt.

Den Neofunktionalismus ziehen zahlreiche Autoren für die Analyse der Krise(n) in der Europäischen Union und der Tendenzen zur Desintegration heran. So unterziehen Philippe C. Schmitter und Zoe Lefkonfridi verschiedene Hypothesen des Neofunktionalismus über die EU-Integration im Kontext der aktuellen Krisenlage einer empirischen Überprüfung. Sie finden dabei einige Übereinstimmungen aktueller Prozesse mit Grundannahmen des Neofunktionalismus, wie beispielsweise der stufenweise Verlauf von Integration und die steigende Interdependenz der Mitgliedsstaaten. Allerdings ergeben sich auch Widersprüche. So zeigt sich z. B., dass die Integration Vorteile nicht mehr gleichmäßig zwischen den Mitgliedern verteilt, hier insbesondere, weil die deutsche Wirtschaft durch die Integration deutlich mehr profitiert als die Ökonomien der anderen EU-Staaten.[21]

Pier Domenico Tortola zeigt, dass viele Ursachen und Folgen der Eurokrise sich mit dem Neofunktionalismus erklären lassen, und betont die Bedeutung des „Spill-Over“-Konzepts für die Analyse der aktuellen Lage der EU. Allerdings räumt er auch ein, dass der Neofunktionalismus durch den spätestens mit der Eurokrise erreichten Übergang zwischen Low und High Politics, der zu einer Abschwächung der strukturellen Kräfte der Integration führt, mehr und mehr an seine Grenzen kommt, gerade was die Vorhersage der weiteren Entwicklung betrifft.[22]

Auch Arne Nieman und Demosthenes Iannou halten den Neofunktionalismus für hilfreich, um Dynamiken und Prozesse der wirtschaftlichen Integration in der Europäischen Union während der Eurokrise zu erklären.[23] Sie kritisieren allerdings, dass der Ansatz keine Erklärungen für die Grenzen der europäischen Integration liefert. Auch die Annahmen des Neofunktionalismus zu möglichen positiven Folgen von Krisen sind zumindest bisher nicht eingetreten.[24] Douglas Webber hält den Neofunktionalismus angesichts der aktuellen Krise in der EU hingegen gar für nicht haltbar, da eine Desintegration nach dessen theoretischen Annahmen fast nicht möglich sei. Problematisch sei vor allem, dass der Neofunktionalismus den Einfluss von innenpolitischen Konflikten und öffentlicher Meinung, z. B. im Fall von nationalem Populismus, ignoriert.[25]

---

21 Vgl. Schmitter, Philippe C./Lefkonfridi, Zoe: Neo-Functionaism as a Theory of Disintegration, in: Chinese Political Science Review 2016:1, S. 1–29 (26f.).

22 Vgl. Trotola, Pier Domenico: Coming Full Circle. The Euro Crisis, Integration Theory and the Future of the EU, in: The International Spectator: Italian Journal of International Affairs 50:2 (2015), S. 1–16 (S. 1 u. 6f.).

23 Vgl. Nieman, Arne/Iannou, Demosthenes: European economic integration in times of crisis: A case of neofunctionalism, in: Jouranal of European Public Policy 22:2 (2015), S. 196–218 (S. 28).

24 Vgl. Lefkorfridi, Zoe/Schmitter, Phillippe C.: Transcending or Descending? European Integration in Times of Crisis, in: European Political Science Review 7:1 (2015) S. 3–22.

25 Vgl. Webber, Douglas: How likely is it that the European Union will disintegrate? A critical analysis of competing theoretical perspectives, in: European Journal of International Relations 20:2 (2014), S. 341–365, (S. 358f.).

Auch für Analysen im Kontext der EU-Flüchtlingskrise wird der Neofunktionalismus angewandt. So erweist er sich beispielsweise zur Analyse der Verhandlungen und Konflikte rund um die Verordnung über die europäische Grenz- und Küstenwache als hilfreich.[26]

Weiterentwicklungen betreffend, gibt es zum einen den Vorschlag zur Einführung einer vierten Form des „Spill-Overs". Durch das „*social spillover*"[27], so argumentiert Hans E. Andersson, ändern Akteure ihre Präferenzen aufgrund von Zielkonflikten, die im Integrationsprozess aufkommen. Zum anderen schlagen Miroslava Scholten und Daniel Scholten eine neue Form des „*Functional Spill-over*" vor, bei dem sich EU-Kompetenzen von einer regulatorischen zu einer durchsetzenden Kraft ausweiten.[28]

Aus der Unzufriedenheit mit den Schwächen des Neofunktionalismus, die sich bei der Erklärung der europäischen Krisen in jüngsten Zeiten offenbarten, entwickelt sich ein neuer Ansatz, der sich selbst als *Postfunktionalismus* bezeichnet und dessen Theoriequalität noch durch weitere Anwendungen getestet werden sollte. Charakteristisch für diesen neuen Ansatz ist der Versuch, die rationale und funktionale Dimensionen des Neofunktionalismus um eine ideelle und emotionale bzw. identitätsbezogene Dimension zu erweitern.

So erläutern Lisbet Hooghe und Gary Marks[29] in Anlehnung an den *Multi-Level-Governance-Ansatz*, wie wichtig es ist, die öffentliche auf die Identitäten bezogene Debatte im Rahmen von regionalen Integrationen zu untersuchen, um tiefer liegende Konflikte zu verstehen und um die Ergebnisse der Integration aus einem Spannungsfeld zwischen funktionaler Notwendigkeit und identitätsbedingten Interessen erklären zu können. Ihr zentrales Argument lautet: „*Communities demand self-rule, and the preference for self-rule is almost always inconsistent with the functional demand for regional authority. To understand European integration we need, therefore, to understand how, and when identity is mobilized.*"[30]

Die Autoren stellen in ihrer Studie fest, dass starke territoriale Identität sich sowohl zu Gunsten als auch zu Ungunsten einer weitergehenden Integration auswirken kann. Mit ihrer Kritik an der rationalen, funktionalen und auf der Effizienzlogik basierenden Betrachtungsweise im Neofunktionalismus werden Hooghe und Marks typische Vertreter des Postfunktionalismus. In Zeiten, in denen die EU stark unter dem Einfluss von

---

26 Vgl. Niemann, Arne/Speyer, Johanna: A Neofunctionalist Perspective on the ‚European Refugee Crisis': The Case of the European Border and Coast Guard, in: Journal of Common Market Studies 56:1 (2018), S. 23–43.

27 Andersson, Hans E.: Liberal Intergourvernmentalism, spilllover and supranational immigration policy, in: Cooperation and Conflict 51:1 (2016), S. 38–54, (S. 42).

28 Vgl. Scholten, Miroslava/Scholten, Daniel: From Regulation to Enforcement in the EU Policy Cycle: A New Type of Functional Spillover? In: Journal of Common Market Studies 55:4 (2017), S. 925–942.

29 Vgl. Hooghe, Liesbet/Marks, Gary: A Postfunctionalist Theory of European Integration: From Permissive Consensus to Constraining Dissensus, in: British Journal of Political Science 39:1 (2009), S. 1–23, S. 2.

30 Ebenda, S. 2.

öffentlicher Meinung, Parteienwettbewerb und Massenpolitik steht, sei eine solche Betrachtungsweise aus ihrer Sicht nicht mehr angemessen.[31] Allerdings bestätigen die Dynamiken in der Eurokrise sowohl Annahmen des Neofunktionalismus, wie die Ausweitung der Politikkoordination und das Übertragen weiterer Regulierungsaufgaben an die supranationale Ebene, als auch Annahmen des Postfunktionalismus, u. a. die Polarisierung der öffentlichen Meinung und das Aufkommen von Anti-EU-Bewegungen.[32]

Ob und inwiefern der Postfunktionalismus sich wirklich zu einem eigenständigen Ansatz in der Integrationstheorie entwickeln wird, bleibt abzuwarten. Seine Kritiker bleiben skeptisch und pessimistisch. So stellen Scott L. Greer und Olga Löblová den Nutzen des Postfunktionalismus sogar komplett in Frage. Ihrer Auffassung nach bietet der Neofunktionalismus genug Erklärungskraft für aktuelle Entwicklungen, was sie an einem Beispiel aus der Gesundheitspolitik in der EU demonstrieren.[33]

Weiterführende Literatur

Andersson, Hans E.: Liberal Intergourvernmentalism, spilllover and supranational immigration policy, in: Cooperation and Conflict 51:1 (2016), S. 38–54.
(Interessante Weiterentwicklung des „Spill-Over"-Konzepts durch die Einführung einer vierten Form.)

Haas, Ernst B. (Hrsg.): The Uniting of Europe: Political, Social and Economic Forces, 3. Aufl., Notre Dame 2004.
(Neofunktionalimus. Haas betont die Bedeutung von „*Spill-Over*"-Effekten. Eine reichhaltige Diskussionsgrundlage.)

Moravcsik, Andrew: The European Constitutional Settlement, in: The World Economy 31:1 (2008), S. 158–183.
(Moravcsik zeigt alternative Erklärungsmuster für den EU-Integrationsprozess auf, das Heimatfeld der Funktionalisten. Sehr überzeugend.)

Niemann, Arne/Speyer, Johanna: A Neofunctionalist Perspective on the ‚European Refugee Crisis': The Case of the European Border and Coast Guard, in: Journal of Common Market Studies 56:1 (2018), S. 23–43.
(Ein weiteres Beispiel für die empirische Anwendung anhand von EU-Verhandlungen im Rahmen der Flüchtlingskrise.)

---

31 Vgl. Schimmelfennig, Frank: Theorising Cisis in European Integration, in: Desmond Dinan/ NeillNugent/William E. Paterson (Hrsg.): The European Union in Crisis, Basingstoke 2017, S. 316–336, (S. 322).

32 Vgl. Rittberger, Berthold/Schimmelfennig, Frank: Kontinuität und Divergenz. Die Eurokrise und die Entwicklung europäischer Integration in der Europaforschung, in: Politische Vierteljahresschrift 56:3 (2015), S. 389–405 (S. 401f.).

33 Greer, Scott L./Löblová, Olga: European integration in the era of permissive dissensus: Neofunctionalism and agenda-setting in European health technology assessment and communicable disease control, in: Comparative European Politics 15:3 (2017), S. 394–413.

Rittberger, Berthold/Schimmelfennig, Frank: Kontinuität und Divergenz. Die Eurokrise und die Entwicklung der europäischern Integration in der Europaforschung, in: Politische Vierteljahresschrift 56:3 (2015), S. 389–405.
(Der Artikel gibt einen guten Überblick über die Implikationen der Eurokrise für den Neofunktionalismus und Postfunktionalismus.)

Schimmelfennig, Frank: Theorising Cisis in European Integration, in: Desmond Dinan/NeillNugent/William E. Paterson (Hrsg.): The European Union in Crisis, Basingstoke 2017, S. 316–336.
(Gute Darstellung der Auffassung von Krisen im Neofunktionalismus, Intergouvernementalismus und Postfunktionalismus mit anschließender Anwendung auf die Eurokrise.)

Schmitter, Philippe C./Lefkonfridi, Zoe: Neo-Functionalism as a Theory of Disintegration, in: Chinese Political Science Review 1:1 (2016), S. 1–29.
(Fallstudie, die ausgehend vom Neofunktionalismus die Tendenzen der Desintegration in der Europäischen Union untersucht.)

Steele, Brent J.: Revisiting Classical Functional Theory. Towards a Twenty-first century Micro-Politics, in Journal of International Political Theory 7:1 (2011), S. 16–39.
(Interessante Aufbereitung der funktionalistischen Theorie von Mitrany für empirische Analysen aktueller Politik.)

Teil D: **Behavioristische Schule**

12 Aggressionstheorie

Bei der Aggressionstheorie handelt es sich um eine Theorie, die annimmt, dass eine der wesentlichen Ursachen von internationalen Kriegen in der menschlichen Natur bzw. in der menschlichen Psyche liegt. Die Kernbegriffe, mit denen diese Theorie Kriegsursachen erklärt, ist der der Aggressivität als menschlicher Instinkt und der Aggression als ein Ausdruck des menschlichen Verhaltens. Die Theorie bildet sich auf Grund der Ursprungsanalyse der menschlichen Aggressivität und fragt nach dem Verhältnis zwischen individueller Aggression und internationalem Krieg. Dabei lässt sich erkennen, dass es eine allgemeine und von allen Seiten akzeptierte Aggressionstheorie noch nicht gibt. Vielmehr herrscht bei der Theoriebildung eine regelrechte pluralistische Entwicklung. Historisch betrachtet sind es drei Theorieansätze, die das Theoriedenken über das Verhältnis zwischen individueller Aggressivität und internationalen Konflikten entscheidend geprägt haben: Die Instinkt-Aggressionstheorie, die Frustration-Aggressionstheorie und die Soziallerntheorie.

12.1 Die Instinkt-Aggressionstheorie

Die Instinkt-Aggressionstheorie ist dadurch gekennzeichnet, dass sie das aggressive Verhalten der Menschen auf biologische und natürliche aggressive Kräfte, die dem Menschen innewohnen, zurückführt. Ein aggressives Verhalten liegt beispielsweise vor, wenn ein Individuum Selbstmord begeht, eine andere Person verletzt oder sein eigenes Auto zerschlägt. Die Theorie tendiert dazu, die Aggression als instinktives Verhalten des Individuums zu deuten. Nach dieser Deutung verhält sich das Individuum deswegen aggressiv, weil seiner biologischen und psychischen Struktur ein vorveranlagter oder nicht zu beseitigender Instinkt für Aggression innewohnt. Dieser Instinkt ist dem Individuum angeboren und nicht sozial erlernbar. So vertraten William James (1842–1910) und William McDougall (1871–1938) – beide zu ihrer Zeit führende Psychologen – die Auffassung, dass Aggression allen Mitgliedern einer Gattung genetisch inhärent ist. Sie ist nicht zu beseitigen, nicht zu lernen, aber modifizierbar. Aggression ist ewig in den Menschen vorhanden und versucht permanent, sich zu entladen.[1]

Diesen Ansatz vertrat auch der österreichische Psychologe Sigmund Freud (1856–1939), dessen theoretische und praktische Psychologie weltweit beträchtlichen Einfluss auf die Entwicklung nicht nur der Anthropologie und Psychologie, sondern auch der Philosophie, Kunst und Sozialwissenschaften hatte. Freud sprach von einem Todesinstinkt als Grundlage der Aggression. Nach dieser These gibt es im menschlichen Wesen zwei fundamentale Instinkte: einen Lebensinstinkt und einen Todesinstinkt.

---

1 Vgl. hierzu: Dougherty, James E./Pfaltzgraff, Robert L.: Contending theories of international relations. A comprehensive Survey, 3. Aufl., New York 1990, S. 276f.

https://doi.org/10.1515/9783486855081-012

In einem Brief an Albert Einstein in den 30er Jahren, als er sich zunehmend um die Kriegspsychologie seiner Zeit Sorgen machte, machte Freud seine Zweiinstinktthese deutlich: „*We assume that human instincts are of two kinds: those that conserve and unify, which we call ‚erotic' [...] and secondly, the instincts to destroy and kill, which we assimilate as the aggressive or destructive instincts. [...] Indeed, it might well be called the ‚death-instinct'.*"[2]

Vom Todesinstinkt angetrieben, so theoretisierte Freud, strebt der Mensch nach Reduzierung oder Befreiung von Stress und Aufregung. Man wünscht das Nirwana, also die völlige seelische Ruhe, als erhofften Endzustand. Trotz dieses Todesinstinktes lebt der Mensch weiter, weil der Lebensinstinkt den Antrieb zur Beseitigung und Vernichtung von ihm selbst auf externe Objekte wie Subjekte lenkt, um das eigene Überleben zu sichern. Der Instinkt zur Vernichtung ist also eine natürliche Veranlagung des Menschen. Nur seine Wirkungsrichtung wird durch den Lebensinstinkt geändert. „*With the aid of certain organs, it directs its action outwards, against external objects*", so Freud hierzu.[3]

Aus der Sicht von Freud ist Aggression daher nichts anderes als ein abgelenkter Todesinstinkt des Individuums. Die Aggression liefert einen Weg zum Entladen der zerstörerischen Energie, die sonst zum Selbstmord führen würde. In diesem Sinne behauptet Freud, der Mensch trage in seinem Inneren einen aktiven Instinkt für Hass und Aggression. Dementsprechend geht er davon aus, dass in jeder Gesellschaft eine bestimmte Menge destruktiver Energie verborgen ist. Diese Energie manifestiert sich gesellschaftsintern entweder gegen bestimmte Individuen oder Gruppen, wenn sie nicht nach außen abgeführt wird. Aber in einer Gesellschaft gibt es nach seiner Auffassung genügend Kräfte, die aus ideologischen, historischen, kulturellen und/oder ökonomischen Gründen ständig versuchen, die Richtung der Energieabladung in die Nachbarländer oder in andere Gebiete zu lenken. Daher wird die Wiederholung von Kriegen und Konflikten zu einer notwendigen und periodischen Energieentladung. Dabei schützen sich bestimmte soziale Gruppen selbst, indem sie ihre selbst-vernichtende Tendenz nach außen übertragen.[4]

Freud glaubte, dass die Fähigkeit der Menschen, ihre internen, vom Todestrieb motivierten, aggressiven Tendenzen zu unterdrücken, sehr gering ist. Diese pessimistische Einschätzung zeigte sich deutlich in seinem Schreiben an Einstein: „*In any case, as you, too, have observed, complete suppression of man's aggressive tendencies is not in issue; what we may try is to divert it into a channel other than that of warfare.*"[5] Dabei

---

2 Freud, Sigmund: The Urge to Destruction as the Source of War, Auszug eines Briefs von Freud an Einstein, abgedruckt in: Luard, Evan: Basic Texts in International Relations. The Evolution of Ideas about International Society, London 1992, S. 84–86 (S. 84).

3 Ebenda, S. 85.

4 Dougherty, James E./Pfaltzgraff, Robert L.: Contending theories of international relations. A comprehensive Survey, 3. Aufl., New York 1990, S. 276ff.

5 Auszug des Briefs von Freud an Einstein, a. a. O., S. 86.

ließ Freud den Eindruck entstehen, dass er trotz des Festhaltens an der Nicht-Unterdrückbarkeit der aggressiven Tendenzen an die ausgleichende bzw. balancierende Kraft des Lebensinstinktes glaubte. *„From our ‚mythology' of instincts we may easily deduce a formula for an indirect method of eliminating war. If the propensity for war be due to the destructive instinct, we have always its counteragent, Eros, to our hand. All that produces ties of sentiment between man and man must serve as war's antidote."*[6]

Konrad Lorenz (1903–1989), der 1973 wegen seiner hervorragenden wissenschaftlichen Arbeiten auf dem Gebiet der Verhaltensforschung gemeinsam mit Kollegen den Nobelpreis für Physiologie/Medizin erhielt, vertrat ebenfalls die Auffassung, dass Aggression ein angeborener Instinkt des Individuums ist. Die von vielen Soziologen und Psychologen vertretene Lehre, *„dass tierisches wie menschliches Verhalten überwiegend reaktiv und, sofern es überhaupt angeborene Elemente enthalten sollte, doch durchwegs durch Lernen veränderlich sei,"* lehnte er als *„völlig irrige Lehrmeinung"* ab. Für ihn ist der *„Aggressionstrieb ein echter, primär arterhaltender Instinkt"*, der mit *„Reaktion auf Außenbedingungen"* nichts zu tun habe. Im Gegenteil sprach er leidenschaftlich von *„Spontanität"* als der prägenden Eigenschaft des Aggressionsinstinktes. Mit dem Begriff meinte er die Eigenschaft, dass *„unter Umständen die betreffende Instinktbewegung ohne nachweisbaren äußeren Reiz ‚losgehen' kann. Die Spontanität des Instinktes ist es"*, so Lorenz kategorisch, *„die ihn so gefährlich macht. Wäre es nur eine Reaktion auf bestimmte Außenbedingungen, was viele Soziologen und Psychologen annahmen, dann wäre die Lage der Menschheit nicht ganz so gefährlich, wie sie tatsächlich ist. Dann könnte man grundsätzlich die reaktionsauslösenden Faktoren erforschen und ausschalten."*[7]

Allerdings unterscheidet sich sein Aggressionsverständnis vom Freudschen gewaltig, wenn es darum geht, die Auswirkungen bzw. die Funktionen des angeborenen, nichtabänderbaren und nichtauslöschbaren Aggressionsinstinktes zu beurteilen. Im Hinblick auf Freuds „Todestrieb" sprach Lorenz sogar von *„unüberwindbaren Meinungsverschiedenheiten"*.[8] Insbesondere kritisierte er Freuds Vorgehensweise, den von ihm postulierten „Todestrieb" als einen Instinkt zu betrachten, *„der [...] allen lebenserhaltenden Instinkten als zerstörendes Prinzip polar gegenübersteht. Diese der Biologie fremde Hypothese ist in den Augen des Verhaltensforschers nicht nur unnötig, sondern falsch."* Für Lorenz ist die Aggression, *„deren Auswirkungen [von Freud] häufig mit denen des Todestriebes gleichgesetzt werden, ein Instinkt wie jeder anderer und unter natürlichen Bedingungen auch ebenso lebens- und arterhaltend."*[9]

Daher ließ Lorenz es, im Gegensatz zu Freud, deutlich erkennen, dass er in der tierischen und menschlichen Aggression eine positive und schützende Natur sehen

---

6 Ebenda.

7 Lorenz, Konrad: Das sogenannte Böse. Zur Naturgeschichte der Aggression, 4. Aufl., Wien 1964, S. 79f.

8 Ebenda.

9 Ebenda.

will. Für ihn ist der Zweck der instinktiven Aggression vor allem eine Warnung für Außenstehende, Distanz zu halten. Nach diesem Verständnis hat die Aggression im Wesentlichen nichts mit Destruktion zu tun. Aggression sei im Gegenteil ein Instinkt zur Sicherung des eigenen Überlebens und des Überlebens der Gattung (Lorenz verwendete wiederholt den Begriff „arterhaltend"), der das Individuum angehört. Aggression taucht nach dieser Logik nur unter den Mitgliedern der gleichen Gattung auf, nicht aber zwischen unterschiedlichen Gattungen.

Aus der Sicht von Lorenz ist es deshalb keine Aggression, wenn ein Tier von Gattung A ein Tier von Gattung B tötet, um Futter zu bekommen. Ein typisches Aggressionsverhalten zeigt sich jedoch, wenn ein Tier Mitglieder seiner eigenen Gattung aus seinem Territorium zu vertreiben versucht. Eine solche Aggression dieses Tiers gegen die Mitglieder der eigenen Gattung, so begründet der Ansatz, schafft nicht nur für ihn selbst Lebensraum, sondern leistet auch einen Dienst für das Überleben der Gattung, indem er eine Überkonzentration der Mitglieder verhindert und diese auf dem zugänglichen Gebiet voneinander trennt. Insofern sei Aggression nicht von destruktiver Natur, sondern habe eine die ganze Gattung schützende Funktion.[10]

Ausgehend von seiner Theorie der gattungsinternen Aggression, weist Lorenz darauf hin, dass sich die Aggressivität des Individuums in der Frage des Territoriums am deutlichsten offenbart. Die Bereitschaft des Individuums zum Kampf gegen einen Angreifer ist am größten, wenn es um sein familiärstes Territorium geht. Je enger das Territorium werde, in dem eine Gattung lebe, desto schneller entwickle sich die Aggressivität unter den Mitgliedern der Gattung. Just unter diesem Aspekt weist Lorenz darauf hin, *„dass der Stau der Aggression umso gefährlicher wird, je besser die Mitglieder der betreffenden Gruppe einander kennen, verstehen und lieben."*[11] Ihr Lebensinstinkt mache sie unter dem Umstand der Verdichtung immer aggressiver. Aber in welcher Beziehung dieses individuelle Streben nach Territorium mit dem der nationalen Staaten nach Staatsgebieten steht, welches häufig zu internationalen Konflikten geführt hat, hat Lorenz nicht ausgeführt. Hierin lässt sich ein deutliches Manko der Lehre von Lorenz bezüglich ihrer Anwendbarkeit in den Internationalen Beziehungen identifizieren.

12.2 Die Frustrations-Aggressionstheorie

Die Frustrations-Aggressionstheorie, die die Verhaltensforschung des 20. Jahrhunderts stark beeinflusst hat, sieht die Entstehung der Aggression darin begründet, dass der Mensch unzufrieden und frustriert ist. Der Grund dafür, dass der Mensch sich aggressiv verhält, liegt also nicht in seiner angeborenen Natur, sondern im Prozess seiner

---

10 Dougherty, James E./Pfaltzgraff, Robert L.: Contending theories of international relations. A comprehensive Survey, 3. Aufl., New York 1990, S. 279ff.
11 Lorenz, a.a.O, S. 88.

Berührungen mit der Umwelt. Albert Bandura machte diesen Unterschied deutlich, indem er pointiert formulierte: „*According to these theories, man is motivated to behave aggressively by a frustration-produced drive rather than by an innate aggressive force. [...][These] drives eventually replaced instincts as internal impellers of action.*“[12]

Die Theoretiker, die diesen Ansatz begründet haben, sind die Wissenschaftler der sogenannten „*Yale-Schule*“ unter der Federführung von John McDollard. Nach dieser Schule setzt die Entstehung eines aggressiven Verhaltens immer die Existenz von Frustration voraus. Und umgekehrt führt die Existenz von Frustration immer zu bestimmten Formen von Aggression. Mit anderen Worten, Frustration stellt nicht nur die notwendige, sondern auch die hinreichende Bedingung für die Entstehung eines aggressiven Verhaltens dar. Dabei definiert die Frustrationstheorie die Frustration ausdrücklich als Störung der Verwirklichung einer angestrebten Zielsetzung. Immer wenn eine Barriere zwischen dem Menschen und seinen gewünschten Zielen gesetzt wird, wird ein Übermaß an Energie mobilisiert. Diese Energiemobilisierung tendiert, so die Frustrationstheorie, zu einem destruktiven Verhalten. Allerdings betrachtet die „*Yale-Schule*“ den Menschen als ein rationales Wesen, das sein Verhalten kontrollieren kann. Frustration führt deswegen nicht immer zu Aggression gegen andere, wenn der Mensch die möglichen negativen Konsequenzen seiner Aggression (z. B. Bestrafung) antizipiert und seine Energiemobilisierung rechtzeitig bremst. Der Mensch kann aber auch aus Angst vor Bestrafung die Formen und Gegenstände der Aggression ändern. Beispielsweise lassen sich Selbstverletzung und Ausländerfeindlichkeit auf diese „rationale Frustration“ zurückführen.[13]

Die Frustrations-Aggressionstheorie postuliert einen Zusammenhang zwischen individueller Aggressivität und zwischenstaatlichen Konflikten. Sie vermutet beispielsweise den Mechanismus der Transition von individueller zu nationaler Aggression in der sogenannten Sozialisierung der Aggression. Dabei hat man die individuellen Frustrations-Aggressions-Muster einfach auf die nationale Ebene übertragen. Sozialisierung der Aggression wird demzufolge durch Sozialisierung der Frustration produziert. Dabei kann, so die Erklärung dieser Theorie, eine soziale Frustration entstehen, wenn eine bestimmte soziale Gewohnheit oder gesetzliche Vorschrift die Mehrheit der Gesellschaftsmitglieder frustriert. Diese so erzeugte soziale Frustration führe dann zur Mobilisierung einer destruktiven Energie.

Eine Sozialisierung der Aggression kann sich nach der Ansicht der Frustrations-Aggressionstheorie aber auch herausbilden, wenn die menschlichen Beziehungen in einer Gesellschaft grundsätzlich autoritär geprägt sind. In diesem Falle kann Frustration verschiedener sozialer Gruppierungen, denen der Weg zu einer gesellschaftsinternen

12 Bandura, Albert: Aggression: A Social Learning Analysis, New Jersey 1973, S. 31.

13 Dougherty, James E./Pfaltzgraff, Robert L.: Contending theories of international relations. A comprehensive Survey, 3. Aufl., New York 1990, S. 282ff.

Entladung der Frustration versperrt ist, nach außen übertragen werden. Ergebnis dieser Übertragung sind zwangsläufig Konflikte mit anderen Völkern und Nationen.

Eine andere Möglichkeit der Sozialisierung der Aggression wird in der Verbreitung eines frustrierten Gefühls in der Gesellschaft vermutet. So hat eine frustrierte Gesellschaft die Neigung, nach einem Sündenbock zu suchen, um bei ihm die destruktive Energie abzuladen. Wenn ein fremdes Land als Sündenbock ausgesucht wird, dann bricht ein internationaler Konflikt aus. Allerdings betrachtet die Frustrations-Aggressionstheorie – hier deutlich angenähert an die Soziallerntheorie, die gleich analysiert werden soll – diesen Prozess, in welchem sich die Umwandlung von individueller Aggression zur nationalen vollzieht, nicht als einen spontanen, sondern als einen organisierten. Insbesondere wird den politischen Eliten eine Schlüsselrolle zugesprochen. Gezielte Propaganda, Mobilisierung der Massen und militärisches Training des Individuums durch die Elite werden als Faktoren angesehen, die die individuelle Aggressivität aktivieren, integrieren und damit zur Grundlage einer aggressiven nationalen Außenpolitik machen.[14]

Die Frustrations-Aggressionstheorie erlebte seit den 1990er Jahren eine inhaltliche und methodische Erweiterung durch die Entwicklung der sogenannten „Kognitiven Neoassoziations-Theorie“ (*Cognitive Neoassociation Theory*) von Leonard Berkowitz und seinen Kollegen an der University of Wisconsin-Madison. Sie postulierten, dass nicht nur Frustration (die bei der klassischen Frustrations-Aggressionstheorie von McDollard sowohl als ausreichende als auch als notwendige Bedingung für die Entstehung eines aggressiven Verhaltens galt), sondern auch andere „*aversive events*“ wie Provokationen, laute Geräusche, unangenehme Temperaturen oder üble Gerüche menschliche Aggression hervorbringen bzw. auslösen könnten. Die methodische Weiterentwicklung dieser Theorie gegenüber dem Ansatz von McDollard liegt darin, dass ein kognitiv-assoziiertes Erinnerungsnetzwerk postuliert wird (siehe Abbildung 3).

In diesem Netzwerk stehen aggressive Gedanken, Emotionen und Verhaltenstendenzen wechselseitig und vielschichtig in kognitiven Verbindungen. Dieses kognitive Netzwerk wirkt wie eine assoziierbare Erinnerung an alle in diesem Netzwerk enthaltenden Erscheinungen, die jederzeit aktiviert werden kann. Werden beispielsweise durch die Konfrontation mit einer „Pistole“ („*use gun*“) negative Affekte erzeugt, assoziiert man diese aufgrund der kognitiven Wechselwirkungen des Netzwerkes unmittelbar mit anderen negativen Erscheinungen wie „Schießen“, „Verletzung“, „Tötung“, „Schmerz“ usw., die mit „Pistole“ direkt oder indirekt in Verbindung stehen. Aus diesem automatischen, kognitiv-stimulierten Assoziationsprozess entstehen beim Menschen entweder „Kampftendenzen“ („*fight tendencies*“) oder „Fluchttendenzen“ („*flight tendencies*“).

14 Vgl. die oben dargestellten Grundzüge der Frustrations–Aggressionstheorie, insbesondere Dougherty, James E./Pfaltzgraff, Robert L.: Contending theories of international relations. A comprehensive Survey, 3. Aufl., New York 1990, S. 282ff; Bandura, Albert: Aggression: A Social Learning Analysis, New Jersey 1973, S. 31ff.

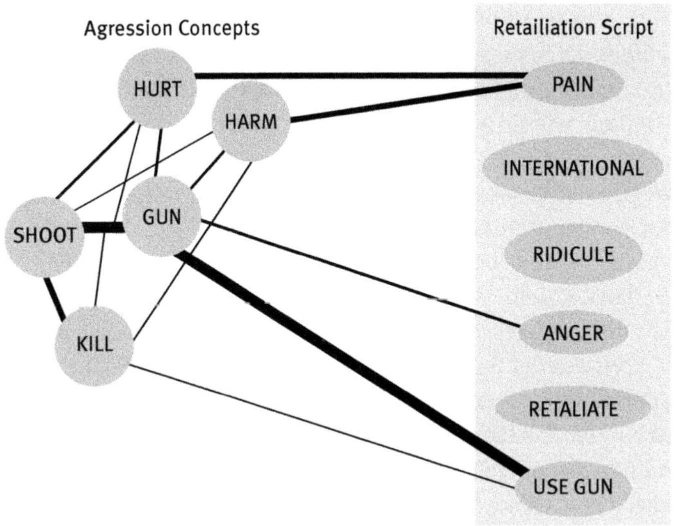

Abb. 3: Kognitiv-assoziiertes Erinnerungsnetzwerk mit Konzept der Aggression und Skript für Vergeltung nach Anderson/Bushman (2002). Quelle: Anderson Craig A./Bushman Brad J.: Human Aggression, in: Annual Review of Psychology 53 (2002), S. 30.

Im ersten Fall wird Zorn („*anger*") hervorgerufen, der zu verschiedenen Formen von Aggression führen könnte.[15] Leider bieten die Vertreter der Theorie keine befriedigende Transformation ihrer Ergebnisse auf die Ebene der internationalen Politik. Hier besteht mit Sicherheit noch weiterer Forschungs- und Klärungsbedarf.

12.3 Die Soziallerntheorie

Im Unterschied zur Instinkt-Aggressionstheorie und zur Frustrations-Aggressionstheorie betrachtet die Soziallerntheorie (*social learning theory*) das menschliche Verhalten als Ergebnis von Interaktionen zwischen dem Individuum und seiner Sozialumwelt. Die Vorgehensweise, Verhaltensmuster der Menschen aus ihren inneren und natürlichen Instinkten bzw. Trieben abzuleiten, ist ihr fremd. Im Gegenteil betont die Soziallerntheorie die Lernfähigkeit des Menschen, sein Verhalten aufgrund der Reaktionen der

15 Vgl. hierzu: Berkowitz, Leonard: On the formation and regulation of anger and aggression: A cognitive–neoassociationistic analysis. American Psychologist 45:4 (1990), S. 494–503; Berkowitz, Leonard/ Harmon-Jones, Eddie: Toward an Understanding of the Determinants of Anger, in: Emotion 4:2 (2004), S. 107–130; Buss, Arnold H.: Commentaries: Anger, Frustration, and Aversiveness, in: Emotion 4:2 (2004), S. 131–132; Berkowitz, Leonard/Harmon-Jones, Eddie: Reply to Commentaries. More thoughts about Anger Determinants, in: Emotion 4:2 (2004), S. 151–155; Anderson, Craig A./Bushman, Brad J.: Human Aggression, in: Annual Review of Psychology 53 (2002), S. 27–51.

Sozialumwelt auf seine Aktivitäten ständig zu evaluieren und entsprechend zu adjustieren. Dieser Theorie zufolge ist Aggression ein gelerntes destruktives Verhalten des Menschen. Sie geht davon aus, dass Menschen aggressives Verhalten in gleicher Art und Weise erlernen bzw. erwerben, wie sie andere komplexe Formen von Sozialverhalten erlernen und erwerben – entweder durch direkte Erfahrungen oder durch Beobachtung von anderen.[16] Da Aggression so gesehen ein sozial erlernbares Verhalten ist, ist sie stimulierbar, verstärkbar und kontrollierbar.

Daher nimmt die Soziallerntheorie eine skeptische Haltung gegenüber dem biologischen Postulat von einer instinkthaften Aggression ein. Auch mit der psychologischen Argumentation der Frustrations-Aggressionstheorie ist sie nicht einverstanden. Albert Bandura, der führende Vertreter der Soziallerntheorie, lehnt deshalb die These ab, wonach die im Organismus kumulativ eingedämmte aggressive Energie ohne externe Stimulation zu entladen ist. Die Anreize aus dem Umfeld, also aus den sozialen Strukturen, in die das Individuum fest eingebettet ist, spielen seiner Ansicht nach für die Entstehung der Aggressivität eine entscheidende Rolle. Ein Zitat von Bandura soll diese Logik verdeutlichen: „*In the social learning view, man is neither driven by inner forces nor buffeted helplessly by environmental influences. Rather, psychological functioning is best understood in terms of continuous reciprocal interaction between behavior and its controlling conditions.*“[17]

Die „*social learning theory*“ geht davon aus, dass die meisten komplizierten Verhaltensmuster des Menschen erlernt sind. Ein Verhalten kann bewusst oder unbewusst durch den Einfluss von Beispielen/Vorbildern und Beobachtungen erlernt werden. Die Kapazität des Menschen, durch Beobachtung zu lernen, befähigt diesen, komplizierte Verhaltensmuster anzunehmen. In diesem Sinne sagte Bandura: „*Patterns of behavior can be acquired through direct experience or by observing the behavior of others. The more rudimentary form of learning, rooted in direct experience, is largely governed by the rewarding and punishing consequences that follow any given action.*“[18]

Die Soziallerntheorie verneint zwar nicht, dass der Mensch einige angeborene Charakterzüge hat, aber für die Entstehung und Formierung eines aggressiven Verhaltens sei dieser angeborene Charakter weniger bedeutsam als das riesige menschliche Lernpotential. Die Aktivierung des inneren biologischen aggressiven Mechanismus hängt demzufolge von geeigneter Stimulation ab und ist deshalb durch Krisenkontrolle bedingt. Die Formen, Häufigkeiten, Rahmenbedingungen und Angriffsziele eines aggressiven Verhaltens sind somit durch soziale Erfahrungen bestimmt.

Nach Albert Bandura ist das Funktionieren des menschlichen Lebens auf drei regulierende Teilsysteme angewiesen: Anreize durch Ereignisse, Einfluss von Reaktions-

16 Anderson, Craig A./Bushman, Brad J.: Human Aggression, in: Annual Review of Psychology 53 (2002) S. 27–51 (S. 31).

17 Bandura, Albert: Aggression: A Social Learning Analysis, New Jersey 1973, S. 43.

18 Ebenda.

rückkopplung und Erkenntnisprozesse. Nach Bandura haben diese drei regulierenden Systeme die Funktion, die Handlung des Menschen anzuleiten und zu adjustieren (*guide and regulate action*). „*Human aggression*", so Bandura, „*is a learned conduct that, like other forms of social behavior, is under stimulus, reinforcement, and cognitive control.*"[19]

Die Soziallerntheorie hat eine Reihe von interessanten politikwissenschaftlichen Ansätzen zur Erklärung von zwischenstaatlicher Aggression angeregt, auch wenn diese mit der Lehrmeinung von Bandura nicht deckungsgleich erscheinen. In diesem Zusammenhang ist vor allem das dreiteilige Modell S-O-R (*stimulus-organism-response*) von David Easton[20] in Betracht zu ziehen. Obwohl das Thema der Aggression nicht im Mittelpunkt dieses Modells steht, weist es einen Ansatz auf, nach dem individuelle Aggressivität nicht automatisch in eine nationale Aggression umschlägt. Easton zufolge sollte das Verhalten des Individuums nicht einfach als Antwort auf Umwelt-Stimuli verstanden werden, wie es das alte psychologische Paradigma S-R (stimulus-response) gerne tat. Vielmehr sollte das Verhalten des Menschen auch in Verbindung mit Gefühlen, Motivationen und anderen Aspekten subjektiver Natur erklärt werden. In diesem Sinne steht dann nicht mehr die Umwelt, die ständig sozusagen „stimuliert", im Mittelpunkt der Untersuchung, sondern der „Organismus", der ständig aktiv denkt und sein Verhalten erlernt. Dadurch, dass er das Verhalten des Menschen als eine durch die Innenwelt „katalysierte" oder „gefilterte" Reaktion auf die Stimuli der Außenwelt interpretiert, weist Easton der Vernunft des Menschen eine Rolle zu, die beim Umschlagen der individuellen Aggressivität auf eine nationale bremsend wirken könnte.

Auch das sozialpsychologische Modell von Herbert C. Kelman[21] zur Erklärung der Bedeutung der individuellen psychologischen Welt für die nationale Außenpolitik ist in diesem Licht zu deuten. Kelmans Kernbegriff ist das Bild (*image*) des Individuums von der Außenwelt. Er postuliert eine enge Korrelation zwischen dem Vorstellungsbild eines Individuums von den Nationen und außenpolitischem Verhalten. Dieses Modell eröffnet dem Beobachter das Tor, in die subjektive Welt des zu beobachtenden Individuums einzudringen. In der Regel unterscheiden die Behavioristen nach der von Heinz Eulau[22] entwickelten gesellschaftlichen Matrix in Bezug auf zwischenmenschliche Beziehungen zwischen drei subjektiven Vorstellungen des Individuums, die sein politisches Verhalten beeinflussen können: die subjektiven Rollenvorstellungen (z. B. als Staatsbürger, Richter, Abgeordneter usw.), die subjektiven Gruppenzugehörigkeitsvorstellungen und die subjektiven Schichtenzugehörigkeitsvorstellungen.

---

19 Ebenda, S. 45.

20 Easton, David: The Limits of Behaviouralism in Political Science, in: American Academy of Political and Social Science (1962), S. 12–31.

21 Vgl. hierzu Kelman, Herbert C.: Sozialpsychologische Aspekte internationalen Verhaltens, in: Haftendorn, Helga (Hrsg.): Theorien der internationalen Politik, Hamburg 1975, S. 208–225.

22 Eulau, Heinz: The Behavioral Persuasion in Politics, New York 1963.

Diesen subjektiven Aspekt aufgreifend, fügt Kelman eine vierte subjektive Dimension hinzu, nämlich die subjektive Vorstellung des Individuums von der Außenwelt. Dadurch entwickelt er ein Modell, das die außenpolitischen Perzeptionen mit dem Verhalten des Individuums in Verbindung bringt. Nach Kelman wird internationales Verhalten der Menschen (d. h. die Art und Weise, wie das Individuum zu einer auswärtigen Angelegenheit steht) entscheidend durch das individuelle Vorstellungsbild von den betroffenen Nationen beeinflusst. Das Vorstellungsbild des Individuums über eine Nation formiert sich aufgrund der selektiv wahrgenommenen Nachrichten und Berichte über diese Nation. Deshalb spielen bei der Entstehung des sogenannten „*national image*" nicht nur historische Kenntnisse und persönliche Erfahrungen, sondern auch die Berichte in den Medien über diese Nation eine wichtige Rolle. „*The image*", so interpretierten Dougherty und Pfaltzgraff die Kernthese Kelmans, „*is product of messages received in the past – not a simple accumulation of messages but a highly structured piece of informational capital. Every nation is a complex of the images of the persons who think about it, hence the image is not one, but many. The images of the decision makers are more important than images of the masses.*"[23]

Aus der Sicht von Kelman bietet insbesondere das „*national image*" der Entscheidungsträger einen Anhaltspunkt zur Untersuchung ihres außenpolitischen Verhaltens. Ihm zufolge lässt sich das „national image" eines Staatsmannes durch Beobachtung ermitteln. Dabei kommen insbesondere die sogenannten Survey-Methoden in Frage, die beispielsweise persönliche Gespräche, face to face-Interviews, Befragungen sowie Selbsteinschätzungsanalysen umfassen. Kelman ist es wichtig, „*bei der Untersuchung der Vorstellungsbilder, die zwei Nationen voneinander haben, einen gemeinsamen Satz von Dimensionen aus[zu]arbeiten*". Dadurch soll „*die Art und Weise, in der jede Nation sich selbst darzustellen versucht, mit der Art, wie sie wahrgenommen wird, [verglichen werden]*".[24]

Im Einklang mit dem soziallerntheoretischen Postulat von Aggression als einem gelernten Verhalten steht der „Spiegelbild-Ansatz". Dieser sozialpsychologische Ansatz versucht direkt, das heißt unter Verzicht auf einen Rückgriff auf die Natur oder angeborene Charakterzüge des Menschen, die kollektive Aggressivität zu erklären. Es handelt sich dabei – insbesondere bei den sogenannten *mirror images* – um einen Ansatz, der im Wesentlichen auf das Forschungsprogramm des amerikanischen Wissenschaftlers Arthur Gladstone[25] zurückzuführen ist. Dieser Ansatz beruht auf der Annahme, dass zwei Nationen, wenn sie sich für eine längere Zeit in einem kriegerischen oder verfeindeten Zustand befinden, gleichermaßen fixierte und verzerrte

---

23 Dougherty, James E./Pfaltzgraff, Robert L.: Contending theories of international relations. A comprehensive Survey, 3. Aufl., New York 1990, S. 290.

24 Kelman, Herbert C.: Sozialpsychologische Aspekte internationalen Verhaltens, in: Haftendorn, Helga (Hrsg.): Theorien der internationalen Politik, Hamburg 1975, S. 208–225 (S. 216).

25 Gladstone, Arthur: The Conception of the Enemy, in: Journal of Conflict Resolution II (1959), S. 132–139.

„national images“ voneinander entwickeln können. Diese Perzeptionen verfestigen sich und bestimmen maßgeblich die Wahrnehmung des anderen Staates. *„Each people sees itself as virtuous, restrained, and peace-loving, and views the adversary nation as deceptive, imperialistic, and warlike“*[26], so das pointierte Statement von Gladstone zu diesem Punkt. Feindseligkeit und Aggression können durch eine solche verzerrte kognitive Widerspieglung leicht entstehen: *„If the other is seen as hostile, he is likely to be seen as especially hostile to the projector.“*[27]

Der Ansatz von *„mirror images“* berührt in der Tat einen Faktor, der historisch nachweisbar immer wieder zu militärischen Auseinandersetzungen geführt hat: Die Perzeption und Missperzeption. Perzeptionen, selbst wenn sie falsch sind, können manchmal auch Realität schaffen und Konflikte verursachen.[28] Beispielsweise können defensive Maßnahmen eines Staates von seinem misstrauischen Gegner als provokativ verstanden werden und diesen veranlassen, Gegenmaßnahmen zu ergreifen, was wiederum zu gleichen Reaktionen des Gegners führen kann. In der Tat handelt es sich hierbei um einen Teufelskreis im Sinne des Sicherheitsdilemmas (John Herz), der ohne große Bestrebungen nach gegenseitigem Vertrauen nicht zu brechen ist.

Theoretisch hat dieser Teufelskreis mit Bedrohungsvorstellungen zu tun. In der wissenschaftlichen Literatur werden unter diesen „wahrgenommene Drohabsichten“ und „wahrgenommenes Potential zur Verwirklichung solcher Absichten bei einem Staat A gegenüber einem Staat B“ verstanden, wobei der Bezugspunkt Staat auch durch Staatengruppen ersetzt werden kann. Nach Czempiel und Schweitzer sind empirisch mindestens drei Möglichkeiten gegeben bzw. vorfindbar: *„Die Bedrohungsvorstellungen von A gegenüber B beruhen auf nachweisbaren Tatsachen, sind also berechtigt; oder sie beruhen auf Fehlwahrnehmungen bzw. absichtlich falsch dargestellten Faktoren oder es handelt sich schließlich um eine Mischung von teils richtigen, teils falschen Wahrnehmungen und Behauptungen. In jedem Fall ist das Ergebnis dasselbe: Bedrohungsvorstellungen bei A gegenüber B führen zu Abwehrmaßnahmen von A gegenüber B und rufen dann umgekehrt bei B gegenüber A Bedrohungsvorstellungen hervor oder verstärken gegebenenfalls schon vorhandene und bewirken bei B Abwehrmaßnahmen gegenüber A. Die Folge ist eine gegenseitige Eskalation von Bedrohungsvorstellungen und Abwehrmaßnahmen.“*[29]

Die Soziallerntheorie wurde in den letzten Jahrzehnten immer wieder entscheidend erweitert und und erneuert. Eine prägende Rolle spielte Albert Banduras' *„Social*

---

26 Ebenda, S. 132.

27 Ebenda, S. 136.

28 Vgl. hierzu auch die Arbeit von Kremer, der an den Beziehungen der USA zu der islamischen Republik Pakistan die Wirkungsmächtigkeit von Perzeptionen und Missperzeptionen der Akteure aufgezeigt hat: Kremer, Jan–Frederik: USA – Pakistan. „An Awkward Partnership“. Historische Diskurse und Perzeptions– und Wahrnehmungsmuster in den zwischenstaatlichen Beziehungen, München 2009.

29 Czempiel, Ernst-Otto/Schweitzer, Carl-Christoph (Hrsg.): Weltpolitik der USA nach 1945. Einführung und Dokumente, Bonn 1989, S. 30–31.

Cognitive Theory"[30], welche die internationale Erforschung des menschlichen Sozialverhaltens dominierte. Im Unterschied zur Soziallerntheorie, die den Menschen beim Erwerben von Sozialverhaltensmustern als einen relativ passiven Lernenden (lernen entweder durch direkte Erfahrungen oder indirekte Beobachtung von anderen) kennt, postuliert die „*Social Cognitive Theory*" einen aktiven Lernenden mit einem enormen „Kognitivpotential". Für Bandura ist der Mensch bei der Bestimmung seines Sozialverhaltens einfach ein Akteur (*agent*) mit Initiative gegenüber seiner Sozialumwelt. Diese Grundzüge der „*Social Cognitive Theory*" lassen sich an der Beschreibung dieser Theorie durch Bandura selber deutlich erkennen:

„*Social Cognitive Theory is founded in an agentic perspective. People are self-developing, proactive, self-regulating, not just reactive organisms shaped and shepherded by environments events or inner forces. [...] Social cognitive theory accords a central role to cognitive vicarious, self-regulatory, and self-reflective processes. An extraordinary capacity for symbolizations provides humans with a powerful tool for comprehending their environment and creating and regulating environmental events that touch virtually every aspect of their lives. Most external influences affect behavior through cognitive processes rather than directly. Cognitive factors partly determine which environmental events will be observed, what meaning will be conferred on them, whether they leave any lasting effects, what emotional impacts and motivating power they will have, and how the information they convey will be organized for future use.*"[31]

Noch in seinem Kabinettsstück zur Soziallerntheorie „Aggression: A Social Learning Analysis" (1973) sprach Bandura von einem reaktiv handelnden Individuum, das hauptsächlich von den Auswirkungen seines Verhaltens lernt. Kognitive Prozesse wurden zwar als ein effektiver Kontrollmechanismus zur Regulierung des Verhaltens anerkannt, sie fungierten jedoch nur als eines von den drei ebenbürtigen „*regulatory systems*" (*stimulus, reinforcement, and cognitive control*) und besaßen nicht den herausragenden Platz, den sie heute in der „*Social Cognitive Theory*" besitzen. Die kognitiven Prozesse spielen jetzt eine so zentrale Rolle, dass sie praktisch alleine über die Regulierungsmacht zur Bestimmung des Verhaltens des Individuums verfügen. In einer solchen Theorie, die dem Individuum eine hohe Selbstregulierungsfähigkeit zuspricht und ein starkes Erkenntnispotential zuerkennt, hat das Thema der Aggression offenbar keinen Platz mehr. Es scheint kein Zufall zu sein, dass sich die Verhaltensanalysen von Albert Bandura in den jüngeren Zeiten immer mehr von Aggression distanziert haben. Aggressives Verhalten wird von ihm anscheinend nur als Ausnahme

---

30 Die Fachzeitschrift „Internal Journal of Innovation and Sustainable Development" bezeichnet das von Albert Bandura 1986 in New Jersey veröffentlichte Werk „Social Foundations of Thoughts and Action: A Social Cognitive Theory" als sein „landmark book". Vgl. hierzu: Bandura, A.: Impending ecological sustainability through selective moral disengagement, in: Internal Journal of Innovation and Sustainable Development 2:1 (2007), S. 8–35.

31 Bandura, Albert: Social cognitive theory of mass communication, in: Bryant, J./Oliver, M. B. (Hrsg.), Media effects: Advances in theory and research, 2. Aufl., Mahwah, NJ 2009, S. 94–124 (S. 95).

betrachtet, das auftritt, wenn die selbst-regulierenden und selbst-reflektierenden Kognitivprozesse massiv gestört oder deaktiviert bzw. ausgeschaltet werden. Geschehen kann dies, wenn man aus seinen jüngeren Forschungsergebnissen ableiten darf, nur durch bewusst ausgewählte Lossagung von zivilisatorisch-moralischen Standards (*selective moral disengagement*), durch Aktivierung ideologisch verankerter Unmenschlichkeiten, oder durch ausgedehntes Trainieren (*extensive training*) zur Erzeugung eines grausamen Täters.[32]

Bei der Schlussbetrachtung der Aggressionstheorie ist auffällig, dass die Instinkt-Aggressionstheorie und die Frustrations-Aggressionstheorie im Laufe der letzten Jahrhzente langsam der Soziallerntheorie Platz gemacht haben. Gleichzeitig hat ein regelrechter Ausdifferenzierungsprozess stattgefunden, der zur Entstehung einer Reihe von neuen Forschungsansätzen bzw. Konzepten geführt hat. Zu ihnen zählen vor allem die „*Cognitive Neoassociation Theory*", die das aggressive Verhalten als sozial-psychologische Auswirkung eines kognitiven Erinnerungsnetzwerkes deutet, das auf wechselseitigen Assoziationen von aggressiven Begrifflichkeiten beruht; die aus der Soziallerntheorie stammende „*Script Theory*" von Huesmann, die die definierende und lenkende Bedeutung der „*scripts*"[33] für das gelernte Verhalten betont; die in der Frustration verwurzelte „*Excitation Transfer Theory*" von Zillmann, die auf die andauernde Wirkung der Aggression hinweist, wenn diese von zwei oder mehreren aufeinander folgenden abgeneigten Faktoren ausgelöst bzw. verstärkt wird; und die „*Social Interaction Theory*", die ihren Ursprung in der Soziallerntheorie hat, aber in Erweiterung dieser Theorie das aggressive Verhalten spezifisch als rationales und auf höhere Werte gezieltes Verhalten betrachtet.[34]

Craig A. Anderson und Brad J. Bushman vertreten die Auffassung, „*[that] research on human aggression has progressed to a point at which a unifying framework is needed.*"[35] Mit ihrem „*General Aggression Model*" (GAM) glauben sie, die existierenden Theorieansätze miteinander verbinden und unter ein Dach bringen zu können. Ihr vom kybernetischen Denken stark geprägtes GAM scheint in der Tat fähig zu sein, mit Hilfe der Begrifflichkeiten „*input*", „*routes*" und „*outcomes*" die verschiedenen Elemente, Prozesse und Strukturen, die die einzelnen Theorieansätze separat erforscht haben, in eine nachvollziehbaren Struktur zu integrieren. Trotz des schematischen Charakters,

32 Vgl. hierzu: Bandura, Albert: Moral disengagement in the perpetration of inhumanities, in: Personality and Social Psychology Review 3:1 (1999, Special Issue on Evil and Violence), S. 193–209; Ders.: A murky portrait of human cruelty, in: Behavioral and Brain Sciences, 29:3 (2006), S. 225–226; Ders.: Training in terrorism through selective moral disengagement, in: Forest, J. F. (Hrsg.): The making of a terrorist: recruitment, training and root causes (Vol. 2). Westport, CT 2006, S. 34–50.

33 Scripts/Skripts: Kognitive Programme für menschliche Verhaltensweisen, die teilautomatisiert ablaufen um komplexe Sinneswahrnehmung und Reize überhaupt verarbeiten zu können.

34 Vgl. hierzu: Anderson, Craig A./Bushman, Brad J.: Human Aggression, in: Annual Review of Psychology 53 (2002), S. 27–51 (insbesondere S. 29–33).

35 Ebenda.

der seine Elastizität bei der künftigen Anwendung der Aggressionsanalyse noch unter Beweis stellen muss, bleibt das GAM ein gelungener Versuch, der der Entwicklung der Aggressionstheorie einen neuen methodischen Impuls geben könnte.

In dieselbe Richtung, aber viel intensiver als das GAM-Modell, entwickelt sich die „Genetik der Politik" (*genetics of politics*) im 21. Jahrhundert.[36] Es handelt sich um die wissenschaftliche Beschäftigung mit der Einflussnahme der genetischen Evolution auf die ideologische Einstellung und das politische Verhalten des Menschen. Charakteristisch für diesen Forschungsansatz sind die Relativierung der Rolle des sozialen Lernens und die Anerkennung der Rolle der Gene bei der Bestimmung des politischen Verhaltens des Menschen. Der Ansatz beruft sich philosophisch auf Aristoteles' Postulat des Menschens als eines politischen Wesens und begündet sich mit der ontologischen Vorstellung: „*humans are, at heart, political animals*".[37]

Der Eindruck, dass die politische Verhaltensforschung aktuell eine deutliche Rückkehr zur natürlichen Veranlagungen des Menschen als dem entscheidenden Faktor zur Vorprägung des menschlichen Verhaltens erlebt, bleibt hartnäckig. Wie Peter K. Hatemi and Rose McDermott beobachten, befindet sich die politische Verhaltensforschung in einem Richtungswechselprozess: „*[T]he study of political traits is moving from one that assumes that preferences are socially derived to one that recognizes that beliefs are in part genetically informed, interacting with the environment in countless and reciprocal ways leading to a new understanding of the etiology of political outcomes.*"[38]

Weiterführende Literatur

Anderson, Craig A./Bushman, Brad J.: Human Aggression, in: Annual Review of Psychology 53 (2002), S. 27–51.
(Grundlagenartikel, welcher sich zwar hauptsächlich an Psychologen richtet, aber auch interdisziplinär sehr inspirierend ist.)

Bandura, Albert.: Training in terrorism through selective moral disengagement, in: Forest, J. (Hrsg.): The making of a terrorist: recruitment, training and root causes (Vol. 2). Westport, CT 2006, S. 34–50.
(Gelungener Aufsatz, welcher die Anwendbarkeit eines Aggressionstheoretischen Ansatzes verdeutlicht.)

Bandura, Albert: A murky portrait of human cruelty, in: Behavioral and Brain Sciences 29:3 (2006), S. 225–226.
(Fachartikel, der aber für Politologen, die sich in dem Feld tummeln, nicht auszulassen ist.)

36 Hatemi, Peter K. and McDermott, Rose: The genetics of politics: discovery, challenges, and progress, in: Trends in Genetics 28:10 (2012), S. 525–533.

37 Verhulst, Brad, Eaves, Lindon J. and Peter K. Hatemi: Correlation not Causation: The Relationship between Personality Traits and Political Ideologies, in: American Journal of Political Science 56:1 (2012), S. 34–51 (S. 51).

38 Hatemi, Peter K. and McDermott, Rose, a.a.O, S. 526.

Bandura, Albert: Aggression: A Social Learning Analysis, New Jersey 1973.
(Ein Klassiker, welcher auch heute noch sehr anregend ist.)

Bandura, Albert: Moral disengagement in the perpetration of inhumanities, in: Personality and Social Psychology Review 3:1 (1999, Special Issue on Evil and Violence), S. 193–209.
(Sehr spannender Artikel, der nicht nur für Psychologen von Interesse ist. Nicht für Einsteiger.)

Bandura, Albert: Social cognitive theory of mass communication, in: Bryant, J./Oliver, M. (Hrsg.): Media effects: Advances in theory and research, 2. Aufl., Mahwah, NJ 2009, S. 94–124.
(Theoretischer Grundlagenartikel mit Übersichtscharakter, der nicht ganz leicht zugänglich ist.)

Berkowitz, Leonard/Harmon-Jones, Eddie: Toward an Understanding of the Determinants of Anger, in: Emotion 4:2 (2004), S. 107–130.
(Berkowitz, einer der führenden Köpfe der Aggressionsforschung, in klaren und prägnanten Worten. Auch für Einsteiger zu empfehlen.)

Elad-Strenger, Julia and Mintz, Alex: Political Psychology, in: The International Encyclopedia of Political Communication, edited by Gianpietro Mazzoleni, John Wiley & Sons, Hoboken (NJ), 2015, S. 1–10.
(Sehr gut strukturierte Einleitung in die Disziplin „Politische Psychologie". Besonders empfehlenswert für Studienanfänger.)

Hatemi, Peter K. and McDermott, Rose: The genetics of politics: discovery, challenges, and progress, in: Trends in Genetics 28:10 (2012), S. 525–533.
(Ausgezeichneter Überblick über die neueren Veröffentlichungen im Bereich der „Genetik der Politik", der als ein guter Einstieg in diesen Forschungsbereich dienen kann.)

Lorenz, Konrad: Das sogenannte Böse. Zur Naturgeschichte der Aggression, 4. Aufl., Wien 1964.
(Der deutschsprachige Klassiker zum Thema von Lorenz. Biologischer/naturwissenschaftlicher Schwerpunkt.)

Verhulst, Brad, Eaves, Lindon J. and Peter K. Hatemi: Correlation not Causation: The Relationship between Personality Traits and Political Ideologies, in: *American Journal of Political Science* 56:1 (2012), S. 34–51.
(Ein wissenschaftlicher Aufsatz mit hoher Qualität, der die traditionelle Vorstellung von einer kausalistischen Beziehung zwischen Persönlichkeitszügen und politischem Verhalten in Frage stellt und versucht, durch empirische Untersuchungen beide Katagorie als Funktionen gemeinsamer Gene nachzuweisen.)

13 Systemtheorie

Das Wort „System" gehört zu den Begriffen, die in der wissenschaftlichen Literatur inflationär verwendet werden und daher analytische Unschärfe aufweisen. Ernst-Otto Czempiel spricht sogar von einer *„Proliferation des Systembegriffs, die ihn fast schon unbrauchbar gemacht hat"*.[1] Die systemtheoretische Verwirrung, die von einer Unzahl von systemischen Ansätzen, Konzepten und Modellen hervorgerufen wurde, ist so störend, dass viele Wissenschaftler nicht mehr bereit zu sein scheinen, die Systemtheorie als eine „anständige" Theorie zu behandeln. So wurde sie in den neueren deutschen und englischen Lehrbüchern zu den Theorien der Internationalen Beziehungen, die nach der Wende des Jahrtausends veröffentlicht wurden,[2] überhaupt nicht vorgestellt. Georg Simonis spricht der Systemtheorie die Fähigkeit ab, *„substanzielle Erkenntnisgewinne"*[3] in einem erwarteten Maße zu liefern.

Ist die Systemtheorie wirklich so verkommen, dass sie nicht mehr zu retten ist? Um diese Frage beantworten zu können, erscheint es sinnvoll und notwendig, zunächst grundsätzlich zu erklären, was die Systemtheorie unter dem Begriff „System" versteht und inwiefern sich die systemtheoretische Denkweise von anderen unterscheidet. Dieser Schritt ist wichtig, zumal es viele Wissenschaftler gibt, die zwar den Begriff „System" verwenden, aber nicht systemtheoretisch denken. Wenn wir eine Theorie aber verwerfen, nur weil sie von vielen missverstanden oder gar missbraucht wird, wäre dies ein unverzeihlicher Fehler. Daher erscheint weiterhin die Notwendigkeit gegeben, sich mit der „Systemtheorie" auseinanderzusetzten.

13.1 Was ist ein System? – System und Systemeigenschaften

In der modernen Sprache wird das Wort „System" zur Beschreibung von verschiedenen empirischen Phänomenen verwendet. Eine allgemein anerkannte und akzeptierte Definition für System scheint es nicht zu geben. Allerdings können die als System bezeichneten Phänomene allgemein in zwei Kategorien eingeteilt werden: System im Sinne der Systematik und System im Sinne eines dynamischen Gegenstandes.[4]

1 Czempiel, Ernst-Otto: Internationale Politik, Paderborn u. a. 1981, S. 93f.

2 Vgl. hierzu stellvertretend: Krell, Gert: Weltbilder und Weltordnung, 3. Aufl., Baden-Baden 2003; Schieder, Siegfried/Spindler, Manuela (Hrsg.): Theorien der Internationalen Beziehungen, 2. Aufl., Opladen 2006; Griffiths, Martin (Hrsg.): International Relations Theory for the Twenty-First Century, London 2007; Dunne, Tim/Kurki, Milja/Smith, Steve (Hrsg.): International Relations Theories, Oxford 2007.

3 Simonis, Georg: Systemtheorie, in: Nohlen, Dieter (Hrsg.): Internationale Beziehungen, München 1994, S. 519–526 (523f.).

4 Vgl. Hassenstein, Bernhard: Element und System – Geschlossene und offene Systeme, in: Kurzrock, Ruprecht (Hrsg.): Systemtheorie, Berlin 1972, S. 29–38 (S. 29).

https://doi.org/10.1515/9783486855081-013

Ein System im Sinne der Systematik ist eine „sinnvolle Ordnung", in der verschiedene Kategorien systematisch eingeordnet werden. Ein typisches Beispiel dafür ist eine Bibliothekssystematik, in der verschiedene Fächer nach der wissenschaftlichen Klassifikation organisiert bzw. eingeordnet werden. Diese Art von Systemen im Sinne eines Werkzeuges zur Dateneinordnung kennt die Systemtheorie nicht.

Systeme im Sinne der Systemtheorie sind dynamische Systeme. Ein dynamisches System ist *„ein Gebilde aus Elementen, die wechselseitig Wirkungen aufeinander ausüben"*. Ein solches dynamisches System stellt zum Beispiel das Sonnensystem dar, dessen Elemente – die Sonne und die Planeten – *„miteinander in Wechselwirkung [stehen], beispielsweise durch die Schwerkraft, die sie aufeinander ausüben"*. Auch das Lebewesen ist ein dynamisches System im Sinne der Systemtheorie. Ein *„Leben"*, so Hassenstein, *„ist das Zusammenwirken von an sich leblosen Komponenten"*.[5]

Die dynamischen Systeme umfassen zwei Arten von Systemen: die geschlossenen und die offenen Systeme. Die geschlossenen Systeme zeigen ihre Systemerscheinungen, ohne dabei mit ihrer Umwelt in Wechselwirkung zu stehen. Hingegen stehen die offenen Systeme in Materie-, Energie- oder Informationsaustausch mit der Umgebung, um ihre Systemerscheinungen offenbaren zu können.[6]

Aufgrund dieses Systemverständnisses ist die systemtheoretische Denkweise durch zwei Merkmale gekennzeichnet: Zum einen die Abweichung von der konventionellen kausalen Denkweise der Wissenschaft, zum anderen die Unterscheidung zwischen Systemleistungen und Systemsumme.

Traditionell geht man bei der Erklärung natürlicher, aber auch gesellschaftlicher Erscheinungen von einer kausalen Beziehung zwischen zwei Variablen aus. *„Man variiert eine Variable und sieht nach, was dabei herauskommt."* Die Systemtheorie weicht aber von diesem Denkmuster ab. Sie geht nicht mehr von *„linearen Kausalketten von Ursachen und Wirkung, sondern von Wechselwirkungen im System"* aus.[7]

Die Systemtheorie betrachtet ein bestimmtes Phänomen nicht als ein Resultat der Variation einer Variabel, sondern als Leistung des Zusammenspiels von Elementen, die *„miteinander in dynamischer Wechselwirkung stehen. Die Eigenschaften der Elemente und die Gesetze ihres Zusammenwirkens bedingen die Systemeigenschaften"*, so Hassenstein.[8]

Der zweite zentrale Charakter der systemtheoretischen Denkweise ist ihre feste Überzeugung von und aufschlussreiche Begründung der klassischen These: „Das Ganze ist mehr als die Summe seiner Teile." Das System hat Fähigkeiten, die seinen einzelnen Elementen nicht zustehen bzw. die nur im Ganzen hervorgebracht werden können.

---

5 Ebenda, S. 30ff.

6 Bertalanffy, Ludwig: Vorläufer und Begründer der Systemtheorie, in: Kurzrock, Ruprecht (Hrsg.): Systemtheorie, Berlin 1972, S. 17–28 (S. 23); siehe auch Hassenstein, ebenda, S. 37.

7 Bertalanffy, a. a. O., S. 19.

8 Hassenstein, a. a. O., S. 33.

Die Summe der Einzelfähigkeiten der Elemente ist somit nicht gleich den Fähigkeiten des Systems. Die Systemeigenschaften, auch als Systemleistungen bezeichnet, zeigen sich nur dann, wenn die Elemente in bestimmter Weise in Beziehung gesetzt werden und nach bestimmten Verhaltensmustern aufeinander Einfluss nehmen. In diesem Sinne spricht man vom „Emergenzcharakter“ des Systems. Emergenz des Systems zeigt sich, „*wenn durch mikroskopische Wechselwirkung auf einer makroskopischen Ebene eine neue Qualität entsteht, die nicht aus den Eigenschaften der Komponenten hergeleitet werden kann, aber dennoch allein in der Wechselwirkung der Komponenten besteht.*“[9]

Die Systemtheorie bekräftigt die Nichtreduzierbarkeit von Systemleistungen auf die Eigenschaften der einzelnen Elemente und verwirft somit die linear-kausalistische Denkweise anderer Ansätze. Für Systemtheoretiker hängen die Systemleistungen, also die Emergenz, nicht entscheidend von den Eigenschaften der Systemelemente ab, sondern von der Art der Beziehungen der Komponenten untereinander. Nach der Systemtheorie können auch Phänomene entstehen, die – durch die Wechselwirkungen zwischen den Elementen bestimmt – möglicherweise sogar kontraintuitiv den Eigenschaften der Elemente zu widersprechen scheinen.[10] Das Phänomen der Kooperation unter Egoisten stellt eine typische Systemerscheinung dar. Denn Egoisten neigen von der Eigenschaft her nicht dazu, miteinander zusammenzuarbeiten. Aber die Wechselwirkungen zwischen ihnen können Strukturen herbeiführen, die sie zur Kooperation zwingen. Dadurch entsteht ein Phänomen, das sie im Einzelnen nicht schaffen, aber auch durch eine einfache Addierung, also die Summe ihrer egoistischen Eigenschaften, nicht erreichen können; erst die besonderen Wechselbeziehungen machen es möglich.

13.2 Systemtheorie und ihre Variationen

Während alle Systemtheoretiker von einem Systembegriff als einem dynamischen, von Wechselbeziehungen zwischen den Elementen erfassten Gegenstand ausgehen, versuchen sie doch von verschiedenen Perspektiven aus, die Systemerscheinungen zu erfassen. Grob eingeteilt lassen sich vier Variationen der Systemtheorie beobachten: Die allgemeine Systemtheorie, die Kybernetik, die strukturell-funktionalistische Systemtheorie und die Chaostheorie.

9 Krohn, Wolfgang/Küppers, Günter: Zur Emergenz systemspezifischer Leistungen, in: Dies. (Hrsg.): Emergenz: Die Entstehung von Ordnung, Organisation und Bedeutung, Frankfurt 1992, S. 161–188 (S. 398).

10 Bohnen, Alfred: Die Systemtheorie und das Dogma von der Irreduzibilität des Sozialen, in: Zeitschrift für Soziologie 23:4 (1994), S. 292–305.

Die allgemeine Systemtheorie

Die allgemeine Systemtheorie entstand in den 20er Jahren des 20. Jahrhunderts. Inspiriert wurde sie vor allem von Aristoteles' Philosophie, insbesondere von seiner bereits angesprochenen These „*Das Ganze ist mehr als die Summe seiner Teile.*"[11]

Auch die Idee der „*hierarchischen Ordnung im Universum, worin Elemente zu immer höheren Einheiten zugeschlossen sind, – von den Elementarpartikeln der Physik zu Atomen, Molekülen, zu lebenden Zellen, Geweben, Organen und vielzelligen Organismen und darüber hinaus zu überindividuellen Systemen, zum Beispiel Ökosystemen, Tiergesellschaften, menschlichen Sozialeinheiten, Organisationen und Kulturen*"[12] – gehört nach dem Verständnis von Ludwig Bertalanffy, des Begründers der allgemeinen Systemtheorie, zu den geistigen Ursprüngen dieser Theorie.

Der entscheidende Impuls zur Theoriebildung der Systemtheorie kam jedoch aus der organismischen Biologie. Bei den Versuchen der Erklärung des Lebensphänomens wurde die „Systemtheorie des Organismus" entwickelt. Das „Lebendigsein" wurde als eine dynamische und organismische Systemerscheinung begriffen. Bertalanffy und seine Gleichgesinnten glauben, dass die organismische Auffassung auf die Analyse von Phänomenen in allen anderen Bereichen übertragbar ist wie auf die Bereiche der Physik, der Chemie, der Soziologie, der Ökonomie und der Politik. Ihre zentrale Hypothese lautet: „*Zwischen an sich verschiedenen Systemen bestehen Gleichförmigkeiten oder – um mit einem systemtheoretischen Fachjargon zu sprechen – Isomorphien in gewissen allgemeinen Prinzipien.*"[13]

Auf dieser Hypothese gründete Bertalanffy die „allgemeine Systemtheorie". Er definiert diese Theorie als „*ein logisch-mathematisches Gebiet, dessen Aufgabe die Formulierung und Ableitung jener allgemeinen Prinzipien ist, die für ‚Systeme' schlechthin gelten.*"[14] Diese allgemeinen Prinzipien sollen in allen Systemen – „*von den atomaren Partikeln über die Atome, zu Molekülen, Kristallen, Zellen, Organen, Individuen, Kleingruppen, Gesellschaften, Planeten, Sonnensystemen und Milchstraßen*"[15] – von der spezifischen Natur der Komponenten und ihrem konkreten Inhalt abstrahiert werden.

Die bekanntesten „Isomorphien", die für alle offenen Systeme gelten sollen, sind die sogenannte *Anamophose, Äquifinalität und Identitätsbewahrung.* Unter *Anamophose* versteht man in der Systemtheorie den „*Übergang [eines Systems] zur höheren Organisation und Differenzierung eines anfänglich undifferenzierten Systems*". Die Anamophose kann sich deswegen vollziehen, weil das System ständig im Materie-, Energie- oder Informationsaustausch steht. Die *Äquifinalität* bezeichnet die Fähigkeit eines

---

11 Aristoteles zitiert nach Bertalanffy, a. a. O., S. 18.

12 Ebenda.

13 Bertalanffy, a. a. O., S. 21.

14 Ebenda.

15 Narr, Wolf-Dieter: Systemzwang als neue Kategorie in Wissenschaft und Politik, in: Koch, Claus/ Senghaas, Dieter (Hrsg.): Texte zur Technokratiediskussion, 2. Aufl., Frankfurt a. M. 1971, S. 218–245.

Systems, durch Zusammenwirken seiner Elemente nach bestimmten Verhaltensmustern auch bei verschiedenen Ausgangsbedingungen den gleichen Endzustand zu erreichen. Hingegen wird unter Identitätsbewahrung die Fähigkeit eines Systems verstanden, im Lauf seiner Existenz seine Systemerscheinungen zu bewahren. Hassenstein veranschaulicht am Beispiel des Lebens als Systemerscheinung diese Fähigkeit so: „*[Das Leben] ist für seine Existenz darauf angewiesen, in Form der Nahrung sowohl Substanz als auch Energie aufzunehmen. Das Lebewesen bleibt sich jedoch im Lauf seiner Existenz identisch, obwohl der größte Teil seiner Substanz nach und nach ausgewechselt wird. Was sich gleich bleibt, ist also nicht die Substanz, sondern die Form des Ganzen und sind [...] die Systemerscheinungen.*“[16]

Diese Systemerscheinung bezeichnet Robert Jervis als „*System Effects*“[17]: „*For Jervis*“, so interpretiert Stephen M. Walt sein Verständnis von Systemerscheinung, „*a system effect exists whenever ‚(a) a set of units or elements is interconnected so that changes in some elements or their relations produce changes in other parts of the system, and (b) the entire system exhibits properties and behaviors that are different from those of the parts.*‘ “[18]

Die Kybernetik

Die zweite Variation der Systemtheorie ist die Kybernetik, die Norbert Wiener 1948 als Wissenschaft in Bezug auf die „*Regelung und Nachrichtenübertragung in Lebewesen und Maschinen*“[19] begründet hat. Der Begriff Kybernetik hat seinen semantischen Ursprung im griechischen Wort „*kybernetes mit der Bedeutung ‚Steuermann‘, der das Boot auf den richtigen Kurs bringt*“.[20]

Indem er versucht, mit Hilfe dieser Metapher die Bewegung eines dynamischen Systems zu beschreiben und zu erklären, setzte Wiener die Tradition des politischen Denkens seit Machiavelli fort, mit Hilfe von Analogien Politik und politische Phänomene zu erfassen und zu begründen. Bekanntlich hatte Machiavelli ein sehr negatives Menschenbild. Er hielt den Menschen für ehrgeizig, wankelmütig, egoistisch und undankbar. Um seinen anthropologischen Pessimismus noch stärker zum Ausdruck zu bringen, entwickelte Machiavelli metaphorisch einen in ein Schwein verwandelten Menschen, durch dessen Mund der Denker Kritik an den egoistischen Menschen übte. Das Schwein beklagte sich über die schlechte Natur des Menschen und glaubte, dass der

16 Hassenstein, a. a. O., S. 37.

17 Jervis, Robert: System effects: complexity in political and social life, Princeton, NJ: Princeton University Press 1997.

18 Walt, Stephen M.: The Hidden Nature of Systems, in: The Atlantic (September 1998), S. 1–11 (S. 2).

19 So lautet der Titel seines Hauptwerkes: Wiener, Norbert: Kybernetik oder Regelung und Nachrichtenübertragung in Lebenswesen und Maschinen, Düsseldorf 1968 (zuerst erschienen 1948).

20 Behrens, Henning/Noack, Paul: Theorien der Internationalen Politik, München 1984, S. 71.

Mensch noch schwächer als Tiere, noch begehrlicher, noch unfähiger, die Begierde in Grenzen zu halten, und deshalb noch unglücklicher sei. Aufgrund dieser Überzeugung, so postulierte Machiavelli, lehnte das Schwein entschieden ab, seine ursprüngliche Gestalt als Mensch wieder anzunehmen.[21]

Auch Thomas Hobbes versuchte in seinem Werk „Leviathan" das Phänomen des Nationalstaats begreiflich zu machen, indem er den Staat als einen künstlichen Menschen postulierte. Staatliche Souveränität wurde dementsprechend als eine künstliche Seele dargestellt, Beamte als künstliche Gelenke eines Staatswesens, Belohnung und Strafe als künstliches Nervensystem usw. Souveränität, Beamte, Belohnung und Strafe in einem Staatswesen sollen ähnliche Funktionen haben wie die Seele, die Gelenke und das Nervensystem in einem menschlichen Körper.[22]

Politische Prozesse mit Hilfe von kybernetischen Modellen begreiflich zu machen, ist auf diese Tradition zurückzuführen. Kybernetik betrachtet alle Organisationen als selbststeuernde Maschinen, *„die auf ihre Umgebung und auf die Auswirkungen ihres eigenen Verhaltens reagieren, Informationen aufbewahren, verarbeiten und verwenden und in einigen Fällen sogar eine begrenzte Fähigkeit zum Lernen haben können."*[23]

Das kybernetische System ist ein offenes System, das mit seiner Umwelt ständig im Austausch steht. Diese *„Umweltoffenheit"*[24] ist dadurch gekennzeichnet, dass das System mit seiner Umwelt über die sogenannten *inputs* und *outputs* in Kontakt tritt. Während die Inputs mit den Umwelteinwirkungen auf das System gleichgesetzt werden, stehen Outputs für die Reaktionen des Systems, die wieder an die Umwelt zurückgegeben werden. Aus den Wechselwirkungen zwischen *in- und outputs* entsteht die Verhaltensweise des Systems.

Wie das Wort „Kybernetik" mit seiner Bedeutung „Steuermann" schon verrät, verfolgt jedes kybernetische System ein bestimmtes Ziel. Nach Wiener hat ein kybernetisches System die Fähigkeit, die Diskrepanz zwischen dem Ziel (Soll-Wert) und dem Zustand des Systems (Ist-Wert) durch den so genannten Rückkopplungsmechanismus aufzudecken und den Kurs des Systems zu steuern. Unter Rückkopplung oder einem Feedback-Kreis wird die Fähigkeit verstanden, auf eigenes Verhalten zu reagieren. Dies geschieht dadurch, dass die Auswirkungen des Outputs des Systems als neue Input-Informationen aufgenommen, verarbeitet, gespeichert und nach Auswertung in Form von Outputs wieder an die Umwelt zurückgegeben werden. Ein Rückkopplungseffekt liegt z. B. vor, wenn ein Geschoss zu einem Zielpunkt geleitet wird, *„indem die Abweichungen von dem zu erreichenden Sollwert in den Input der Maschine zurückgeführt*

21 Buck, August: Machiavelli, Darmstadt 1985, S. 41f.

22 Vgl. hierzu Senghaas, Dieter: Informations- und Rückkopplungsprozesse bei Entscheidungen in Regierung und Verwaltung, in: Kurzrock, Ruprecht (Hrsg.): Systemtheorie, Berlin 1972, S. 91–102 (S. 91f.).

23 Deutsch, Karl: Ein einfaches kybernetisches Modell, in: Haftendorn, Helga (Hrsg.): Theorie der Internationalen Politik, Hamburg 1975, S. 275–296 (S. 279).

24 Dorn, Charlotte: Das kybernetische Gesellschafts- und Kommunikationsmodell bei Georg Klaus. Eine Kritik an der kybernetischen Systemtheorie, Münster 1979, S. 38.

werden, so dass die Maschine sozusagen empfindet, wie weit sie noch vom Ziel entfernt ist und sich diesem zunehmend annähert".[25]

Obwohl sich die allgemeine Systemtheorie und die Kybernetik beide mit dynamischen Systemen befassen, lassen sich eine Reihe von Unterschieden zwischen ihnen nicht übersehen. Vor allem haben sie eine unterschiedliche intellektuelle Herkunft. Die allgemeine Systemtheorie stammt aus der Biologie und entwickelte sich aus der Systemtheorie des Organismus. Der intellektuelle Ursprung der Kybernetik liegt hingegen in der Kontrolltechnologie. Die kybernetische Theoriebildung bekam ihre Inspiration in erster Linie von der „*selbststeuernden, geschlossen fortschreitenden Automation und der Entwicklung von Computern.*"[26]

Zweitens steht im Mittelpunkt der allgemeinen Systemtheorie ein System von Elementen, die wechselseitig und simultan Wirkungen aufeinander ausüben. Hingegen sieht die Kybernetik das System als eine selbstregulierende „black box" der Kommunikation an. Die allgemeine Systemtheorie beschreibt das Systemverhalten als eine Systemleistung, die durch Zusammenwirken der Systemelemente nach bestimmten Verhaltensmustern entsteht. Hingegen illustriert die Kybernetik das Systemverhalten als Ergebnis von Wechselwirkungen zwischen Inputs, Outputs und Rückkopplungen.

Drittens – das soll der entscheidende Unterschied zwischen den beiden systemtheoretischen Variationen sein – kennt die allgemeine Systemtheorie keine zentrale Instanz, die den Kurs des Systems steuert. Hingegen postuliert die Kybernetik eine Steuerungsinstanz, die aufgrund der Feedback-Fähigkeit das System in die Zielrichtung lenkt.

Dieser Steuerungsinstanz wird eine Reihe von Fähigkeiten zugesprochen. Vor allem verfügt sie über ein Bewusstsein und kann sich an die Vergangenheit erinnern. Aufgrund dieser Fähigkeit werden Informationen aufgenommen und verarbeitet. Dadurch entsteht die Selbstregulierungsfähigkeit, die das Wesentliche des kybernetischen Systems ausmacht. Als selbstregulierende Organisation gilt nach Ansicht der Kybernetik jedes System, das Organisation, Kommunikation und Steuerung aufweist. Außerdem ist sie kommunikationsfähig. In der Kybernetik wird unter Kommunikation die Übermittlung von Nachrichten verstanden, wobei Nachricht als in bestimmten Strukturbeziehungen stehende Signale definiert wird. Nur durch Kommunikation entsteht Organisation und sie, die Kommunikation, ist der zusammenhaltende Faktor der Organisation. Zudem ist die Steuerungsinstanz lernfähig. Unter Lernfähigkeit versteht man in der Kybernetik die auf dem Rückkopplungseffekt beruhende Fähigkeit zur Veränderung von Zielsetzungen und zur internen Neuordnung, um das Ungleichgewicht des Systems zu verringern und neue Ziele zu erreichen. Dabei wird aber auch die Möglichkeit des sogenannten pathologischen Lernens erkannt. Vom pathologischen Lernen spricht man, wenn die Steuerungsinstanz Aktivitäten einleitet, die eine interne Neuordnung erzeugt, welche die zielstrebige Leistung des Systems verringert. In diesem Falle wird

25 Bertalanffy, a. a. O., S. 25.
26 Ebenda.

auch von Fehlleistungen im Lernprozess gesprochen.[27] Welche Bedeutung dieses pathologische Lernen für die Analyse der Fragen der internationalen Politik hat, wird später ausführlich erörtert.

Die strukturell-funktionalistische Systemtheorie

Die dritte Variation der Systemtheorie stellt die von Talcott Parsons[28] entwickelte strukturell-funktionalistische Systemtheorie dar. Während die allgemeine Systemtheorie von Bertalanffy und die Kybernetik von Wiener den Anspruch auf eine Gültigkeit für alle natürlichen und gesellschaftlichen Phänomene erheben, beschränkt Parsons die Gültigkeit seiner strukturell-funktionalistischen Systemtheorie nur auf die gesellschaftlichen und politischen Organisationsformen der Menschen. Dementsprechend dreht sich seine Theorie im Wesentlichen um den Kernbegriff „Soziales System".

Parsons soziales System ist *„ein offenes System, [...] das mit den es umgehenden Systemen in Austauschprozessen steht."*[29] Charakteristisch für dieses System ist es, dass es ständig nach bestimmten Zielen strebt. Dabei steht die Systemerhaltung an der Spitze der Prioritätenskala. Ihm zufolge muss ein soziales System vier Funktionen erfüllen, um sich erhalten zu können. Diese sind Anpassung an die Umwelt (*adaption*), Zielbefriedigung (*goal-attainment*), Integration der Elemente (*integration*) und Strukturerhaltung (*long pattern-maintenance*). Nach diesem sogenannten *AGIL-Schema* soll ein soziales System in vier Subsysteme strukturiert werden: Wirtschaftssystem, Kultursystem, politisches System und Normensystem.[30]

Die strukturell-funktionalistische Systemtheorie ist insofern nicht originaler als die Begriffe, mit denen sie arbeitet, die überwiegend von mechanischen und organismischen Bereichen übernommen wurden. Sie kann in gewissem Sinne als ein Ergebnis der Übertragung der allgemeinen Systemtheorie und Kybernetik auf die Sozialwissenschaften angesehen werden.

Die strukturell-funktionalistische Systemtheorie betrachtet Gesellschaft als ein System mit einer Zahl von funktional aufeinander bezogenen Elementen und fragt nach der Funktion der Elemente und deren Strukturen für Erhaltung oder Veränderung eines Zustandes des Systems. Der Sinn des Systems, Stabilitätsbedingungen des Systems, Beziehungen zwischen Strukturen und Funktionen im Hinblick auf den Systemzweck stehen im Mittelpunkt der strukturell-funktionalistischen Systemtheorie. Vor allem versucht diese Theorie zu erklären, warum bzw. unter welchen Bedingungen sich ein

27 Zur kybernetischen Kommunikations-Lernfähigkeit vgl. Deutsch, Karl: Politische Kybernetik. Modelle und Perspektiven, Freiburg 1969, insbesondere S. 133ff.

28 Parsons, Talcott: Das Problem des Strukturwandels: eine theoretische Skizze, in: Zapf, Wolfgang (Hrsg.): Theorien des Sozialwandels, 2. Aufl., Köln 1970, S. 35–53.

29 Ebenda, S. 35.

30 Beyme, Klaus: Die politischen Theorien der Gegenwart, 3. Aufl., München 1976, S. 177f.

soziales System wandelt, welche Wirkungen die Wandeltendenzen auf die betroffenen Strukturen haben, und ob es möglich ist, Trends und Muster des Strukturwandels von sozialen Systemen zu verallgemeinern.[31]

Die Chaostheorie

Die vierte Variation der Systemtheorie ist die sogenannte Chaostheorie. Chaostheorie als eine Art von Systemtheorie zu bezeichnen, scheint auf den ersten Blick widersprüchlich zu sein. Denn was als „chaotisch" gilt, hat in der Regel mit „systemisch" nichts zu tun und umgekehrt. Aber wenn man den Gegenstand der Chaostheorie unter die Lupe nimmt und ihre nicht-kausalistische Denkweise kennt, reduzieren sich die Bedenken.

Ähnlich wie die allgemeine Systemtheorie und die Kybernetik beschäftigt sich die Chaostheorie mit dynamischen Gegenständen. Der Unterschied liegt darin, dass die ersten beiden Theorien ihr Augenmerk auf die Systemstabilität richten, während die letztere sich darauf konzentriert, rasch auftauchende Wandlungsprozesse und plötzliche Umbrüche des Systems als Chaos zu erklären.

Die Chaostheorie ist eine *„Systemtheorie neuerer Art"*.[32] Sie entstand mit der Entdeckung chaotischer Prozesse in der Thermodynamik durch Ilya Prigogine und seiner Mitarbeiterin Isabelle Strengers.[33] Aber auch die Entdeckung maximaler Veränderungen der Effekte bei minimaler Veränderung der Ausgangswerte durch den US-amerikanischen Mathematiker und Meteorologen Edward Lorenz (1917–2008) im Jahre 1963 hat bereits einen entscheidenden Beitrag zur Entstehung der Chaostheorie geleistet. In seinem Artikel *„Deterministic non-periodic flow"* erklärte Lorenz diese Theorie mit dem sogenannten „Schmetterlingseffekt": Wenn ein Schmetterling in Beijing mit seinen Flügeln flattert, kann er in Texas einen Tornado auslösen, so die pointierte Aussage von Lorenz.[34]

Unter chaotischen Prozessen werden diejenigen Prozesse verstanden, die wegen ihrer sensitiven Abhängigkeit von den Anfangsbedingungen langfristig nicht vorhersehbar sind. Gemäß den drei Grundannahmen der Chaostheorie sind sie nicht vorhersehbar, weil:

1. der Prozess keine lineare Entwicklung, sondern ein dynamisches Wechselspiel zwischen linearen und nicht-linearen Entwicklungen darstellt. Deshalb gilt die

31 Parsons, a. a. O., S, 37.

32 Siedschlag, Alexander: Neorealismus, Neoliberalismus und postinternationale Politik: Beispiel internationale Sicherheit – theoretische Bestandsaufnahme und Evaluation, Opladen 1997, S. 393.

33 Prigogine, Ilya/Strengers, Isabelle: Dialog mit der Natur: Neuer Weg des naturwissenschaftlichen Denkens, München 1986.

34 Lorenz, Edward: Deterministic non–periodic flow, in: Journal of Atmospheric Sciences 20 (1963), S. 130–141; Ders.: Designing Chaotic Models, in: Journal of the Atmospheric Sciences 62:5 (2005), S. 1574–1587.

Annahme: Gleiche Ursachen müssen nicht immer gleiche Folgen haben und kleine Änderungen können unverhältnismäßig weitreichende Folgen hervorrufen.

2. der Prozess eine Komplexität der Interaktionen innerhalb eines Systems aufweist. Dies bedeutet, dass auch die genaue Kenntnis des Anfangszustandes es nicht erlaubt, das Verhalten eines Systems für lange Zeit vorherzusagen. Allerdings stellt die Chaostheorie die Prognostizierbarkeit verschiedener Szenarien nicht in Frage.
3. der Prozess sich nicht notwendigerweise immer in einem chaotischen Zustand befindet. Durch Austausch mit der Umwelt (d. h. neue frei verfügbare Energie importieren und nicht frei verfügbare Energie exportieren) kann das System Kraft für Selbsterneuerung und damit eine neue Quelle für Stabilität gewinnen.[35]

Dabei zeigt sich der Doppelcharakter eines chaotischen Systems besonders deutlich: Einerseits kann das System bei einer minimalen Veränderung bestimmter Einflussgrößen plötzlich durch elementare Wandlungen erfasst werden, die vorher nicht erkennbar waren; andererseits kann sich ein chaotisches System entgegen den normalen Erwartungen gegenüber massiven Einwirkungen externer Faktoren als weitgehend resistent erweisen, was zur Stabilisierung des Systems führen kann.[36]

Was den systemtheoretischen Charakter der Chaostheorie besonders vor Augen führt, ist ihr kompromissloser Bruch mit dem traditionellen kausalistischen Denkmuster. Der immer noch weit verbreiteten Annahme, wonach ähnliche Ursachen ähnliche Wirkungen nach sich ziehen, erteilt die Chaostheorie eine kategorische Absage.[37] Laut ihrer Aussage heißt es wie bereits angesprochen: Gleiche Ursachen müssen nicht immer gleiche Folgen haben und Systemveränderungen sind unberechenbar und damit „chaotisch“.

13.3 Die Anwendbarkeit der Systemtheorie auf die internationalen Beziehungen

Die Frage nach der Anwendbarkeit der Systemtheorie bei der Analyse der internationalen Politik ist identisch mit der Frage, ob das internationale Geschehen mit Hilfe des systemtheoretischen Denkens beschrieben, erklärt und prognostiziert werden kann. Da wir hier vier Variationen der Systemtheorie haben, kann die Antwort auf diese Frage nicht pauschal gegeben werden. Sie muss differenziert beantwortet werden.

---

35 Vgl. Landfried, Christine: Chaostheorie: Die neuen Sichtweisen von Kausalität, Komplexität und Stabilität, in: Beyme, Klaus/Offe, Claus (Hrsg.): Politische Theorien in der Ära der Transformation, Opladen 1996 (PVS Sonderheft 26/1995), S. 251–266.

36 Willke, Helmut: Systemtheorie II: Interventionstheorie, Stuttgart 1996, S. 185ff.

37 Vgl. hierzu: Crutchfield, James P. u. a.: Chaos, in: Spektrum der Wissenschaft (Hrsg.): Chaos und Fraktale, Heidelberg 1989, S. 8–20.

Die *strukturell-funktionale Systemtheorie* von Parsons scheint zur Analyse der Fragen der internationalen Beziehungen nicht geeignet zu sein. Zum einen hat sein organisiertes soziales System völlig andere Strukturen als die des internationalen Systems, welches maßgeblich durch Anarchie geprägt ist. Zum anderen – selbst wenn wir die Analyseebene des internationalen Systems auf die der nationalen Außenpolitik reduzieren – greift sein strukturell-funktionales Denken nicht, weil es eine zentrale übergeordnete Instanz nicht kennt, was dem außenpolitischen Entscheidungsprozess nicht entspricht. Sein System – wie oben vorgestellt – umfasst vier Teilsysteme, die zwar eine unterschiedliche Rolle spielen, aber gleichberechtigt sind und daher keine dominierende Zentralinstanz kennen.

Die *Chaostheorie* könnte zur Erklärung von plötzlich auftauchenden internationalen Ereignissen herangezogen werden. Dies gilt sowohl für völlig unerwartete Umbrüche wie den Zerfall der Sowjetunion 1991 oder den Ausbruch des Korea-Krieges 1950, als auch für Formen überraschender Kooperation wie die Öffnung Nordkoreas für den Tourismus aus Südkorea im November 1998. Auch das plötzliche Scheitern der Kopenhagener Klimakonferenz im Dezember 2009 dient als ein potentielles Anwendungsobjekt für die Chaostheorie. Aber die Chaostheorie ist noch jung und es liegt noch keine nennenswerte Untersuchung vor, die versucht, das „chaotische Denken" auf die Analyse der internationalen Politik zu übertragen. Ob diese Theorie für die Disziplin der Internationalen Beziehungen fruchtbar gemacht werden kann, bleibt daher abzuwarten.

Ermutigende Entwicklungen lassen sich jedoch bereits in zahlreichen neueren Veröffentlichungen beobachten, die sich intensiv mit der „complexity theory" und deren Anwendung im Bereich der internationalen Beziehungen beschäftigen. Die „complexity theory" hat ihren Ursprung in der mathematischen Forschung von nicht-linearen dynamischen Systemen. Entstanden in den 60er Jahren des letzten Jahrhunderts und aus der Kybernetik und Chaostheorie stammend, ist die „complexity theory" in der Wirtschaftswissenschaft, Umweltforschung und in der Militärstrategie weit verbreitet.[38] Seit dem Ende des Kalten Kriegs findet sie auch immer mehr Interesse bei Politikwissenschaftlern, insbesondere bei denjenigen, die die vorhandenen Theorien der Internationalen Beziehungen als unzulänglich betrachten, Veränderungen in der Weltpolitik plausibel zu erklären. Sie setzen sich für eine Einführung der „complexity theory" in die Internationalen Beziehungen ein und versuchen, sie bei der Analyse von internationalen Konflikten anzuwenden.[39]

---

38 Bousquet, Antoine and Curtis, Simon: Beyond models and metaphors: complexity theory, systems thinking and international relations, in: Cambridge Review of International Affairs 24:1 (2011), S. 43–62 (S. 43ff.).

39 Einen guten Überblick über die „drei Phasen" der Entwicklungen der „complexity theory" in den Internationalen Beziehungen gibt Kai E. Lehmann mit seinem Literaturbesprechungsaufsatz „Unfinished transformation: The three phases of complexity's emergence into international relations and foreign policy", in: Cooperation and Conflict 47:3 (2012), S. 404–413.

Was die politikwissenschaftlichen Anhänger der „complexity theory" mit unterschiedlichen methodischen Hintergründen und inhaltlichen Fragstellungen verbindet, ist ihre gemeinsame Betrachtung der internationalen Beziehungen als eine Komplexität, die sich als viel mehr als eine von Realisten postulierte „Anarchie" und vielschichtiger als eine von Liberalisten angenommene „Interdependenz" darstellt. Sie betonen, ganz im Geist der Chaostheorie, die nicht-linearen Veränderungen und nicht-kausalistisch erklärbaren Eigenschaften der weltpolitischen Komplexität. Das Komplexitätsverständnis von Seva Gunitsky, der versucht, mit „complexity theory" die zwei „Rätsels" (Unerklärbarkeit der weltpolitischen Veränderungen aus der Sicht des Neorealismus und grenzübergreifende Demokratisierung im 21. Jahrhundert) zu lösen, veranschaulicht beispielhaft klar, wie die Anhänger dieser Theorie „systemisch" denken. Für Gunitsky ist ein „complex adaptive system" *„a set of strategic actors whose repeated interaction produces (a) emergent properties, (b) non-linear dynamics, and (c) co-adaptation.*"[40] Mit anderen Worten erfassen die politikwissenschaftlichen Theoretiker der Komplexität, die häufig unerwarteten bzw. plötzlichen Veränderungen in der Weltpolitik als einen „Systemeffekt" oder eine „Systemerscheinung" mit drei entscheidenden Charaktern: Systemelements-transzendierend, von linearen Kausalketten entkoppelt und Wechselwirkungen von Systemelementen und Systemleistung gegenüber unterwerfend.

Die *Kybernetik* ist grundsätzlich dafür geeignet, den außenpolitischen Entscheidungsprozess zu untersuchen, obwohl sie keine Strukturen aufweist, die mit denen des internationalen Systems vergleichbar wären. Sie bietet deswegen kein Instrument, das für die Analyse von Fragen auf der internationalen Ebene operationalisierbar gemacht werden könnte. Aber ihr Postulat von einer Steuerungsinstanz und deren Lernfähigkeit lässt sich unkompliziert auf die Analyse des außenpolitischen Entscheidungsprozesses übertragen, in dessen Mittelpunkt der Entscheidungsträger steht. Bei der Anwendung der Kybernetik in der Disziplin der Internationalen Beziehungen hat sich das Modell der politischen Kybernetik von Karl Deutsch[41] als das bekannteste erwiesen. Trotz unübersehbarer Unzulänglichkeiten[42] kann daran festgehalten werden, dass die Kybernetik zumindest in den folgenden vier Zusammenhängen für Erkenntnisse über politische Vorgänge auf nationaler Ebene und außenpolitische Entscheidungsprozesse von Bedeutung ist:

1. Wir können das politische Gemeinwesen „kybernetisch" als ein selbstregulierendes Kommunikationsnetzwerk betrachten. In dieser Betrachtungsweise verlieren die traditionellen Begriffe wie Macht, Machtkampf, Staat, Souveränität und Interesse ihre

---

40 Gunitsky, Seva: Complexity and theories of change in international politics, in: International Theory 5:1 (2013), S. 35–63 (S. 39). Vgl. hierzu auch: Cudworth, Erika and Hobden, Stephen: Of Parts and Wholes: International Relations beyond the Human, in: Millennium: Journal of International Studies 41:3 (2013), S. 430–450.

41 Deutsch, Karl: Politische Kybernetik. Modelle und Perspektiven, Freiburg 1969.

42 Zu einer allgemeinen Kritik an der Systemtheorie vgl. Czempiel, Ernst-Otto: Internationale Politik, Paderborn u. a. 1981, S. 93ff.

dominierende analytische Bedeutung. An ihre Stelle treten nun Kommunikation, Information, Input/Output, Rückkopplung, Verzögerung und Lernfähigkeit. Das Verhalten des Staates im politischen Bereich wird entsprechend nicht als eine Interessensauseinandersetzung, sondern als Ergebnis der Kommunikation angesehen.

2. Man kann allgemein sagen, dass eine zur effektiven Problemlösung beitragende politische Entscheidung nur zustande kommen kann, wenn die einschlägigen Informationen einwandfrei eingeflossen und verarbeitet worden sind. Die drei Arten von Informationen (also die Informationen aus der Um- und Außenwelt, die aus dem Gedächtnis sowie die über sich selbst und den aktuellen Zustand des Systems) sollten ausgewogen behandelt werden. Die Aussetzung von einer der drei Informationsquellen, technische Unzulänglichkeit der Informationsübermittlung, Überbewertung einer Informationsart und Ignorieren bestimmter Informationen könnten dazu führen, dass falsche politische Entscheidungen getroffen werden, also zum pathologischen Lernen, dessen Konsequenz Selbstfrustration, Selbstzerstörung und Zusammenbruch des Systems sein könnte.

In der Tat können wir unter dem kybernetischen Aspekt viele weltpolitische Misserfolge wie den Rüstungswettlauf und Kriege als pathologisches Lernen deuten. Ein Rüstungswettlauf kommt oft zustande, wenn ein Staat begründet oder unbegründet aufrüstet. Dies führt aufgrund der Nachrichtenübermittlung zu Reaktionen eines zweiten Staates, dessen Handlungen wiederum den ersten Staat veranlassen, den Wettlauf zu beschleunigen. Hier wird auch gelernt. Man lernt aber nicht Vertrauen, sondern Feindbilder. Man will Sicherheit, verunsichert aber andere Staaten. Man löst das Problem nicht, sondern verschlimmert es. Die chinesisch-amerikanische Konfrontation wegen Taiwan im März 1996, die Kosovo-Krise 1999 und die Zuspitzung des Konfliktes zwischen den USA und Nordkorea 2017 können unter bestimmten Einschränkungen als Beispiele für dieses pathologische Lernen gedeutet werden.

3. Aus kybernetischer Sicht können wir sagen, dass ein Gemeinwesen lernfähig sein muss. Eine Nation und insbesondere ihre politische Elite sollten nicht nur von der Umwelt der Gegenwart und der Geschichte lernen, sondern auch von den Auswirkungen ihres eigenen Verhaltens. Dabei bedeutet Lernen vor allem, Abweichungen vom gesetzten Ziel zu erkennen und sich ständig neue Ziele zu setzen. Lernen im kybernetischen Sinne bedeutet aber auch, neuere und funktionsfähigere Ordnungen zu schaffen, um neuen Herausforderungen zu begegnen. Die Kybernetik lehrt den Politikern, nicht reaktiv, sondern innovativ zu handeln.

Im Unterschied zur Kybernetik hat sich die *allgemeine Systemtheorie* für die Analyse auf internationaler Ebene als besser anwendbar erwiesen. Verschiedene Konstellationen oder Konfigurationen lassen sich als Systemerscheinungen erfassen, auch wenn die Übertragung des systemtheoretischen Denkens auf die Weltpolitik nicht deckungsgleich durchgeführt werden kann. Wie bereits dargestellt, vertritt die allgemeine Systemtheorie die Hypothese, dass von verschiedenen spezifischen Erscheinungen „Isomorphien“ abstrahiert werden können und alle physischen, chemischen, biologischen, soziologischen und politischen Phänomene als Systemerscheinungen zu erfassen sind. Aber die allgemeine Systemtheorie versucht nur, die allgemeinen Prinzipien zu formulieren, die für verschiedene Disziplinen gelten sollten. Die Aufgabe, diese Hypothese auf ihre universelle Gültigkeit zu testen, überlässt sie den einzelnen wissenschaftlichen Disziplinen.

Den bekanntesten Versuch, weltpolitische Phänomene als dynamische Systeme im Sinne der allgemeinen Systemtheorie zu interpretieren und zu erklären, unternimmt der amerikanische Politologe Morton Kaplan. Charakteristisch für Kaplans Systemanalyse ist die Verankerung der systemtheoretischen Denkweise in seiner analytischen Konzeption. Bei seinen theoretischen Annahmen ist eine deutliche Anlehnung an systemtheoretische Begriffe wie Isomorphien, Wechselwirkungen und Systemleistungen zu erkennen. Er vertritt die Auffassung, dass weltpolitische Verhaltensmuster abstrahierbar und durch die Eigenschaften der internationalen Einheiten und deren Zusammenwirken bedingt seien.[43]

Kaplan glaubt, dass die internationalen Phänomene in Form von „Machtgleichgewicht", „lockerer Bipolarität", „starrer Bipolarität", „globaler Integration", „universeller Hierarchie", „Veto-Situationen" und „sehr lockerer Bipolarität" als Systemerscheinungen begriffen werden können. Dementsprechend versucht er – ganz im Sinne der allgemeinen Systemtheorie –, Eigenschaften der Einheiten der einzelnen Systeme und Regeln ihres Zusammenwirkens herauszuarbeiten. Er beginnt mit der Analyse des Phänomens „Machtgleichgewicht". Dabei wird Machtgleichgewicht als Leistung oder Erscheinung eines dynamischen internationalen Systems dargestellt. Die Elemente dieses dynamischen Systems sind die Nationalstaaten, unter denen mindestens fünf als sogenannte nationale Hauptakteure identifiziert werden müssen.[44]

In Anlehnung an den Klassischen Realismus liegen nach Kaplan die Eigenschaften der nationalen Akteure darin, dass sie nach Vergrößerung des Machtpotentials streben. Aber entgegen der traditionellen Gleichgewichtstheorie vertritt Kaplan die Auffassung, dass die Existenz von egoistischen Nationalstaaten allein noch nicht ausreicht, um die Erscheinung „Gleichgewicht" in der internationalen Politik hervorrufen zu können. Nur wenn sie ein dynamisches System bilden, d. h. durch einen Mechanismus in Wechselwirkung gebracht werden, so Kaplan, können sie die erwartete gemeinsame Leistung vollbringen. Dieser Mechanismus besteht aus sechs Regeln, nach denen sich die Nationalstaaten verhalten sollten. Das Wort „sollten" bedeutet hier: Sobald sich die Staaten nach diesen Regeln verhalten, wird eine Konstellation der internationalen Politik in Form eines Gleichgewichts unter vorgegebenen Bedingungen entstehen.

Diese sechs Regeln lauten:

1. Vergrößere dein Potential, aber ziehe Verhandlungen einem Krieg vor;
2. Führe lieber einen Krieg, als auf eine Stärkung deines Potentials zu verzichten;

43 Kaplan, Morton A.: Variants on six models of the international system, in: Rosenau, James N. (Hrsg.): International Politics and Foreign Policy, New York 1969, S. 291–303 (S. 291).

44 Kaplan, Morton: System and Process in International Politics, Chicago, 1957, insbesondere Kapitel 2 (International System), S. 21–53.

3. Beende lieber einen Krieg, als einen Hauptakteur zu vernichten;
4. Widersetze dich allen Koalitionen oder Einzelakteuren, die eine Vorherrschaft innerhalb des Systems anstreben;
5. Verhindere, dass sich Akteure auf supranationaler Ebene organisieren;
6. Erlaube besiegten oder auf andere Weise Zwang ausgesetzten Akteuren, als akzeptable Bündnispartner wieder ins System einzutreten, oder ermögliche vorher unwichtigen Akteuren den Aufstieg in die Klasse der Hauptakteure und behandle alle Hauptakteure als akzeptable Bündnispartner.[45]

Durch Einhalten dieser Regeln üben die Nationalstaaten ausgleichenden Einfluss aufeinander aus. Das System befindet sich ständig in den Variationen von Kombinationen, die das Auftauchen einer Vorherrschaft unmöglich machen. Diese Leistung, sich ständig in einem Zustand von Gleichgewicht zu erhalten, kommt den einzelnen Staaten als solchen allein nicht zu. Sie ist eine Leistung des Systems, das mehr als die Summe der Staaten darstellt.

Das zweite internationale Phänomen, das Kaplan als Systemerscheinung betrachtet, ist die „lockere Bipolarität". Lockere Bipolarität ist nach ihm die Erscheinung eines Systems, das aus Systemelementen von „blockfreien Staaten", „supranationalen Akteuren" und „universalen Akteuren" besteht. Die einzelnen Typen von Akteuren[46] haben unterschiedliche Eigenschaften. Während die blockfreien Akteure im Prinzip neutral sind, streben die supranationalen Akteure nach Eliminierung des gegnerischen Blocks. Hingegen agieren die universalen Akteure integrierend. Diese drei Gruppen von Akteuren stehen in einer dynamischen Wechselbeziehung. Blockakteure konkurrieren miteinander, universale Akteure spielen eine vermittelnde Rolle und blockfreie Akteure besitzen aufgrund der Neutralität ein Eigengewicht zwischen den beiden Polen. Das Zusammenwirken der drei Gruppen von Akteuren, die sich je nach eigenen Regeln verhalten, macht das System fähig, sich ständig in einem Zustand der lockeren Bipolarität zu erhalten.

Während die Systemerscheinungen „Gleichgewicht" und „lockere Bipolarität" der Empirie der internationalen Politik einigermaßen entsprechen, haben die von Kaplan vorgestellten anderen Systemerscheinungen wie die „sehr lockere Biopolarität", die „starre Bipolarität", die „globale Integration", die „universelle Hierarchie" und die „Veto-Situation" einen hypothetischen Charakter. Das System „sehr lockere Bipolarität" ist dadurch gekennzeichnet, das den Staaten der Blöcke noch größere Handlungsfreiheit zusteht. Unter „starrer Bipolarität" versteht er ein System, das nur aus zwei antagonistischen Blockakteuren besteht. Sie stehen miteinander in Wechselwirkung, und zwar durch die Feindlichkeit, die sie aufeinander ausüben. Hingegen stellt die

45 Kaplan, Morton A.: Systemtheoretische Modelle des internationalen Systems, in: Haftendorn, Helga (Hrsg.): Theorie der Internationalen Politik, Hamburg 1975, S. 297–317 (S. 299f.)

46 Kaplan, Morton: System and Process in International Politics, a. a. O., insbesondere Kapitel 3 (International Actors), S. 54–85.

„universale Integration" eine Erscheinung des Systems dar, dessen Elemente, die Nationalstaaten, sich auf die Errichtung eines politischen Entscheidungszentrums einigen. Sie stehen durch das Ringen um Einfluss auf dieses Zentrum in Wechselbeziehung miteinander. Ähnliches gilt auch für die „universale Hierarchisierung", aber mit dem Unterschied, dass im Fall der „universalen Integration" das Entscheidungszentrum die einzelnen Akteure politisch enger bindet.

Das „Veto-System" liefert die Systemleistung, die internationale Gesellschaft ständig in einem aggressionsfreien Zustand zu erhalten. Dies ist eine Leistung des Zusammenspiels von Systemelementen, den Nationalakteuren, deren Mehrzahl über Nuklearwaffen verfügt. Die Eigenschaft der Akteure liegt in ihrer gegenseitigen Verwundbarkeit und nuklearen Angriffsfähigkeit. Sie stehen durch nukleare Abschreckung, die sie aufeinander ausüben, miteinander in Wechselwirkung. Die Angst vor Vergeltung durch Angriffe und Schläge eines dritten Staats hindert sie daran, ein Land ohne extreme Provokation anzugreifen. Just in diesem Sinne weist Kaplan darauf hin: „*The unit veto system can be stabilized only if all actors are prepared to resist threats and to retaliate in case of attack*".[47]

Zusammenfassend lässt sich festhalten, dass die Versuche, systemtheoretische Ansätze für die Analyse der internationalen Beziehungen nutzbar zu machen, noch Entwicklungspotential haben. Sowohl auf der theoretischen Ebene, wo noch weitere Grundlagenarbeit vonnöten ist, als auch insbesondere auf der empirischen Ebene, wo die Zahl anwendungsorientierter und fallspezifischer Studien noch gering ist, sind weitere Anstrengungen nötig. Nichtsdestotrotz handelt es sich bei den systemtheoretisch argumentierenden Ansätzen um eine Bereicherung der Theorielandschaft, da sie uns innovative und neue Sichtweisen liefern und den Diskurs der Disziplin weiter anreichern.

Weiterführende Literatur

Bertalanffy, Ludwig: Vorläufer und Begründer der Systemtheorie, in: Kurzrock, Ruprecht (Hrsg.): Systemtheorie, Berlin 1972, S. 17–28.
(Ein guter, zur Einführung geeigneter Überblicksartikel, der die allgemeinen Entwicklungen der Systemtheorie aufzeigt.)

Bousquet, Antoine and Curtis, Simon: Beyond models and metaphors: complexity theory, systems thinking and international relations, in: Cambridge Review of International Affairs 24:1 (2011), S. 43–62.
(Eine gute Theorieanalyse zum Potential der Komplexitätstheorie zur Wiederbelebung des systemischen Denkens in der Disziplin der Internationalen Beziehungen)

Dorn, Charlotte: Das kybernetische Gesellschafts- und Kommunikationsmodell bei Georg Klaus. Eine Kritik an der kybernetischen Systemtheorie, Münster 1979, S. 38ff.
(Gute, kurze und prägnante Übersichtsdarstellung.)

47 Ebenda, S. 51.

Gunitsky, Seva: Complexity and theories of change in international politics, in: International Theory 5:1 (2013), 35–63.
(Gut lesbarer Fachartikel zur Anwendung der Komplexitätstheorie bei der Erklärung der weltpolitischen Veränderungen und grenzübergreifenden Demokratisierung)

Hassenstein, Bernhard: Element und System – Geschlossene und offene Systeme, in: Kurzrock, Ruprecht (Hrsg.): Systemtheorie, Berlin 1972, S. 29–38.
(Sehr lesenswerter Überblick im klassischen Stil. Allgemein und auch zum Einstieg geeignet.)

Krohn, Wolfgang/Küppers, Günter: Zur Emergenz systemspezifischer Leistungen, in: Dies. (Hrsg.): Emergenz: Die Entstehung von Ordnung, Organisation und Bedeutung, Frankfurt 1992, S. 161–188.
(„Das Ganze ist mehr als die Summe seiner Teile" – Die fachliche Auseinandersetzung mit dieser These ist Hauptaugenmerk dieses Artikels.)

Landfried, Christine: Chaostheorie: Die neuen Sichtweisen von Kausalität, Komplexität und Stabilität, in: Beyme, Klaus/Offe, Claus (Hrsg.): Politische Theorien in der Ära der Transformation, Opladen 1996 (PVS Sonderheft 26/1995), S. 251–266.
(Ein guter und zugänglicher Übersichtsaufsatz. Zum Einstieg geeignet.)

Lehmann, Kai E.: Unfinished transformation: The three phases of complexity's emergence into international relations and foreign policy, in: Cooperation and Conflict 47:3 (2012), S. 404–413.
(Ein sehr guter Überblick über die „drei Phasen" der Entwicklungen der „complexity theory" in den Internationalen Beziehungen seit Ende der 90er Jahre des 20. Jahrhunderts)

Simonis, Georg: Systemtheorie, in: Nohlen, Dieter (Hrsg.): Internationale Beziehungen, München 1994, S. 519–526.
(Kurzer und guter Artikel zur Übersicht. Nicht mehr ganz aktuell.)

Walt, Stephen M.: The Hidden Nature of Systems, in: The Atlantic (September 1998), S. 1–11.
(Eine gute Reflektion auf Rober Jervis' Werk „System Effects", die hilft, das Systemdenken zu verstehen.)

Willke, Helmut: Systemtheorie II: Interventionstheorie, Stuttgart 1996.
(Weitreichender Einblick und Überblick. Eher etwas für Experten.)

14 Spieltheorie

Die Grundwissenschaft der Spieltheorie ist die Mathematik. Sie wurde 1928 von dem Mathematiker John von Neumann analog zu strategischen Gesellschaftsspielen entwickelt. Im Zentrum seiner Theoriebildung standen die Bemühungen, mathematische Beweise für die Vorausberechenbarkeit der Austragung von Konflikten bei rational handelnden Spielern zu liefern.[1]

1948 veröffentlichten John von Neumann und Oskar Morgenstern das Buch „Theory of Games and Economic Behavior".[2] Dieses Werk erregte große Aufmerksamkeit in den wissenschaftlichen Kreisen. Es wurden häufig Versuche unternommen, die mathematisch-logische Denkweise der Spieltheorie aus der Mathematik auf die Analyse von gesellschaftlichen Konflikten anzuwenden. Zu den Disziplinen, in denen die Spieltheorie intensiv angewendet wird, gehören vor allem die Wirtschaftswissenschaft, Soziologie und Politikwissenschaft. Auch die Ethnologie und die empirischen Rechtswissenschaften nutzen die Spieltheorie als „Werkzeuge" zur genaueren Analyse strategischer Situationen.[3]

Der Einfluss der Spieltheorie auf die Wirtschaftswissenschaft ist besonders beachtlich.[4] Im Bereich der Politikwissenschaft sind vor allem die Veröffentlichungen von R. Duncan Luce und Howard Raiffa[5], Morton Davis[6], Thomas Schelling[7] und Anatol Rapoport[8] von bleibendem Interesse. Für die Disziplin der Internationalen Beziehungen

1 Larry Samuelson führt die mathematische Beschäftigung mit der Spieltheorie sogar noch früher auf das Jahr 1913 zurück. Vgl. hierzu: Samuelson, Larry: Game Theory in Economics and Beyond, in: The Journal of Economic Perspectives 30:4 (2016), S. 107–130 (S. 125ff).

2 Neumann, John von/Morgenstern, Oscar: Theory of Games and Economic Behavior, Princeton NJ, 1944 (2004).

3 Diekmann, Andreas: Spieltheorie: Einführung, Beispiele, Experimente, Reinbek bei Hamburg 2009, S. 7.

4 Die Spieltheorie hat eine Reihe von Wirtschaftswissenschaftlern zu Nobelpreisträgern gemacht. Dies gilt auch für die beiden Nobelpreisträger von 2005: Robert J. Aumann und Thomas C. Schelling. Das Nobelpreiskomitee würdigte die beiden Ökonomen für ihre hervorragenden Leistungen, durch Spieltheorieanalysen ökonomische Konflikte und Kooperation besser erklärt zu haben. Vgl. hierzu: Süddeutsche Zeitung vom 10. Oktober 2005. Zur Etablierung der Spieltheorie als ein integrierter Standardsbestandteil des wirtschaftswissenschaftlichen Currikulums vgl. Samuelson, Larry: Game Theory in Economics and Beyond, in: The Journal of Economic Perspectives 30:4 (2016), S. 107–130.

5 Luce, R. Duncan/Raiffa, Howard: Games and Decisions: A Critical Survey, New York 1957.

6 Davis, Morton D.: Spieltheorie für Nichtmathematiker, München 1972. Davis' Werk gilt nach wie vor als eines der besten Einführungsbücher für die Spieltheorie.

7 Schelling, Thomas C.: The Strategy of Conflict, Cambridge, Mass. 1960.

8 Rapoport, Anatol: Two-Person Game Theory – The Essential Ideas, Chicago 1966; Ders./Chammah, Albert: Prisoner's Dilemma, Ann Arbor 1965; Rapoport, Anatol: Konflikt in der von Menschen gemachten Umwelt, Darmstadt 1975.

https://doi.org/10.1515/9783486855081-014

besitzen die Beiträge von Rapoport herausragende Bedeutung.[9] Für Michael J. Gilligan und Leslie Johns gehören Thomas Schelling und Anatol Rapoport allerdings zu der ersten Generation der Politikwissenschaftler, die mit Hilfe der Spieltheorie internationale Konflikte und Kooperationen zu erklären versuchten. Ihre spieltheoretischen Ansätze und Methoden beschränkten sich noch auf relativ einfache Modelle der Spieltheorie. Um die Komplexität der multilateralen Konflikte und Kooperationsregime in Zeiten der Globalisierung zu erklären, sollen verfeinerte Modelle zur spieltheoretischen Untersuchung von spezifischen Fragestellungen entwickelt werden.[10]

14.1 Die Grundprämissen

Die Spieltheorie ist im engeren Sinne eine theoretische Betrachtung von Konfliktlösungsstrategien. Sie betrachtet Interessenkonflikte zwischen Menschen oder Menschengruppen als ein Spiel oder eine „strategische Situation" und fragt nach der besten und angemessensten Strategie, mit der man ein bestimmtes Spiel gewinnen oder den Gegenspieler am Gewinnen hindern kann. Charakteristisch für die Spieltheorie ist ihre Betonung der interaktiven Wechselwirkungen der strategischen Auswahlen der „Spieler". Das Ergebnis eines strategischen Spiels hängt demzufolge nicht nur von den eigenen strategischen Entscheidungen ab, sondern auch von denen des Gegenspielers. In diesem Sinne bezeichnet Andreas Diekmann die Spieltheorie pointiert als *„Theorie der Entscheidungen in Situationen mit strategischer Interdependenz"*.[11]

Eine Strategie im Sinne der Spieltheorie bezeichnet die Entscheidungskette, die auf Grundlage der Voraussicht bzw. Vorausberechnung der Konsequenzen eigener Handlungen und der möglichen Handlungen des Gegners getroffen wird. Dabei unterscheidet man zwischen der „besten Strategie" und der „klugen Strategie".

Was meint „beste Strategie"? Eine „beste Strategie" ist eine Strategie, mit der ein Spieler den höchstmöglichen Gewinn oder den geringstmöglichen Verlust erzielt,

9 Als Einführungswerke in die Spieltheorie seien an dieser Stelle empfohlen: Zürn, Michael: Einführung in die Spieltheorie, in: Ders: Interessen und Institutionen in der internationalen Politik, Opladen 1992, S. 323–335, welches das vielleicht beste deutschsprachige Einführungswerk für Politologen ist. Weiters das immer noch zu empfehlende Werk von Junne: Junne, Gerd: Spieltheorie in der internationalen Politik, Düsseldorf 1972 sowie das an Sozialwissenschaftler gerichtete Werk von Diekmann, welches durch gute Anwendung und Beispiele hervorragt: Diekmann, Andreas: Spieltheorie: Einführung, Beispiele, Experimente, Reinbek bei Hamburg 2009. Ebenso empfehlenswert sind die Werke von Holler, Riechmann und Rieck: Holler, Manfred/Illing, Gerhard: Einführung in die Spieltheorie, 6. Aufl., Berlin 2006; Riechmann, Thomas: Spieltheorie, 2. Aufl., München 2007 und Rieck, Christian: Spieltheorie. Eine Einführung, Eschborn 2008.

10 Gilligan, Michael J. and Johns, Leslie: Formal Models of International Institutions, in: Annual Review of Political Science 15 (2012), S. 221–243.

11 Rieck, Christian: Spieltheorie. Eine Einführung, Eschborn 2008, S. 69.

unabhängig davon, was der Gegenspieler tut. Unter einer „klugen Strategie“ versteht man eine Strategie, mit der ein Spieler den höchstmöglichen Verlust vermeidet, d. h. der Spieler geht der Konstellation aus dem Weg, welche das für ihn negativste Ergebnis hervorbringen würde. Die Eigenschaften dieser Strategien und deren Bedeutung für die Prognostizierbarkeit des Ergebnisses eines Spiels wird durch die „Tabelle 3: Pazifisches Bombardement-Spiel zwischen den USA und Japan im Zweiten Weltkrieg“ veranschaulicht.

„Im Zweiten Weltkrieg, im Februar 1943, hatte ein japanischer Schiffskonvoi nach Neu-Guinea die Wahl zwischen einer Route nördlich der Insel Neubritannien (mit meistens schlechtem Wetter) und einer Route südlich dieser Insel (mit meistens besserem Wetter). General George Kenney, der Kommandant der alliierten Streitkräfte in diesem Gebiet, erwartete den Geleitzug und konnte seine Aufklärungsflugzeuge über eine der beiden Routen konzentrieren. Er hatte von General MacArthur den Auftrag erhalten, den japanischen Schiffskonvoi so weit wie möglich zu schädigen. Die in die folgende Auszahlungsmatrix eingetragenen Zahlen geben an, wie viele Tage der Geleitzug amerikanischem Bombardement ausgesetzt sein würde, je nachdem welche Route die japanischen Schiffe wählen und wo die amerikanischen Aufklärungsflugzeuge sie zuerst suchen.“

Das Ziel des Spiels besteht für die Amerikaner darin, die japanischen Schiffe möglichst lange unter Kreuzfeuer zu nehmen. Hingegen streben die Japaner danach, sich so kurz wie möglich dem Bombardement der amerikanischen Flugzeuge auszusetzen.

Tab. 3: Pazifisches Bombardement-Spiel zwischen den USA und Japan im Zweiten Weltkrieg (Matrix). Quelle: Zürn, Michael: Interessen und Institutionen in der internationalen Politik. Grundlegung und Anwendung des situationsstrukturellen Ansatzes, Opladen 1992, S. 325ff.

Japan **USA**	**Nordroute (N)**	**Südroute (S)**
Nordroute (N)	NN (2,5 Tage)	SN (2 Tage)
Südroute (S)	NS (1 Tag)	SS (3 Tage)

Bei dieser „strategischen Situation“ ergeben sich folgende vier mögliche Konstellationen:

- Die Matrix zeigt, dass die Japaner mit drei Tagen Bombardement rechnen müssten, wenn sie die Südroute nehmen und die Amerikaner dort ihre Flugzeuge konzentrieren würden; dies wäre das *Feld SS* in der Matrix.
- Wenn aber die Japaner über den Süden fahren und die Amerikaner im Norden warten würden, würde sich die Zeit des Bombardements von drei auf zwei Tage verkürzen, weil die Amerikaner einen Tag brauchen, um ihre Truppen nach Süden zu verlegen; dies wäre das *Feld SN* in der Matrix.

- Die Japaner hätten großes Glück, wenn sie die Nordroute nehmen und die Amerikaner im Süden auf sie warten würden. In diesem Falle würde das Bombardement nur einen Tag dauern, weil die Umstellung von Süd auf Nord die Amerikaner zwei Tage kosten würde, dies wäre die Situation *NS* in der Matrix.
- Hingegen müssten die Japaner davon ausgehen, dass sie zweieinhalb Tage lang bombardiert werden könnten, wenn sie über Norden fahren und dort auf die Amerikaner stoßen würden. Dies wäre der Fall *NN* in der Matrix.

Was ist die beste bzw. die kluge Strategie für Amerikaner und Japaner? Wir beginnen mit der Analyse der Möglichkeiten für Japan. Die Entscheidung für die Nordroute wäre die beste Strategie für Japan, weil sie mit dieser Strategie den geringstmöglichen Verlust hinnehmen müssten, d. h. das Bombardement auf das Minimum von einem Tag einschränken könnten. Diese Möglichkeit ist nicht auszuschließen, wenn die Amerikaner sich auf Süden konzentrieren würden (*NS*).

Die Nordrouten-Strategie wäre zugleich auch die kluge Strategie für die Japaner, weil diese Strategie ihnen die Möglichkeit bietet, den höchstmöglichen Verlust zu vermeiden, d. h. sich dem „Drei-Tage-Bombardement (*SS*)" zu entziehen. Also: Sowohl unter dem Aspekt der besten Strategie, als auch aus der Sicht der klugen Strategie würden die Japaner sich für die Nordroute entscheiden.

Im Süden zu warten, wäre die beste Strategie für die Amerikaner. Denn diese Strategie verspricht ihnen die Möglichkeit, den höchstmöglichen Gewinn zu erzielen, d. h. die japanischen Schiffe drei Tage lang unter Kreuzfeuer zu nehmen. Die Süd-Strategie hat aber einen Haken: Sie ist nicht die kluge Strategie. Sie ist es deswegen nicht, weil sie das Risiko des höchstmöglichen Verlustes beinhaltet, d. h. die schlimmste Situation nicht ausschließen kann, dass die Japaner nur einen Tag lang bombardiert werden könnten.

Angesichts dieses Umstandes einer Situation, in der die beste und die kluge Strategie nicht übereinstimmen, würden die Amerikaner aller Wahrscheinlichkeit auf die beste Strategie (die Süd-Strategie) verzichten und sich für die kluge Strategie entscheiden, um die möglichen Verluste zu minimieren.

Der Grund liegt darin, dass die kluge Strategie (die Nord-Strategie) zumindest die Japaner daran hindern kann, das Spiel zu gewinnen, indem sie das Bombardement auf nur einen Tag reduzieren würde.

Denn eine Konzentration im Norden garantiert den Amerikanern den Vorteil, den japanischen Konvoi mindestens zwei Tage lang zu bombardieren. Für den Fall, dass sich die Japaner für die Nordroute entscheiden würden, was für beide Seiten vorberechenbar ist, würde sich die Bombardement-Zeit sogar auf zweieinhalb Tage erhöhen.

Vor dem Hintergrund dieser Analyse scheint eine Prognostizierung des Ergebnisses des Spiels nicht schwierig zu sein. Mit Hilfe der Spieltheorie kann mit relativer Sicherheit prognostiziert werden, dass sich beide Parteien für die Nordroute entscheiden und die japanischen Schiffe zweieinhalb Tage von den amerikanischen Flugzeugen bombardiert werden. Ob und inwiefern die Japaner dieses Bombardement überleben würden, ist nicht mehr eine spieltheoretische Frage, sondern eine militärische, deren Antwort vom Ausgang des Kampfes abhängt. Die Spieltheorie versucht nur eine Antwort darauf zu geben, wie sich die Akteure in dieser strategischen Situation verhalten werden, nicht eine Analyse der Konsequenzen dieser Entscheidungen zu liefern. Auf Grundlage der Kosten/Nutzen-Abwägungen (die Bombardierung stellt für die Amerikaner hier Nutzen, für die Japaner Kosten dar) der Akteure lässt sich eine Entscheidungsmatrix erstellen und das Verhalten der Akteure, wie in unserem Fall oben, prognostizieren.

Wie sich bereits aus dem oben diskutierten Beispiel erkennen lässt, müssen beide Spieler an bestimmten Spielregeln festhalten, damit eine gegenseitige Berechenbarkeit besteht. Die Grundspielregel ist das rationale Handlungsprinzip. Die Spieltheorie geht davon aus, dass jeder Spieler ein rational handelnder Akteur/Spieler ist. Als rationaler Spieler wird betrachtet, wer seine Entscheidungen auf der Grundlage einer rationalen Kosten/Nutzen-Analyse („*rational choice*") und nicht geleitet von persönlichen Motiven trifft und primär sein eigenes Interesse verfolgt, nämlich nicht als Verlierer aus dem Spiel hervorzugehen. Er versucht ständig, den größtmöglichen Vorteil für sich innerhalb der durch die Situation gegebenen Bedingungen sicherzustellen.

Die Spieltheorie unterscheidet zwischen individueller und kollektiver Rationalität. Nach dem Handlungsprinzip der individuellen Rationalität strebt der Spieler danach, den eigenen Ertrag zu maximieren, ohne sich die Frage zu stellen, ob eine gemeinsame Vorteilsnahme für beide Seiten möglich wäre. Dabei zielt seine Strategie darauf ab, entweder zu gewinnen oder den Gegner daran zu hindern, einen Vorteil zu erzielen. Man spricht in diesem Zusammenhang auch von „nichtkooperativen Spielen", bei denen den Spielern die Berücksichtigung der Interessen der anderen Spieler fremd ist. Für Geltung und Wirkung dieser individuellen Rationalität oder „nichtkooperativer Spiele" gibt das bereits dargestellte „*pazifische Bombardement-Spiel zwischen den USA und Japan*" ein Musterbeispiel ab. Beide Akteure verfolgten hier einzig ihr eigenes Interesse.

Hingegen handelt ein Spieler nach dem Prinzip der kollektiven Rationalität, wenn er den eigenen Ertrag dadurch zu maximieren versucht, einen gemeinsamen Vorteil mit dem Gegenspieler zu erzielen. Es wird also folglich nicht nur der eigene Vorteil angestrebt, sondern auch ein kollektiver. Diese Art von Spielen, bei denen die Spieler keine Optionen ausführen, die zur Verschlechterung der eigenen Situation oder der Situation der anderen führen, werden auch als „kooperative Spiele" bezeichnet. Ein erreichtes Optimum von Interessen, das sich nur unter der Bedingung der Verschlechterung bei einem oder mehreren Mitspielern verändern lässt, nennt man *Pareto-Optimum*. Im Folgenden wird das berühmte *Gefangenendilemma* vorgestellt, um den Unterschied zwischen dem Spiel der individuellen Rationalität (nichtkooperative Spiele) und dem der kollektiven Rationalität (kooperative Spiele) zu veranschaulichen.

„Gefangenendilemma: In den USA sind zwei Männer von der Polizei gefasst worden, die unter dem Verdacht stehen, zusammen einen Bankraub begangen zu haben. Die beiden Verdächtigten sind in verschiedenen Zellen untergebracht und werden vor die

Alternative gestellt, entweder die Tat zu gestehen oder zu leugnen, wobei ihnen die Konsequenzen ihrer Handlungen offen mitgeteilt werden:

- *Wenn der eine gesteht und sein Partner nicht, so wird der, der gestanden hat, als Zeuge der Anklage freigelassen, und der andere wandert für zehn Jahre ins Gefängnis;*
- *Wenn beide gestehen, müssen beide für fünf Jahre ins Gefängnis;*
- *Wenn beide schweigen, kann ihnen der Bankraub nicht nachgewiesen werden. Beide Täter werden dann wegen wiederholten unerlaubten Waffenbesitzes angeklagt und zu einem Jahr Gefängnisstrafe ohne Bewährung verurteilt.*“[12]

Tabelle 4 zeigt das Dilemma, in dem sich die beiden Gefangenen befinden:

Tab. 4: Dilemma der Gefangenen (Matrix). Quelle: Zürn, Michael: Interessen und Institutionen in der internationalen Politik. Grundlegung und Anwendung des situationsstrukturellen Ansatzes, Opladen 1992, S. 325ff.

Spieler A Spieler B	Gestehen	Schweigen
Gestehen	– 5 – 5	– 10 0
Schweigen	0 – 10	– 1 – 1

Das Dilemma für die beiden Gefangenen ist identisch: Keiner von ihnen weiß, nach welchem Handlungsprinzip, nach dem der individuellen Rationalität oder nach dem der kollektiven Rationalität, die Gegenseite handelt. Dieses Dilemma erschwert es auch dem Analytiker, eine Prognose für den Ausgang des Spiels zu formulieren. Aus diesem Grund scheint es notwendig zu sein, die Gültigkeit seiner Prognose an den Charakter des Spiels zu knüpfen. Der Analytiker muss vor der Prognostizierung seine Annahme darüber vorlegen, ob die Spieler individuell oder kollektiv rational handeln werden. Diese Annahme sollte als Bedingung für die Gültigkeit seiner Prognose dienen und eine Vorhersage mit Hilfe einer „wenn-dann“-Konstruktion ermöglichen.

Wir nehmen zuerst an, dass die beiden Gefangenen, also Spieler A und B, nach dem Handlungsprinzip der individuellen Rationalität handeln. In diesem Falle können wir mit Sicherheit prognostizieren, dass die beiden für fünf Jahre ins Gefängnis wandern würden. Die Erklärung hierfür ist relativ einfach. Die Strategie des Gestehens stellt für beide Spieler sowohl die beste, als auch die kluge Strategie dar.

12 Dieses Beispiel ist in fast jedem Einführungsbuch zur Spieltheorie nachzulesen. Die obige hervorragende deutsche Übersetzung wurde von Michael Zürn übernommen. Für die Interpretationen, die von Zürn abweichen, trägt der Verfasser die Verantwortung. Vgl. hierzu Zürn, a. a. O., S. 327ff.

Um diese Logik etwas näher zu erläutern, betrachten wir zuerst die Handlungsoptionen von Spieler A. Seine beste Strategie ist „Gestehen", weil er dadurch den höchstmöglichen Gewinn, also die Freiheit erzielen könnte: Wenn er gesteht und sein Partner schweigt, wird er ein freier Mensch. Das „Gestehen" ist zugleich auch die kluge Strategie, weil sie von vornherein den höchstmöglichen Verlust, also die zehn Jahre Gefängnis, ausschließt, da selbst wenn beide gestehen „nur" fünf Jahre Gefängnis zu erwarten sind. Sowohl aus der Sicht der besten Strategie, als auch aus den Überlegungen der klugen Strategie wird Spieler A sich für Gestehen entscheiden.

Da Spieler B nach unserer Annahme ebenso nach dem Prinzip der individuellen Rationalität handelt, trifft diese Rechnung für ihn gleichermaßen zu. Also, auch er wird sich für „Gestehen" entscheiden. Das Ergebnis, dass beide Spieler für fünf Jahre ins Gefängnis wandern, steht somit fest, wenn wir von der Annahme der individuellen Rationalität in diesem Spiel ausgehen.

Wie wird das Spiel ausgehen, wenn beide Spieler kollektiv rational handeln würden? Wenn wir annehmen, dass die beiden nach kollektiver Rationalität handeln, dann können wir das Ergebnis des Spiels dahingehend prognostizieren, dass sie beide nur für ein Jahr ins Gefängnis gehen müssen. Die Prognose beruht auf der Tatsache, dass das kollektiv-rationale Handeln von beiden Spielern die Option für „Gestehen" völlig ausschließt, da beide genau wissen, dass der kollektive Vorteil nicht in fünf Jahren Gefängnis, sondern in der Freiheitsstrafe von einem Jahr liegt. Die Option des „Gestehens" würde den Gewinn für beide Seiten von einem auf fünf Jahre Gefängnis reduzieren und widerspricht somit dem Sinne der kollektiven Rationalität. Folgten beide der kollektiven Rationalität, würden sie schweigen und für ein Jahr ins Gefängnis gehen. Gegenüber der Entscheidung unter der Bedingung von individueller Rationalität hätten beide vier Jahre weniger Gefängnis „gewonnen". In dem hier geschilderten Fall ist es für beide Spieler sinnvoller, nach der Logik kollektiver Rationalität zu handeln.

14.2 Arten der Spiele

Die Spieltheorie kennt drei grundlegende Arten von Spielen[13]:
- Zweipersonen-Nullsummenspiel;
- Zweipersonen-Nichtnullsummenspiel und
- Mehrpersonen-Nichtnullsummenspiel.

Im Folgenden werden diese drei Arten von Spielen kurz vorgestellt.

13 Je nachdem, wie ein Spiel bei der Modellierung dargestellt wird, gibt es verschiedene Variationen von Spielen, die im Kern jedoch einer dieser drei grundlegenden Arten zuzuordnen sind. Ausführliche Beispiele und Modellierungsübungen liefert Andreas Diekmann in seinem Werk: Spieltheorie: Einführung, Beispiele, Experimente, Reinbek bei Hamburg 2009.

Das Zweipersonen-Nullsummenspiel

Ein Zweipersonen-Nullsummenspiel ist ein Spiel, dessen Spielerzahl auf zwei beschränkt ist und bei dessen Ausgang der eine Spieler stets den Wert gewinnt, den der andere verliert. Die Summe von Gewinn und Verlust ist gleich null. Mit anderen Worten: Mein Gewinn ist dein Verlust und dein Verlust ist mein Gewinn.

Die Logik dieser Spielart soll durch Tabelle 5 veranschaulicht werden:

Tab. 5: Zweipersonen-Nullsummenspiel zwischen Spieler S und Spieler R (Matrix). Quelle (leicht modifiziert vom Verfasser): Rapoport, Anatol: Nullsummenkonflikt und Nichtnullsummen-Konflikt, in: Frei, Daniel (Hrsg.): Theorien der internationalen Beziehungen, 2. überarbeitete und ergänzte Aufl., München 1977, S. 190–194 (S. 191). Die Zahlen geben Gewinne (positive Werte), bzw. Verluste (negative Werte) für die Spieler S und R an.

S R	Option 1 (S1)	Option 2 (S2)	Option 3 (S3)	Option 4 (S4)
Option 1 (R1)	8 -8	5 -5	0 0	-11 11
Option 2 (R2)	10 -10	3 -3	20 -20	-15 15
Option 3 (R3)	-6 6	2 -2	-2 2	10 -10

In diesem Spiel spielen zwei Spieler: Spieler R und Spieler S. Dem Spieler R stehen drei Strategien (Option 1, Option 2 und Option 3) offen; dem Spieler S vier Strategien (Option 1, Option 2, Option 3 und Option 4). Wir nehmen an, dass beide Spieler rationale Spieler sind, d. h.: Sie spielen nach dem Handlungsprinzip der individuellen Rationalität und versuchen, eigene Gewinne möglichst zu steigern oder eigene Verluste möglichst zu verringern. Um dieses Ziel zu erreichen, müssen beide Spieler nach der besten Strategie und der klugen Strategie suchen.

Für den Spieler S stellt die Option S2 die beste Strategie dar. Denn durch die Wahl von S2 kann er sich einen Gewinn von mindestens zwei Einheiten sichern, unabhängig davon, wie sich Spieler R verhält. In diesem Falle besteht für Spieler R die beste Strategie in R3. Denn nur durch die Wahl von R3 kann er seinen Gegenspieler daran hindern, mehr als zwei Einheiten zu gewinnen und damit eigene Verluste möglichst verringern. In diesem Zusammenhang weist Rapoport darauf hin, *„dass in der Spieltheorie mathematisch bewiesen wird, dass jedem der zwei Spieler in jedem Zweipersonen-Nullsummenspiel eine beste Strategie zur Verfügung steht.*“[14]

14 Rapoport, Anatol: Nullsummenkonflikt und Nichtnullsummen-Konflikt, in: Frei, Daniel (Hrsg.): Theorien der internationalen Beziehungen, 2. Aufl., München 1977, S. 190–194 (S. 191).

Aber unabhängig davon, ob die Spieler ihre beste Strategie erkennen oder nicht erkennen können, wird die Summe von Gewinn und Verlust gleich null sein. In der Tat – wie wir von der oben stehenden Matrix ablesen können – ist dieses Spiel dadurch gekennzeichnet, dass die Summe der zwei Werte in jedem Feld der Matrix gleich null ist. Der eine Spieler verliert also immer genauso viel, wie der andere Spieler gewinnt und umgekehrt. Es handelt sich um ein Nullsummenspiel – was von dem einen Spieler gewonnen werden kann, muss von dem anderen Spieler verloren werden.

Zweipersonen-Nichtnullsummenspiel

Im Unterschied zum Zweipersonen-Nullsummenspiel sind die Interessen der beiden Spieler in einem Zweipersonen-Nichtnullsummenspiel nicht diametral entgegengesetzt. Das heißt: Gewinn eines Spielers bedeutet nicht unbedingt Verlust des anderen. Umgekehrt bedeutet Verlust eines Spielers nicht unbedingt Gewinn des anderen. Beide können gleichzeitig Gewinne oder Verluste erzielen. Mathematisch ausgedrückt ist in einem Zweipersonen-Nichtnullsummenspiel die Summe der jeweiligen Gewinne bzw. Verluste nicht immer gleich null. Tabelle 6 zeigt die Eigenschaft eines Zweipersonen-Nichtnullsummenspiels:

Tab. 6: Zweipersonen-Nichtnullsummenspiel am Beispiel der Kuba-Krise 1962 (Matrix). Quelle (leicht modifiziert vom Verfasser): Rapoport, Anatol: Nullsummenkonflikt und Nichtnullsummen-Konflikt, in: Frei, Daniel (Hrsg.): Theorien der internationalen Beziehungen, 2. überarbeitete und ergänzte Aufl., München 1977, S. 190–194 (S. 192).

USA UdSSR	Nachgeben	Durchhalten
Nachgeben	5 5	10 -10
Durchhalten	-10 10	-1000 -1000

In der Kubakrise 1962, die die beiden Supermächte an den Rand eines nuklearen Krieges führte, hatten die USA und die UdSSR zwei Wahlmöglichkeiten: Nachgeben oder Durchhalten. Geben beide Seiten nach, ist der Wert des Nachgebens für beide 5 (Vermeidung eines Atomkriegs); halten beide Seiten mit dem Risiko der Kriegsführung durch, ist der Wert dieser Wahl für beide – 1000 (Ausbruch eines nuklearen Kriegs). Ein einseitiges Nachgeben führt jedoch zu einem Verlust im Wert von – 10 (Prestigeverlust und Handlungseinschränkungen) und ein einseitiges Durchhalten zu einem Gewinn im Wert von +10 (Prestigesteigerung und Handlungsinitiative), so die modellhafte Annahme hier.

In diesem Fall ist eine beste Strategie nicht ersichtlich. Denn die Strategie „Durchhalten“, mit der man den höchstmöglichen Gewinn erzielen könnte, ist mit dem Risiko der Kriegsführung verbunden, was zu einem Verlust im Wert von – 1000 führen würde, also dem Ausbruch eines Nuklearkrieges, der wahrscheinlich in der gegenseitigen Vernichtung enden würde. Auch die kluge Strategie „Nachgeben“, mit der man den höchstmöglichen Verlust vermeiden könnte, beinhaltet das Risiko, 10 Punkte zu verlieren und seine Position nachhaltig zu verschlechtern, wenn die andere Seite nicht nachgibt.

Die Austragung des Konfliktes hängt deswegen davon ab, nach welchem Handlungsprinzip die Spieler handeln. Wenn beide Seiten nach dem individuellen Rationalitätsprinzip handeln, ist der Ausbruch eines Krieges wahrscheinlich. Handeln jedoch beide Seiten nach dem Kollektivrationalitätsprinzip, ist ein Krieg vermeidbar. Für beide Seiten ist es aber schwierig, die Frage zu beantworten: Wenn ich nachgebe, kann ich dann mit dem Nachgeben meines Gegenspielers rechnen?

Dabei kommt es darauf an, den beiden Parteien die Einsicht in gemeinsame Interessen zu vermitteln und die Vorteile einer Kompromisslösung durch einen Dritten oder durch direkte Verhandlungen klarzumachen. Im Falle der Kubakrise liegt es deutlich im Interesse der USA und der UdSSR, die kluge Strategie „Nachgeben“ zu wählen, um eine eventuelle totale Vernichtung zu vermeiden.

Mehrpersonen-Nichtnullsummenspiel

Die dritte Art der Spiele ist das Mehrpersonen-Nichtnullsummenspiel. Hier handelt es sich um ein Spiel, an dem mehr als zwei Spieler teilnehmen und in dem Gewinne nur durch Koalitionsbildung erzielt werden können. Die Summe von Gewinnen und Verlusten ist nicht gleich null. Rapoport erklärt mit dem Beispiel „Ein-Mark-Aufteilung“ die Eigenschaft dieser Spielart prägnant:

„Stellen wir uns die drei Spieler X, Y und Z vor, die eine Mark unter sich aufteilen sollen, unter der Voraussetzung, dass die Mehrheit von ihnen die Art der Teilung bestimmen kann. Das Spiel besteht aus den Verhandlungen der drei untereinander. Angenommen, X und Y, die eine Mehrheit darstellen, kommen überein, die Mark zu gleichen Teilen unter sich aufzuteilen. Doch der Zeitraum, innerhalb dessen die Verhandlungen geführt werden können, ist noch nicht verstrichen. Darauf macht Z dem Spieler Y ein offenbar vorteilhaftes Angebot. Y soll nämlich 60 Pfennig und Z 40 Pfennig erhalten, wenn Y eine Koalition mit Z eingeht, die dann als Mehrheit diese Art der Teilung durchsetzen kann. Man beachte, dass dieser Vorschlag für Y vorteilhaft ist, da Y bei einer Koalition mit X nur 50 Pf. erhalten würde. Doch wenn Y das Angebot von Z annimmt und noch weitere Verhandlungen geführt werden können, bringt sich Y selbst in eine gefährliche Lage. Dann nämlich ist es für Z vorteilhaft, Y im Stich zu lassen, und sich mit X zusammenzutun, mit dem er die

Mark gleichmäßig teilen kann, so dass er 50 Pf. erhält anstelle von 40 Pf. X wird diesen Vorschlag natürlich annehmen, sonst läuft er Gefahr, überhaupt nichts zu erhalten."[15]

Es ist offensichtlich, dass man das Ergebnis eines Mehrpersonen-Nichtnullsummenspiels nicht mit Sicherheit prognostizieren kann. Der Grund liegt darin, dass hier keine Koalition von Dauer ist. „*Das eine oder andere Mitglied jeder Koalition*", so Rapport pointiert, „*kann stets durch ein höheres Angebot ‚verführt' werden.*"[16]

14.3 Spieltheorie und internationale Beziehungen

Es ist sicherlich illusorisch zu denken, dass internationale Konflikte mit Konzeptionen der Spieltheorie direkt gelöst werden könnten. Allerdings kann die Spieltheorie den Menschen helfen, die logische Struktur der Konflikte zu verstehen und Lösungsmöglichkeiten vorauszusehen und zu prognostizieren. Insbesondere die Vorstellung, sich gedanklich in die Position des Gegners hineinzuversetzen,[17] kann dazu beitragen, die Logik der Konfliktlösungsstrategie zu verstärken und damit die Zufälligkeit der Lösungen bzw. die Unberechenbarkeit der Konsequenzen zu reduzieren.

Die Spieltheorie zu beherrschen, hat für den Politologen also zwei praktische Bedeutungen:

- Zum einen kann man als Politikberater in einer gegebenen Krisensituation mit spieltheoretischen Kenntnissen viel leichter erfassen, welche Strategien der Gegner beim geringsten Risiko für ihn treffen würde, um ein Maximum an Gewinn zu erzielen. Diese Vorausberechenbarkeit der strategischen Optionen der gegnerischen Seiten zu erkennen, kann die Qualität eigener Entscheidungen verstärken und damit die Gewinnchancen für sich (bei nichtkooperativen Spielen) und für alle Mitspieler (bei kooperativen Spielen) maximieren;
- Zum anderen bietet die Spieltheorie ein analytisches Instrumentarium an, mit dessen Hilfe man die zu beobachtenden Lösungskonzepte historischer und gegenwärtiger internationaler Konflikte logisch erklären kann. Die Beherrschung von spieltheoretischen Kenntnissen kann dazu beitragen, das logisch-strukturelle Denkvermögen der Analysten zu verstärken und ihren Blick für die Zusammenhänge unterschiedlicher Strategieentscheidungen der Konfliktparteien zu schärfen.

Gerade unter diesem zweiten Aspekt wurden viele Ansätze entwickelt, um mit Hilfe der so genannten *Bargaining Theory*, die durchaus als eine Variation der Spieltheorie zu betrachten ist, Krieg und Frieden zu erklären. Für Robert Powell lässt sich beispielsweise der Ausbruch eines Krieges als Fehlschlag von „strategischem Feilschen"

15 Rapoport, Anatol: Spieltheorie, Konflikt und Konfliktlösung, in: Kurzrock, Ruprecht (Hrsg.): Systemtheorie, Berlin 1972, S. 187–198 (S. 196f.).

16 Ebenda.

17 Vgl. Ebenda, S. 187.

begreifen. Im Hinblick auf Entstehungen eines kriegerischen Zustandes spricht er von „*bargaining breakdown*“ im Sinne des Scheiterns eines „nichtkooperativen Spiels“.[18] Ähnlich betrachtet Harrison Wagner den Krieg als einen organischen Bestandteil von Verhandlungsprozessen, die zu einer ausgehandelten Lösung führen sollen, und nicht als eine Alternative zu diesen Prozessen. Im Lichte dieser Logik behauptet Wagner: „*Nearly all wars end not because states that are fighting are incapable of further fighting but because they agree to stop.*“[19]

Kennzeichnend für diese durch Verhandlungstheorien geprägten Ansätze sind ihre Versuche, Krieg und Frieden als Ergebnisse von internationalen Verhandlungen zu betrachten, die im Wesentlichen durch strategische Kalkulationen der politischen Führungen der Staaten beeinflusst werden. Dabei sollen ihre Neigungen zum Krieg oder zum Frieden in erster Linie durch innenpolitische Interessenskalkulationen, institutionelle Belohnungen/Bestrafungen sowie politisch-ökonomische Bedingungen motiviert sein. Bruce Bueno de Mesquita würdigt diese Vorgehensweise als eine Kombination von *Mikrotheorie* (Spieltheorie) und *Makrotheorie* (Politische Ökonomie), die im Vergleich zu traditionellen realistischen und staatszentrischen Ansätzen eine alternative Erklärung internationaler Konflikte möglich gemacht habe.[20] Er selbst ist einer der erfolgreichsten wissenschaftlichen Anwender spieltheoretischer Ansätze auf die Analyse und Vorhersage von Phänomenen der internationalen Beziehungen. Abschließend soll jedoch nicht unerwähnt bleiben, dass sich spieltheoretische Ansätze auch Kritik ausgesetzt sehen: Gerade aus der „kritischen Schule“ wird ihr Wissenschafts- und Kausalitätsverständnis kritisiert und die Prognose sozialer Phänomene mittels modellhafter Annahmen in Abrede gestellt. Nichtsdestotrotz erfreuen sich spieltheoretisch angeleitete Analysen auch in der Disziplin Internationale Beziehungen großer Beliebtheit. Insbesondere bei Versuchen, außenpolitische Verhaltenswesen von Akteuren zu prognostizieren, haben sich spieltheoretische Ansätze als sehr fruchtbar für den disziplinären Diskurs erwiesen.

Weiterführende Literatur

Bueno de Mesquita, Bruce: Game theory, political economy, and the evolving study of war and peace, in: American Political Science Review 100:4 (2006), S. 637–642.
(Bueno de Mesquita ist einer der führenden Politologen, welcher die Spieltheorie auf die Analyse u. a. von Außenpolitik anwendet. Seine Arbeiten bestechen besonders methodisch – so auch dieser Artikel.)

18 Powell, Robert: Bargaining Theory and International Conflict, in: Annual Review of Political Science 5 (2002), S. 1–30.

19 Wagner, Harrison: Bargaining and War, in: American Journal of Political Science 44:3 (2000), S. 469–484.

20 Bueno de Mesquita, Bruce: Game theory, political economy, and the evolving study of war and peace, in: American Political Science Review 100:4 (2006), S. 637–642.

Davis, Morton D.: Spieltheorie für Nichtmathematiker, München 1972.
(Das klassische Einführungswerk.)
Diekmann, Andreas: Spieltheorie: Einführung, Beispiele, Experimente, Reinbek bei Hamburg 2009.
(Ein gutes und aktuelles deutschsprachiges Einführungswerk. Nicht speziell für Politologen, aber trotzdem empfehlenswert.)
Gilligan, Michael J. and Johns, Leslie: Formal Models of International Institutions, in: *Annual Review of Political Science* 15:2 (2012), S. 21–43.
(Eine systematische und gut strukturierte Bestandsaufnahme der Anwendungserfolge und -probleme der Spieltheorie im Bereich der Internationale Beziehungen)
Junne, Gerd: Spieltheorie in der internationalen Politik, Düsseldorf 1972.
(Bis heute eine der wenigen systematischen Darstellungen für den Bereich der Internationalen Beziehungen.)
Neumann, John von/Morgenstern, Oscar: Theory of Games and Economic Behavior, Princeton, NJ, 1944 (2004).
(Der Klassiker zum Thema. Für Wirtschaftswissenschaftler unverzichtbar und auch für Politologen inspirierend.)
Powell, Robert: Bargaining Theory and International Conflict, in: Annual Review of Political Science 5 (2002), S. 1–30.
(Grundlagenartikel zur Anwendung der Spieltheorie für die Konfliktforschung.)
Rapoport, Anatol: Nullsummenkonflikt und Nichtnullsummen-Konflikt, in: Frei, Daniel (Hrsg.): Theorien der internationalen Beziehungen, 2. Aufl., München 1977, S. 190–194.
(Absolut zu empfehlen. Ein sehr guter und differenzierter Aufsatz.)
Rapoport, Anatol: Spieltheorie, Konflikt und Konfliktlösung, in: Kurzrock, Ruprecht (Hrsg.): Systemtheorie, Berlin 1972, S. 187–198.
(Sehr guter Überblick für Politologen. Sollte man unbedingt gelesen haben, wenn man sich für die Thematik interessiert.)
Rapoport, Anatol: Two-Person Game Theory – The Essential Ideas, Chicago 1966.
(Rapoports vorzügliche Monographie zur Thematik.)
Samuelson, Larry: Game Theory in Economics and Beyond, in: The Journal of Economic Perspectives 30:4 (2016), S. 107–130.
(Guter Überblick über die Verbreitung der Spieltheorie in den Wirtschaftswissenschaften, aber auch in der Politikwissenschaft und anderen Disziplinen.)
Wagner, Harrison: Bargaining and War, in: American Journal of Political Science 44:3 (2000), S. 469–484.
(Wie der Artikel von Powell für Politologen, die den Stand der Forschung erfassen wollen, unverzichtbar.)
Zürn, Michael: Einführung in die Spieltheorie, in: Ders: Interessen und Institutionen in der internationalen Politik, Opladen 1992, S. 323–335.
(Guter deutschsprachiger einführender Aufsatz. Kurz und prägnant.)

15 Entscheidungstheorie

Politische Entscheidungen werden für verschiedene Fragen und Themenfelder getroffen. Es gibt innenpolitische Entscheidungen, verfassungspolitische Entscheidungen, parteipolitische Entscheidungen, außenpolitische Entscheidungen usw. Wissenschaftlich wird versucht, bei der Berücksichtigung der Gemeinsamkeiten der politischen Entscheidungen für jede spezifische Entscheidungsgattung Erklärungsmuster zu entwickeln. Die Theorie oder die Theorieansätze, die die Bedingungen, Motivationen, Prozesse und Strukturen der außenpolitischen Entscheidungsfindung zu erklären versuchen, werden als außenpolitische Entscheidungstheorien bezeichnet.

Die Disziplin der Internationalen Beziehungen kennt eine Vielzahl von Ansätzen, die meistens zur empirischen Forschung als Methode bzw. als analytisches Raster zur Einordnung von Informationen vorgeschlagen worden sind. Steven B. Redd and Alex Mintz zufolge zählen folgende Ansätze zu den am meisten angewandten Methoden: „rational choice, cybernetic model, prospect theory, poliheuristic theory, organizational and bureaucratic politics, groupthink and polythink, and analogical reasoning".[1]

Ansätze, die einen hohen Grad an Theoriegehalt besitzen, gibt es jedoch nur wenige. Daran scheint auch die Tatsache nichts zu ändern, dass die Erforschung außenpolitischer Entscheidungsprozesse ein sehr hohes Niveau von Interdisziplinarität erreicht hat.[2] Diese Entwicklung systematisch reflektierend, weist Chris Brown darauf hin, dass die Entscheidungstheorie nach wie vor durch diejenigen Ansätze dominiert werde, die in ihrer Anfangsphase entwickelt wurden. Die „*longevity*" der damals schon entwickelten Theorieansätze, die gleich vorgestellt werden sollen, dient für ihn als Indikator für eine „*weakness*"[3] der Entscheidungstheorie, die den Schwung an innovativen Weiterentwicklungen verloren hätte.

Dieses Problem scheint besonders die Forschung in der Bundesrepublik Deutschland zu betreffen. In diesem Sinne übertreibt Helga Haftendorn nicht, wenn sie darauf verweist, „*dass die Bundesrepublik auf dem Gebiet der außenpolitischen Entscheidungsforschung noch ein Entwicklungsland ist. Zwar gibt es*", so die Kritik Haftendorns, „*eine ganze Reihe von ertragreichen, theoriegeleiteten empirischen Untersuchungen, es fehlt jedoch die systematische, kritische Auseinandersetzung mit der Vielzahl der vor allem in den USA entwickelten theoretischen Ansätze und – von wenigen Ausnahmen abgesehen – ein eigener deutscher Beitrag zur Theoriebildung.*"[4]

---

1 Redd, Steven B./Mintz, Alex: Policy Perspectives on National Security and Foreign Policy Decision Making, in: The Policy Studies Journal 41:1 (2013), S. 11–37.

2 Zu einer guten Zusammenfassung der Entscheidungstheorie als interdisziplinärer Ansatz vgl. Behrens, Henning/Noack, Paul: Theorien der Internationalen Politik, München 1984, S. 126–130; siehe auch Haftendorn, Helga: Zur Theorie außenpolitischer Entscheidungsprozesse, in: Rittberger, Volker (Hrsg.): Theorien der Internationalen Beziehungen. Bestandsaufnahme und Forschungsperspektiven, PVS-Sonderheft 21, Opladen 1990, S. 401–423, insbesondere S. 403–408.

3 Vgl. hierzu: Brown, Chris: Understanding International Relations, London 1997, S. 79.

4 Haftendorn, a. a. O., S. 407.

https://doi.org/10.1515/9783486855081-015

Aber auch die amerikanische Forschung ist – gemessen an ihrem Theoriegehalt – nicht so ergiebig, wie es auf den ersten Blick aussieht. In der Tat lassen sich nur wenige Ansätze als „Theorieansätze" qualifizieren, die nicht nur unser Verständnis von außenpolitischen Entscheidungsprozessen vertiefen, sondern auch unser Wissen über die Gesetzmäßigkeiten von Außenpolitik bereichern können. Die drei Ansätze (*„rational actor"*-Modell, *„bounded rationality"* und *„bureaucratic politics"*), die im Folgenden vorgestellt werden sollen, haben deswegen eine Hervorhebung verdient, weil sie einerseits einen relativ hohen Theoriengehalt aufweisen und andererseits eine Vielzahl von empirischen Untersuchungen in der Erforschung außenpolitischer Entscheidungen inspiriert haben.

15.1 Dimensionen der außenpolitischen Entscheidungen

Ansätze, die sich mit außenpolitischen Entscheidungen beschäftigen, lassen sich nach Donald Sylvan und Steve Chan[5] auf einem Würfelmodell anordnen, dessen Seiten bzw. Dimensionen durch Entscheidungstyp, Analyseebene und theoretische Annahme gebildet werden (siehe *„Abbildung 4: ‚Würfelmodell' der entscheidungstheoretischen Ansätze"*).

Auf der Seite des Entscheidungstyps stehen drei *Entscheidungstypen*, die sich nach der Klassifikation anhand der Bedeutung und der Dringlichkeit der zur Entscheidung anstehenden Probleme ergeben:

1. *Planungsentscheidungen*, die zukunftsorientiert sind. Sie stehen nicht unter Zeitdruck und können unter Einsatz von Strategen und Experten innovative Lösungen für künftige Probleme erbringen.
2. *Routineentscheidungen*, bei denen Probleme von mäßiger politischer Bedeutung mit Hilfe von Routineverfahren erfolgen. In der Regel finden sie unter geringem Zeitdruck statt und werden durch dafür verantwortliche Mitarbeiter getroffen. Es ist nicht üblich, dass Spitzenpolitiker oder Sondereinheiten von Experten an dieser Art von Entscheidungen beteiligt sind.
3. *Krisenentscheidungen*, bei denen unter hohem Zeitdruck Entscheidungen getroffen werden müssen, um akute und manchmal unerwartete Krisen zu lösen. Da solche Entscheidungen in der Regel eine große Tragweite aufweisen, bei denen gesellschaftliche Werte und/oder menschliches Leben auf dem Spiel stehen, werden sie meistens von Spitzenpolitikern direkt getroffen.

---

5 Sylvan, Donald/Chan, Steve (Hrsg.): Foreign Policy Decision Making: Perception, Cognition, and Artificial Intelligence, New York 1984, hier zitiert nach Haftendorn, Helga: Zur Theorie außenpolitischer Entscheidungsprozesse, in: Rittberger, Volker (Hrsg.): Theorien der Internationalen Beziehungen. Bestandsaufnahme und Forschungsperspektiven, PVS–Sonderheft 21, Opladen 1990, S. 401–423, insbesondere S. 403–408.

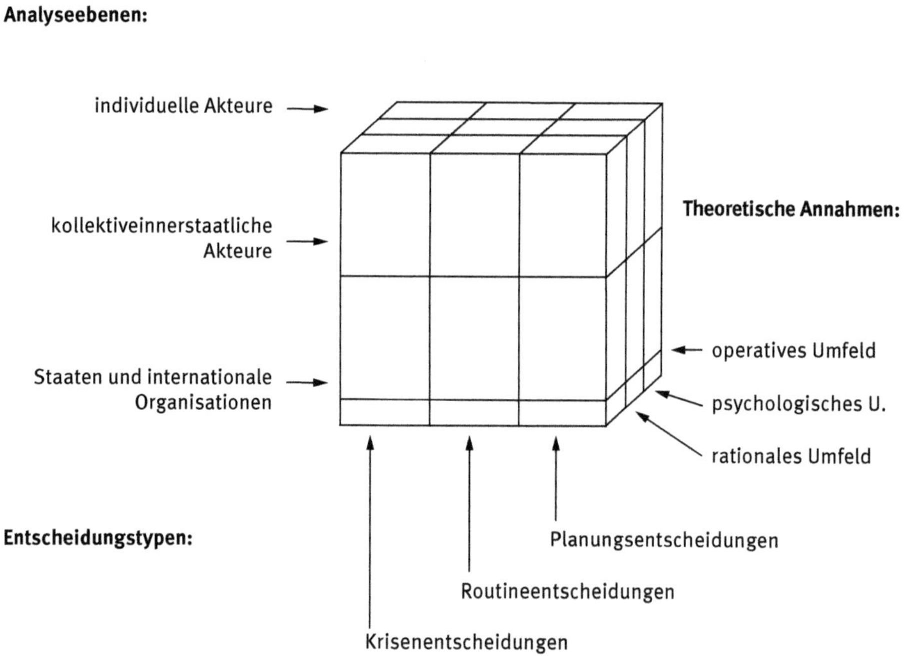

Abb. 4: „Würfelmodell" der entscheidungstheoretischen Ansätze. Quelle: Haftendorn, Helga: Zur Theorie außenpolitischer Entscheidungsprozesse, in: Rittberger, Volker (Hrsg.): Theorien der Internationalen Beziehungen. Bestandsaufnahme und Forschungsperspektiven, PVS-Sonderheft 21, Opladen 1990, S. 407.

Auf der Seite der *Analyseebene* stehen drei unterschiedliche Arten von Akteuren, die jeweils in den Mittelpunkt der Untersuchung außenpolitischer Entscheidungen gestellt werden sollten. Diese Differenzierung der Analyseebenen ist deswegen notwendig, weil sich das Ergebnis der Entscheidungen nur durch Heranziehung aller Akteure, die entweder als Subjekte (aktiv Handelnde), als Objekte (passive Adressaten) oder als Umwelt (Konstellationen Bildende) der Entscheidungen zu identifizieren sind, plausibel erklären lässt.

Außenpolitische Entscheidungen können dementsprechend auf drei unterschiedlichen Ebenen analysiert werden:

1. die Ebene *individueller Akteure*: Regierungschefs, Außenminister, Politiker mit außen- und sicherheitspolitischer Verantwortung und Beamte;
2. die Ebene *kollektiver innerstaatlicher Akteure*, die an Entscheidungen beteiligt sind: Kabinett, Regierungsausschüsse (z. B. Bundessicherheitsrat oder Nationaler Sicherheitsrat in den USA), Parteiführung, Verwaltungseinheiten;
3. die Ebene *internationaler Akteure*: Fremde Staaten als Verbündete, als Feinde oder als Neutrale; internationale Organisationen oder multinationale Konzerne.

Die Differenzierung der *theoretischen Annahmen*, die auf der dritten Seite des „Würfels" stehen, lässt sich auf die Tatsache zurückführen, dass Wissenschaftler bei der Analyse außenpolitischer Entscheidungen jeweils eine oder mehrere theoretische Vororientierungen haben. Diese Vororientierungen bestimmen in der Regel ihre Annahmen über das Wesen und die Beschaffenheit der Entscheidungsprozesse. Allgemein lassen sich drei theoretische Annahmen unterscheiden:

1. Annahmen, die von einem *rationalen*, ziel- und zweckgerichteten Handeln der Akteure ausgehen und sie dementsprechend als *„rational actor"* bzw. als Akteure betrachten, die nach einer *„rational choice"* handeln.
2. Annahmen, die dem *operativen Umfeld* der Entscheidungsträger eine maßgebende Bedeutung zusprechen. Internationale Konstellationen und organisatorische Strukturen des Regierungsapparates werden als solche operativen Umfelder angesehen.
3. Annahmen, die außenpolitische Entscheidungen als Ergebnisse von *psychologischen Prozessen* der Entscheidungsträger ansehen. Insbesondere individuellen oder kollektiven Wahrnehmungen, Einstellungen oder Perzeptionen wird ein großer Einfluss auf außenpolitische Entscheidungen zugesprochen.[6]

15.2 Das *„rational actor"*-Modell

Dem *„rational actor"*-Modell liegt das rationale Denken zugrunde, das auf den Utilitarismus des britischen Sozialphilosophen und Juristen Jeremy Bentham (1748–1832) zurückgeht. Bentham postuliert eine Entscheidungsfigur namens *„homo oeconomicus"* und verleiht diesem eine Reihe von Fähigkeiten. Nach Bentham kann ein *„homo oeconomicus"* rational denken, verfolgt Ziele und kennt die Ziel-Mittel-Relation. Er kann seine gegebenen Mittel so verwenden, dass Nutzen maximiert wird. Er besitzt die Fähigkeit, vor der Entscheidung alle verfügbaren Handlungsalternativen durchzukalkulieren und die wahrscheinlichen Folgen jeder Alternative im Lichte ihrer vorgefassten Wertpräferenzskala zu beurteilen.[7] Dies kann er deswegen, weil er in der Lage ist, seine Präferenzen zu definieren und deren Rangordnung zu entwickeln. *„Ein Minimalkriterium rationaler Entscheidungen ist"*, so formuliert Andreas Diekmann pointiert, *„dass Personen Präferenzen haben und sich diese Präferenzen in eine Rangordnung bringen lassen."*[8]

Der erste Ansatz der modernen außenpolitischen Entscheidungsforschung, der von Snyder, Bruck und Sapin in den 50er Jahren entwickelt wurde,[9] beruht im Großen und

6 Die obigen Ausführungen basieren auf den Darlegungen von Helga Haftendorn, ebenda.

7 Boeckh, Andreas: Internationale Beziehungen. Theorien-Organisationen-Konflikte, (Pipers Wörterbuch zur Politik, Bd. 5), München 1984, S. 122f.

8 Diekmann, Andreas: Spieltheorie: Einführung, Beispiele, Experimente, Reinbek bei Hamburg 2009, S. 77.

9 Snyder, Richard C./Bruck, H. W./Sapin, Burton: Foreign Policy Decision Making: An Approach for the Study of International Politics, New York 1962.

Ganzen auf Benthams Postulat des „*homo oeconomicus*“, obwohl ihr außenpolitischer Entscheidungsträger in vielerlei Hinsicht von diesem perfekten „*homo oeconomicus*“ abweicht. Der Ausgangspunkt der Theorie Snyders und seiner Kollegen ist die Annahme, dass der „*Staat identisch mit seinen Entscheidungsträgern [ist]. Staatshandlung*“, so Snyder, „*ist die Handlung derer, die im Namen des Staates handeln. [...] [D]er Schlüssel zur Erklärung, warum ein Staat sich in einer bestimmten Weise verhält, [ist] in der Art zu finden, wie seine Entscheidungsträger als Akteure ihre Situation definieren.*“[10]

Nach den Autoren dieses Ansatzes nimmt der Entscheidungsträger Informationen selektiv auf und bewertet diese im Hinblick auf sein Umfeld, das aus innerem Bezugsrahmen, äußerem Bezugsrahmen und gesellschaftlichen Strukturen besteht. Der Entscheidungsträger hat politische Präferenzen, er bewertet eine Alternative höher als eine andere. Er handelt aufgrund klar umrissener Präferenzen. Diese werden zum Teil durch die Situation, in der sich der Entscheidungsträger befindet, und zum Teil durch seine Biographie bestimmt.

Der Entscheidungsträger im Ansatz von Snyder/Bruck/Sapin ist aber insofern kein „*homo oeconomicus*“, als er nicht alle potentiellen Handlungsalternativen durchmustern und die wahrscheinlichen Konsequenzen jeder Alternative vorhersagen kann. Nach den drei Theoretikern gibt es eine Reihe von potentiellen Restriktionen, welche die Art und Weise der Beratung von Entscheidungsträgern sowie die Ergebnisse ihrer Beratung beschränken können. Snyder und seine Gruppe bezeichnen diese beschränkenden Faktoren als „Entscheidungsrestriktionen“.

Die wichtigsten Kategorien von Entscheidungsrestriktionen sind nach ihrer Auffassung die äußeren und inneren Restriktionen sowie die Kombinationen von diesen beiden Kategorien. Die Restriktionen von außen umfassen äußere Bedingungen, Objekte, Ereignisse und andere Akteure, die teilweise leicht, teilweise schwer zu erfassen sind. Die inneren Restriktionen umfassen Informationen, Kommunikationsmängel, Missperzeptionen und knappe Ressourcen (Zeit, Energie, Geld, Fähigkeiten des Staates etc.).

Die Stärke des Ansatzes von Snyder/Bruck/Sapin liegt darin, die potentiellen Einflussfaktoren für außenpolitische Entscheidungen fast vollständig herausgearbeitet zu haben. Viele dieser Faktoren wurden zentrale Untersuchungsgegenstände von neueren Forschungen außenpolitischer Entscheidungen. Zugleich bildet diese Stärke aber auch die Kehrseite des Ansatzes, da es kaum möglich ist, den Bezugsrahmen außenpolitischer Entscheidungen „*an Beispielen zu konkretisieren und auch nur halbwegs mit entsprechenden Daten zu erfüllen*“, kritisiert beispielsweise Behrens.[11]

Gerade unter diesem Aspekt hat dieser Ansatz viel Kritik nach sich gezogen. So kritisiert Haftendorn, „*Snyder u. a. offerierten zwar eine Taxonomie von im Entscheidungsprozess relevanten Faktoren, machten jedoch keine Aussagen über den Stellenwert*

10 Snyder, Richard C./Bruck, H. W./Sapin, Burton: Entscheidungstheorie, in: Haftendorn, Helga (Hrsg.): Theorie der Internationalen Politik. Gegenstand und Methoden der Internationalen Beziehungen, Hamburg 1975, S. 229ff.

11 Behrens/Noack, S. 120.

eines Faktors oder über die Beziehungen zwischen ihnen.“ Haftendorn zufolge hat der Ansatz von Snyder für das Entscheidungsverhalten der Akteure *„keine Erklärung angeboten.“* Im Gegenteil, so die deutsche Wissenschaftlerin im Anschluss an die Kritik von Rosenau, hat die *„Theorielosigkeit“* dieses Analyseschemas neben der Fülle der erforderlichen Daten vermutlich auch *„abschreckend“* gewirkt.[12] Für Paul R. Viotti und Mark V. Kauppi ist die Einordnung der internen und externen Einflussfaktoren, auch wenn sie so umfassend und systematisch erscheint, nichts mehr als *„inventory potentially relevant factors“*.[13] Chris Browns Kritik klingt noch schonungsloser: *„These schemata [of external and internal factors] were impressive, but a classification is not the same as an explanation; a list of all factors that might be relevant is much less useful than a theory which predicts which factors will be relevant.“*[14]

15.3 Das Modell der *„bounded rationality“*

Ähnlich wie das *„rational actor“*-Modell geht das Modell der *„bounded rationality“* (Modell der *begrenzten Rationalität*) von der Annahme aus, dass Entscheidungsträger die Zweck-Mittel-Relation kennen und versuchen, Entscheidungen zu treffen, die den maximalen Nutzen versprechen. Allerdings liegt dem Modell der *begrenzten Rationalität* ein anderes Postulat zugrunde. Es handelt sich dabei um das *„homo organisans“*-Postulat von Herbert Alexander Simon. Simons *„homo organisans“* ist *„ein Mensch mit begrenzter Rationalität, der befriedigende Lösungen anstrebe, weil sein Verstand zur Nutzenmaximierung nicht ausreiche – genauer: weil er in der Realität nie mehr als bruchstückhaftes Wissen über die für seine Handlungen relevanten Bedingungen besitze und nur über geringe Einsicht in die Regelmäßigkeiten und Gesetze verfüge, die zutreffende Prognosen künftiger Entscheidungsresultate aus dem Wissen über gegenwärtige Entscheidungsumstände ermöglichten.“*[15]

Anders gesagt, ist der Mensch im Sinne vom *„homo organisans“* deswegen begrenzt rational, weil er nicht über ausreichende Kenntnisse verfügt, um den Nutzen zu maximieren. Er ist aus Mangel an Zeit und/oder Informationen oder wegen anderer Schwächen nicht in der Lage, vor der Entscheidung alle Handlungsalternativen zu überschauen und die Konsequenzen jeder Alternative genau zu erkennen. Er akzeptiert bereits eine Lösung, *„wenn bestimmte Erwartungsniveaus [durch diese Lösung] erfüllt werden“*.[16] Simon erhielt 1978 für dieses Modell den Nobelpreis für Wirtschaftswissenschaften.[17]

---

12 Alle Zitate: Haftendorn, a. a. O., S. 410f.

13 Viotti, Paul R./Kauppi, Mark V.: International Relations Theory. Realism, Pluralism, Globalism, and Beyond, 3. Aufl., Boston 1999, S. 205.

14 Brown, Chris: Understanding International Relations, London 1997, S. 75.

15 Boeckh, a. a. O., S. 123.

16 Ebenda.

17 Vgl. hierzu: Simon, Herbert: Theories of decision making in economics and behavioural science, in: American Economic Review 49:3 (1959), S. 253–283; Behrens/Noack, a. a. O., S. 122.

Glenn Snyder und Paul Diesing ließen sich von Simons Postulat *„homo organisans"* inspirieren und entwickelten einen eigenen Ansatz zur Analyse außenpolitischer Entscheidungen.[18] Im Mittelpunkt dieses Ansatzes steht das Prinzip der begrenzten Rationalität. Der Entscheidungsträger hat bei der Entscheidungsfindung ein Erwartungsniveau, das durch eine untere und eine obere Grenze gekennzeichnet ist. Die untere Grenze soll *„nicht ohne zwingenden Grund bzw. unter gar keinen Umständen überschritten werden"*. Aber sobald eine Alternative einen Erfolg verspricht, der über der unteren Grenze liegt, könnte sie vom Entscheidungsträger akzeptiert werden.[19]

Wenn aber eine Entscheidung zwischen zwei unterschiedlichen Werten (z. B. Frieden und nationalem Prestige) getroffen werden muss, besteht für den Entscheidungsträger kein rationaler Weg, um zu kalkulieren, wie viel von einem Wert geopfert werden sollte, damit eine bestimmte Menge von den anderen beibehalten werden könnte. Auch in diesem Fall kann er nicht maximieren, weil er unter erheblichen Einschränkungen operiert und schon einlenkt, wenn eine Lösung akzeptabel erscheint.

In der Tat entspricht das Modell der *begrenzten Rationalität* der Realität in der internationalen Politik viel mehr als das klassische *rational*-Modell. In der Geschichte der internationalen Politik lassen sich viele Beispiele finden, die mit Hilfe der *begrenzten Rationalität* erklärt werden könnten. Die Beendigung des Korea-Krieges, der „ehrenvolle" Abzug der Truppen der Vereinigten Staaten aus Vietnam, aber auch die Beendigung der Kuba-Krise im Jahre 1962 könnten im Lichte der *begrenzten Rationalität* betrachtet werden.

In der wissenschaftlichen Literatur wird insbesondere die Beendigung der Marokko-Krise von 1911 als ein Beispiel der Geltung der *begrenzten Rationalität* bei der Austragung internationaler Konflikte betrachtet. Diese Krise[20] brach aus, als Frankreich 1911 beschlossen hatte, seine Kontrolle über Marokko entscheidend auszudehnen. Das Deutsche Reich, das (anders als seine europäischen Nachbarstaaten Großbritannien, Italien und Spanien) weder konsultiert noch mit Kompensationen bedacht wurde, war irritiert. Das Gefühl, dass das Deutsche Reich im Europäischen Konzert nicht genügend beachtet würde, aber auch die Befürchtung einer Demütigung durch Frankreich, veranlasste Berlin, dem französischen Vorhaben Widerstand entgegenzusetzen.

18 Die Theoriebildung von Snyder und Diesing beruhte auf den empirischen Prüfungen von drei Theorieansätzen: „utility maximization, bounded rationality, and bureaucratic politics". Dabei ist ihre Anwendung des Konzeptes der „begrenzten Rationalität" auf die Analyse internationaler Konflikte bislang am umfangreichsten unter den Arbeiten dieser Art. Insgesamt wurden etwa 50 Fälle von internationalen Krisen herangezogen, um die Erklärungskräfte der Ansätze von Rationalität, Begrenzter Rationalität und Bürokratie–Konkurrenz zu testen. Vgl. hierzu: Snyder, Glenn/Diesing, Paul: Conflict Among Nations. Bargaining, Decision Making, and System Structure in International Crisis, Princeton 1977, S. 28ff.

19 Zitat: Behrens/Noack, a. a. O., S. 122. Vgl. weiter: Snyder, a. a. O., insbesondere Kapitel V.

20 Folgende Analyse beruht auf der Darstellung von Behrens und Noack, siehe Behrens/Noack, a.a.O, S. 188ff.

Am Anfang der Krise standen sich die französische und die deutsche Position frontal gegenüber. Während das Deutsche Reich darauf bestand, dass Frankreich seine Ambitionen aufgeben sollte, schloss Frankreich die Option aus, dem Deutschen Reich aufgrund militärischer Bedrohung einen Teil Marokkos abzutreten. Die Krise eskalierte, als beide Kontrahenten zu verstehen gaben, dass sie bereit seien, einen Krieg zu führen, um den Streit auszutragen.

Am Ende wurde die Krise aber doch durch einen Kompromiss gelöst. England, das eine aktive Informationspolitik gegenüber Berlin und Paris betrieben hatte, war es gelungen, die untere Grenze beider Seiten zu erkennen. Nach britischer Einschätzung hatten sowohl das Deutsche Reich als auch Frankreich Angst, den Krieg zu verlieren, wenn der Streit wirklich militärisch ausgetragen werden sollte. Diesen Eindruck gewannen die Engländer dadurch, dass sie einerseits die Deutschen auf das Risiko eines Zweifrontenkrieges gegenüber Großbritannien und Frankreich verwiesen und andererseits die Franzosen ermahnten, das Unterstützungsangebot keineswegs zu ernst zu nehmen.

Gegenüber London gaben Paris und Berlin zu verstehen, dass sie bereit wären, Kompromisslösungen zu akzeptieren, wenn ein Krieg vermieden werden könnte. Für Großbritannien war die untere Grenze für beide Seiten offensichtlich: Das Deutsche Reich wollte auf keinen Fall die Krise beenden, ohne eine Kompensation für die Ausdehnung französischer Herrschaft über Marokko zu erhalten. Aber eine Lösung, die über dieser Grenze liegen sollte, konnte von Berlin akzeptiert werden. Hingegen wollte Frankreich unter keinen Umständen aus der Krise hervorgehen, ohne seine Herrschaft über Marokko ausgeweitet zu haben. Aber eine Lösung, die diese Ambition nicht in Frage stellte, konnte Paris zu einer friedlichen Beendigung der Krise bewegen.

Nachdem sie die unteren Grenzen von beiden Seiten durchschaut hatten, schlugen die Briten einen Kompromiss vor, der über diesen Grenzen lag. Schließlich einigten sich Berlin und Paris auf die Errichtung eines französischen Protektorats in Marokko. Dafür erhielt Deutschland als Kompensation ein Fünftel des französischen Besitzes im Kongo mit Seezugang und gab dafür einen geringen Teil eigener afrikanischer Besitzungen an Frankreich ab. Diese Lösung war zwar von den Maximalpositionen der beiden Kontrahenten weit entfernt, lag aber doch eindeutig in der Zone zwischen der unteren und oberen Grenze, innerhalb derer die *begrenzte Rationalität* zur Geltung gebracht werden konnte.

Der Vorteil des „*bounded rationality*"-Modells liegt darin, dass man mit dessen Hilfe nicht nur einen abgeschlossenen außenpolitischen Prozess beschreiben und erklären, sondern auch das Ergebnis eines offenen Entscheidungsprozesses mit einer gewissen Sicherheit prognostizieren kann. Entscheidende Voraussetzung für eine solche Prognose ist die Ermittlung der sogenannten *Grenze der Akzeptanz*, also der unteren Grenze, die unter gar keinen Umständen unterschritten werden sollte. Wenn man als Analytiker diese Grenze ermitteln kann, kann man relativ leicht bestimmte Lösungen ausschließen, die offensichtlich unter dieser Grenze liegen und somit keine Perspektive haben. Zugleich können unter Berücksichtigung der konkreten Situation Lösungsmöglichkeiten entwickelt werden, die über der Akzeptanzgrenze liegen. Auf dieser Ebene ist es möglich, mit Hilfe der „wenn-dann"-Argumentation die wahrscheinlichste Entwicklung vorherzusagen.

15.4 Das „*bureaucratic politics*"-Modell

Das *Modell der Bürokratie-Politik* ist dadurch gekennzeichnet, dass es außenpolitische Entscheidungen nicht unbedingt auf rationale Kalkulation von Entscheidungsträgern zurückführt, sondern als Ergebnis politischer Verhandlungsprozesse betrachtet. Außenpolitische Entscheidungen werden in diesem Sinne vorrangig als Resultate des Zusammenwirkens aller an der Entscheidungsfindung Beteiligter angesehen.

Graham Allison ist der Wissenschaftler, der als erster das alte „*rational*"-Modell überwunden und den organisatorisch-bürokratischen Aspekt außenpolitischer Entscheidungsprozesse systematisch erfasst hat. „*Althouth the Rational Actor Model has proved useful for many purposes*", so argumentiert Allison, „*there is powerful evidence that it must be supplemented, if not supplanted, by frames of references that focus on the governmental machine – the organizations and political actors involved in the policy process.*"[21]

Für Allison kann das „*rational*"-Modell in vielen Fällen eine Verdunkelung oder Verzerrung der Tatsachen darstellen. Der Grund hierfür soll im Versimpelungscharakter dieses Modells liegen. „*In particular*", so erklärt Allison, „*[this simplification] obscures the persistently neglected fact of bureaucracy: the ‚maker' of government policy is not one calculating decision maker but is rather a conglomerate of large organizations and political actors.*"[22]

Sein „*Bürokratie-Politik*"-Modell[23] begreift die außenpolitische Entscheidung als den Output einer Reihe von großen Organisationen oder Einheiten, die zur Vorbereitung

---

21 Hierzu: Allison, Graham T.: Essence of Decision: Explaining the Cuba Missile Crisis, Boston 1971, S. 5.

22 Ebenda, S. 3.

23 Allison verfolgte nicht die Absicht, das „rational"–Modell grundsätzlich in Frage zu stellen, sondern das Spektrum der Ansätze der Entscheidungstheorie zu erweitern. Diese Intention hat sich auch nicht geändert, als er 28 Jahre nach der Veröffentlichung der ersten Auflage seines Buches „Essence of Decision" die zweite Auflage des Buches zusammen mit Phillip Zelikow im Jahr 1999 vorlegte. Wie in der ersten Auflage werden drei Modelle („rational-actor"-Modell, „organizational"-Modell und „bureaucratic-politics"-Modell) zur Analyse von Entscheidungen vorgestellt und anhand der Kuba-Krise auf ihre Aussagekraft und Erklärungsfähigkeit getestet. Während das RAD-Model („rational-actor"-Modell) aber ein „classical model" und das „organizational model" einen von der „begrenzten Rationalität" abgeleiteten Ansatz, also kein „reines Eigenprodukt" von Allison darstellte, bleibt das Bürokratiepolitik-Modell buchstäblich seine Erfindung. Just in diesem Sinne betrachten wir sein „bürokratisches" Modell als ein originales Konzept von ihm und sehen hierin auch den wissenschaftlichen Mehrwert dieses Ansatzes für die Entscheidungstheorie. Vgl. hierzu: Allison, Graham T./Zelikow, Phillip: Essence of Decision: Explaning the Cuban Missile Crisis, 2. Aufl., New York, 1999.

der Entscheidung beauftragt werden. Dabei können die Spitzenpolitiker nach Allison zwar diese bürokratischen Einheiten koordinieren, aber schwerlich kontrollieren. Die Entscheidung ist am Ende eine koordinierte Fassung von vielen Teilentscheidungen, die die Einheiten getroffen haben.

Allisons Entscheidungsprozess ist aber kein Prozess, durch den die einzelnen Teilentscheidungen ausgewogen zu einer Entscheidung zusammengeführt werden. Vielmehr weist die Entscheidung eine asymmetrische Struktur auf. Allison zufolge stellt die Entscheidung das Ergebnis eines Tausch- und Verhandlungsprozesses dar, währenddessen die an der Entscheidung beteiligten Komponenten einer Bürokratie miteinander um die Durchsetzung eigener Vorstellungen konkurrieren. Die endgültige Entscheidung ist ein Kompromiss von verschiedenen Einheiten, die jeweils spezifische Interessen vertreten.

Wie der Kompromiss aussieht, ist eine empirische Frage. Er hängt in der Regel vom Machtverhältnis, Verhandlungsgeschick und der Durchsetzungsfähigkeit der einzelnen Einheiten ab. Nicht jede von ihnen kann sich nach Allison mit eigenen Vorentscheidungen durchsetzen, wenige schaffen es, die Unterstützung der Spitzenpolitiker zu erhalten. Die politische Einflussnahme der einzelnen Einheiten hängt nach Allison aber auch davon ab, wie die Einheiten in die Struktur des Apparates eingefügt sind. „*Dein Standpunkt*", so formuliert Allison pointiert, „*hängt von deiner Stellung ab.*" (*Where you stand depends on where you sit.*)[24]

Neben dem „*bürokratischen*" Modell von Allison gibt es auch eine Reihe von anderen Konzepten, die darauf hinweisen, dass die Rationalität des Entscheidungsträgers von verschiedenen Faktoren beeinträchtigt bzw. untergraben werden kann. Die Darstellungen von Paul R. Viotti und Mark V. Kauppi, Christian Brown sowie James Dougherty und Robert Pfaltzgraff zeigen, dass die Ansätze, die an einer vollen Wirkungskraft der individuellen Rationalität beim Entscheidungstreffen zweifeln, hauptsächlich psychologische, kognitive oder kybernetische Wurzeln haben. Dazu gehört beispielsweise der sogenannte „*Operational Code Approach*" von Alexander George und Ole Holsti, nach dem Lebenserfahrungen des Entscheidungsträgers sein Verhalten beim Treffen von politischen Entscheidungen emotional so stark beeinflussen können, dass seine Präferenzsetzung und deren Rangordnung von rationalen Sichtweisen erheblich abweichen. Im Einklang mit dieser Denkrichtung steht die Perzeptionsanalyse von Robert Jervis, der eine Korrelation zwischen falscher oder verzerrter Wahrnehmung der politisch-operativen Umwelt durch den Entscheidungsträger und ungeeigneten politischen Entscheidungen konstatierte. Nach Irving Janis kann der rationale Entscheidungsprozess auch durch das sogenannte „*groupthink*" beeinträchtigt werden. Wenn ein Entscheidungsträger aus einer Gruppe besteht und der soziale Druck zum Entscheidungskonsens groß ist, kann es nach Janis passieren,

---

24 Zitiert nach Behrens/Noack, a. a. O., S. 126; sehe auch Chris Brown, a. a. O., S. 79; Viotti/Kauppi, a. a. O., S. 209.

dass die Motivation beim Entscheidungsträger zu einer sozialen Harmonie oder Konformität den Prozess einer realistisch-rationalen Entscheidungsfindung überschattet. Dass das Gruppendenken in diesen Situationen das rational-Denken zurückdrängen kann, ist seine Kernaussage. In diesem Zusammenhang ist ebenfalls das kybernetische Modell von John D. Steinbrunner zu erwähnen. Für ihn ist der Politiker ein „*cybernetic decision maker*", dem eine sorgfältige und umfassende Kalkulation von Strategien fremd ist. Der Ablauf seines Entscheidungsverhaltens stehe weniger in Relation zu einer intellektuellen und rationalen Problemanalyse als zu früheren Erfahrungen, aus denen eine quasi intuitive Vorgehensweise zur Lösung von Problemen entstehe.[25]

Trotz dieses pluralistischen Scheins der Theoriedebatte wurden die entscheidungstheoretischen Ansätze auf dem Gebiet der Lehre von den Internationalen Beziehungen nicht wesentlich über den Stand der 80er Jahre des letzten Jahrhunderts hinaus entwickelt, während im Bereich der Wirtschaftswissenschaften ständig neue Lehrbücher bzw. Ansätze vorgelegt wurden.[26] Auch im Bereich der Psychologie erhielt die Weiterentwicklung der Entscheidungstheorie durch die „*simple heuristics*"[27] von Gerd Gigerenzer und Peter Todd einen kräftigen Impuls.

Im politikwissenschaftlichen Bereich lässt eine neue Welle von Theoriedebatten zur politischen Entscheidung offenbar noch auf sich warten. Als Beginn dieser neuen Welle könnten jedoch die jüngsten Versuche von Alex Mintz, Steven B. Redd and Eldad Tal-Shir betrachet werden, die Theorie der Heuristik auf das Gebiet der politischen Entscheidungsanalyse anzuwenden.[28] Auch die Anwendung der „Poliheuristic Theory" durch Nukhet Sandal, Enyu Zhang, Carolyn James, und Patrick James zur Untersuchung von außenpolitischen Entscheidungen in Krisensituationen deutet auf eine neue Bewegung hin.[29]

---

25 Vgl. hierzu: Dougherty, James E./Pfaltzgraff, Robert L.: Contending Theories of International Relations. A Comprehensive Survey, 3. Aufl., New York 1990, S. 479ff.; Brown, Chris: Understanding International Relations, London 1997, S. 73ff.; Viotti, Paul R./Kauppi, Mark V.: International Relations Theory. Realism, Pluralism, Globalism, and Beyond, 3. Aufl., Boston 1999, S. 205ff.

26 Vgl. hierzu stellvertretend: Eisenführ, Franz/Weber, Martin: Rationales Entscheiden, Berlin 2002; Laux, Hermut: Entscheidungstheorie, Berlin 2010.

27 Gigerenzer, Gerd/Todd, Peter. M.: Simple heuristics that make us smart, Oxford 2001.

28 Mintz, Alex, Redd, Steven B., and Tal-Shir, Eldad: The Poliheuristic Theory of Political Decision-Making, Juni 2017, http://politics.oxfordre.com/view/10.1093/acrefore/9780190228637.001.0001/acrefore-9780190228637-e-302 (letzter Abruf 25.04.2018).

29 Sandal, Nukhet, Zhang, Enyu, James, Carolyn, and James, Patrick: Poliheuristic Theory and Crisis Decision Making: A Comparative Analysis of Turkey with China, in: Canadian Journal of Political Science 44:1 (2011), S. 27–57.

Weiterführende Literatur

Allison, Graham T./Zelikow, Phillip: Essence of Decision: Explaining the Cuban Missile Crisis, 2. Aufl., New York, 1999.
(Die zweite Auflage des Klassikers des „Bürokratie"-Modells.)

Gigerenzer, Gerd/Todd, Peter. M.: Simple heuristics that make us smart, Oxford 2001.
(Weiterentwicklung der Entscheidungstheorie in der Psychologie.)

Mintz, Alex, Redd, Steven B., und Tal-Shir, Eldad: The Poliheuristic Theory of Political Decision-Making, Juni 2017, http://politics.oxfordre.com/view/10.1093/acrefore/9780190228637.001.0001/acrefore-9780190228637-e-302 (letzter Abruf 25.04.2018).
(Ein mutiger Versuch, eine neue politische Entscheidungstheorie in Anlehnung an die heuristischen Theorien systematisch zu entwickeln.)

Redd, Steven B./Mintz, Alex: Policy Perspectives on National Security and Foreign Policy Decision Making, in: The Policy Studies Journal 41:S1 (2013), S. 11–37. (Ein guter Überblick über die am meisten angewendeten Ansätze der politischen Entscheidungstheorien)

Sandal, Nukhet, Zhang, Enyu, James, Carolyn, und James, Patrick: Poliheuristic Theory and Crisis Decision Making: A Comparative Analysis of Turkey with China, in: Canadian Journal of Political Science 44:1 (2011), S. 27–57.
(Interessante politisch-heuristische Erklärung von außenpolitischen Entscheidungsfindungen in der Türkei und China)

Sylvan, Donald/Chan, Steve (Hrsg.): Foreign Policy Decision Making: Perception, Cognition, and Artificial Intelligence, New York 1984.
(Interessanter Artikel zu einem eher „alternativen" Strang der Entscheidungstheorie.)

Teil E: **Alternativ-Oppositionelle Schule**

16 Konstruktivismus

Der Realismus, insbesondere der Neorealismus, hat viele intellektuelle Gegenspieler hervorgerufen. Keiner von ihnen ist aber so „gefährlich“ für ihn wie der Konstruktivismus. Die Art und Weise, wie Konstruktivisten versuchen, den Realismus intellektuell in Frage zu stellen, erinnert einen an eine chinesische Redewendung. Die List Nr. 19 des chinesischen Listenkatalogs lautet: „*Unter dem Kessel das Brennholz wegziehen*“. Der deutsch-schweizerische Sinologe und Rechtswissenschaftler Harro von Senger interpretierte den Kerngehalt dieser Redewendung mit der Bemerkung: „*Die Axt an die Wurzel legen; etwas an der Wurzel packen; die Grundlage entziehen*“.[1]

In der Tat versucht die „*Social Theory of International Politics*“ von Alexander Wendt, dem prominentesten Vertreter der konstruktivistischen Theoriebildung in der Disziplin der Internationalen Beziehungen, dem Neorealismus die Grundlage zu entziehen, indem sie die Ontologie des Neorealismus massiv in Frage stellt. Wir wissen, dass eine sozialwissenschaftliche Theorie ohne eine robuste Ontologie nichts anderes ist als ein Haus ohne ein stabiles Fundament. Ontologie teilt uns in der Regel mit, wie man die Natur oder die Beschaffenheit des Gegenstandes beurteilt, den man wissenschaftlich untersucht. Für konstruktivistisch denkende Wissenschaftler ist die Frage der Ontologie noch wichtiger. Sie behaupten, dass Gegenstände sozialwissenschaftlicher Forschung nicht objektiv und daher für uns nicht beobachtbar sind. Mit anderen Worten haben wir als Beobachter bzw. Forscher des sozialen Lebens keinen direkten, unmittelbaren und gedanklich ungefilterten Zugang zu der Welt. Ontologie soll dabei in Funktion einer Metatheorie den Beobachter und die zu beobachtende Welt überbrücken. In diesem Sinne sagt Alexander Wendt: „*All observation is theory-laden, dependent on background ideas, generally taken as given or unproblematic, about what kinds of things there are and how they are structured. We depend on these ontological assumptions, particularly when the objects of our inquiry are not observable, as in IR [International Relations]*“.[2]

Diese Aussage ist zwar kurz, birgt jedoch den Kern des sozialkonstruktivistischen Denkens: „*Soziale Realität*“ erschließt sich uns nicht direkt, sondern wird von uns selbst konstituiert. Just im Licht dieses Denkens versucht Alexander Wendt, das Anarchiepostulat des Neorealismus als eine inhaltlich leere und logisch defizitäre Ontologie zu disqualifizieren, woraus alle neorealistischen Annahmen – von der Selbsthilfe-Logik über die Gleichgewichtsgesetzmäßigkeit bis zum Systemzwang der Machtverteilung – abgeleitet worden sind. Seine Theorieambition lässt sich dabei klar und deutlich erkennen: die Anarchie als eine exogen vorgegebene „Realität“ zu verwerfen und damit den Neorealismus intellektuell „an der Wurzel zu packen“.[3]

1 von Senger, Harro: Strategeme. Lebens- und Überlebenslisten aus drei Jahrtausenden, Band II: Strategeme 19–36, Bern u. a. 2000, S. 71ff.

2 Wendt, Alexander: Social Theory of International Politics, Cambridge 1999, S. 370.

3 Wendt würde diese „listige“ Charakterisierung seines Hauptanliegens in Anlehnung an das chinesische „Maulwurf-Strategem“ im Sinne der Interpretation von Harro von Senger wohl nicht akzeptieren.

https://doi.org/10.1515/9783486855081-016

Offensichtlich – bewusst oder unbewusst – bestimmt durch dieses Anliegen, konzentrieren sich Wendts Arbeiten auf drei Aspekte, die die Logik, Inhalte und Strukturen der realistischen Ontologie in Frage stellen sollen:

1. Die Bloßstellung der Anarchie als einer von Staaten selbst durch endogene Interaktionen konstituierte „*Soziale Realität*" (im Gegensatz zur realistischen Vorstellung der Anarchie als einer exogen vorgegebenen Realität);
2. Das Aufzeigen der Anarchie als ein Phänomen mit mehr als nur einer logischen Konsequenz (im Gegensatz zur realistischen Annahme des Selbsthilfesystems als *der einzigen* zwingenden Logik der Anarchie);
3. Die Begründung des strukturellen Wandels der Anarchie als einem Ergebnis der Veränderungen von Identitäten und Interessen, die wiederum von gemeinsam geteilten Vorstellungen zwischen den Staaten produziert und reproduziert werden (im Gegensatz zur realistischen Begründung vom Wandel im internationalen System als eines Ergebnisses der Verschiebung von Machtverteilung zwischen den Staaten).

16.1 Anarchie und ihre Sozialkonstituierung

Um „in realistischer Manier"[4] den Realismus zu kritisieren, akzeptiert Alexander Wendt zuerst eine Reihe neorealistischer Grundannahmen. „*I share all five of Mearsheimer's ‚realist' assumptions*", so der Konstruktivist bei der Auseinandersetzung mit dem Anführer des sogenannten Offensiven Realismus, „*that international politics is anarchic, and that states have offensive capabilities, cannot be 100 percent certain about others' intentions, wish to survive, and are rational. We even share two more: a commitment to states as units of analysis, and to the importance of systematic or ‚third image' theorizing.*"[5]

Denn nach seinem Eigenverständnis handelt es sich bei seinen Auseinandersetzungen mit den Realisten um eine Vermittlung zwischen den Positionen verschiedener Realisten und Nicht-Realisten, die über die Bedeutung der Identitäten und Interessen für die Erklärung des internationalen Geschehens und damit über die Beschaffenheit des internationalen Systems streiten. Wendt bezeichnet seine Position in diesem Sinne als eine „via media, that grounds my modernist constructivism". (Wendt: Social Theory of International Politics, Cambridge 1999, S. 47f.). Aber selbst wenn man dem amerikanischen Konstruktivisten nicht „chinesische Listigkeit" unterstellt, liegt es objektiv nah, dass der realistische „Kessel" von Kenneth Waltz garantiert nicht mehr richtig brennen kann, wenn sein materialistisches „Brennholz" durch einen Idealisten weggezogen ist und sein ontologisches Fundament zum Einstürzen gebracht wird.

4 Diese Formulierung wird übernommen von Cornelia Ulbert: Sozialkonstruktivismus, in: Schieder, Siegfried/Spindler, Manuela (Hrsg.): Theorien der Internationalen Beziehungen, 2. Aufl., Opladen 2006, S. 409–440 (S. 431).

5 Wendt, Alexander: Constructing International Politics, in: International Security 20:1 (1995), S. 71–81 (S. 72).

Es ist offensichtlich, dass Wendt nur die Form, aber nicht den Inhalt und die Struktur des realistischen Anarchiebegriffs akzeptiert hat. Für Wendt ist die Anarchie keine exogen vorgegebene Realität, sondern eine sozial konstituierte Wirklichkeit, die nicht auf materiellen Grundlagen, sondern auf sozialen Beziehungen beruht. Auch die Staaten, die Wendt genau wie die Realisten als zentrale Akteure der anarchischen Weltpolitik akzeptiert, sind sozial, das heißt von Ideen konstituiert. Zugespitzt brachte er seine ontologische Vorstellung über die Natur der Anarchie mit diesem inzwischen viel zitierten Satz zum Ausdruck: *„Anarchy is what states make of it"*.[6] Hier sieht er den wesentlichen Unterschied zwischen dem Neorealismus und seinem Sozialkonstruktivismus. *„Where neorealist and constructivist structuralisms really differ, [...], is in their assumptions about what structure is made of. Neorealists think it is made only of a distribution of material capabilities, where constructivists think it is also made of social relationships."*[7]

Aber wie wird eine „Realität", die uns zugänglich ist, sozial „konstituiert"? Wendt lehrte uns, bei der Beantwortung dieser Frage prozessual zu denken. Vor allem soll die Konstituierung *„Sozialer Realitäten"* als ein Prozess von Interaktionen zwischen den Staaten begriffen werden. Er setzt die Analyse von Sozialkonstruktionen einfach mit der Analyse von Interaktionsprozessen gleich. *„To analyze the social construction of international politics is to analyze how processes of interaction produce and reproduce the social structures – cooperative or conflictual – that shape actors' identities and interests and the significance of their material contexts."*[8]

Vereinfacht gesagt konstituiert sich eine uns zugängliche „Realität" durch einen Prozess der Interaktionen zwischen den Staaten, der aus drei ineinander integrierten und aufeinander wechselwirkenden Phasen besteht: *Entwicklung von „intersubjektivem Wissen", Bildung von Identitäten und Interessen* und *Herausbildung von Strukturen.*

Entwicklung von „intersubjektivem Wissen"

Staaten begegnen sich auf internationaler Ebene und interagieren. Sie produzieren „intersubjektives Wissen" (*intersubjective knowledge*). Wendt bezeichnet diese intersubjektive Wissensmenge als *„pool of knowledge each has about the other"*.[9] Sie ist das Ergebnis eines Prozesses von Signalisieren, Interpretieren und Reagieren, wenn zwei Akteure aufeinander treffen.

Wendt erklärt dies am Beispiel zweier fiktiver Akteure namens „Ego" und „Alter". Ego und Alter treffen aufeinander, ohne vorher irgendwelche Kontakte

6 Wendt, Alexander: Anarchy is what states make of it: The social construction of power politics, in: International Organization 46:2 (1992), S. 391–425; ein gekürzter Nachdruck von diesem berühmten Aufsatz findet sich auch in: Viotti, Paul R./Kauppi, Mark V.: International Relations Theory. Realism, Pluralism, Globalism, and Beyond, 3. Aufl., Boston 1999, S. 434–459.

7 Ders., Social Theory of International Politics, a. a. O., S. 73.

8 Ebenda, S. 81.

9 Wendt, Alexander: Anarchy is what states make of it: The social construction of power politics, a. a. O., S. 405.

gehabt zu haben. Die erste Geste soll von Ego kommen. Sie könnte eine Art von Rückzug, Schwingen von Armen, Nichtbewegen oder Attackieren sein. Jedenfalls bildet diese Geste für Ego innerlich die Grundlage für die Vorbereitung seiner Reaktionen darauf, wenn Alter auf seine Geste reagiert. Diese Grundlage bleibt für Alter natürlich unbekannt, sodass er Egos Intentionen ableiten muss. Er muss sich darüber klar werden, ob Ego eine Bedrohung darstellt, zumal die Situation in einer Anarchie stattfindet. Wendt nennt zwei Faktoren, die bei der Ableitung der Intention von Ego durch Alter eine wichtige Rolle spielen: a) Egos Geste und ihre physischen Qualitäten (Richtung, Lärm, Anzahl und unmittelbare Konsequenzen dieser Geste); b) Alters Fähigkeit, sich in die Rolle von Ego zu versetzen, um sich zu überlegen, was er (Alter) selber intendieren würde, wenn er derjenige wäre, der diese Geste macht.

Wendt meint, Alter kann bei der Ableitung Fehler machen, muss aber nicht unbedingt Fehler begehen. Jedenfalls gebe es für ihn keinen zwingenden Grund, Ego a priori als eine Bedrohung seiner Sicherheit zu definieren. In diesem Zusammenhang weist der Konstruktivist darauf hin, dass es nicht unseren allgemeinen Lebenserfahrungen entspricht, jedesmal von vornherein an die schlimmste Situation zu denken, wenn wir Mitgliedern einer fremden Zivilisation begegnen. Wir seien zwar möglicherweise hoch alarmiert, aber zugleich bedacht, zu vermeiden, aus einem gefährlichen Gegner schon einen unmittelbaren Feind zu machen.

Was Wendt damit offensichtlich ausdrücken will, ist sein Theorem, dass die Art und Weise, wie wir reagieren, davon abhängt, wie wir die Bedeutung der ersten Geste der Fremden für unsere Sicherheit interpretieren. *„If their first gesture is to appear with a thousand spaceships and destroy New York, we will define the situation as threatening and respond accordingly. But if they appear with one spaceship, saying what seems to be ‚we come in peace', we will feel ‚reassured' and will probably respond with a gesture intended to reassure them, even if this gesture is not necessarily interpreted by them as such.“*[10] In diesem Sinne bemerkt Wendt prägnant: *„Social threats are constructed, not natural.“*[11]

Dieser Prozess von Signalisieren, Interpretieren und Erwidern schließt – um mit Wendt zu sprechen – einen „Sozialen Akt“ (*social act*) ab. Und dann fängt der Interaktionsprozess an, *„intersubjective meanings“* zu produzieren. Der Prozess wiederholt sich und schreitet *„in the same way“* voran. Für Wendt kommt dem ersten „Sozialen Akt“ in einem Interaktionsprozess eine besondere Bedeutung zu: Er kreiert oder bringt auf den beiden Seiten Erwartungen vom gegenseitigen künftigen Verhalten hervor. Diese Erwartungen, so Wendt, sind zwar „potentiell irrtümlich“ und „sicherlich tastend“, aber nichtsdestotrotz handelt es sich dabei um „Erwartungen“.

---

10 Ebenda.

11 Ebenda.

Aufgrund dieser tastenden Erwartungen – wir kommen hier wieder auf die zwei fiktiven Akteure von Wendt zurück – macht Ego eine neue Geste, und zwar wiederum die Grundlage andeutend, auf der er erwidern will, wenn Alter seinerseits auf die neue Geste reagiert; daraufhin erwidert Alter erneut und Ego wiederum auch. Dieser Prozess wiederholt sich immer wieder und über die Zeit hinweg bildet sich ein Vorrat von Wissen, das jeder über das Gegenüber besitzt. So entwickelt sich das „*intersubjective knowledge*". Intersubjektiv in dem Sinne, dass die beiden Akteure, bezogen auf die Angelegenheit, die sie in Interaktionen gebracht hat, einen gegenseitigen Wissensstand über die andere Seite erreicht haben. Die Intersubjektivität dieses Wissens ist so hoch – hier erlauben wir uns, Wendt ein wenig frei zu interpretieren – dass Ego nun im Blick auf sein Gegenüber sagen kann: „Der Alter, ja, den Typ kenne ich gut". Und umgekehrt ist Alter auch in der Lage, Ego typologisch einzuordnen, wenn es um dessen Erwartungen geht. Wendt bezeichnet diese Erscheinung als „*reciprocal typification*".[12]

Bildung von Identitäten und Interessen durch „Soziales Lernen"

Identitäten und Interessen beantworten die Fragen „*was bin ich?*" und „*was will ich?*" Das Besitzen des intersubjektiven Wissens befähigt Ego und Alter, jeweils bestimmte Vorstellungen über die andere Seite zu haben, aber reicht für sie noch nicht, ihre eigene Rolle zu identifizieren und die damit verbundenen Eigeninteressen zu definieren. Dies geschieht durch weitere Interaktionen, die Wendt als „*social learning*" bezeichnet.

Grob gesagt bedeutet „Soziales Lernen" im konstruktivistischen Sinne, bei der Entwicklung eigener Identitäten oder bei der Findung eigener „sozialer Rollen" ständig die Wahrnehmung von sich durch die anderen, d. h. „*meine Rolle aus der Sicht der anderen*" zu reflektieren und zu verinnerlichen. Aus konstruktivistischer Sicht stellen Egos Vorstellungen von Alter daher nicht nur eine passive Wahrnehmung von etwas, was unabhängig von Ego existiert, dar. Vielmehr spielen sie eine aktive und andauernde inhaltsbildende Rolle bei der Entstehung des Eigenverständnisses von Alter gegenüber Ego. Mit anderen Worten: wer Alter aus seiner eigenen Sicht ist, hängt davon ab, wer er aus Egos Sicht ist. Dies bedeutet, dass Alter bei der Beantwortung der Frage „*was bin ich?*" aktiv Egos Sicht über seine Rolle reflektiert und verinnerlicht. In diesem Sinne sagt Wendt: „*Role-identities are the meanings that actors attribute to themselves when seeing themselves as an object, that is, from the perspective of the Other*".[13]

Wendt spricht also Egos Vorstellungen über Alters Vorstellungen über ihn (Ego) eine konstituierende Funktion für die Bildung von Egos Identitäten zu. Dieser Kerngedanke, der für Wendts Theorem vom „Sozialen Lernen" charakteristisch

12 Ebenda.

13 Wendt, Alexander: Social Theory of International Politics, Cambridge 1999, S. 335.

ist, bedeutet, dass das Selbstverständnis oder die Eigenidentitätsdefinition nur an Bedeutung gewinnen können, wenn sie eine entsprechende Bestätigung von anderen finden. Ein Beispiel aus den Ausführungen von Wendt soll diesen Aspekt veranschaulichen: „*Smith can stipulate her identity as ‚the President' any time she likes, but unless others share this idea she cannot* be *the President, and her idea about herself will be meaningless.*"[14]

Die Logik dieser sozialkonstruktivistischen „*identity theory*"[15] liegt nach Wendt in den sogenannten „reflektierten Schätzungen" (*reflected appraisals*) oder „Spiegelungen" (*mirroring*), mit der Bedeutung, dass Identitätsfindung von Akteuren eine Reflektion der Art und Weise darstellt, wie sie schätzen, dass die anderen sie einschätzen. Es handelt sich dabei also um eine Spiegelung „*meiner Repräsentation durch die anderen.*" Bei dieser Logik kann eine Identität so gebildet werden: Wenn Staat A Staat B so behandelt, als ob er ein Feind wäre, dann ist es für diesen (Staat B) wahrscheinlich, diesen feindseligen Glauben in seine eigene Rollenidentifizierung gegenüber A zu verinnerlichen.[16] Damit wird der Keim der Herausbildung einer sozial konstituierten Realität angesprochen.

Herausbildung von Strukturen

Die Parameter einer uns zugänglichen Realität werden aus der sozialkonstruktivistischen Sicht nur durch die Praxis der Akteure, die in einem Interaktionsprozess involviert sind, über die Zeit produziert und reproduziert. Die durch die Interaktionen über den Mechanismus der wechselseitig „reflektierten Schätzungen" herausgebildeten Identitäten und Interessen bringen eine relativ andauernde soziale Struktur hervor. Diese Struktur ist nicht objektiv wie die Natur, aber auch nicht subjektiv wie willkürliche Spekulationen. „*Social configurations*", so Wendt in Anlehnung an Jeff Coulter, „*are not ‚objective' like mountains or forests, but neither are they ‚subjective' like dreams or flights of speculative fancy. They are [...] intersubjective constructions.*"[17]

Diese soziale Konstruktion hat aus der Sicht von Wendt drei Komponenten: eine *ideelle*, eine *materielle* und eine *prozessuale* Komponente:

Die ideelle Komponente: Es handelt sich dabei um die gemeinsam geteilten Vorstellungen der in einem Interaktionsprozess beteiligten Akteure. Sozialkonstruktion ist dadurch grundiert und ideell-fundiert. Sie wird durch ideelle Elemente wie „*shared understandings, expectations or knowledge*" definiert. Diese ideellen Elemente konstituieren in einer bestimmten Situation die Identitäten und Interessen der Akteure und damit die Natur ihrer Beziehungen zueinander – kooperative

14 Ebenda.

15 Ebenda, S. 327.

16 Ebenda.

17 Wendt, Alexander: Anarchy is what states make of it: The social construction of power politics, a. a. O., S. 406.

oder konfrontative. Von allgemeiner Theorie auf die internationalen Beziehungen übertragen, können sie beispielsweise, so Wendt, eine „Realität“ von „Sicherheitsdilemma“ oder „Sicherheitsgemeinschaft“ konstituieren. Die Sozialkonstruktion „Sicherheitsdilemma“ wird von „intersubjektiver Verständigung“ (*intersubjective understandings*) erzeugt, in der sich die Staaten so misstrauisch gegenüber stehen, dass es für sie alle ein allgemeines Wissen darstellt, dass sie keine gegenseitige Hilfe erwarten und nur auf Selbsthilfe zurückgreifen können/wollen. Hingegen wird eine „Realität“ von „Sicherheitsgemeinschaft“ durch gemeinsam geteilte Vorstellungen erzeugt, in denen die Staaten sich gegenseitig vertrauen und bei der Lösung von Konflikten auf Gewalt verzichten können/wollen. Beide „Strukturen“ haben aber eine gemeinsame Qualität: Sie beruhen auf Sozialität (*sociality*), nicht auf Materialität (*materiality*).

Die materielle Komponente: Es handelt sich dabei um physisch sichtbare und fassbare Kapazitäten der Akteure. Wendt verneint nicht, dass sozial konstituierte Strukturen auch materiale Elemente wie „Gold und Panzer“, symbolisch für Wirtschafts- und Militärressourcen, aufweisen. Allerdings erlangen materielle Ressourcen nach Wendt nur Bedeutung für menschliche Handlung durch Strukturen von gemeinsam geteilten Vorstellungen, in die die Menschen eingebettet sind. Als Beispiel führt Wendt dafür folgendes an: So sind 500 britische nukleare Waffensysteme für die USA weniger bedrohlich als fünf solcher Waffensysteme in Nordkorea. Der Grund hierfür liegt darin, dass Großbritannien und die Vereinigten Staaten befreundet und Nordkorea und die USA verfeindet sind. Freundschaft und Feindseligkeit, so bekräftigt Wendt, *„ist eine Funktion von gemeinsam geteilten Vorstellungen“*. Diese gemeinsam geteilten Vorstellungen lauten im Fall des Verhältnisses zwischen London und Washington: „wir sind Freunde“; im Fall des Verhältnisses zwischen Pjöngjang und Washington: „wir sind Feinde“. Hierin, d. h. in der Abhängigkeit der Bedeutungen materialer Kapazitäten von sozialen Strukturen, sieht Wendt die wesentliche Differenz zwischen der realistischen und der konstruktivistischen Ontologie. Die realistische Sichtweise ist nach seiner Auffassung „dissozialisiert“ (*dissocialized*) und daher nicht in der Position, die sozial konstituierten Strukturen der Weltpolitik zu erklären. *„Material capabilities as such“*, so Wendt definitiv, *„explain nothing; their effects presuppose structures of shared knowledge, which vary and which are not reducible to capabilities.“*[18]

Die prozessuale Komponente: Es lohnt sich, diesen Punkt direkt mit einem Zitat von Wendt klar zu machen: *„Social structures exist, not in actors' heads nor in material capabilities, but in practices. Social structure exists only in process.“*[19] Damit

---

18 Zitate, z. T. durch den Autor übersetzt aus: Wendt, Alexander: Constructing International Politics, in: International Security 20:1 (1995), S. 71–81 (S. 73).

19 Ebenda, S. 74.

meint Wendt das Primat des Prozesses der Interaktionen zwischen den Akteuren bei Entstehung, Aufrechterhaltung und Wandel der Strukturen. Soziale Strukturen und damit Sozialrealität sind nicht exogen vorgegeben und daher nicht materialistisch geprägt. Sie ergeben sich auch nicht aus reiner Spekulation und Träumerei und sind daher nicht utopisch oder idealistisch. Sie sind real und objektiv, da sie von menschlicher Praxis ausgehen. Für Wendt dient die Entwicklung des Kalten Krieges als ein typisches Beispiel für diese Logik: „*The Cold War was a structure of shared knowledge that governed great powers relations for forty years, but once they stopped acting on this basis, it was ‚over'.*"[20]

Insgesamt ist das internationale Leben (*international life*) für Wendt in dem Sinne sozial konstituiert, dass es Ideen (*ideas*) sind, die die Staaten miteinander bzw. zueinander in Beziehungen halten, nicht Macht und Machtverteilung. Dementsprechend ist die Anarchie, die für die Realisten als eine von den Staaten unabhängige und a priori deren Interaktionen vorgegebene Realität gilt, in erster Linie als eine sozial konstituierte Struktur zu begreifen. Es sind Ideen, die definieren, „wer die Staaten sind und was sie sind". Anarchie ist nicht exogen vorgegeben, sondern von den Staaten aus deren Interaktionen über die Mechanismen gemeinsam geteilter Ideen selbst ausgemacht. Nur in diesem Sinne ist Wendts bereits zitierte Aussage „*Anarchy is what states make of it*" zu verstehen und zu interpretieren.

16.2 Drei Ausprägungen von Anarchie

Im Gegensatz zur neorealistischen Ontologie, die nur das Selbsthilfesystem als die einzige zwingende Logik der Anarchie kennt, betrachtet Alexander Wendt Anarchie als ein „leeres Gefäß" ohne eine unbedingte bzw. intrinsische Struktur oder Logik: „*Anarchy as such is an empty vessel, and has no intrinsic logic; anarchies only acquire logics as function of the structure of what we put inside them.*"[21] Aus seiner Sicht kann Anarchie ein Selbsthilfesystem herbeiführen oder aber auch nicht. Andere systemische Formen können ebenfalls in anarchischen Rahmenbedingungen entstehen und sich entfalten. Welche Konfigurationen bzw. Ausprägungen die Anarchie annimmt, hängt nach Wendt entscheidend davon ab, was die Staaten daraus machen wollen bzw. können. Auch in diesem Zusammenhang wirkt sein konstruktivistisches Theorem „*Anarchy is what states make of it*" lebendig.

Was können die Staaten aus der Anarchie machen? Nach Wendt können aus der Anarchie idealtypisch mindestens drei internationale Strukturen herausgebildet werden. Inspiriert durch die Englische Schule, insbesondere von Hedley Bull und Martin

---

20 Ebenda.
21 Wendt, Alexander: Social Theory of International Politics, Cambridge 1999, S. 249.

Wight, bezeichnet er diese drei Ausprägungen von Anarchie jeweils als *Hobbes'sche*, *Locke'sche* und *Kantische Kulturen* der Anarchie.[22]

Bevor wir auf die Eigenschaften dieser drei Strukturen eingehen, wollen wir uns mit der Grundlage dieser Strukturen beschäftigen. Es handelt sich dabei um „Rollen", die das System dominieren. Je nachdem, welche Art von „*shared knowledge*" unter den Staaten herrscht, die in einem Interaktionsprozess involviert sind, sind für die Staaten nur bestimmte „Rollen" zu spielen: Feind, Rivale und Freund. Mit anderen Worten: eine bestimmte Kategorie von gemeinsam geteilten Ideen lässt nur bestimmte Rollen zu oder stellt den interaktiven Staaten nur bestimmte Rollen zur Verfügung. „*A key aspect of any cultural form is its role structure, the configuration of subject positions that shared ideas make available to its holders.*"[23]

Dabei betont Wendt, dass die Rollen systemisch-strukturelle Positionen sind. Damit unterscheidet er zwischen systemisch-strukturellen Rollen, die den Staaten verfügbar sind, und den Rollenidentitäten, die die einzelnen Staaten besitzen. In diesem Sinne erklärt Wendt ausführlich: „*Role-identities are not the same thing as roles. Role-identities are subjective self-understandings; roles are the objective, collectively constituted positions that give meaning to those understanding. The former come and go as individuals take on or discard beliefs; the latter persist as long as someone fills them.*"[24] Um seinen Gedanken zu veranschaulichen, führt Wendt Bill Clinton als Beispiel an: Als er die Rolle des US-Präsidenten spielte, so Wendt, entwickelte Clinton entsprechende Identitäten und Interessen, die es ihm ermöglichten, die Präsidentenrolle zu füllen; aber die Rolle des US-Präsidenten bleibt, auch wenn er das Weiße Haus verlassen und seine Amtsidentität sich geändert hat; sie wird nun nur von einer anderen Person ausgefüllt.

Es ist wichtig, die Mühe von Wendt um diese Unterscheidung zu verstehen. Genau wie Kenneth Waltz ist Alexander Wendt ein strukturell denkender Wissenschaftler. Schon im Vorwort seines Theoriebuchs betont er, dass seine Theorie im Gegensatz zum materialistischen Strukturalismus von Waltz ein „*Structural Idealism*" sei.[25] Während aber Waltz anhand der Verteilung der Macht die Strukturen (Unipolarität, Bipolarität und Multipolarität) des internationalen Systems definiert, versucht Wendt seine sozial konstituierten Hobbes'schen, Locke'schen und Kantischen Strukturen durch die Konfiguration der sozialen Rollen der Staaten zu konzipieren. Aus seiner Sicht dürfen Rollen als systemische Positionen nicht mit Rollenidentitäten der Akteure

---

22 Diese Bezeichnungen haben für Wendt nur eine stilistische Bedeutung und sollten daher nicht zu einer Überbewertung seiner intellektuellen Verbindung zur „Englischen Schule" verwendet werden. „Adapting language from Martin Wight and the English School," so Wendt erklärend, „I will call these structures Hobbesian, Lockean, and Kantian; the labels are intended merely as metaphors and stylized representations", ebenda, S. 247 und S. 257.

23 Ebenda, S. 257.

24 Ebenda, S. 259.

25 Ebenda, S. xiii.

verwechselt werden, um einen strukturbildenden Faktor auf systemischer Ebene zu erhalten. Rollen, so Wendt unmissverständlich, sind *„properties of structures, not agents"*.[26]

Daher sollen die von Wendt konzipierten Rollen „Feind, Rivale und Freund" nicht als subjektive Rollenverständnisse der Staaten, sondern als strukturbildende Positionen, die den Staaten unter den Bedingungen der einzelnen dominanten gemeinsam geteilten Vorstellungen bzw. Ideen verfügbar sind, verstanden werden. Wenn die gemeinsam geteilte Vorstellung „wir sind Feinde" das System dominiert, sind ihnen nur die Rollen „Feind" verfügbar; dominiert die gemeinsam geteilte Vorstellung im Sinne „wir sind Rivalen", haben die Staaten die Rollen „Rivalen" wahrzunehmen; sollte die gemeinsam geteilte Vorstellung „wir sind Freunde" die Interaktionen beherrschen, werden den Staaten die Rollen „Freund" zur Verfügung gestellt.

Die Wahrscheinlichkeit, dass es eine „Rollenasymmetrie" oder eine „Rollenheterogenität" in einer bestimmten Prägung von Anarchie geben könnte, hielt Wendt für äußerst gering. Mit anderen Worten rechnet er nicht damit, dass in einem bestimmten anarchisch geprägten System (ob es sich bilateral, multilateral, subregional beschränkt oder auf regionale, internationale oder globale Ebene ausgedehnt ist), das durch eine Art von gemeinsam geteilten Vorstellungen bestimmt ist, unterschiedliche Rollen gleichzeitig zugänglich sind. Die gemeinsam geteilten Ideen („wir sind Feinde", „Rivalen" oder „Freunde") sorgen dafür, dass für die Staaten nur entsprechende Rollen zu spielen sind, es sei denn, die dominierenden Ideen ändern sich. Lassen wir hier nochmals Alexander Wendt sprechen: *„I propose"*, so Wendt, *„that at the core of each kind of anarchy is just one subject position: in Hobbesian cultures it is ‚enemy', in Lockean ‚rival' and in Kantian ‚friend'"*.[27]

Die Verteilung der Rollen „Feind", „Rivale" und „Freund" an die Staaten bzw. die Füllung dieser Rollen durch die Staaten ergeben drei unterschiedliche Strukturen: *Hobbes'sche*, *Locke'sche* und *Kantische* Struktur. Charakterbildend für die Strukturen sind die unterschiedlichen Stufen der Gewaltbereitschaft der Rollen „Feind", „Rivale" und „Freund". Die Identifizierung der Staaten mit diesen zu spielenden Rollen bewirkt bei ihnen jeweils eine ausgeprägte Haltung oder Orientierung gegenüber den anderen im Interaktionsprozess. Bei der Haltung von Feinden handelt es sich um eine Art von bedrohenden Widersachern, die bei der Gewaltanwendung gegenüber anderen keine Grenzen kennen; die Haltung von Rivalen ist dadurch gekennzeichnet, dass die Konkurrenten zwar bereit sind, bei der Durchsetzung ihrer Interessen Gewalt anzuwenden, aber gegenseitige Tötung unterlassen; hingegen ist die Haltung von Freunden mit der von Verbündeten identisch, die zur Beilegung ihrer Meinungsverschiedenheiten keine Gewalt anwenden und als ein Team gegen Sicherheitsbedrohungen arbeiten.

26 Ebenda, S. 251.
27 Ebenda, S. 257f.

Diese grundlegende Haltung und Orientierung der Staaten sorgt dafür, dass die drei anarchischen Ausprägungen jeweils eigene Logiken und Tendenzen aufweisen:[28]

Die Logik der Hobbes'schen Anarchie (The Logic of Hobbesian Anarchy)
Für Wendt ist die Logik der Hobbes'schen Anarchie *„well known"*: „Krieg Aller gegen Alle" (*war of all against all*). Dabei macht Wendt diese Logik anhand von drei Elementen aus:

- *„Sauve qui peut"-Mentalität* (*rette sich, wer kann*): wenn die Anarchie diese Ausprägung annimmt, handelt es sich dabei um ein echtes Selbsthilfesystem (*true „self-help"-system*). Die Staaten handeln nach dem Prinzip „rette sich, wer kann" und „töten oder getötet werden";
- *Absolutes Misstrauen aller gegen alle*: Staaten können nicht mit gegenseitiger Hilfe rechnen und sind eben nicht in der Lage, grundlegende Selbstzurückhaltung von anderen zu erwarten;
- *Sicherheitsdilemma*: Überleben ist nur auf militärische Macht angewiesen, mit der Tendenz, dass Zunahme an Sicherheit für den Staat A zwingend Abnahme an Sicherheit für den Staat B bedeutet; auch wenn Staaten tatsächlich nur nach Sicherheit, nicht nach Vergrößerung der Macht streben, zwingen die gemeinsam geteilten Ideen sie so zu handeln, als ob sie machtsüchtig wären.

Die Logik der Locke'schen Anarchie (The Logic of Lockean Anarchy)
Für Wendt liegt die Logik der Locke'schen Anarchie in den reduzierten gegenseitigen Bedrohungen bei Repräsentationen der Staaten, auch wenn die Rollen „Rivale" Gewaltanwendung nicht ausschließen. Es handelt sich dabei aber nicht mehr um einen *„Krieg Aller gegen Alle"*, sondern um eine *„Akzeptanz Aller von Allen"* als gleichberechtigte Staaten zum Überleben und zum Prosperieren. In diesem System erwarten die rivalisierenden Staaten voneinander die Anerkennung ihrer Souveränität über Territorium und Reichtum. Aufgrund dieser Souveränitätsanerkennung erwarten sie auch voneinander, von gewalttätiger Eroberung oder Dominanz abzusehen, auch wenn sie auf Gewaltanwendung als letztes Mittel zur Konfliktlösung nicht verzichten. In Anlehnung an Bulls Konzept von „Anarchischer Gesellschaft" (*anarchical society*) glaubt Wendt vier Grundtendenzen des Locke'schen Anarchie-Systems zu identifizieren:

- *Kriegsführung ist akzeptiert wie eingeschränkt zugleich.* In dieser Ausprägung der Anarchie gilt es einerseits als akzeptabel, wenn Staaten Kriege führen, um international anerkannte und daher legitime Interessen zu realisieren; andererseits tendiert die Kriegsführung dazu, eingeschränkt zu sein. Erobe-

---

28 Die nachstehende Analyse ist nur eine komprimierte Darstellung der umfangreichen Ausführung von Wendt zu diesem Themenblock „three cultures of anarchy", vgl. hierzu ausführlich: Wendt, Alexander: Social Theory of International Politics, Cambridge 1999, S. 246–312.

rungskrieg oder Kriege nach der Standarddefinition von mehr als 1000 Toten brechen selten aus;
- *Die Mitglieder des Systems bleiben stabil.* Die Geltung der Souveränität sorgt dafür, dass Staaten in erster Linie nicht aufgrund von materiellen Kapazitäten, sondern auf Basis ideeller Rechtsanerkennung agieren. Dank der Anerkennung der Souveränität lassen „Räuberstaaten“ (*predators*) schwächere Staaten leben und sogar prosperieren (wie Singapur und Monaco).
- *Staaten tendieren zu balancieren*, nicht aber, wie die Neorealisten behaupten, um zu überleben (dies sei bereits durch Souveränitätsanerkennung gesichert), sondern um eine stabile Ordnung herbeizuführen, insbesondere in vielen „nichtexistenziellen Angelegenheiten“ (*non-existential issues*), aus denen Gewaltkonflikte entspringen könnten; sachliche, sporadische und themenorientierte Balancebildung zur Ordnungsbewahrung und zum Interessenausgleich sei häufig.
- *Es handelt sich um ein „live and let live system“*. Neutralität und Nichtbündnispolitik werden anerkannt und respektiert. Gleichgültigkeit sei nicht selten. Staaten könnten dazu übergehen, Konkurrenz um Militärmacht als überflüssig zu betrachten und auf den Aufbau von Streitkräften zu verzichten.

Die Logik der Kantischen Anarchie (The Logic of Kantian Anarchy)
Für Wendt ist die Logik der Kantischen Anarchie durch „*nonviolence*“ und „*teamplay*“ gekennzeichnet. Dementsprechend umfasst die Logik der Kantischen Anarchie aus seiner Sicht zwei wesentliche Merkmale:
- Staaten verfolgen streng die Regel, Streitigkeiten ohne Gewalt bzw. Bedrohung mit Gewaltanwendung zu lösen (*the rule of nonviolence*);
- Staaten halten daran fest, Teams zu bilden und kollektiv zu kämpfen, wenn die Sicherheit eines Partners von einem Dritten bedroht ist (*the rule of mutual aid*).

Es ist offensichtlich, dass Alexander Wendt, trotz der Benutzung des Namens von Immanuel Kant zur Charakterisierung seiner dritten Strukturkategorie, nicht im Sinne der klassisch-liberalen Theorie des Demokratischen Friedens denkt. Im Gegenteil distanziert er sich ausdrücklich von Kants Idee des „ewigen Friedens“. Der Konstruktivist begründet seine Zurückhaltung gegenüber dem Liberalismus damit, dass er „agnostisch“ bleibe, ob es für einen „ewigen Frieden“ unbedingt notwendig sein müsste, alle Staaten zu „Republiken“ zu transformieren.

Aufgrund seiner systematisch-sozialkonstituierten Strukturanalyse kommt Alexander Wendt zu einem für die Neorealisten wohl vernichtend klingenden Ergebnis: „*There is no such thing as a ‚logic of anarchy‘ per se.*“ In Anspielung auf die semantische Bedeutung des Begriffs „Anarchie“ führte Wendt an: „*The term ‚anarchy‘ itself makes clear why this must be so: it refers to an absence (without rule), not a presence; it tells us what there is not, not what there is. It is an empty vessel, without intrinsic meaning.*

Anarchy is a nothing, and nothings cannot be structures.“ Nach Wendt wird die Anarchie nur durch menschliche Handlungen zu Strukturen, die Sinn machen. Es seien die Menschen, so Wendt, die dort leben und deren soziale Beziehungen, die der Anarchie Bedeutungen geben.[29]

Je nachdem, welche Art von sozialen Rollenbeziehungen (Feinde, Rivalen und Freunde) die Anarchie mit Strukturen erfüllt, gewinnt sie an handlungsleitender Substanz. Mit anderen Worten kann Anarchie im Gegensatz zur neorealistischen Erklärung mehr als nur eine logische Konsequenz haben. Wendt spricht von Kompatibilität der Anarchie mit *„more than one kind of structure and therefore ‚logic‘“*. Dieses Verständnis von Anarchie und von ihren logischen Konsequenzen, die er mit *„mindestens drei“* (er denkt an die oben analysierten Hobbes'schen, Locke'schen und Kantischen Strukturen) bezifferte, lassen die neorealistische Ontologie von Kenneth Waltz als eine gewaltige Versimpelung und Verengung der Strukturen eines internationalen Systems unter anarchischen Bedingungen erscheinen.

Wenn es nach Wendt geht, weist nur die „Hobbes'sche Anarchie“ die Logik auf, die zu einem „Selbsthilfesystem“ im Sinne vom „Krieg Aller gegen Alle“ führen könnte, das dem Neorealismus zugrundeliegt. In diesem Zusammenhang glaubt Wendt, bei Kenneth Waltz einen großen Denkfehler gefunden zu haben. Er weist darauf hin, dass alles, was Kenneth Waltz als typisch für ein „Selbsthilfesystem“ bezeichnet, in der Tat keine Hobbes'sche, sondern eine Locke'sche Ausprägung von Anarchie darstelle. Alle Parameter, die Waltz für sein realistisches Herzstück „Selbsthilfesystem“ entwickelt habe – von Staatenrivalität in Analogie zu Marktkonkurrenz über Verzicht auf unnötige Machtvermehrung und Selbsteinschränkung aufs Überleben bis zu Balancebildung zur Kriegsvermeidung – riechen für Wendt intensiv nach der Locke'schen Anarchie. *„A Lockean culture, in short,“* so Wendt, *„is a condition of possibility for the truth of Neorealism.“*[30]

Mit seiner sozialen Konstruktion der Anarchie stellte Wendt das Fundament des Neorealismus, der nur das Selbsthilfesystem als *die* logische Konsequenz der Anarchie anerkennt, ernsthaft in Frage. Statistisch ausgedrückt würde der Neorealismus nach dem Maßstab des Konstruktivismus Alexander Wendts die internationale Politik im besten Fall nur zu 33 % erklären können, während – dies scheint zumindest die Überzeugung Wendts zu sein – seine „Social Theory of International Politics“ sie zu 100 % erklären kann, falls die Hobbes'schen, Locke'schen und Kantischen Strukturen alle möglichen Konfigurationen und Subkonfigurationen der Weltpolitik umfassen sollten. Jedenfalls weist seine Ontologie nicht nur das anarchische Selbsthilfesystem, das das ontologische Fundament des Neorealismus ausmacht, sondern auch ein anarchisches Rivalitätssystem und ein anarchisches Kooperationssystem aus, die außerhalb des Erklärungsradius der Neorealisten liegen.

---

29 Zitate: Ebenda, S. 308f.

30 Ebenda, S. 258.

16.3 Anarchie und ihr Wandel

Bisher haben wir uns nur damit beschäftigt, das Theorem von Alexander Wendt über die soziale Konstituierung der anarchischen Strukturen zu untersuchen. Die Frage nach dem Wandel der anarchischen Strukturen und dessen Erklärung bleibt noch unbeantwortet. Nun wenden wir uns eben dieser Aufgabe zu.

Die Auffassung des Neorealismus, dass das internationale System immer auf dem Niveau eines Selbsthilfesystems geblieben ist und sich daher kaum geändert hat, teilt Wendt nicht. Im Gegenteil vertritt er die Auffassung, dass sich die anarchischen Strukturen der internationalen Politik bereits von der Hobbes'schen Kultur im Sinne eines „Krieges Aller gegen Alle" hin zu einer Locke'sche Kultur im Sinne von gegenseitiger Anerkennung der Souveränität und des Überlebensrechts gewandelt haben. Für Wendt befindet sich die Welt jetzt in einem Wandlungsprozess von den Locke'schen Strukturen zu den Kantischen. Auch wenn dieser Wandel bislang nur auf die westliche Welt beschränkt sei, so stellt Wendt empirisch fest, „*that change is happening*".[31]

Was Wendts Grundeinstellungen zum Wandel der anarchischen Strukturen der internationalen Politik charakterisiert, ist sein avanciertes bzw. vorwärtsorientiertes Denken. „*With each change*", so Wendt progressiv gestimmt, „*the international system has achieved a qualitatively higher capacity for collective action, despite its continuing anarchic structure. States periodically have made something new of anarchy.*"[32] Sogar mit Blick auf Möglichkeiten einer Überwindung der Anarchie zeigte er sich ungewöhnlich optimistisch. Ausgehend von seiner empirischen Beobachtung, dass es den Staaten immer gelungen ist, aus der Anarchie „etwas neues" zu machen (die Beendigung des Naturzustandes „Krieg Aller gegen Alle" durch den Westfälischen Frieden; die Herausbildung des modernen Staatensystems mit der gegenseitigen Anerkennung von Souveränität und Eigentumsrechten; die Entstehung der OECD-Welt, die Entfaltung der EU usw.), prognostiziert Wendt gewagt die Entstehung eines „Weltstaates" spätestens in 200 Jahren, wenn nicht in 100 Jahren.[33]

Dennoch darf man Alexander Wendt nicht als einen unheilbaren Optimisten betrachten, wenn es um die Beurteilung der Wandlungsfähigkeit der anarchischen Strukturen geht. Wiederholt wies er auf die Trägheit (*inertia*) hin, die tief in den anarchischen Strukturen steckt und dafür sorgt, dass der Wandel blockiert werden könnte. Für Wendt hat diese „Wandelträgheit" offenbar zwei Quellen: Festigung der sozialen Konstruktion durch deren Institutionalisierung und Lustlosigkeit (*slack*) der Staaten auf Veränderungen, wenn sie kollektiv an bestimmte Interaktionsmuster

---

31 Wendt, Alexander: Social Theory of International Politics, Cambridge 1999, S. 314.

32 Ebenda.

33 Vgl. hierzu: Ulbert, Corneli: Sozialkonstruktivismus, in: Schieder, Siegfried/Spindler, Manuela (Hrsg.): Theorien der Internationalen Beziehungen, 2. Aufl., Opladen 2006, S. 409–440 (S. 425); siehe auch: Wendt, Alexander: Agence, Teleology and the World State: A Replay to Shannon, in: European Journal of International Relations, Vol. 11, No. 4, S. 589–598.

gewöhnt sind. Einmal institutionalisiert, so Wendt nüchtern, können die kollektiven Identitäten und Interessen zu „*powerful sources of inertia*“ werden.[34]

Wendt lässt erkennen, dass Wandel der anarchischen Strukturen der internationalen Politik von verschiedenen Faktoren und Bedingungen abhängig ist. Mit anderen Worten wandeln sich aus der Sicht Wendts die anarchischen Strukturen nicht automatisch oder selbsttätig. Strukturen der internationalen Politik werden stets durch Interaktionen zwischen den Staaten „*produced, reproduced, and sometimes transformed.*“[35] Auch diese „*sometimes*“ stattfindenden Transformationen der anarchischen Strukturen, die Wendt als „Ausnahme“, nicht als „Regel“ bezeichnet,[36] hängen mindestens von drei Faktoren ab: dem Grad der Internalisierung des strukturspezifischen „*shared knowledge*“ bei den Staaten, dem Wandel der kollektiven Identitäten und dem Vorhandensein von wandelfördernden Variablen.

Der Grad der Internalisierung des strukturspezifischen „shared knowledge“

Wie bereits analysiert, beruht jede anarchische Kultur oder Struktur (Hobbes'sche, Locke'sche und Kantische) in der konstruktivistischen Theorie auf einem eigenen gemeinsam geteilten Wissen (*shared knowledge*). Nach Wendt kann dieses Wissen sich in Form von Normen, Regeln oder anderen Institutionen manifestieren. Je nachdem, wie stark internalisiert die Staaten diese Normen und Regeln befolgen, kann die Struktur unterschiedlich „produziert“ werden. Wendt unterscheidet zwischen drei Stufen der „Internalisierung“ der Normen, wenn die Staaten die Anarchie mit Strukturen füllen: „*force*“, „*price*“ und „*legitimacy*“:

- Der Pfad „Zwang“ (*force*): Die Staaten befolgen die Normen, weil die dominanten gemeinsam geteilten Ideen sie dazu zwingen;
- Der Pfad „Anreiz“ (*price*): Die Staaten befolgen die Normen, weil sie darin Anreize zur Realisierung ihrer Interessen sehen;
- Der Pfad „Legitimität“ (*legitimacy*): Die Staaten befolgen die Normen, weil sie die Normen als legitim akzeptieren.

Wendt ordnete „*roughly*“ den Pfad „Zwang“ der neorealistischen, den Pfad „Anreiz“ der neoliberalen und den Pfad „Legitimität“ der konstruktivistischen Sichtweise zu. Für ihn hängen die Stabilität und damit die Wandlungsfähigkeit der anarchischen Strukturen vom Grad der Internalisierung der Normen durch die Staaten ab. Nur in der dritten Stufe, wo die Staaten die Normen als legitim betrachten und freiwillig befolgen, sieht er die Staaten als „*really constructed by the culture*“.[37] Bis zu dieser Stufe der Internalisierung können, so Wendt, die anarchischen Strukturen bzw.

34 Vgl. hierzu: Wendt, Alexander: Constructing International Politics, in: International Security 20:1 (1995), S. 71–81 (S. 80); Ders.: Social Theory of International Politics, Cambridge 1999, S. 248ff.

35 Ebenda, S. 366.

36 Ebenda, S. 340.

37 Ebenda, S. 250.

Kulturen nur das äußerste Verhalten der Akteure, aber nicht ihre Vorstellungen darüber beeinflussen, „*who they are and what they want*".[38]

Mit anderen Worten ist eine anarchische Struktur – dies soll für alle drei Strukturen (Hobbes'sche, Locke'sche und Kantische) gelten – weniger wandelresistent bzw. änderungsanfälliger, wenn die Staaten Normen nur „halbherzig" und gezwungen oder opportunistisch und gewinnorientiert befolgen. So gesehen hängt struktureller Wandel in der internationalen Politik aus der konstruktivistischen Sicht eng mit dem Grad der Internalisierung der anarchischen Kulturen und Verinnerlichung der Normen durch die Staaten zusammen.

Umso mehr nehmen die Wahrscheinlichkeiten für Wandel von Strukturen zu, je niedriger der Grad der Internalisierung der Normen ist; umgekehrt steigern sich die Schwierigkeiten für Strukturwandel je höher der Grad der Internalisierung ist. In diesem Zusammenhang teilt Wendt uns mit: „*The more deeply shared ideas are internalized, – the more they ‚matter' – the stickier the structure they constitute will be.*"[39]

Wandel der kollektiven Identitäten als Voraussetzungen für strukturellen Wandel

Nach Wendt setzt struktureller Wandel in den Hobbes'schen, Locke'schen und Kantischen Kulturen den Wandel der kollektiven Identitäten der Staaten voraus. Struktureller Wandel findet statt, wenn die Akteure umdefinieren, „*wer sie sind und was sie wollen*" *(who they are and what they want)*.[40] Diese Gesetzmäßigkeit begründet Wendt damit, dass neue Strukturen nur entstehen, wenn alte kollektive Identitäten kollabieren und neue kollektive Identitäten entstehen. In diesem Sinne lässt Wendt deutlich erkennen, dass er im Grunde genommen den strukturellen Wandel als eine Frage der „Bildung von kollektiven Identitäten" (*collective identity formation*) betrachtet, ohne jedoch beide Kategorien begrifflich gleichzusetzen. Dabei hebt er drei Eigenschaften der kollektiven Identitäten hervor:

- *Kollektive Identitäten sind beziehungsspezifisch*: Damit meint Wendt die Nichtübertragbarkeit kollektiver Identitäten, die im Rahmen eines bestimmten Interaktionsprozesses herausgebildet wurden, auf eine andere soziale Beziehung. Wenn Deutschland sich mit der Sicherheit von Frankreich identifiziere, so Wendt exemplarisch, sage dies gar nichts über die Haltung Deutschlands gegenüber Brasilien aus;
- *Kollektive Identitäten sind zweckgebunden*: Damit meint Wendt die Nicht-Verwechselbarkeit der Zwecke, für die bestimmte Identitäten herausgebildet wurden, mit anderen Zwecken. Es ist eine Sache, so sein Beispiel, dass sich Staaten in einer anarchischen Struktur mit Locke'scher Ausprägung gegen-

38 Ebenda.
39 Ebenda, S. 255.
40 Ebenda, S. 336.

seitig mit ihrem Überlebensinteresse identifizieren; es ist aber eine andere Sache, wenn sich Staaten gegenseitig mit ihrer Sicherheit identifizieren, wie es in einer Kantischen Struktur passiert. Im ersten Fall kann es sein, dass sich die Staaten durch „sterben" bedroht fühlen, wenn sie sehen, dass ein Staat fremde Angriffe nicht überlebt. Aber die gemeinsam geteilte Vorstellung „wir sind Rivalen" würde sie nicht dazu bringen, gemeinsam zur Rettung dieses „sterbenden" Staates aufzutreten, es sei denn, sie täten es aus anderen gewinnbringenden Motivationen. Immerhin, so Wendt, bleibt die Locke'sche Kultur ein Selbsthilfesystem. Eine kollektive Verteidigung geschieht nur im letzteren Fall, wo kollektive Sicherheit und die Haltungen „wir sind Freunde" oder „deine Sicherheit ist auch meine Sicherheit" die Interaktionen dominieren.

- *Kollektive Identitäten sind auch „egoistisch" und nicht „altruistisch"*: Damit meint Wendt, dass kollektive Identitäten oft in Spannung zu egoistischen Identitäten stehen. Es ist selten, dass kollektive Identitäten eine *„total identification"* darstellen. Es gibt kaum solche Situationen, in denen Staaten wegen kollektiver Identitäten ihre *„basic needs"* opfern. Im Gegenteil achten Staaten nach Wendt auch unter den Bedingungen der Existenz kollektiver Identitäten darauf, dass sie nicht durch „Gruppeninteressen" „verschlungen" (*engulfed*) werden.[41]

Vorhandensein von wandelfördernden Variablen

Wirklich qualitativer Wandel in den anarchischen Strukturen findet nach Wendt nur statt, wenn neue kollektive Identitäten alte kollektive Identitäten verdrängt bzw. abgelöst haben. Das Vorhandensein von vier Variablen (diese nennt Wendt *„master variables"*) kann aus seiner Sicht die Herausbildung von neuen kollektiven Identitäten wesentlich begünstigen: „Interdependenz" (*interdependence*), „Gemeinsames Schicksal" (*common fate*), „Homogenität" (*homogeneity*) und „Selbsteinschränkung" (*self-restraint*).[42] Dabei gewichtet er den Faktor „Selbsteinschränkung" mehr als die anderen Variablen. Denn, so lautet seine Begründung, „Selbsteinschränkung" kann tiefere und kräftigere Wirkungen erzeugen, wenn es darum geht, das fundamentale Problem bei der Herausbildung von kollektiven Identitäten zu lösen: *„overcomming the fear of being engulfed by the other"*.[43]

Nach Wendt ist die Ausübung von „Selbsteinschränkungen" die beste Methode, um Vertrauen in einem anarchischen Systems herbeizuführen. Das Hauptproblem dabei ergebe sich aus der Schwierigkeit für einen Staat, die anderen Staaten davon zu überzeugen, dass es sich tatsächlich um „Selbsteinschränkung" handle, wenn er sie ausübe. Wendt begründet diese Schwierigkeit mit der menschlichen Unfähigkeit,

41 Ebenda, S. 337f.
42 Ebenda, S. 343f.
43 Ebenda, S. 344.

die „Gedanken von anderen zu lesen“, und somit sich zu vergewissern, dass sich die anderen trotz der Abwesenheit von irgendwelchem Druck einschränken wollen. Wendt behauptet, es gebe drei Wege, dieses Misstrauen zu zerstreuen und damit eine solide Grundlage für die Herausbildung von kollektiven Identitäten zu schaffen:

- *Durch wiederholte Einhaltung von Normen und Regeln, auch wenn es manchmal nicht zwingend ist*: Dadurch kann die dritte Stufe der „Internalisierung der Normen“ erreicht werden, sodass eine Einhaltungsgewohnheit entsteht. Wendt spricht von „*second nature*“ im Sinne einer Selbstkontrollmentalität. „*External constraints become internal constraints, so that social control is achieved primarily through self-control.*“[44]
- *Durch Aufbau vertrauenswürdiger inländischer Institutionen*: Die Logik dieser Methode liegt aus seiner Sicht in der Gewohnheit oder Mentalität von Staaten, die Art und Weise, wie man im Land innenpolitische Aufgaben (Konfliktlösung, Verhandlungen, Organisation der Wirtschaft, Befolgung von Vorschriften usw.) erledigt, zu externalisieren oder auf die außenpolitische Ebene zu übertragen. Dass Wendt hier auf eine zentrale Tradition des Liberalismus zurückgreift, um sein konstruktivistisches Theorem zu verstärken, ist offensichtlich. Darauf hat er aber auch selbst hingewiesen.
- *Durch Durchführung von selbstbindenden Maßnahmen*: Nach Vorstellung Wendts kann dies durch Ergreifung von einseitigen Initiativen ohne Erwartungen auf gegenseitigen Leistungen geschehen. Damit diese Maßnahmen nicht den Eindruck eines „Eigenvorteils“ (*self-serving*) erwecken und plausibel wirken, ist es aus der Sicht von Wendt zwingend, deutlich sichtbare einseitige Opfer zu bringen. Als Beispiele zitierte Wendt den Verzicht der Ukraine auf Atomwaffen, Deutschlands und Japans Verzicht auf Militäreinsätze im Ausland nach dem Zweiten Weltkrieg und den Abzug der sowjetischen Truppen aus Afghanistan.

Insgesamt präsentiert sich die Theorie Alexander Wendts wie ein konstruktivistisches Manifest gegen den Neorealismus. Dabei steht die neorealistische Ontologie im Mittelpunkt seines intellektuellen Beschusses. Man kann sicherlich seine Konzentration auf die ontologischen Fragen als eine Verengung des konstruktivistischen Denkens kritisieren und daher nicht teilen, aber man muss wohl anerkennen, dass sein Unterfangen, den Neorealismus „an der Wuzel zu packen“, diesen am stärksten getroffen und mit einem nie dagewesenen Druck herausgefordert hat, die soziale Komponente der internationalen Politik ernst zu nehmen.

Die denkrichtungsübergreifende Debatte in der Disziplin, die von Wendt durch die Veröffentlichung seines Hauptwerks „Social Theory of International Politics“ (1999) in

44 Ebenda, S. 361.

Gang gesetzt worden ist, hat gezeigt, wie fruchtbar sein Vorstoß die Theoriebildung der internationalen Beziehungen am Anfang des 21. Jahrhunderts gemacht hat. Fruchtbar zeigt sich auch sein ideengeleitetes Erklärungsmuster, das viele Forscherinnen und Forscher inspiriert hat, den konstruktivistischen Ansatz aufgrund einer von Wendt stark entwickelten Ontologie forschungsmethodisch zu verfeinern oder auf die Analyse regionaler politischer Entwicklungen anzuwenden.[45]

So hat der „Practice Turn" die Internationalen Beziehungen erreicht, wobei Uneinigkeit herrscht, ob die „Practice Theory" als eigenständiger theoretischer Ansatz zu verstehen ist oder als Knotenpunkt, der Forschung verschiedener Schulen zusammenbringen kann.[46] David M. McCourt argumentiert dagegen, dass Practice Theory und Relationalismus den neuen Konstruktivismus bilden.[47] In der Practice Theory liegt der Fokus in der Tat weniger auf Motiven und abstrakten Antriebskräften wie Normen und Präferenzen von Akteuren, stattdessen stehen Routinen und Alltagshandlungen im Fokus. Untersucht wird tatsächliches Handeln in konkreten Situationen, das soziale Ordnung konstruiert und aufrechterhält.[48] Der Relationalismus geht davon aus, dass nicht Gebilde wie Staaten oder internationale Organisationen die grundlegenden Analyseeinheiten der internationalen Politik sind, sondern sozial geprägte Prozesse und Beziehungen. Beide Theorien haben sich aus dem Konstruktivismus entwickelt und tragen gleichzeitig zu seiner Erweiterung bei. Zusammen können sie laut McCourt die Probleme des „narrowed constructivism"[49] überwinden, insbesondere die Dichotomien von Agency und Struktur, Idealismus und Materialismus sowie Konstitution und Ursächlichkeit. Trotz allem sind die Grundannahmen beider Theorien die gleichen wie im Konstruktivismus – internationale Politik ist ein Produkt sozialer Prozesse. Diese grundlegende Eigenschaft zeigt sich auch bei den neuen Studien von Sebastian Schindler und Tobias Wille. Beide Autoren untersuchen am Beispiel der NATO-Russland Beziehungen nach dem Kalten Krieg, wie sich mit der Practice Theory Veränderungen in der internationalen Politik untersuchen lassen. Sie stellen dabei fest, dass Vorausset-

45 Stellvertretend für diese neueren Entwicklungen: Lupovici, Amir: Constructivist methods: a plea and manifesto for pluralism, in: Review of International Studies 35 (2009), S. 195–218; Büger, Christian/Gadinger, Frank: Praktisch gedacht! Praxistheoretischer Konstruktivismus in den Internationalen Beziehungen, in: Zeitschriften für Internationale Beziehungen 15:2 (2008), S. 273–302; Acharya, Amitav: How Ideas Spread: Whose Norms Matter? Norm Localization and Institutional Change in Asian Regionalism, in: International Organization 58:2 (2004), S. 239–275.

46 Vgl. Adler, Emmanuel/Pouliot, Vincent: Fulfilling the Promises of Practice Theory in IR, in: International Studies Quarterly Online 2015, https://www.isanet.org/Publications/ISQ/Posts/ID/4956/Fulfilling-The-Promises-of-Practice-Theory-in-IR (letzter Abruf 19.12.2017); Bueger, Christian/Gadinger, Frank: The Play of International Practice, in: International Studies Quarterly 59 (2015), S. 449–460 (S. 450).

47 Vgl. McCourt, David M.: Practice Theory and Relationalism as the New Constructivism, in: International Studies Quarterly 60:3 (2016), S. 475–485.

48 Vgl. ebenda, S. 475; Bueger/Gadinger a. a. O., S. 451.

49 McCourt, a. a. O., S. 475.

zung für die Untersuchung solcher Veränderungen eine Loslösung der Practice Theorie von Bourdieus Annahmen zu Habitus und sozialer Reproduktion ist.[50]

Trotz seiner aufbrechenden Leistungen für die Weiterentwicklung der Theorien der Internationalen Beziehungen wird der Konstruktivismus von vielen Seiten heftig kritisiert. Verschiedene Autoren kritisieren, dass der Konstruktivismus einige in der Theorie zentrale Konzepte wie Normen oder Veränderung bisher nicht in ausreichendem Maße definiert und theoretisiert habe, wodurch sich auch methodische Herausforderungen ergäben. So merkt Kessler an, dass die Begriffe Intersubjektivität, Normen und Sozialkonstruktion genutzt werden, ohne genauer ihre Bedeutung und die Funktionsweise dieser Konzepte zu erläutern.[51] Er regt einen Perspektivwechsel an, bei dem die Anzahl diskursiver Positionen in den Blick genommen wird, um eine Analyse der unterschiedlichen Verwendungsarten und damit verknüpften Bedeutungen der Begriffe zu ermöglichen.

Korowska und Kratochwil kritisieren, wichtige Begriffe wie Agency und Intersubjektivität seien von späteren Autoren missverstanden worden.[52] Laut Hofferberth und Weber ist zwar die Normenforschung im Konstruktivismus weitverbreitet, während der Etablierung des Konstruktivismus habe man jedoch zunehmend die Methoden des Mainstreams übernommen und die frühen konstruktivistischen Ansätze in eine strukturalistische Forschungsagenda übersetzt, wobei aus dem Blick geraten sei, dass Normen nicht gegeben sind, sondern veränderbar, und ständig neuverhandelt werden.[53]

Veränderungen bzw. Veränderbarkeit sind ebenfalls ein zentrales Konzept des Konstruktivismus, allerdings wird das Verständnis von Veränderungen und davon, wie sie entstehen im Konstruktivismus dadurch beschränkt, dass sowohl Veränderungen als auch Stabilität oft durch die gleichen Faktoren wie Normen, Identität und Handeln erklärt werden, so kritisiert Trine Flockhart.[54] Felix Berenskoetter fordert außerdem, der Bedeutung von Zukunft, Zukunftsbildern und Unsicherheit für die Ausbildung von Identitäten und für politisches Handeln mehr Beachtung zu schenken.[55]

---

50 Vgl. Schindler, Sebastian/Wille, Tobias: Change in and through practice: Pierre Bourdieu, Vincent Pouliot, and the end of the Cold War, in: International Theory 7:2 (2015), S. 330–359.

51 Kessler, Oliver: The Contingency of Constructivism: On Norms, the Social, and the Third, in: International Studies 45:1 (2016), S. 43–63 (S. 44f.).

52 Vgl. Kurowska, Xymena/Kratochwil, Friedrich: The Social Constructivist Sensibility and CSDP Research, in: Xymena Kurowska/Fabian Breuer: Explaining the EU's Common Security and Defence Policy. Theory in Action, London 2012, S. 86–110 (S. 89f.).

53 Vgl. Hofferberth, Matthias and Weber, Christian: Lost in translation. A methodological critique of constructivist norm research, in: Journal of International Relations and Development, 18:1 (2015), S. 75–103.

54 Vgl. Flockhart, Trine: The problem of change in constructivist theory: Ontological security seeking and agent motivation, in: Review of International Studies 42:5 (2012), S. 799–820.

55 Vgl. Berenskoetter, Felix: Reclaiming the Vision Thing: Constructivists as Students of the Future, in: International Studies Quarterly 55:3 (2011), S. 647–668.

Allgemein erhält der Konstruktivismus die Kritik, er habe bei der Entwicklung zur Mainstream-Theorie sein kritisches Potenzial verloren, insbesondere was die Reflexion über Position und Wissen des Forschers im Verhältnis zu seinem sozial konstituierten Forschungsfeld angeht.[56] Es entstehe ein Widerspruch zwischen intersubjektiver Ontologie und positivistischer Epistemologie, da Konstruktivisten sich zunehmend der „normal science" verschreiben würden.[57] Wissenschaftlicher Realismus sei jedoch nicht mit dem Konstruktivismus vereinbar. Charlotte Epstein kritisiert, der Konstruktivismus habe sich von seinem ursprünglichen Anspruch, eine Mittelposition zwischen Strukturalismus und Poststrukturalismus einzunehmen, inzwischen zu weit in Richtung Strukturalismus entfernt, indem immer wieder der Versuchung nachgegeben werde, nach unkonstruierten, universell gültigen Faktoren basierend auf der menschlichen Natur zu suchen.[58] Um diesem Trend entgegenzuwirken, fordert sie, Sprache wieder mehr in den Fokus der konstruktivistischen Forschung zu rücken.

Das sichtbarste Ergebnis, das Wendt mit seinen Theoriearbeiten erreicht hat, ist aber vor allem die unübersehbare Etablierung des Konstruktivismus in der Disziplin der Internationalen Beziehungen als eine ebenbürtige Denkschule neben Realismus, Liberalismus und Institutionalismus. Dieser Erfolg übertraf in gewissem Sinne alle Theorieleistungen derer, die ihn wegen seiner ontologisch-zentrischen Vorgehensweise kritisieren. Diejenigen, die Wendt vorwerfen[59], die Rolle der Sprache bei der Konstituierung der sozialen Beziehungen vernachlässigt oder zu viele neorealistische Annahmen akzeptiert zu haben, haben sein Hauptanliegen offenbar nicht richtig verstanden.

Weiterführende Literatur

Adler, Emanuel: Constructivism in International Relations: Sources, Contributions, and Debates, in: Walter Carlsnaes/Thomas Risse/Beth A. Simmons (Hrsg.): Handbook of International Relations, 2. Aufl., Los Angeles u. a. 2013, S. 112–144.
(Einführender Aufsatz, insbesondere mit gutem Überblick zur Entwicklung des Konstruktivismus und wichtigen Debatten innerhalb der Theorieschule.)

56 Peltonen, Hannes: A Tale of Two Cognitions: The Evolution of Social Constructivism in International Relations, in: Revista Brasileira de Politica Inernacional 60:1 (2017), http://dx.doi.org/10.1590/0034-7329201700105 (letzter Abruf 19.12.2017), S. 6.

57 Vgl. Kurowska, Xymena/Kratochwil, Friedrich, a. a. O. S. 88.

58 Vgl. Epstein, Charlotte: Constructivism or the eternal return of universals in International Relations. Why returning to language is vital to prolonging the owl's flight, in: International Relations 19:3 (2013), S. 499–519.

59 Zu einem guten Überblick der Kritik an Wendt vgl. Ulbert, Corneli: Sozialkonstruktivismus, in: Schieder, Siegfried/Spindler, Manuela (Hrsg.): Theorien der Internationalen Beziehungen, 2. Aufl., Opladen 2006, S. 409–440; Adler, Emanuel: Constructivism in International Relations: Sources, Contributions, and Debates, in: Walter Carlsnaes/Thomas Risse/Beth A. Simmons (Hrsg.): Handbook of International Relations, 2. Aufl., Los Angeles u. a. 2013, S. 112–144.

Berenskoetter, Felix: Reclaiming the Vision Thing: Constructivists as Students of the Future, in: International Studies Quarterly 55:3 (2011), S. 647–668.
(Artikel, der die Untersuchung von Zukunft und Visionen auf die konstruktiv. Forschungsagenda bringen will.)

Epstein, Charlotte: Constructivism or the eternal return of universals in International Relations. Why returning to language is vital to prolonging the owl's flight, in: International Relations 19:3 (2013), S. 499–519.
(Beitrag zur Debatte über die Verortung des Konstruktivismus zwischen Strukturalismus und Poststrukturalismus. Weiterführender Artikel, nicht ganz einfach zu lesen.)

Flockhart, Trine: The problem of change in constructivist theory: Ontological security seeking and agent motivation, in: Review of International Studies, 42:5 (2012), S. 799–820.
(Weiterführender Artikel, der das Verständnis des Konstruktivismus für Veränderungen ausbauen will.)

Hofferberth, Matthias and Weber, Christian: Lost in translation. A methodological critique of constructivist norm research, in: Journal of International Relations and Development, 18:1 (2015), S. 75–103.
(Ausführliche Diskussion über methodische Herausforderungen in der konstruktivistischen Normenforschung.)

Kessler, Oliver: The Contingency of Constructivism: On Norms, the Social, and the Third, in: International Studies 45:1 (2016), S. 43–63.
(Weiterführender Artikel zum unterschiedlichen Verständnis zentraler Begriffe in verschiedenen Strömungen des Konstruktivismus; nicht ganz einfach zu lesen.)

McCourt, David M.: Practice Theory and Relationalism as the New Constructivism, in: International Studies Quarterly 60:3 (2016), S. 475–485.
(Guter Überblick über die beiden Theorien und Vorschlag für eine mögliche Zusammenführung als neue konstruktivistische Theorie.)

Peltonen, Hannes: A tale of two cognitions: The Evolution of Social Constructivism in International Relations, in: Revista Brasileira de Politica Inernacional 60:1 (2017), http://dx.doi.org/10.1590/0034-7329201700105 (letzter Abruf 19.12.2017).
(Guter Überblick über die Entwicklung des Konstruktivismus und die Entstehung verschiedener Strömungen innerhalb der Theorie.)

Wendt, Alexander: Anarchy is what states make of it: The social construction of power politics, in: International Organization 46:2 (1992), S. 391–425.
(Mittlerweile einer der Artikel, die niemand übergehen kann, der sich mit Internationalen Beziehungen befasst.)

Wendt, Alexander: Social Theory of International Politics, Cambridge 1999.
(Gewinner „International Studies Best Book of the Decade Award" und das vollkommen zu Recht. Wohl keine zweite Monographie der letzten 20 Jahre hat der Theoriedebatte in den IB einen solch großen Schub gegeben.)

Wendt, Alexander: The state as person in international theory, in: Review of International Studies 30:2 (2004), S. 89–101.
(Besonders die ontologische Perspektive ist hier interessant. Nichts für Einsteiger.)

17 Marxismus

Der Marxismus ist eine kosmopolitische Theorie, die an die Überwindbarkeit der Fragmentierung der Menschheit in miteinander konkurrierende Nationalstaaten glaubt. Sie traut dem Kapitalismus – genauer gesagt, der kapitalistischen Produktionsweise – die Kraft zu, die Menschheit zu vereinigen. Die globale Durchsetzung der kapitalistischen Produktionsweise, deren Geheimnis und Logik nach Karl Marx in der Ausbeutung der Arbeiter durch „das Kapital“ besteht, wird die politische Teilung zwischen den souveränen Nationalstaaten verschwinden lassen, so eine der zentralen Annahmen. Die Globalisierung der kapitalistischen Ausbeutung soll so eine kapitalistische Weltgesellschaft herbeiführen, die das internationale Staatensystem ersetzen soll. In einer solchen kosmopolitischen Gesellschaft sollen Konflikte hauptsächlich zwischen zwei antagonistischen Sozialklassen ausgetragen werden: Der Weltbourgeoisie und dem Weltproletariat. Marx war davon überzeugt, dass das Weltproletariat sich durch Revolutionen von der Ausbeutung der Weltbourgeoisie befreien und diese begraben wird. Am Ende dieser Weltrevolution soll eine neue sozialistische bzw. kommunistische Weltgesellschaft entstehen, die frei von Ausbeutung und Entfremdung sein soll.[1]

In diesem kosmopolitischen Denkgebäude sollte die Kategorie „internationaler Konflikt“ eigentlich keinen Platz haben, weil Nation und Nationalismus nicht im Zentrum der Analyse stehen. In der Tat galt das Hauptinteresse von Marx nicht dem „Staat“, sondern der „Klasse“. Vendulka Kubalkova und Albert Cruikshank vertreten sogar die Auffassung, dass Marx und Engels überhaupt kein Interesse an „internationalen Beziehungen“ gehabt hätten.[2] Eine These, die allerdings von anderen Autoren kategorisch in Frage gestellt wurde. So weist Hazel Smith im Einklang mit Howard Williams darauf hin, dass allein die Lektüre der zwei Werke „*Das Kommunistische Manifest*“ und „*Die Deutsche Ideologie*“ von Karl Marx und Friedrich Engels deutlich beweise, dass die politische Theorie von Marx „*inherently*“ eine Theorie der internationalen Beziehungen darstelle. Marx und Engels hätten sich intensiv mit den Hauptproblemen der internationalen Beziehungen, „Krieg und Frieden“, beschäftigt. Insbesondere die Staatslehre von Engels „*Der Ursprung der Familie, des Privateigentums und des Staats*“ liefere einen Schlüssel für das Verständnis über die Entstehung und Natur des modernen Staates und dessen Rolle in den internationalen Beziehungen.[3]

Trotz der akademischen Kontroverse über die Frage, ob der Marxismus eine in sich geschlossene Theorie der internationalen Beziehungen aufweist, ist sein Einfluss auf die Theoriebildung im Bereich der Disziplin der Internationalen Beziehungen

1 Linklater, Andrew: Marxism, in: Burchill, Scott/Linklater, Andrew (Hrsg.): Theories of International Relations, London 1996, S. 119–144.

2 Kubalkova, Vendulka/Cruikshank, Albert: Marxism and International Relations, Oxford 1985.

3 Smith, Hazel: Marxism and international relations theory, in: Groom, A. J. R./Light, Margot (Hrsg.): Contemporary International Relations. A Guide to Theory, London 1994, S. 142–155 (S. 143).

https://doi.org/10.1515/9783486855081-017

beachtlich. Für viele Intellektuelle, die mit dem staatszentrischen Denken, den positivistischen Methoden und dem ontologischen Postulat von einer unveränderbaren internationalen Anarchie nicht einverstanden sind, durch die der Realismus und Neorealismus die Theorien der internationalen Beziehungen seit Jahrzehnten dominieren, stellt der Marxismus eine akademische Heimat dar. Sein dialektisches Denken, seine historisch-materialistischen Methoden, vor allem aber seine kritische Philosophie und politisch-ökonomische Sichtweise, haben zahlreiche Untersuchungen angeregt und Erklärungsansätze inspiriert. Charakteristisch für diese marxistisch geprägten Theorien ist ihre ontologische Abneigung, internationale Anarchie pauschalisierend als ökonomisch neutral und politisch vorgegeben zu akzeptieren. Vielmehr gehen sie von einem hierarchisch geordneten System aus, das auf internationaler Ungleichheit im Sinne von kapitalistischer Ausbeutung beruht und welches es zu überwinden gilt.

Wenn wir im Blick auf die marxistischen Ansätze von Hierarchie sprechen, denken wir in der Regel an eine in diesen Ansätzen klar postulierte soziale Beziehung, die durch das Prinzip von Über- und Unterordnung organisiert ist. Das auffälligste Merkmal der Theorieansätze, die wir gleich als marxistische Ansätze vorstellen werden, ist die Neigung, die zwischenstaatlichen Beziehungen als ein vertikal geordnetes Verhältnis, also als eine Hierarchie, zu begreifen, zu beschreiben und zu erklären. Dementsprechend wird die Welt als ein hierarchisches System betrachtet, ein System, in dem manche Staaten „herrschen" und manche „beherrscht" werden. Je nach Rang, den ein Staat besitzt, so führt Daniel Frei pointiert an, sind die Staaten dann *„topdogs"* oder *„underdogs"*, *„Zentrum"* oder *„Peripherie"*, *„Imperialisten"* oder *„Beherrschte"*, *„Metropolen"* oder *„Satelliten"*, *„Herren"* oder *„Knechte"*.[4]

Allgemein betrachtet, haben wir innerhalb der marxistisch geprägten Theorieansätze drei Denkrichtungen, denen das herrschaftsstrukturelle Denken zugrunde liegt: Die *Theorie des Imperialismus*, die schon eine jahrhundertelange Geschichte nachweisen kann; die *„Theory of Dependencia"*, die fast zur gleichen Zeit als eine „Gegentheorie" zur westlichen Modernisierungstheorie in Lateinamerika entstanden ist, aber auch in Johan Galtungs Zentrum-Peripherie-Theorie ihre europäische Version wieder findet; sowie der *Neomarxismus in Form der Weltsystemtheorie*, der sich vom klassischen Marxismus weitgehend emanzipiert hat und die Ambition verfolgt, eine bessere bzw. alternative Theorie zum Mainstream zu entwickeln. Im Folgenden werden wir versuchen, die Kernaussagen dieser Theorien herauszuarbeiten und zu analysieren.

4 Frei, Daniel: Einführung: Wozu Theorien der internationalen Politik? in: Ders. (Hrsg.): Theorien der internationalen Beziehungen, 2. Aufl., München 1977, S. 135.

17.1 Imperialismustheorie

Wenn es zutrifft, dass der Idealismus von US-Präsident Wilson die intellektuelle Reaktion des Westens auf das politische Versagen darstellt, das zum Ausbruch des Ersten Weltkriegs geführt hatte, so kann die *Theorie des Imperialismus* von Wladimir Iljitsch Lenin als intellektuelle Antwort marxistischer Revolutionäre auf die Frage nach den Ursachen dieses Kriegs betrachtet werden. Für Lenin trug der Kapitalüberschuss, der sich im Laufe der kapitalistischen Industrialisierung der europäischen Staaten rasch akkumuliert hatte, die Hauptverantwortung für den Krieg. Das Bedürfnis nach Märkten zum Absatz dieses Kapitalüberschusses war nach Lenin so dringend und der Wille der Mächte zur Durchsetzung der wirtschaftlichen Interessen durch Gewaltanwendung so stark, dass eine kriegerische Auseinandersetzung zwischen ihnen nicht zu verhindern war, zumal das kapitalistische Europa durch den Niedergang der britischen Hegemonie seine letzte Hemmung zur Kriegsführung verloren hatte.[5]

Allerdings war Lenin nicht der erste, der den Begriff des „*Imperialismus*" entwickelt hat. Nach Hazel Smith handelt es sich bei der Imperialismustheorie von Lenin um eine Synthese von Konzepten, die durch Karl Marx, Friedrich Engels und John A. Hobson, einem britischen liberalen Denker und Politiker, entwickelt worden waren.[6] Eine Analyse der semantischen wie inhaltlichen Entwicklung des Begriffs deutet darauf hin, dass *Imperialismus* schon vor Lenins Theorieleistung ein Schlüsselthema seiner Zeit geworden war. Behrens und Noack zufolge wurde der Begriff „*Imperialisté*" bereits in den 30er Jahren des 19. Jahrhunderts in Frankreich geprägt. Mit diesem Begriff wurden zunächst Anhänger eines Nationalismus bezeichnet, der zu der Zeit Napoleons I. den Ausdehnungsdrang Frankreichs unterstützte. Aber der Begriff, der anfänglich im positiven Sinne gebraucht wurde, erhielt später zunehmend einen „*‚negativen Beigeschmack', der ihn im politischen Schlagabtausch bis zur Gegenwart geprägt hat.*"[7]

Der Imperialismus wurde deswegen zunehmend als negativ empfunden, weil er mit dem Phänomen der Beherrschung eines Volkes durch ein anderes verbunden ist. Nach der Definition des deutschen Historikers Wolfgang Mommsen ist Imperialismus „*die gewaltsame Ausdehnung staatlicher Herrschaft über in der Regel unterentwickelte Territorien, unter Missachtung des Willens der Beherrschten, mit dem Ziel der Errichtung eines, meist mit einer Rangerhöhung im Kreise der anderen Mächte verbundenen Kolonialreiches. Ideales Ziel ist dabei in der Regel die Errichtung des Weltmachtstatus für den eigenen Staatsverband.*"[8]

5 Lenin, Wladimir Iljitsch: Der Imperialismus als höchstes Stadium des Kapitalismus, in: Werke, Bd. 22, Berlin 1972.

6 Smith, a. a. O., S. 143.

7 Behrens, Henning/Noack, Paul: Theorien der Internationalen Politik, München 1984, S. 199.

8 Mommsen, Wolfgang: Imperialismustheorien. Ein Überblick über die neueren Imperialismusinterpretationen, 3. Aufl., Göttingen 1987, S. 8.

Schon im Jahre 1902, also etwa 15 Jahre früher als Lenin, hat John Atkinson Hobson, seinerzeit Mitglied der britischen Liberalen Partei, das erste Werk zur Analyse des modernen Imperialismus veröffentlicht. Nach Hans Christoph Schroeder gilt Hobsons Werk mit dem Titel „*Imperialism: A Study*" als die bis zur Gegenwart einflussreichste nicht-marxistische Theorie des kapitalistischen Imperialismus. Viele marxistische Denker, darunter auch Lenin, ließen sich bei der Entwicklung ihrer eigenen Imperialismustheorien von diesem Werk inspirieren. Für Hobson liegt die Ursache des Imperialismus eindeutig im wirtschaftlichen Bereich. Nach seiner Theorie gibt es eine kausale Korrelation zwischen Kapitalexport und Herrschaftsexpansion. Überproduktion an Waren sowie Überschuss von Geldern und damit Preisverfall und Senkung der finanziellen Rentabilität führten zum Kapitalexport und zur Suche nach neuen Absatzmärkten, wo das Kapital rentabel und sicher angelegt werden könne. Politische Konsequenz dieses Strebens sei die Ausdehnung der Herrschaft über die Gebiete, die als neue Märkte erschlossen werden sollten. Dabei sollten die Risiken des Kapitalexportes durch den Schutz der Staatsgewalt auf das Minimum reduziert werden. Auch Rosa Luxemburg machte den Kapitalismus für die Entstehung des Imperialismus verantwortlich. Sie begründete, kapitalistische Wirtschaft könne nur in einem nicht-kapitalistischen Milieu und auf dessen Kosten gedeihen und leben. Um überleben zu können, kämpften die Kapitalisten um die ständig schrumpfenden nicht-kapitalistischen Restgebiete. Instrument zur Eroberung sei Krieg, und Mittel zur Wahrung des Erreichten sei die Errichtung politischer Herrschaft.[9]

Erst in diesem Kontext der Theoriedebatte lassen sich die Theorie des Imperialismus von Lenin und ihr Beitrag zum Marxismus inhaltlich einordnen. Für Lenin, so lautet auch seine Theorieschrift zu diesem Thema, ist der „*Imperialismus das höchste Stadium des Kapitalismus*". Ihm zufolge unterscheidet sich dieses höchste Stadium von dem früheren Entwicklungsstadium durch fünf wesentliche Merkmale. „*(1) Konzentration des Kapitals und der Produktion, die eine so hohe Entwicklungsstufe erreicht hat, dass sie Monopole schafft, die im Wirtschaftsleben die entscheidende Rolle spielen; (2) Finanzoligarchie entsteht auf der Grundlage der Verschmelzung von Bank- und Industriekapital; (3) Im Vergleich zum Warenexport spielt Kapitalexport eine dominierende Rolle; (4) Internationale monopolistische Kapitalisten-Verbände bilden sich heraus und teilen die Welt unter sich; (5) Die territoriale Aufteilung der Erde unter die kapitalistischen Großmächte ist beendet.*" Mit anderen Worten sind die kolonialen Eroberungen und territoriale Aufteilung der Erde für Lenin eine zwangsläufige Folge des Konkurrenzkampfs unter den Kapitalisten, wenn die Entwicklung des Kapitalismus seine monopolistische Phase erreicht hat. Der Kapitalexport, so Lenin in Anlehnung an Hobson, verlangt nach neuen Eroberungen und führt zur Selbstzerfleischung des Kapitalismus. In diesem

9 Behrens/Noack, a. a. O., S. 201.

Sinne bezeichnet Lenin den Imperialismus nicht nur als *„das höchste Stadium des Kapitalismus“*, sondern auch als den *„sterbenden Kapitalismus“*.[10]

Die Tatsache, dass der Erste Weltkrieg keinen Krieg zwischen dem „europäischen Proletariat“ und der „europäischen Bourgeoisie“ darstellte, sondern den Charakter eines traditionellen Krieges zwischen Nationalstaaten aufwies, zwang Lenin, die Theorie von Marx weiterzuentwickeln. Er sah sich veranlasst, Marx zu relativieren, der die Klassenloyalität dem Nationalbewusstsein übergeordnet hatte. Dabei wurden die Hartnäckigkeit des Nationalismus und seine politische Mobilisierungskraft massiv, wenn nicht naiv, unterschätzt. Wenn es nach Marx gehen sollte, durfte es eigentlich nicht passieren, dass beispielsweise die deutsche Arbeiterklasse auf dem Schauplatz des Krieges gegen ihre französischen Brüder kämpfte, um den Staat der deutschen Bourgeoisie zu verteidigen. Diesen marxistischen Widerspruch versuchte Lenin aufzulösen, indem er argumentierte, dass Klassenloyalität und Klassenantagonismus ihre Zentralität verlieren könnten, wenn der Zeitgeist durch nationalistische Macht und Ideologie dominiert werde. Insbesondere wenn die Aristokratie der Arbeiterklasse durch koloniale Bestechung zu einer Allianz mit der Bourgeoisie überginge, sei die Arbeiterklasse an den Kriegswagen der Staatsmacht der Bourgeoisie gebunden und könne sich ihrem Aufruf nach Vaterlandsverteidigung nicht entziehen. Allerdings betrachtete Lenin die Verschiebung des „Gravitationszentrums“ vom Klassenkonflikt zur zwischenstaatlichen Rivalität nur als vorübergehend. Die Arbeiterklasse, so Lenin zuversichtlich, würde bald feststellen, dass ihr Anteil an der imperialistischen Politik gar nichts Vergleichbares mit den Gräueln des Krieges darstelle. Dieses Bewusstsein würde die Arbeiterklasse von nationalistischer Enge und patriotischer Versuchung zur Vaterlandsverteidigung bzw. zur Expansion der nationalen Macht befreien. Emanzipiert von der Bevormundung und Verwirrung durch die Bourgeoisie, würde das Proletariat sein Projekt der Abschaffung der Weltbourgeoisie fortsetzen und alle Völker in einer sozialistischen Familie vereinigen.[11]

17.2 Dependenztheorie

Der Kontext, in dem die *Dependenztheorie* entwickelt wurde, bezieht sich auf die Theoriedebatte in den 60/70er Jahren des 20. Jahrhunderts über die Frage, warum die Staaten Lateinamerikas immer noch arm und wirtschaftlich unterentwickelt bleiben, auch wenn sie schon im frühen 19. Jahrhundert die politische Unabhängigkeit errungen hatten.[12] Im Zentrum dieser Theoriedebatte stand die Frage nach der Überwindbarkeit

10 Zitate: Lenin, Wladimir Iljitsch: Der Imperialismus als höchstes Stadium des Kapitalismus, in: Werke, Bd. 22, Berlin 1972, S. 270f.

11 Vgl. hierzu: Linklater, Andrew: Marxism, in: Burchill, Scott/Linklater, Andrew (Hrsg.): Theories of International Relations, London 1996, S. 119–144 (S. 128).

12 Vgl. hierzu: Smith, a. a. O., S. 147f.

der Unterentwickelung des Südens. Wegen ihrer Betonung der Abhängigkeit vom Norden als entscheidendes Hindernis für die Überwindung der Unterentwicklung wird diese Position in der wissenschaftlichen Literatur als „*Dependenztheorie*" bezeichnet. Da dieser Ansatz – orientiert an der marxistischen Imperialismustheorie – zuerst in Lateinamerika entwickelt wurde, spricht man auch von „Dependenciatheorie". Führende Vertreter dieser Theorie sind Fernando H. Cardoso, André Gunder Frank, Osvaldo Sunkel und Theotonio Dos Santos. Nach Hartmut Elsenhans lassen sich Theoretiker, die an dieser Debatte beteiligt waren, in drei Gruppen einteilen bzw. drei theoretischen Ausrichtungen zuordnen.

Die erste Gruppe vertritt die Theorien, die eine Überwindung der Unterentwicklung durch Integration der Entwicklungsländer in das „kapitalistische Weltsystem" für möglich halten. Diese Theorien sehen den „kapitalistischen Weltmarkt" nicht als Hindernis für die Überwindung von Unterentwicklung an, sondern machen die vorkapitalistische Gesellschaft oder eine Behinderung der Ausbreitung der kapitalistischen Produktionsweise durch gesellschaftliche Kräfte wie Staatsklassen, Arbeiter oder Bauern für die Unterentwicklung verantwortlich. Sie glauben, eine Integration der Entwicklungsländer in die Weltwirtschaft werde zur Überwindung der Unterentwicklung entscheidend beitragen. Die zweite Gruppe von Theoretikern bestreitet aber eine automatische Überwindung der Unterentwicklung durch Integration in das „kapitalistische Weltsystem". Vielmehr machen sie die Entwicklungserfolge von einer Reihe lokaler und strategischer Maßnahmen abhängig. Aber trotz der Hinweise auf mögliche negative Auswirkungen der Integration in das vom Norden dominierte Weltwirtschaftssystem stellen sie den Beitrag der Außenbeziehungen grundsätzlich nicht in Frage. Die dritte Gruppe von Theoretikern hält die Überwindung der Unterentwicklung ohne Bruch mit dem kapitalistischen Zentrum/den Industrieländern des Nordens für unmöglich oder in hohem Maße erschwert. Vielmehr betrachten sie die Unterentwicklung als eine Folge der Abhängigkeit des Südens vom Norden. Sie behaupten, Unterentwicklung lasse sich nur überwinden, wenn diese Abhängigkeit, d. h. die Einbindung in das jahrhundertelang vom kapitalistischen Norden dominierte System aufgebrochen werde.[13]

Bei der Dependenciatheorie handelt es sich in der Tat nicht immer um bloße emotionale bzw. ideologische Anklagen gegen die kapitalistische Ausbeutung. Vielmehr wurde ernsthaft versucht, die Auswirkungen der Abhängigkeit der Entwicklungsländer vom Norden herauszuarbeiten und theoretisch zu begründen. Arghiri Emmanuel sprach beispielsweise von „*unequal exchange*" im Sinne des Handelsaustauschs zwischen ungleichen Partnern. Es wurde darauf hingewiesen, dass es im internationalen Handel wirtschaftlich stärkere und schwächere Staaten gebe, und dass es daher häufig zu einer strukturellen Benachteiligung bzw. Abhängigkeit der schwächeren Handelspartner

13 Vgl. hierzu Elsenhans, Hartmut: Nord–Süd–Beziehungen: Theorien über die Nord–Süd–Konfliktformation und ihre Bearbeitung, in: Rittberger, Volker (Hrsg.): Theorien der Internationalen Beziehungen. Bestandsaufnahme und Forschungsperspektiven, Opladen 1990, S. 330–351 (S. 331ff.)

kommen könnte. „Ungleicher Handel" entstehe, wenn der Austausch unter Bedingungen stattfinde, die erlaubten, dass die durch internationale Transaktionen geschöpften Mehrwerte bzw. Gewinne überproportional in die stärkeren Länder und nicht in die schwächeren fließen.[14] Die politische Bedeutung dieses Theorems wurde von Immanuel Wallerstein hoch geschätzt: „*This analysis implied a remedy for inequality: actions by the states in the periphery to institute mechanisms that would equalize the exchange over the middle run.*"[15]

Eine zentrale Bedeutung für die Dependenztheorie wurde dem „Surpluskonzept" beigemessen, das Paul Baran in Anlehnung an die marxistische politökonomische Theorie entwickelt hatte.[16] Diesem Erklärungskonzept zufolge werden die in den Entwicklungsländern erzeugten Mehrwerte nicht zur Weiterentwicklung dieser Länder verwendet. Vielmehr fließen sie in die Taschen von Kapitaleigentümern im Zentrum und in die von Eliten in der Peripherie, die als Brückenkopf der Zentreneliten in diesen Ländern operieren. Diese investieren zwar die abgeschöpften Gewinne wieder in den Entwicklungsländern, aber die Investitionen sind meistens an der Produktion von Luxuswaren orientiert. Außerdem – das ist die Kernaussage des Surpluskonzeptes – sind die erneuten Investitionen nach wie vor von ausbeuterischer Natur und blockieren die Überwindung der Unterentwicklung der Entwicklungsländer. Nach dem Surpluskonzept vertieft eine Eingliederung der Entwicklungsländer in das „kapitalistische Weltwirtschaftssystem" die Abhängigkeit des Südens vom Norden und damit bleibt die Überwindung der Unterentwicklung dieser Länder insofern blockiert, als die Industriestaaten die einheimische Wirtschaft der Entwicklungsländer in eine Randposition drängen. Um diese Aussage theoretisch zu untermauern, wurde der Begriff „Marginalität" entwickelt. Dieser Begriff besagt, dass die einheimische traditionelle nationale Wirtschaft bei der Konkurrenz mit den multinationalen Konzernen (Multis) keine Überlebenschance hat, da sie über eine zu marginale Größe und zu wenig Kapital verfügt. Selbst wenn sie überleben könnte, würde sie nur eine Nebenrolle, d. h. im Sektor arbeitsintensiver Produktion, spielen – ein Sektor, dessen Existenz jederzeit von kapitalintensiven Produktionssektoren bedroht wird. Aufgrund ihrer Kapitalkraft und des modernen Know-hows, aber auch wegen ihres politischen Einflusses, verweisen die Multis die wirtschaftliche Kontrolle nationaler Regierungen weitgehend auf die traditionellen Wirtschaftssektoren.[17]

Die wirtschaftliche „Marginalität" führt, so die Dependenciatheoretiker, zur gesellschaftlichen „Marginalität". Nach den Untersuchungen von Córdava haben die kapitalintensiven Produktionsmethoden die Tendenz, die nationale Wirtschaft zu verdrängen und Arbeitsplätze zu vernichten. Die Konsequenzen dieses Vorgangs seien zunehmende Armut und sinkender Zugang zur Gesamtgesellschaft, also das Verdrängen

14 Emmanuel, Arghiri: Unequal Exchange: A Study of Imperialism of Trade, New York 1972.
15 Wallerstein, Immanuel: World-System Analysis. An Introduction, Durham und London 2005, S. 12.
16 Baran, Paul A.: The Political Economy of Growth, Harmondsworth 1973.
17 Vgl. hierzu ausführlich: Elsenhans, a. a. O., S. 333ff; Behrens/Noack, a. a. O., S. 247ff.

der Massen in gesellschaftliche Randpositionen. Als Belege für diese Behauptung wurde die dramatisch zunehmende Zahl der marginalisierten Bewohner von Slums in den Großstädten herangezogen. Für die Dependenciatheoretiker gibt es keinen quantitativen Unterschied zwischen der Kolonialisierung in der vorindustriellen Zeit und der Abhängigkeit von den Industriestaaten in der modernen Zeit, weil beide die moderneren Sektoren in den Entwicklungsländern in ihrer Entwicklung hindern und damit die Modernisierung der Entwicklungsländer blockieren. Deshalb setzen sich die Dependenciatheoretiker für eine strukturelle Abkopplung der Entwicklungsländer von den Industriestaaten ein. Sie halten eine eigenständige Entwicklung bei starker Kontrolle ausländischen Kapitals durch eine national orientierte Reformpolitik für möglich, die von Mittelschichten und nichtkorrupten Militärs getragen werden müsste.[18]

Kritiker dieser Theorie bestreiten allerdings, dass das Überleben des Kapitalismus im Norden auf die Abschöpfung von Mehrwerten aus dem Süden angewiesen sei. Sie sehen durchaus die Möglichkeit, durch Produktion im Süden die Mehrwertmasse so zu steigern, dass die Entwicklungsländer an der Verteilung von diesen Werten beteiligt sein können. Aus ihrer Sicht stehen die weltwirtschaftlichen Strukturen einer Verteilungsreform nicht im Wege, d. h. die Überwindung der Unterentwicklung würde nicht an der Integration der Entwicklungsländer in die Weltwirtschaftsordnung scheitern. Mögliche Hindernisse, die eine solche Reform verhindern könnten, könnten nur aus dem politischen, aber nicht aus dem ökonomischen Bereich kommen und seien auch in den Entwicklungsländern selbst zu suchen, beispielsweise in Defiziten bei Regierungsführung und interner Wohlstandsverteilung.[19] Robert Brenner, der als einer der energischsten Gegner der Abschottung der Entwicklungsländer gegenüber den etablierten westlichen Industrieländern galt, sah in der Integration der Eigentumslosen (insbesondere die von der Landwirtschaft freigesetzten Arbeitskräfte) in die kapitalistische Produktionsweise eine realisierbare Alternative zur Autarkie. Die Eigentumslosen sollten durch eine sozialpolitische Reform zur Umverteilung des Reichtums bzw. Wohlstandes zu einem Kontrolleur der Produktionsanlage gemacht werden. Brenner erhoffte sich, auf diese Art und Weise die Arbeiterklasse der Entwicklungsländer in die globalisierte Produktionsweise des Weltkapitalismus zu kooptieren, um das Ziel der Überwindung der Unterentwicklung mit Hilfe der kapitalistischen Kräfte zu erreichen. Für ihn würde eine internationale Isolation von der kapitalistischen Welt nur eine Sackgasse und damit eine Verewigung der Unterentwicklung bedeuten.[20]

---

18 Vgl. hierzu: Dies., a. a. O., S. 247.

19 Vgl. Elsenhans, a. a. O., S. 333.

20 Brenner, Robert: The Origins of Capitalism: A Critique of Neo-Smithian Marxism, in: Alavi, Hamza/ Shanin, Teodor (Hrsg.): Introduction to the Sociology of Developing Societies, London 1982, S. 54–71.

17.3 Zentrum-Peripherie-Theorie

Immanuel Wallerstein weist darauf hin, dass der Denkansatz *„Zentrum-Peripherie"* noch früher als die Dependenztheorie entstanden ist. Das Konzept wurde von der „United Nations Economic Commission for Latin America" (ECLA) entwickelt und führte später zur Entstehung der Dependenztheorie.[21] Intellektuell fand jedoch ein „Spill-Over"-Prozess statt, der auch Wissenschaftler, die nicht direkt an der Debatte über die Unterentwicklung der Länder in Lateinamerika beteiligt waren, inspiriert hat, das Verhältnis zwischen den westlichen und den nicht-westlichen Nationen im Lichte der Konstruktion von „Zentrum-Peripherie" zu theoretisieren. Eines der systematischsten Konzepte, die im Rahmen dieses Inspirationsprozesses entstanden, stellt die *Zentrum-Peripherie-Theorie* von Johan Galtung dar.

Ursprünglich wollte Galtung eigentlich *„eine strukturelle Theorie des Imperialismus"* entwickeln. In der Tat ist seine Theorieabhandlung zu diesem Zweck auch so betitelt.[22] Es stellte sich jedoch heraus, dass seine Theorie unter dem Namen „Zentrum-Peripherie-Theorie" weitgehend bekannter wurde als unter dem Namen „Imperialismustheorie", auch wenn seine Typologie vom Imperialismus (*Ökonomischer Imperialismus, Politischer Imperialismus, Militärischer Imperialismus, Kommunikationsimperialismus* und *Kultureller Imperialismus*)[23] einen deutlichen Beitrag zu differenzierten Untersuchungen des Phänomens „Imperialismus" geleistet hat.

Galtung betrachtete *„Zentrum"* und *„Peripherie"* als *„zwei Grundbegriffe"*[24] seines Theoriegebäudes. Die hierarchische Konstruktion „Zentrum-Peripherie" bildete so maßgebend die Grundlage seiner ontologischen Vorstellung über die Beschaffenheit der Weltpolitik. *„Die Welt besteht"*, so Galtung ausdrücklich, *„aus Nationen im Zentrum und Nationen an der Peripherie, und jede Nation hat ihrerseits ein eigenes Zentrum und eine eigene Peripherie."*[25] Konkretisierend weist Galtung darauf hin, dass die Welt aus mehreren Machtzentren bestehe, die wiederum von mehreren oder vielen Peripherien umkreist würden. Während die Industrieländer die Rolle „Zentrum" spielen, wird den Entwicklungsländern die Stellung der „Peripherie" zugesprochen.

Nach Galtung sind die Beziehungen zwischen dem Zentrum und den Peripherien im Grunde genommen durch eine sogenannte feudale Interaktion gekennzeichnet. Er spricht von *„feudale[r] Interaktionsstruktur"* als Mechanismus, der die *„Ungleichheit [zwischen Zentrum und Peripherie] aufrechthält"*. Diese feudale Interaktion soll folgende Eigenschaften aufweisen bzw. nach folgenden Regeln operieren: (1) Die Interaktion

---

21 Wallerstein, a. a. O., S. 11.

22 Galtung, Johan: Eine strukturelle Theorie des Imperialismus, in: Senghaas, Dieter (Hrsg.): Imperialismus und strukturelle Gewalt. Analysen über abhängige Reproduktion, Frankfurt a. M. 1972, S. 29–104.

23 Ebenda, S. 55ff.

24 Ebenda, S. 87.

25 Ebenda, S. 29.

zwischen Zentrum und Peripherie ist vertikal; (2) Interaktion zwischen Peripherien, die zu dem gleichen Zentrum gehören, findet nicht statt; (3) wechselseitige Interaktion zwischen Zentrum und Peripherie, Peripherie und Peripherie findet nicht statt; und (4) Peripherien haben für das Zentrum nur eine Funktion als Brückenkopf: Interaktion zwischen Peripherien, die zu verschiedenen Zentren gehören, findet nicht statt.[26]

Henning Behrens und Paul Noack wiesen darauf hin, dass diese vier Regeln beim Verständnis von Johan Galtungs Theorie eine Schlüsselrolle spielen. Unter diesen vier Eigenschaften hat die erste nach Galtung eine konstitutive Bedeutung für das feudale Verhältnis zwischen Zentrum und Peripherie. In seinem Modell umfasst die vertikale Interaktion zwischen Zentrum und Peripherie alle wichtigen Bereiche des Lebens. Im ökonomischen Bereich findet ein Austausch statt, in dem die Entwicklungsländer Rohstoffe liefern und die Industrieländer Fertigprodukte exportieren. Da die innovative Entwicklung von neuen Techniken und Know-how in der Regel im Produktionsbereich stattfindet, sind die Entwicklungsländer praktisch vom Fortschrittsprozess ausgeschlossen. Während sich ihre Abhängigkeit vom Zentrum zunehmend vertieft, müssen sie ständig die negativen Konsequenzen der Erschöpfung ihrer Rohstoffvorkommen tragen. Im politischen Bereich werden Entscheidungen immer von den Industriestaaten getroffen und den Entwicklungsländern keine Möglichkeiten eingeräumt, sich daran zu beteiligen. Da diese in der politischen Praxis keine Chance haben, sich den Entscheidungen des Zentrums zu widersetzen, bleibt ihnen nichts anderes übrig als sich zu unterwerfen und die Entscheidungen auszuführen.[27]

Diese feudale Interaktion soll auch für den militärischen Bereich gelten, in dem das Zentrum Waffensysteme und Berater sowie Ausbilder stellt und die Peripherie für Disziplin und Rekrutierung von Soldaten sorgt. Auch im kulturellen Bereich spielt nach Galtung das Zentrum die Rolle des Lehrers und die Peripherie die des Schülers. Ebenfalls stellt Galtung eine asymmetrische Interaktion zwischen Zentrum und Peripherie im Bereich der Kommunikation fest. Über die Industriestaaten werde viel mehr berichtet als über die Entwicklungsländer. Selbst wenn über letztere durch Presse und Fernsehen im Zentrum berichtet würde, würden sie in der Regel verzerrt dargestellt.[28]

Aus dieser Feststellung der feudalen Interaktion zwischen Zentrum und Peripherie zieht Galtung einige fundamentale Schlüsse für seine hierarchische Strukturtheorie:

1. Internationale Beziehungen sind keine zwischenstaatlichen Beziehungen, sondern Beziehungen zwischen zwei Klassen, den Herrschenden und den Beherrschten. Diese Beziehungen sind durch vertikale Abhängigkeit der Beherrschten von den Herrschenden gekennzeichnet. Dort, wo diese abhängigen Beziehungen besonders belastet werden, brechen Konflikte und Kriege aus. Der Krieg sei kein Krieg zwischen Staaten, sondern zwischen Herrschenden und Beherrschten. Mit anderen

26 Ebenda, S. 50.
27 Behrens/Noack, a. a. O., S. 210.
28 Ebenda.

Worten wird es nach Galtung nur Krieg zwischen Industriestaaten und Entwicklungsländern geben. Krieg zwischen Zentren und Konflikte zwischen Peripherien lassen sich nicht prognostizieren. Dies ist eine eindeutige Revision von Lenins Imperialismustheorie, wonach – wie bereits diskutiert – die Industriestaaten sich auf dem „höchsten Stadium des Kapitalismus" gegenseitig „zerfleischen".
2. Nach Galtung wird es in einem durch feudale Strukturen geprägten internationalen System keine wirkliche Integration geben. Vielmehr werden Bemühungen um Integration immer mehr Desintegration hervorrufen. Desintegration entsteht insbesondere dort, wo versucht wird, mit Integration asymmetrische Konflikte zu überwinden. Da das heutige internationale System, so Galtung, ein asymmetrisches Verhältnis zwischen Industriestaaten und Entwicklungsländern aufweist, ist nicht Integration, sondern Dissoziation geboten.
3. Es gibt eine Interessenharmonie zwischen den Eliten im Zentrum und in der Peripherie. Aufgrund eines ähnlichen Wohlstandniveaus (Einkommen, Lebensstandard und Lebensbedingungen) verfolgen sie gemeinsame Interessen gegenüber der Bevölkerung in der Peripherie. Es besteht aber keine Interessenharmonie zwischen der Bevölkerung im Zentrum und der in der Peripherie, weil ihre Lebensbedingungen weiter auseinanderklaffen. Aus diesem Grund verstehen sich die Eliten in der Peripherie eher als Verbündete der Industrieländer denn als Anwälte ihrer eigenen Bevölkerung.

Trotz des Unterdrückungscharakters des Verhältnisses zwischen Zentrum und Peripherie erwartete Galtung keinen automatischen Ausbruch von Gewaltanwendung. Er sprach von Möglichkeiten des Ausbleibens von offen ausgetragenen militärischen Auseinandersetzungen, wenn die „imperialistische" Konstruktion „Zentrum-Peripherie" „perfekt" funktioniere. Für Galtung ist die Zentrum-Peripherie-Struktur ein nach ihren eigenen Regeln funktionierendes Netz. *„Je perfekter dieses Netz geflochten wird, je perfekter die Mechanismen des Imperialismus in und zwischen den Nationen zum Funktionieren gebracht werden,"* so Galtung dialektisch, *„[desto weniger offen braucht] der Unterdrückungsapparat zu sein [...] und [desto kleiner können] die zentralen Gruppen im Verhältnis zur gesamten betroffenen Bevölkerung [...] sein [...]. Nur der nicht perfekte Imperialismus benötigt Waffen; der professionelle Imperialismus stützt sich eher auf strukturelle als auf direkte Gewalt"*.[29]

Damit sprach Galtung den Aspekt *„strukturelle Gewalt"* an, der ihn befähigt, die Zentrum-Peripherie-Struktur als ein ungerechtes Verhältnis zu charakterisieren, auch wenn offene Gewaltanwendung selten zum Vorschein kommt. Für Galtung bedeutet ein perfektes Funktionieren des Zentrum-Peripherie-Systems ohne sichtbare

29 Galtung, Johan: Eine strukturelle Theorie des Imperialismus, in: Senghaas, Dieter (Hrsg.): Imperialismus und strukturelle Gewalt. Analysen über abhängige Reproduktion, Frankfurt a. M. 1972, S. 29–104 (S. 55).

Gewaltanwendung allerdings noch keinen Frieden. Im Gegensatz zum traditionellen Friedensverständnis im Sinne des Friedens als Abwesenheit von Krieg bekräftigte Galtung das Verständnis von Frieden als Abwesenheit von struktureller und personaler Gewalt. Diese Bekräftigung hat insofern eine epochemachende Bedeutung, als sie die herkömmliche Vorstellung von Frieden als „Nicht-Krieg" für anachronistisch erklärte.

Nach diesem positiven Friedensverständnis bedeutet Frieden nicht nur „Nicht-Krieg", sondern darüber hinaus auch die Abwesenheit jeder Art von Gewalt, die den Menschen an seiner potentiellen Selbstverwirklichung hindert. Galtung führt aus: *„Frieden definiert die Abwesenheit von personaler Gewalt und Abwesenheit von struktureller Gewalt. Wir bezeichnen diese beiden Formen als negativen Frieden bzw. positiven Frieden."*[30] Da Galtung mit der „Abwesenheit von Gewalt" den Frieden definiert, bildet das Verständnis von Gewalt den Schlüssel zum Begreifen des positiven Friedensbegriffs. Unter Gewalt versteht Galtung den Einfluss, der den Unterschied zwischen dem Potentiellen und dem Aktuellen verursacht, nämlich zwischen *„dem, was hätte sein können, und dem, was ist. Gewalt liegt dann vor, wenn Menschen so beeinflusst werden, dass ihre aktuelle somatische und geistige Verwirklichung geringer ist als ihre potentielle Verwirklichung"*. Das heißt: *„Wenn das Potentielle größer ist als das Aktuelle und das Aktuelle vermeidbar, dann liegt Gewalt vor"*, so die Definition Galtungs.[31] Dabei gilt das mit einem gegebenen Niveau von Einsicht und Hilfsmitteln mögliche Maß als das potentielle Maß der Verwirklichung.

Von verschiedenen Dimensionen ausgehend, unterscheidet Galtung zwischen physischer und psychischer, objektbezogener und objektloser, manifester und latenter, intendierter und nicht-intendierter sowie personaler und struktureller Gewalt (siehe Abbildung 5). Er betrachtet es jedoch als entscheidend, *„die Unterscheidung zwischen personaler und struktureller Gewalt zur Grundlegenden zu machen"*.[32]

Die Unterscheidung zwischen personaler und struktureller Gewalt ist Galtungs Antwort auf die Frage, ob man von Gewalt sprechen kann, wenn niemand direkte Gewalt anwendet, d. h. wenn nicht aktiv gehandelt wird. Galtung bejaht diese Frage. Er bezeichnet den Typ von Gewalt, bei dem es einen unmittelbar handelnden Akteur gibt, als personale oder direkte Gewalt und die Gewalt ohne einen unmittelbar handelnden Akteur als strukturelle oder indirekte Gewalt. In beiden Fällen kann einem Individuum Schaden zugefügt werden. Aber während die Schäden im ersten Fall auf konkrete Personen als Akteure zurückzuführen sind, ist das im zweiten Fall unmöglich: Hier tritt niemand direkt in Erscheinung, der einem anderen Schaden zufügen könnte. Die Gewalt, so Galtung, ist in das System eingebaut und äußert sich in ungleichen Machtverhältnissen und folglich in ungleichen Lebenschancen. Galtung vertritt die

30 Ders.: Friede und Gewaltstruktur, in: Haftendorn, Helga (Hrsg.): Theorie der Internationalen Politik. Gegenstand und Methoden der Internationalen Beziehungen, Hamburg 1975, S. 114–130 (S. 123).

31 Ebenda, S. 115.

32 Ebenda, S. 121.

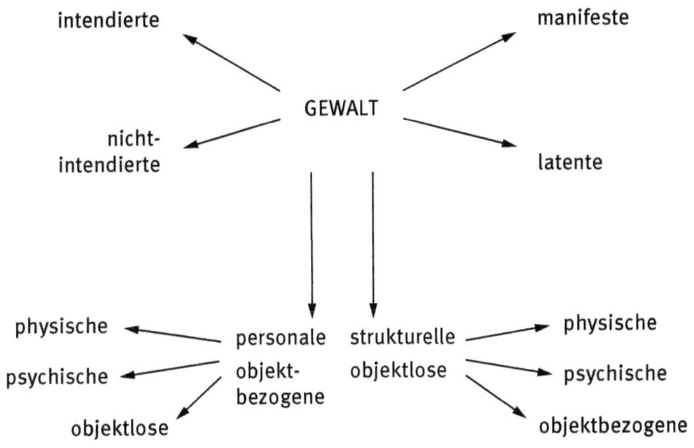

Abb. 5: Eine Typologie der Gewalt. Quelle: Galtung, Johan: Friede und Gewaltstruktur, in: Haftendorn, Helga (Hrsg.): Theorie der Internationalen Politik. Gegenstand und Methoden der Internationalen Beziehungen, Hamburg 1975, S. 114–130 (S. 121).

Auffassung, dass die strukturelle Gewalt mit ungleicher Verteilung von Ressourcen und Entscheidungsgewalt bezüglich der Ressourcen verbunden ist. In diesem Sinne bezeichnet er die strukturelle Gewalt auch als soziale Ungerechtigkeit.[33]

Durch das Postulat der strukturellen Gewalt wurde der herkömmliche Friedensbegriff entscheidend erweitert. Das Niveau von Nicht-Krieg reicht nicht mehr aus, um als friedlicher Zustand qualifiziert zu werden. Da Galtung die strukturelle Gewalt mit sozialer Ungerechtigkeit gleichsetzt, bedeutet Frieden, abgeleitet von seiner Friedensdefinition, die Abwesenheit von sozialer Ungerechtigkeit. Dort, wo es soziale Ungerechtigkeit gibt, kann nach Galtungs Friedensverständnis nicht von Frieden gesprochen werden. In diesem Sinne ist Galtungs „Zentrum-Peripherie-Konstruktion" ein permanentes ungerechtes Verhältnis, also ein permanenter nichtfriedlicher Zustand. An dieser normativen Bewertung der Natur des Zentrum-Peripherie-Verhältnisses hat sich nichts geändert, auch wenn Johan Galtung 30 Jahre später bei seiner Synthesetheorie von Frieden (*„Peace, Conflict, Development and Civilization"*) kaum noch von Zentrum-Peripherie-Struktur sprach. Aber die Hinzufügung eines dritten Typs von Gewalt, der sogenannten *Kulturellen Gewalt* (*„cultural violence"*), die die Dichotomie von personaler und struktureller Gewalt erweitern und deren tiefgreifenden zivilisatorischen Ursprünge beleuchten soll, zeigte, dass Galtung bei seiner hierarchischen ontologischen Vorstellung von der Beschaffenheit der Weltpolitik geblieben ist.[34]

---

33 Ebenda, S. 119.

34 Galtung, Johan: Peace by Peaceful Means: Peace and Conflict, Development and Civilization, Oslo 1996, S. 199f.

17.4 Weltsystemtheorie

Der Begriff „Weltsystem" ist der zentrale Begriff der neomarxistischen Theorie von Immanuel Wallerstein. Als ein wesentlicher Unterschied zwischen dem Klassischen Marxismus und dem Neomarxismus gilt im Allgemeinen die Tatsache, dass ein Neomarxist eher die systemisch-fragmentierende Wirkung der Nationalstaaten betont, während ein Klassischer Marxist die Neigung hat, an die global harmonisierende Kraft der Klassen im Sinne eines Weltproletariats und einer Weltbourgeoisie zu glauben. Was die beiden aber verbindet, ist ihre gemeinsame normative Einstellung gegenüber dem Kapitalismus als Inbegriff von Ausbeutung, aber auch als der Kitt, der die Teile der Welt verbindet.[35] Dabei vertritt Wallerstein ein relativ klares und unkompliziertes Verständnis vom Kapitalismus: „*We are in a capitalist system only when the system gives priority to the endless accumulation of capital*", so seine prägnante Definition.[36]

Wallersteins Wertsystem ist daher, genauer gesagt, ein kapitalistisches Weltwirtschaftssystem. Der amerikanische Neomarxist spricht in diesem Sinne von einer „*capitalist world economy*".[37] Politisch betrachtet bestehe dieses Weltsystem nach wie vor aus verschiedenen Nationalstaaten, die jedoch ständig und permanent eine weltfragmentierende Wirkung ausüben und dadurch die Entstehung eines Weltreiches verhindern würden. Aber wirtschaftlich sei die Welt als eine Einheit zu begreifen. Dass die Welt trotzt des Mangels an politischer und kultureller Homogenität (*political and cultural homogeneity*) eine Einheit bleibe, liegt Wallerstein zufolge an der durch die kapitalistische Produktionsweise bedingten Arbeitsaufteilung (*division of labor*). Durch die Arbeitsaufteilung finde ein Austausch von grundlegenden Gütern statt. Dies sorge wiederum für Kapital- und Arbeitskraftfluss innerhalb des Systems, welches Wallerstein auch als einen großen geographischen Raum (*a large geographic zone*) begreift. Es sei die globale Arbeitsaufteilung, die die unterschiedlichen Strukturen und Gefüge der Weltregionen zusammenführe. „*What unifies the structure most is the division of labor which is constituted within it*"[38], so Wallerstein hierzu.

Wallerstein ist Marxist wie Strukturalist zugleich. Sein „Weltsystem" ist auch ein hierarchisches System. Er unterscheidet zwischen „Zentrum" und „Peripherie", lehnt es jedoch kategorisch ab, die Begriffe in erster Linie auf Länder anzuwenden, wie viele seiner marxistisch gesinnten Kolleginnen und Kollegen es tun. Vielmehr betont er das Verhältnis „Zentrum-Peripherie" als eine Produktionsbeziehung (*relationship of production*). „*There are core-like processes and peripheral processes, and they both*

---

35 Vgl. hierzu: Linklater, Andrew: Marxism, in: Burchill, Scott/Linklater, Andrew (Hrsg.): Theories of International Relations, London 1996, S. 119–144 (S. 132ff.).

36 Wallerstein, Immanuel: World-System Analysis. An Introduction, Durham und London 2005, S. 24f.

37 Ebenda, S. 23f.

38 Ebenda. Vgl. hierzu auch: Wallerstein, Immanuel: Structural Crises, In: New Left Review 62:2 (2010), S. 133–142.

exist in all countries."[39] „*The axial division of labor of a capitalist world economy*", so erklärt Wallerstein pointiert, „*divides production into core-like products and peripheral products. Core-periphery is a relational concept. What we mean by core-periphery is the degree of profitability of the production process.*"[40]

Unter diesem Aspekt sind „Zentrum" und „Peripherie" im Unterschied zur Imperialismustheorie keine politisch geladenen Begriffe, sondern Begrifflichkeiten, die durch Produktivität und Rentabilität von Produkten und Produktionsverfahren definiert sind. Ob ein Land zum Zentrum oder zur Peripherie im „Weltsystem" gehört, hängt nach Wallerstein davon ab, wie rentabel seine Unternehmen produzieren können. Dabei vertritt er die Auffassung, dass, je höher der Grad der Monopolisierung der Produktion sei, desto rentabler seien diese Produktionsverfahren. In diesem Sinne setzt er rentable Produktionsverfahren, die über einen hohen Grad von Monopolisierung verfügten, mit zentrumsartigen Produktionsverfahren gleich. Hingegen werden kompetitive Produktionsverfahren wegen niedriger Gewinnmarge und daher niedriger Rentabilität als peripherisch betrachtet.

Wallerstein macht diesen Punkt deutlich: „*Peripheral processes are then those that are truly competitive. When exchange occurs, competitive products are in a weak position and quasi-monopolized products are in a strong position. As a result, there is a constant flow of surplus-value from the producers of peripheral products to the producers of core-like products. This has been called unequal exchange.*"[41] „*A key element here is monopolization versus competition: the more competitive a product is, the more peripheral it is, because the less money you can make on it. The more monopolized a product is, the more core-like it will be, because you can make more money on it. So if given kinds of production spread out to more countries, that's because they have become less profitable within the original loci of production, not because these countries to which the processes spread are successfully developing.*"[42]

Was Wallersteins Weltsystemtheorie deutlich von anderen Theorieansätzen unterscheidet, die sich auch mit dem Zentrum-Peripherie-Verhältnis beschäftigen, ist die Ausdifferenzierung zwischen „Zentrum", „Peripherie" und „Semiperipherie". Die Einführung der Kategorie „*Semiperipherie*" ermöglicht es ihm, Länder theoretisch zu erfassen, in denen zentrumsartige (monopolisierte) Produktionsverfahren und peripherische (kompetitive) Produktionsverfahren in einem relativ ausgewogenen Verhältnis vorhanden sind. Nur bei der Verwendung des Begriffs „*Semiperipherie*" zeigt

39 Wallerstein, Immanuel: Wallerstein on World-Systems. The Imminent End of Capitalism and Unifying Social Sciences, in: Theory Talk, Theory Talk #13 on Monday, August 4, 2008, http://www.theory-talks.org/2008/08/theory-talk-13.html. (letzter Abruf 25.04.2018)

40 Ders.: World-System Analysis. An Introduction, Durham und London 2005, S. 28.

41 Ebenda.

42 Wallerstein, Immanuel: Wallerstein on World-Systems, Theory Talk, a.a.O, S. 7.

sich Wallerstein willig, von seiner Ablehnung abzuweichen, die Zentrum-Peripherie in erster Linie auf ein Staatenverhältnis zu beziehen. Als Begründung führte er an: *„Some states have a near even mix of core-like and peripheral products. We may call them semi-peripheral states. They have [...] special political properties. It is however not meaningful to speak of semi-peripheral production processes.*"[43]

Wallerstein misst den Semiperipherie-Staaten eine Sonderrolle im „kapitalistischen Weltsystem" bei. Er betont ihre *„intermediate strength*". Ihm zufolge kommt den Peripheriestaaten eine Verbindungs- bzw. Überbrückungsrolle zwischen den Zentren und den Peripherien der globalen Wirtschaft zu, was sich stabilisierend auf das Weltsystem auswirkt. Auf der anderen Seite streben sie danach, ihren internationalen Status als Produzent, Kapitalakkumulator und als Militärmacht zu erhöhen, indem sie ihre Ressourcen massiv und gebündelt für nationale und internationale Projekte einsetzen. Aus seiner Sicht haben die Semiperipherie-Staaten in der Tat nur die Wahl zwischen Aufstieg in die Reihe der Zentren oder Runterrutschen in die Klasse der Peripherien. Zehn Jahre nach der Wende des Jahrtausends war aber selbst der „Weltsystemtheoriemeister" Wallerstein noch nicht sicher, ob es den aufstrebenden BRIC-Staaten tatsächlich gelungen sein könnte, sich im Club der Zentren des „kapitalistischen Weltsystems" zu platzieren. China räumte er noch zehn bis zwanzig Jahre ein, sich weiter zu entwickeln, um die Verwirrungen bei der andauernden Debatte über seine Rolle als kapitalistisch-imperialistische Macht oder als kommunistisch-sozialistisches Entwicklungsland zu klären.[44]

Kann das kapitalistische Weltwirtschaftsystem sich weiter entwickeln? Wallerstein verneint diese Frage. Für ihn ist das Weltsystem, in dem wir nun leben, schon vor 500 Jahren entstanden und befindet sich nach seiner Diagnose in einer Existenzkrise. Als Ursachen für den krisenhaften Verlust des kapitalistischen Weltsystems an Lebenskraft wurden von Wallerstein die abnehmenden Möglichkeiten für eine kontinuierliche Kapitalakkumulation ausgemacht. Die drei grundlegenden Arten von Produktionskosten (Arbeitslohnkosten, Produktionsinputkosten und Steuerkosten) seien innerhalb dieser 500 Jahre so teuer geworden, dass sich die Kapitalisten immer weniger dafür interessieren würden, durch Investitionen in neue Produktionsverfahren bzw. Produktionsanlagen Kapital zu akkumulieren. Wallerstein betrachtet dies als eine „strukturelle Krise" und prognostizierte, dass das vorhandene kapitalistische Weltsystem von nun an nicht länger als 50 Jahre existieren würde. Diese bevorstehenden vier oder fünf Jahrzehnte, so antizipierte der Neomarxist, würden *„very unpleasant*" werden.[45]

43 Ders.: World-System Analysis, a. a. O., S. 28–29.

44 Wallerstein, Immanuel: How to Think About China. Commentary No. 273, Jan. 15, 2010, http://www.iwallerstein.com/how-to-think-about-china/ (letzter Abruf 26.03.2018).

45 Ders.: Wallerstein on World-Systems, Theory Talk, a.a.O, S. 6.

2011 veröffentlichten Jeff Manza and Michael A. McCarthy einen Review-Artikel mit dem Titel „*The Neo-Marxist Legacy in American Sociology*".[46] Ihr Urteil über das Ausmaß der Einflußnahme des Marxismus auf die Soziologie ist übertragbar auf die Disziplin der Internationalen Beziehungen: „*The resurgence of sociological Marxism in the 1970s and 1980s affected American sociology in a variety of ways, in some subfields more than others. As an intellectual movement within a disciplinary context, neo-Marxism affected sociology but was ultimately constrained and marginalized within it.*"[47]

In der Tat ist die bescheidene Position, die der Marxismus im Bereich der Theorien der Internationalen Beziehungen einnimmt, nicht zu übersehen. Die marxistisch geprägten Ansätze zur Erforschung der weltpolitischen Fragen haben zwar die Theoriebildung in der Disziplin erheblich bereichert. Jedoch fällt es ihnen nach wie vor schwer, sich gegenüber den Hauptströmungen wie Realismus und Liberalismus durchzusetzen. Der Marxismus bleibt offenbar dem Schicksal verhaftet, den Status einer marginalisierten Theorie in der Disziplin annehmen zu müssen. Der Respekt, den die Fachwelt dem Sozialkonstruktivismus als einem Herausforderer der Mainstream-Theorien inzwischen zollt, ist dem Marxismus gegenüber nicht sichtbar.

Jüngere wissenschaftliche Veröffentlichungen aus dem marxistischen Lager deuten allerdings auf eine Besinnung zur Veränderung dieser Situation hin. So identifiziert Andrew Davenport bei der marxistischen Idealvorstellung von humanitärer Freiheit einen „*theoretical blind spot*". Es sei dieses Theoriedefizit, das die Marxisten daran hindere, die geopolitische Realität und die Natur des Politischen überzeugend zu erfassen. Er plädiert für eine forcierte Beschäftigung mit den zentralen Kategorien des Politischen, um eine wirkliche kritische Theorie mit marxistischer Prägung zu entwickeln.[48] In dieselbe Richtung denkt auch John MacMillan, indem er die Theorie des Demokratischen Friedens, also die Kernkonstruktion des Liberalismus, direkt attackiert. Aus seiner Sicht bleibt der Demokratische Frieden solange „*[h]ollow promises*", wie der Liberalismus sich nur auf die stabilen Demokratien in geoökonomischen Zentren beschränkt und die demokratische Instabilität in den Peripherien der Weltwirtschaft ignoriert.[49]

---

46 Manza, Jeff and McCarthy, Michael A.: The Neo-Marxist Legacy in American Sociology, in: Annual Review of Sociology 37 (2011), S. 155–183.

47 Ebenda, S. 177.

48 Davenport, Andrew: Marxism in IR: Condemned to a Realist fate? In: European Journal of International Relations 19:1 (2011), S. 27–48.

49 MacMillan, John: ‚Hollow promises?' Critical materialism and the contradictions of the Democratic Peace, in: International Theory 4:3 (2012), S. 331–366.

Weiterführende Literatur

Elsenhans, Hartmut: Nord-Süd-Beziehungen: Theorien über die Nord-Süd-Konfliktformation und ihre Bearbeitung, in: Rittberger, Volker (Hrsg.): Theorien der Internationalen Beziehungen. Bestandsaufnahme und Forschungsperspektiven, Opladen 1990, S. 330–351.
(Guter Überblick für Einsteiger.)

Galtung, Johan: Peace by Peaceful Means: Peace and Conflict, Development and Civilization, Oslo 1996.
(Weiterentwicklung seines Konzeptes. Mit „kultureller Gewalt" gelang es Galtung abermals den wissenschaftlichen Diskurs zu befeuern.)

Kubalkova, Vendulka/Cruikshank, Albert: Marxism and International Relations, Oxford 1985.
(Nicht in allen Teilen differenziert, aber dennoch für den reflektierten Leser zu empfehlen.)

Linklater, Andrew: Marxism, in: Burchill, Scott/Linklater, Andrew (Hrsg.): Theories of International Relations, London 1996, S. 119–144.
(Sehr gute einführende Überblicksdarstellung.)

MacMillan, John: ‚Hollow promises?' Critical materialism and the contradictions of the Democratic Peace, in: International Theory 4:3 (2012), S. 331–366.
(Scharfe marxistische Kritik an der liberalen Theorie des Demokratischen Friedens, sehr logisch angelegt.)

Manza, Jeff and McCarthy, Michael A.: The Neo-Marxist Legacy in American Sociology, in: Annual Review of Sociology 37:1 (2011) S. 155–183.
(Ein sehr gelungener Rückblick auf die Leistungen und Defizite des Marxismus in der modernen Soziologie; sehr anregend für die Betrachtung der Einflussnahme des Marxismus auf die Politikwissenschaft.)

Mommsen, Wolfgang: Imperialismustheorien. Ein Überblick über die neueren Imperialismusinterpretationen, 3. Aufl., Göttingen 1987.
(Hervorragende Überblicksdarlegung. Immer noch sehr zu empfehlen.)

Smith, Hazel: Marxism and international relations theory, in: Groom, A. J. R./Light, Margot (Hrsg.): Contemporary International Relations. A Guide to Theory, London 1994, S. 142–155.
(Überblicksdarstellung, die aber nicht in allen Teilen überzeugen kann.)

Wallerstein, Immanuel: Wallerstein on World-Systems. The Imminent End of Capitalism and Unifying Social Sciences, in: Theory Talk, Theory Talk #13 on Monday, August 4, 2008, online unter: http://www.theory-talks.org/2008/08/theory-talk-13.html (letzter Abruf 25.04.2018).
(Interview mit einem der großen neomarxistischen Theoretiker; sehr zu empfehlen, wie nahezu alle gut geführten Interviews auf dieser Seite.)

Wallerstein, Immanuel: World-System Analysis. An Introduction, Durham/London 2005.
(Wer sich mit dem „Weltsystemansatz" auseinandersetzen möchte, kommt um dieses Werk nicht herum.)

Wallerstein, Immanuel: Structural Crises, in: New Left Review 62:2 (2010), S. 133–142.
(Lesenswerte Zusammenfassung der Ursachen und Auswirkungen der strukturellen Krisen des Weltsystems aus neomarxistischer Sicht.)

18 Kritische Theorien

Wir verwenden den Begriff *„Kritische Theorien“* im Plural, weil es verschiedene Theorieansätze gibt, die als *„kritisch“* einzustufen sind. Was alle diese Theorien miteinander verbindet, sind ihre kritischen Einstellungen gegenüber den etablierten bzw. dominierenden Vorstellungen, Postulaten, Denkkategorien, Annahmen, Methodologien, Mechanismen, Institutionen bzw. Strukturen, die mit dem *„Aufklärungsprojekt“* im Westen entstanden sind und sich bei der Gestaltung der Weltordnung des 20. Jahrhunderts durchgesetzt haben. Im Bereich der Theorien der Internationalen Beziehungen handelt es sich bei den *kritischen Theorien* nach Alexander Wendt um *„a family of theories that includes postmodenists (Ashley, Walker), constructivists (Adler, Kratochwil, Ruggie, and now Katzenstein), neo-Marxists (Cox, Gill), feminists (Peterson, Sylverster, and others).“*[1] Für Wendt, dessen Konstruktivismus-Theorie in einem gesonderten Kapitel in diesem Buch bereits ausführlich behandelt wurde, ist das gemeinsame Anliegen dieser Ansätze, die *„soziale Konstruktion“* der Weltpolitik zu betonen und sich von den Methoden der *„positivistischen“* Ansätze zu distanzieren bzw. diese in Frage zu stellen oder zu erweitern.[2]

Das Familienporträt, das Alexander Wendt für die *kritischen Theorien* malte, scheint jedoch zu klein zu sein, um auch eine Reihe von anderen kritisch gestimmten Theorien mit einzuschließen. Dazu zählt die sogenannte *Englische Schule*, die in der Tat als der eigentliche Pionier der *kritischen Theorien* im Bereich der Theorien der Internationalen Beziehungen gelten kann. Für Tim Dunne ist die *Englische Schule* sogar *„the principal alternative to mainstream North American theorization of International Relations.“*[3] Auch die kritische Friedensforschung, die das moderne Verständnis des Friedens wesentlich erweitert hat, stellt ein wichtiges Mitglied der Familie der kritischen Theorien dar. Eine Vergrößerung seines „kritischen Familienfotos“ ist also unentbehrlich, sowohl inhaltlich als auch dimensional.

Systematisch betrachtet können wir die *kritischen Theorien*, auch wenn sie zu einer intellektuell verwandtschaftlichen Familie gehören und geistig eng ineinander verflochten sind, in fünf Strömungen einteilen: die *anti-positivistisch und normativ geprägten kritischen Theorien*, die *pazifistisch motivierten kritischen Theorien*, die *marxistisch inspirierten kritischen Theorien*, die *feministisch gestimmten kritischen Theorien* und die *postmodernistisch inspirierten kritischen Theorien*. Diese Theorien, die – um mit Robert Cox zu sprechen – aus einer Außenposition heraus die existierende

---

1 Wendt, Alexander: Constructing International Politics, in: International Security 20:1 (1995), S. 71–81 (S. 71).

2 Vgl. ebenda.

3 Dunne, Tim: The English School, in: Dunne, Tim/Kurki, Milja/Smith, Steve (Hrsg.): International Relations Theories, Oxford 2007, S. 127–147 (S. 127).

https://doi.org/10.1515/9783486855081-018

Ordnung der Weltpolitik in Theorie und Praxis in Frage stellen und sich damit als intellektuelle und theoretische Alternativen präsentieren[4], die jedoch nur bedingt vom Mainstream anerkannt werden, sollen hier behandelt werden.

18.1 Die anti-positivistisch und normativ geprägten kritischen Theorien

Als die Wissenschaftsrevolution im Namen des Behaviorismus in den 50er und 60er Jahren des 20. Jahrhunderts die Disziplin der Internationalen Beziehungen erfasst hatte, gab es zwei systematisch exponierte kritische Ansätze gegen die behavioristische Theoriebewegung, deren positivistische Mentalität und Denkweise bis heute den neorealistischen und neoliberalistischen Mainstream prägen. Der erste war der historisch-soziologische Ansatz, maßgebend vertreten durch den französischen Theoretiker Raymond Aron und den US-amerikanischen Wissenschaftler Stanley Hoffmann.[5] Der zweite Ansatz war die sogenannte *Englische Schule*, die durch ein umfangreiches Forschungsprogamm des „*British Committee on the Theory of International Politics*" entstanden ist.

Während sich der französisch-amerikanische historisch-soziologische Ansatz im Laufe der Zeit allmählich aufgelöst hat, hat sich die *Englische Schule* zu einem regelrechten eigenständigen Theorieansatz entwickelt, der in der Fachwelt zunehmend als eine alternative Theorie zum von US-Wissenschaftlern dominierten Mainstream betrachtet wird, auch wenn er nach wie vor um seinen Platz im gesamten Theoriegebäude der Internationalen Beziehungen zu kämpfen hat. Führende Vertreter der *Englischen Schule* sind Martin Wight und dessen Schüler Hedley Bull. Nachdem die erste Generation um Martin Wight, Hedley Bull und John Vincent die Bühne verlassen haben, spielt heute Barry Buzan offenbar eine führende Rolle bei der Weiterentwicklung der *Englischen Schule*.[6]

---

4 Vgl. hierzu: Cox, Robert: Social Forces, States and World Order, in: Millennium: Journal of International Studies, 10:2 (1981), S. 126–155.

5 Stellvertretend für das Theorieverständnis von Aron und Hoffmann: Aron, Raymond: What is a Theory of International Relations?, in: Journal of International Affairs 21:2 (1967), S. 185–206. Hoffmann, Stanley: Probleme der Theoriebildung, in: Haftendorn, Helga (Hrsg.): Theorie der Internationalen Politik, Hamburg 1975, S. 39–51. Vgl. hierzu auch die Darstellung im Kapitel über Theoriegeschichte der Internationalen Beziehungen in diesem Buch.

6 Werke, die die Englische Schule wirklich zu einer intellektuell kohärenten und zusammenhängenden Theorie machen, sind vor allem: Wight, Martin: International Theory. The Three Traditions, Leicester/London 1991; Bull, Hedley: Martin Wight and the Theory of International Relations, in: British Journal of International Studies 2:2 (1976), S. 101–106; Vincent, R. John: Hedley Bull and Order in International Politics, in: Millennium: Journal of International Studies 17:2 (1988), S. 195–213; Bull, Hedley: The Anarchical Society: A Study of Order in World Politics, London 1995; Bull, Hedley/Watson, A. (Hrsg.): The Expansion of International Society, Oxford 1984; Buzan, Barry: From International to World Society, Cambridge 2004.

Von Anfang an war die *Englische Schule* skeptisch gegenüber der Übertragung der naturwissenschaftlichen Methoden auf die Erforschung der internationalen Beziehungen. Die positivistische und behavioristische Vorgehensweise, durch Formulierung von Hypothesen und empirische Überprüfung dieser Hypothesen brauchbares Wissen zum Verständnis von weltpolitischen Geschehnissen zu gewinnen, wurde von den Vertretern der *Englischen Schule* massiv angezweifelt. In der Tat lehnen sie diese *„scientific approaches"* kategorisch ab und setzen sich für eine geschichtsbewusste und wertverpflichtete Forschung von weltpolitischen Fragen ein. Die Aspekte, die die Eigenschaften der *Englischen Schule* von der Veranschlagung her als eine antipositivistisch bzw. antibehavioristische kritische Theorie besonders deutlich machen, sind vor allem folgende Punkte: ihre Betonung der hermeneutischen Interpretation als theoriekonstituierende Methode im Gegensatz zur positivistischen Verifizierung bzw. Falsifizierung von Hypothesen; ihre Bekräftigung der historischen Tiefe als Maßstab für Wissenschaftlichkeit der sozialwissenschaftlichen Forschung; ihre kategorische Ablehnung der Wertfreiheit der Theorien von internationalen Beziehungen; und ihr klares Verständnis von Erforschung internationaler Beziehungen als ein normatives Unternehmen, das den Forscher und sein Forschungsobjekt durch ein Wertsystem verbindet.[7]

In der Tat stellt die *Englische Schule* eine Theorie dar, die sich – im Vergleich zu anderen konventionellen und kritischen Theorien – mit dem normativen Aspekt der internationalen Politik am intensivsten beschäftigt. Die *Englische Schule* strebt seit ihrer Entstehung nach einer *„guten Ordnung"* der Weltpolitik.[8] Sie unterscheidet zwischen drei Formationen oder Strukturen der anarchischen Weltpolitik: *Internationales System* (*international system*), *Internationale Gesellschaft* (*international society*) und *Weltgemeinschaft* (*world society*). Für Hedley Bull entsteht ein *Internationales System*, wenn die Staaten schon in einen Interaktionsprozess kommen, auch wenn sie sich nicht gegenseitig als gleichberechtigt anerkennen. Die Hauptsache ist, dass sie, aus welchen Gründen auch immer, ineinander bzw. zueinander agieren und reagieren. Aber reine zwischenstaatliche Interaktionen machen für ihn noch keine *Internationale Gesellschaft* aus. Eine *Internationale Gesellschaft* komme nur zustande, wenn gemeinsame Interessen bestünden und diese auch durch von allen beteiligten Seiten anerkannte Prinzipen bzw. Institutionen geregelt seien. Hingegen soll eine *Weltgemeinschaft* nicht nur eine Interessen-, sondern auch eine Wertegemeinschaft sein. Sie könne sich aber nur formieren, wenn alle Nationen bzw. Staaten sich zu gleichen Werten und damit zu einer einzigen bzw. einheitlichen normativen Ordnung bekennen würden. Mit Blick

7 Vgl. hierzu, Dunne, a. a. O., S. 131ff.

8 Vgl. Hierzu: Vincent, R. John: Hedley Bull and Order in International Politics, in: Millennium: Journal of International Studies 17:2 (1988), S. 195–213; Cochran, Molly: Charting the Ethics of the English School: What ‚Good' is There in a Middle-Ground Ethics?, in: International Studies Quarterly 53:1 (2009), S. 203–225.

auf diese höchste Stufe der Weltpolitik, auch wenn sie von der Grundstruktur her anarchisch im Sinne einer Abwesenheit einer gemeinsamen Weltregierung bleibt, spricht Bull von „*shared interests and values*", die alle Völker der Menschheit verbinden sollen.[9]

Aus der Sicht der *Englischen Schule* ist das *Internationale System* im Sinne eines „*Naturzustandes Aller gegen Alle*" keine gute Ordnung. Daher sollte es zunächst durch eine bessere Ordnung, eine „*Internationale Gesellschaft*", ersetzt werden, die sich dann bei Erfüllung von höheren normativen Bedingungen wie Herbeiführung universal akzeptabler Wertevorstellungen zu einer Weltgemeinschaft entwickeln könnte. Die *Englische Schule*, – hier liegt der deutliche Unterschied zum Pessimismus der *Realistischen Schule*, die das internationale System grundsätzlich als wandlungsunfähig betrachtet – geht also davon aus, dass ein „*System*" in eine „*Gesellschaft*" und eine „*Gesellschaft*" wiederum in eine „*Gemeinschaft*" transformiert werden können, wenn die normative Qualität der Struktur steige. Wie Alexander Wendt, der diesen Gedankengang seiner konstruktivistischen Unterscheidung zwischen den drei anarchischen Ausprägungen der „*Hobbes'schen, Locke'schen* und *Kantischen Kulturen*" zugrunde legte, in diesem Zusammenhang anmerkte: „*The structure of anarchy can vary, resulting in distinct logics and tendencies.*"[10]

Für die *Englische Schule* hat die Variierung der Struktur der internationalen Politik eine normative Natur. Seit Hedley Bull hat sich die Theoriebeschäftigung der *Englischen Schule* auf die Idee der *Internationalen Gesellschaft* konzentriert. Die Theoriedebatten innerhalb der Schule drehen sich im Wesentlichen um die Frage, wie es möglich sein soll, eine gute Ordnung, also eine *Internationale Gesellschaft*, aus dem *Internationalen System* zu konstruieren, die sowohl ordentlich und stabil als auch gerecht und anständig sein sollte. Drei Grundprinzipien sollen als Ordnungsprinzipien für eine internationale Gesellschaft gelten: *Staatliche Souveränität, Nichteinmischung* und die *Menschenrechte.* Für die Bewahrung der Ordnung sollen die Anerkennung der *nationalen Souveränität* und die Verfolgung der *Nicht-Einmischung* in die inneren Angelegenheiten sorgen. Das Ideal der Gerechtigkeit soll hingegen durch Anerkennung und Schutz von *Menschenrechten* vor staatlicher Willkür gewährleistet werden. Aber in welchem Verhältnis die Prinzipien „*nationale Souveränität*" und „*Nichteinmischung*" auf der einen Seite und der Schutz der „*Menschenrechte*" auf der anderen Seite miteinander in Einklang gebracht werden sollen, darüber herrschen in der *Englischen Schule* regelrechte Meinungsverschiedenheiten. Die Antwort auf die Frage, ob und inwiefern internationale Menschenrechte die nationale Souveränität bzw. das Prinzip der Nichteinmischung brechen dürfen und zu welchem Grad internationale humanitäre Interventionen erlaubt sein sollen, trennt die Vertreter der *Englischen Schulen* intern in zwei Lager: die *plural-*

9 Bull, Hedley: The Anarchical Society: A Study of Order in World Politics, London 1995, S. 278.
10 Wendt, Alexander: Social Theory of International Politics, Cambridge University Press 1999, S. 253.

ists, die das Primat der nationalen Souveränität und der Nichteinmischung betonen, und die *solidarists*, die mehr Wert auf internationale Menschenrechte legen.[11]

Hedley Bull gehörte zu den „Pluralisten", die die Priorität auf Bewahrung von Ordnung setzten. John Vincent interpretierte Bulls Präferenz für Ordnung nicht als *„crude conservatism"*, sondern als *„minimalistic endorsement of the doctrine that authority must reside somewhere if order is to obtain anywhere."*[12] Die neueren Studien von Molly Cochran zeigen jedoch, dass sich Hedley Bull, der 1984 verstorben ist, immer für eine *„middle-ground ethics"* eingesetzt hat. Cochran weist darauf hin, dass eine Wiederbelebung der von Bull vertretenen *„Mittelfeldethik"* im Sinne einer Balancefindung zwischen Souveränität/Nichteinmischung und Menschenrechten die *Englische Schule* in die Lage versetzen könne, aus der *„cul-de-sac"* herauszukommen, in die sie während der jahrzehntelang andauernden Debatten zwischen dem *„pluralism"* und dem *„solidarism"* geraten ist. Für Cochran stellt es keinen Widerspruch zu einer normativen Theorie dar, wenn Kategorien wie Ordnung, Macht und Souveränität als tragende Komponente einer *Internationalen Gesellschaft* betrachtet werden. Als Argument hierfür wurde Bull wörtlich zitiert: *„All international orders must be someone's order for some purpose." „Power, moral conflict, and states' interests"*, so interpretierte Cochran Bulls Kerngedanken, *„cannot sit apart from our inquiry into ethics and world politics"*.[13]

18.2 Die pazifistisch motivierten kritischen Theorien

Im Mittelpunkt der *pazifistisch motivierten kritischen Theorien* steht die *kritische Friedensforschung* mit ihren verschiedenen Variationen. Hintergrund hierfür ist die Spaltung der nach dem Zweiten Weltkrieg entstandenen modernen Friedensforschung in zwei Richtungen: die *traditionelle Friedensforschung* und die *kritische Friedensforschung*. Charakteristisch für die *traditionelle Friedensforschung* ist die Begrenzung der Forschung auf die Kriegsursachen, die Maßnahmen zur Reduzierung der Kriegsgefahren sowie die Mechanismen zur friedlichen Regelung von Konflikten. Dazu gehören die Strategie der Abschreckung, Rüstungskontrolle, Abrüstungspolitik, aber auch das Vervollkommnen von völkerrechtlichen Normen und das Verbot der Gewalt. Im Gegensatz zur *traditionellen Friedensforschung* kennzeichnet sich die kritische Friedensforschung durch ihre Kritik an dem bestehenden System als einem *„negativen Frieden"* und durch ihr Postulat eines *„positiven Friedens"*. Strukturelle Defizite des Systems werden als entscheidende Ursachen für Nicht-Frieden angegeben. Dementsprechend wird aufge-

---

11 Dunne, a. a. O., S. 136ff.

12 Vincent, R. John: Hedley Bull and Order in International Politics, in: Millennium: Journal of International Studies 17:2 (1988), S. 195–213 (S. 210).

13 Cochran, Molly: Charting the Ethics of the English School: What ‚Good' is There in a Middle-Ground Ethics?, in: International Studies Quarterly 53:1 (2009), S. 203–225 (S. 222).

fordert, eine neue internationale politische Ordnung mit mehr sozialer Gerechtigkeit und Gleichheit zu schaffen.

Das konventionelle bzw. traditionelle Verständnis von Frieden als Abwesenheit des Krieges wurde von der *kritischen Friedensforschung* kategorisch in Frage gestellt. Dementgegen wurde das Verständnis von Frieden als Abwesenheit von struktureller und personaler Gewalt entwickelt. Dabei ist deutlich zu erkennen, dass Johan Galtung, dessen Imperialismustheorie bereits in diesem Buch im Kapitel über Marxismus dargestellt wurde, eine maßgebende Rolle gespielt hat. Seine Erfindung des Begriffs „*Negativer Frieden*" hat insofern eine epochemachende Bedeutung, als sie die herkömmliche Vorstellung von Frieden als „*Nicht-Krieg*" für anachronistisch erklärt hat. Nach diesem positiven Friedensverständnis bedeutet Frieden nicht nur „Nicht-Krieg", sondern darüber hinaus auch die Abwesenheit jeder Art von Gewalt, die den Menschen an seiner potentiellen Selbstverwirklichung hindert. Galtung führt aus: „*Frieden definiert die Abwesenheit von personaler Gewalt und Abwesenheit von struktureller Gewalt. Wir bezeichnen diese beiden Formen als negativen Frieden bzw. positiven Frieden.*"[14] Durch das Postulat der strukturellen Gewalt wurde der herkömmliche Friedensbegriff entscheidend erweitert. Das Niveau von *Nicht-Krieg* reicht nicht mehr aus, um als friedlicher Zustand qualifiziert zu werden. Da Galtung die strukturelle Gewalt mit sozialer Ungerechtigkeit gleichsetzt, bedeutet Frieden, abgeleitet von seiner Friedensdefinition, die Abwesenheit von sozialer Ungerechtigkeit. Dort, wo es soziale Ungerechtigkeit gibt, kann nach Galtungs Friedensverständnis nicht von Frieden gesprochen werden.

Als weniger radikal, aber doch als kritisch genug gegen das konventionelle Friedensverständnis argumentierend erwies sich das Verständnis von Frieden als einem Ungerechtigkeit abbauenden Prozess. Dieses Verständnis, welches als eine mittlere Position zwischen dem Verständnis von Frieden als „*Nicht-Krieg*" und dem als „*Abwesenheit von struktureller Gewalt*" betrachtet werden kann, wurde von Ernst-Otto Czempiel zur Diskussion gestellt. Czempiel definiert Frieden nicht als einen Zustand, wie Johan Galtungs Friedensdefinition impliziert, sondern als einen Prozess, „*in dem die Gerechtigkeit als Gleichheit der Entfaltungschancen des einzelnen zunimmt und die Gewalt als Einschränkung seiner Freiheit sich mindert*".[15] Nach Czempiel ist Frieden ein Prozessmuster des internationalen Systems, das gekennzeichnet ist durch zunehmende soziale Gerechtigkeit und abnehmende Anwendung von Gewalt. Charakteristisch für Czempiels Definition ist ihre dynamische und prozessuale Perspektive.

Frieden ist prozessual an zeitliche Dimension gebunden und zukunftsorientiert. In der Tat ist nach Czempiel jeder Prozess als Frieden zu betrachten, soweit er mehr soziale Gerechtigkeit und Gewaltminderung produziert, auch wenn er aufgrund der Bedingtheit sozialökonomischer Strukturen soziale Gewalt und Ungerechtigkeit beinhaltet.

---

14 Galtung, Johan: Friede und Gewaltstruktur, in: Haftendorn, Helga (Hrsg.): Theorie der Internationalen Politik. Gegenstand und Methoden der Internationalen Beziehungen, Hamburg 1975, S. 114–130 (S. 123).

15 Czempiel, a. a. O., S. 89.

Entscheidend ist die gezielte Entwicklung, die sich auf Frieden, also auf mehr Gerechtigkeit und weniger Gewaltentwicklung ausrichtet. Entsprechend seines Gradualismus betrachtet Czempiel die internationalen Beziehungen als ein Kontinuum von Konfliktmustern. Das Kontinuum wird nach dem graduellen Kriterium an Gewalt abgestuft: Feindschaft, Koexistenz, Kooperation, Harmonisation und Integration. Bestimmte Konfliktmuster werden durch bestimmte Modalitäten der Konfliktaustragung gebildet. So produziert Gewaltanwendung die Feindschaft, der Kompromiss die Koexistenz, die Anpassung die Kooperation, und die Rechtsregulierung die Integration. Dabei nehmen die soziale Ungerechtigkeit und Gewaltanwendung in internationalen Konflikten von Feindschaft hin zu Integration tendenziell und prozessual ab. In diesem Sinne vereinfacht Czempiel seine Friedensdefinition mit dem Satz: Frieden sei *„abnehmende Gewalt und zunehmende Verteilungsgerechtigkeit"*.[16]

Nach dem Ende des Ost-West-Konfliktes hat bei der *kritischen Friedensforschung* eine auffällige Umorientierung stattgefunden: die Entdeckung der Kultur als Bestimmungsfaktor des Friedens, ein Aspekt, der von der Friedensforschung bisher vernachlässigt wurde. Dieter Senghaas spricht seit 1995 zunehmend von Frieden als „Zivilisationsprozess". Je höher die Zivilisation einer Gesellschaft, desto niedriger die Akzeptanz der Gewalt als legitimes Mittel zur Konfliktlösung. Gewaltanwendung reduziert sich, wenn sie zunehmend als nicht-legitim angesehen wird.[17]

Auch bei den jüngsten Forschungen von Johan Galtung kommt der Kultur eine besondere Bedeutung zu. Wo er früher nur von personaler und struktureller Gewalt gesprochen hat, so führte er nun eine dritte Kategorie von Gewalt in seine Friedenstheorie ein: die *kulturelle Gewalt*. Nach ihm bestimmt Kultur entscheidend das Konfliktverhalten in der Wahrnehmung und Reaktion. Kultur rechtfertigt Gewalt oder Frieden. Sie begünstigt oder verhindert Gewaltfreiheit. In diesem Sinne spricht Galtung von *„harten" Kulturen*, die gewaltfördernd wirken, und von *„weichen" Kulturen*, die Gewaltlosigkeit fördern. *„Harte" Kulturen* haben die Neigung, nach abstrakten, transzendentalen Zielen zu streben und dabei die Hemmschwelle in Bezug auf Gewaltanwendung zu senken. Hingegen tendieren *„weiche" Kulturen* dazu, nach Befriedigung konkreter Bedürfnisse der Menschen zu streben und in Konfliktfällen nach Kompromissen zu suchen. Nach Galtung besteht eine enge Verzahnung von Krieg und Kultur. Daher soll nicht nur die personale und strukturelle Gewalt, sondern auch die „kulturelle" beseitigt werden. Eine „Friedenskultur" solle durch „Aufklärung" herbeigeführt werden, damit Gewaltfreiheit dauerhaft sichergestellt werden könne.[18]

---

16 Czempiel, Ernst-Otto: Friedensstrategien. Systemwandel durch internationale Organisationen, Demokratisierung und Wirtschaft, Paderborn 1986, S. 47f.

17 Vgl. hierzu: Senghaas, Dieter: Frieden als Zivilisierungsprojekt, in Ders. (Hrsg.): Den Frieden denken, Frankfurt a. M. 1995, S. 196–223; Siehe auch: Ders. (Hrsg.): Frieden machen, Frankfurt a. M. 1997; Ders.: Wohin driftet die Welt? Über die Zukunft friedlicher Koexistenz, Frankfurt a. M. 1996.

18 Vgl. hierzu: Galtung, Johan: Frieden mit friedlichen Mitteln. Friede und Konflikt, Entwicklung und Kultur, Opladen 1998, S. 151ff; S. 347ff.

18.3 Die marxistisch inspirierten kritischen Theorien

Marxistisch inspirierte kritische Theorien haben die gemeinsame Neigung, das vorhandene Weltsystem als ein „Exklusionssystem" zu betrachten und sind bemüht, Theorien zur Überwindung dieses Exklusionssystems zu entwickeln. In der Tat dient die Sichtweise der klassenbasierten Ausbeutung und Exklusion von Karl Marx und Friedrich Engels als Inspiration und Anregung für alle *kritischen Theorien*, die nach Wegen der Emanzipation und Inklusion suchen. Allerdings haben sie sich dabei deutlich von der klassisch-marxistischen Idee des Klassenkampfs als Konzept zur Überwindung der Exklusion und zur Herstellung eines Weltsystems mit Freiheit für alle distanziert. Die Hoffnung von Marx, Ausbeutung, Exklusion und Entfremdung durch Emanzipierung eines Weltproletariats gegenüber der Weltbourgeoisie im Zug der globalen Verbreitung der kapitalistischen Produktionsweise und -beziehungen zu beseitigen, haben die kritischen Theoretiker aufgegeben. Stattdessen wurden neue Ansätze zur Überwindung bzw. Beseitigung von Strukturen und Mechanismen entwickelt, die Menschen voneinander entfremden und sie an Kooperation zur Verwirkung universaler Freiheit hindern. Dabei haben sich der Neo-Gramscianische Ansatz von Robert Cox und der kulturell-kommunikative Ansatz von Andrew Linklater als besonders anregend und analysewürdig erwiesen.

Robert Cox ist insbesondere durch sein Theorem der globalen Hegemonie bekannt. Dieses Theorem ist eigentlich eine *kritische Theorie* der Hegemonie der existierenden Weltordnung. Cox entwickelte sein Theorem in Anlehnung an das Konzept der Hegemonie des italienischen Marxisten Antonio Gramsci (1891–1937)[19] mit der Intention, die vom Neorealismus theoretisierte Weltordnung mit ihrer anarchischen und unveränderbaren Beschaffenheit in Frage zu stellen. Für ihn ist der Neorealismus nur eine „problemlösende Theorie" (*problem-solving theory*).[20] Diese Art von Theorien kritisierte er dafür, die bestehende Ordnung mit ihren ausschließenden Strukturen anzuerkennen und diese durch Entwicklung von Lösungen für systemische Störungsprobleme zur Entfaltung zu verhelfen. In diesem Sinne sagte Cox: „*Theory is always for someone and for some purpose. […] The general aim of problem-solving [theory] is to make these relationships and institutions work smoothly by dealing effectively with particular sources of trouble.*"[21]

Im Gegensatz zu den von ihm kritisierten „problemlösenden Theorien" versteht Cox seine Theorie als eine kritische und alternative Theorie, die dazu dienen soll, die

19 Cox bezeichnet Gramscis „concept of hegemony" als „particularly valuable" und wies mit Nachdruck darauf hin „that Gramsci's thinking was helpful in understanding of international organizations", Cox, Robert: Gramsci, Hegemony and International Relations: An Essay in Method, in: Millennium: Journal of International Studies12:2 (1983), S. 162–175 (S. 162).

20 Cox, Robert: Social Forces, States and World Order, in: Millennium: Journal of International Studies 10:2, (1981), S. 126–155.

21 Ebenda, S. 128–129.

vorhandene Ordnung zu hinterfragen und emanzipatorisches Potential zur Herbeiführung von systemischen Änderungen und damit zur Überwindung von Exklusion zu erschließen. Der Fokus seiner *kritischen Theorie* ist auf die Dynamik des Aufstiegs und Niedergangs der hegemonialen Weltordnung ausgerichtet. Die klassische Theorie von Marx erweiternd, vertritt Cox die Auffassung, dass Hegemonie in einer Weltordnung nicht nur ökonomischer Natur sei. Vielmehr ist eine Welthegemonie, so Cox wörtlich, „a *social structure, an economic structure, and a political structure, and it cannot be simply one of these things but must be all three.*“[22]

Eine solche Welthegemonie im Sinne einer Trias von dominierender Produktionsweise, vorherrschenden Sozialbeziehungen und kontrollierender Politikmacht verkörpert sich nach Cox in einer Form von universaler Durchsetzung bzw. Geltung der Wertvorstellungen, Institutionen und Normen der Kräfte, die die Hegemonie ausüben. „*World hegemony*“, so Cox ausdrücklich, „*[...] is expressed in universal norms, institutions, and mechanisms which lay down general rules of behavior for states and for those forces of society that act cross national boundaries – rules which support the dominant mode of production*“.[23]

Wer also die „Spielregeln“ der Weltpolitik bestimmt, bestimmt die Weltpolitik. Das Potential und die Möglichkeiten, sich von dieser hegemonialen Ordnung zu emanzipieren und ihren ausschließenden Charakter zu verändern, sieht Cox in der Herbeiführung einer „*counter-hegemony*“, und zwar durch einen „*war of position*“. „*Only a war of position, in the long run, brings about structural changes, and a war of position involves building up the social-political base for change through the creation of new historic blocs.*“[24] Wie solche „*new historic blocs*“ ins Leben gerufen werden können, bleibt aus der Sicht von Cox eine zwar mühsame, aber aussichtsreiche Aufgabe, die auf der nationalen und binnengesellschaftlichen Ebene beginnen soll. Wenn es gelinge, durch geschickte politische Strukturen die „*new working classes*“ national zu organisieren und transnational-solidarisch zu bündeln, solle es möglich sein, die dominierende Weltordnung mit ihren ungerechten und ausschließenden Mechanismen zu verändern.[25]

Im Unterschied zum *Neo-Gramscianischen Ansatz* von Robert Cox mit seiner starken „*italienischen Prägung*“ hat die kritische Theorie von Andrew Linklater eine auffällig „*deutsche Prägung*“. Bei der Entwicklung seiner Theorie hat der in England geschulte Politik-Theoretiker sich stark an der „*Frankfurter Schule*“ orientiert, die ihrerseits insbesondere durch die *kommunikative kritische Theorie* von Jürgen Habermas geprägt wurde. In Anlehnung an Habermas' Ansatz des „kommunikativen Handelns“ glaubt

---

22 Cox, Robert: Gramsci, Hegemony and International Relations: An Essay in Method, in: Millennium: Journal of International Studies 12:2, 1983, S. 162–175 (S. 171f.). Zu einer kritischen Betrachtung der Hegemonie-Theorie von Cox vgl. Hopf, Ted: Common-sense Constructivism and Hegemony in World Politics, in: International Organization 67:2 (2013), S. 317–354.

23 Ebenda, S. 172.

24 Ebenda, S. 173f.

25 Ebenda, S. 174.

Linklater, dass eine Überwindung von Exklusionssystemen durch internationale und interkulturelle Kommunikation und Wertannäherungen möglich sei. Ihn interessiert insbesondere die Frage, wie auf der internationalen Ebene ein Exklusionssystem in ein Inklusionssystem umgewandelt werden kann. Als Schlüssel für eine erfolgreiche Umwandlung von Exklusion zu Inklusion betrachtet er die Fähigkeit der betroffenen Akteure, einen intergesellschaftlichen und interkulturellen Lernprozess insbesondere in den Bereichen der Rechts- und Moralvorstellungen effektiv in Gang zu setzen. Dabei unterscheidet Linklater, wie Martin Griffiths angemerkt hat, zwischen drei Formen von Soziallernen: „*Learning how to cope with conditions of conflict or strategic rivalry; learning how to manage technological and economic change or technical-instrumental rationalisation; and moral-practical learning.*" Just überzeugt von der Lernfähigkeit, insbesondere von der Fähigkeit, durch „kommunikatives Handeln" (Habermas) und durch „praxeological learning" (Linklater) wirkungsvolle Dialoge und angleichende Annäherungen herbeizuführen, blickt Linklater optimistisch auf die Möglichkeit für die Staaten bzw. Nationen mit unterschiedlichen Moral- und Rechtsvorstellungen, durch argumentative Kommunikation die Entfremdung zu überwinden.[26]

Allerdings emanzipiert sich Linklater deutlich vom alten Universalismus, zu dem sich auch Karl Marx und Friedrich Engels bekannten. Für ihn ist der klassische Marxismus zu eurozentrisch und anmaßend gegenüber nicht-westlichen Kulturen. Die marxistisch-universalistische Doktrin sei „*frequently condescending towards, or contemptuous of societies and religions in the non-Western territories.*" Die Anmerkung von Friedrich Engels, „*those historyless people*", mit Blick auf die nicht-westlichen Kulturen und Nationen hat Linklater offensichtlich zu der Ansicht gebracht, dass der marxistisch-universalistische Sinn von der Substanz her eine eurozentrisch geprägte universalistische Natur ist. „*There can be little doubt that Marx and the different strands of Marxist thought adopted a Eurocentric view of the world in which the West was the higher destination which the entire human race would eventually reach.*"[27]

Linklater vertritt einen modernen, durch Dialog und Soziallernen erreichbaren Kultur- und Moraluniversalismus, der sich deutlich vom klassisch-marxistischen Universalismus unterscheidet. „*No modern universalism, with the possible exception of Fukuyama's recent triumphalism,*" so Linklater klärend, „*accepts Marx's thesis that the principles of Western modernity are universally valid*". Wenn er (Linklater) an eine neue universale Moral- und Rechtsordnung denkt, die die alte der Entfremdung und Exklusion überwinden soll, hat Linklater eine Ordnung im Auge, in deren Kern das Prinzip „*Respect for the cultural differences of others*" stehen soll. „*The new universalism which respects difference*", so fügte Linklater hinzu, „*points towards forms of political community which [...] no longer dominate a bounded political space and dominate it with*

26 Zitate: Griffiths, Martin: Fifty Key Thinkers in International Relations, London/New York 1999, S. 141ff.

27 Linklater, Andrew: Marxism, in: Burchill, Scott/Linklater, Andrew (Hrsg.): Theories of International Relations, London 1996, S. 119–144 (S. 137).

division." Die Modernität der *kritischen Theorie* von Andrew Linklater liegt offenbar darin, dass er versucht, den klassisch-marxistischen „*cosmopolitanism*" mit dem „*respect for cultural difference*"[28] zu verbinden. Linklater scheint davon überzeugt zu sein, dass nur durch diesen neu definierten Universalismus ein wirklicher Abbau der Exklusion und Entfremdung zwischen den Völkern erreicht werden könne. Hierin erblickt er die richtigen Wege „*to open dialogue and support for post-sovereign communities in which new levels of universality and difference become possible.*"[29]

18.4 Die postmodernistisch beeinflussten kritischen Theorien

Postmodernismus und *Poststrukturalismus* werden in der Literatur überwiegend als synonym oder austauschbar behandelt. Aber viele Wissenschaftler, die von der Fachwelt als Postmodernisten wahrgenommen werden, bezeichnen sich selbst lieber als Poststrukturalisten. Diesen Punkt brachte David Campbell, der wie Richard Ashley und Robert B. J. Walker bei der Entwicklung der postmodernistischen bzw. poststrukturalistischen Theorie eine führende Rolle spielte, mit folgender Formulierung deutlich zum Ausdruck: „*In philosophical terms a number of the scholars who resist the mistaken label of ‚postmodernism' are more comfortable with the term ‚Poststructuralism'. ‚Poststructuralism' is a distinct philosophical domain which has a critical relations to structuralism, modernity, and postmodernity.*"[30]

Im Unterschied zur *marxistisch orientierten kritischen Theorie* von Robert Cox, die eine starke *italienische* Prägung (Antonio Gramsci) trägt, und zur ebenfalls *marxistisch inspirierten Theorie* von Andrew Linklater, deren kommunikativer Ansatz deutlich vom *deutschen* Philosophen Jürgen Habermas beeinflusst wurde, haben die *postmodernistisch-kritischen Theorien* eine klare *französische* Prägung nachzuweisen. Michel Foucault (1926–1984), einer der wichtigsten Denker Frankreichs unserer Zeit, und seine postmodernistische Philosophie waren und bleiben die Inspiration und Prägung für alle postmodernistisch bzw. poststrukturalistisch orientierten Theorieansätze in der Disziplin Internationale Beziehungen und darüber hinaus.

Allerdings stellt der Postmodernismus oder Poststrukturalismus keine substanzielle Theorie im Sinne eines geschlossenen Theoriegebäudes dar, sondern, wie Campbell anmerkte, eine „*permanent critique of our era*". „*Postmodernism*", so Campbell kurz und bündig, „*is first and foremost an approach rather than a theory. […] It is, rather, a critical attitude or an ethos […].*"[31] Um den authentischen Charakter seiner Aussage zu

---

28 Zitate: Ebenda, S. 139.

29 Linklater, Andrew: The Achievements of Critical Theory, in: Smith, Steve/Booth, Ken/Zalewski, Marysia (Hrsg.): International Theory: Positivism and Beyond, Cambridge 1996, S. 279–298 (S. 296).

30 Campbell, David: Poststructuralism, in: Dunne, Tim/Kurki, Milja/Smith, Steve (Hrsg.): International Relations Theories, Oxford 2007, S. 203–227 (S. 212f.).

31 Ebenda.

untermauern, berief er sich dabei auf Foucault, der anführte: „*The critical ontology of ourselves has to be considered not, certainly, as a theory, a doctrine, nor even as a permanent body of knowledge that is accumulating; it has to be conceived as an attitude, an ethos, a philosophical life in which the critique of what we are is at one and the same time the historical analyst of the limits that are imposed on us and an experiment with the possibility of going beyond them.*“[32]

Dieser Aspekt ist für die Wahrnehmung des Postmodernismus bzw. Poststrukturalismus insofern wichtig, als Enttäuschungen vorprogrammiert sind, wenn man versuchen will, eine postmodernistische Theorie zu finden, die hinsichtlich Theoriendesigns von Akteuren, Strukturen und Prozessen mit den anderen positivistisch und rationalistisch orientierten Theorien vergleichbar wäre. In der Tat verfolgt der Postmodernismus keine solche Intention, eine „konventionelle“ Theorie zu entwickeln. In diesem Zusammenhang weist Campbell darauf hin, dass dieser Charakter der poststrukturalistischen Vorgehensweise auch für die Disziplin Internationale Beziehungen gelte: „*It [poststructuralism] does not seek to formulate a theory of international relations, it does not outline a detailed scheme of international politics in which some actors, issues, and relations are privileged at the expense of others.*“[33]

Dass der Postmodernismus bzw. Poststrukturalismus nicht nach dem Vorbild der traditionellen Theorien wie Realismus und Liberalismus seine kritischen Theorien aufbauen will, bedeutet nicht, dass er keinen Forschungsgegenstand hätte. Im Gegenteil sind die Themen, mit denen sich die Postmodernisten beschäftigen, fast deckungsgleich mit denen, die die anderen Theorien untersuchen. Nur ist der postmodernistische Fokus auf eine kritische Ebene ausgerichtet. Postmodernisten betrachten es als zentral, zu untersuchen, wie die Themen von den traditionellen Theorien behandelt wurden. Nicht nur die metatheoretischen Dichotomien von Wissen/Werte, Wissen/Realität und Wissen/Macht, sondern auch die „*real issues*“ wie Souveränität, Menschenrecht, Sicherheit, Gewalt, Territorium etc. sollen unter Bezugnahme auf die Art und Weise, wie sie von anderen Schulen behandelt werden, unter die Lupe genommen werden. In diesem Sinne spricht Richard Devetak von einem „*new focus [...]* to *inquire into the ways that some issues were framed as serious, legitimate or real, whereas others were sidelined as unimportant, the subject of other discipline, or far too abstract for serious consideration within international relations.*“[34] Für Campbell gibt es keine inhaltlichen Einschränkungen oder Vorprägungen, wenn die Poststrukturalisten ihre Forschungsthemen auswählen. „*Poststructuralism*“, so Campbell, „*can therefore concern itself with an almost boundless array of actors, issues, and events. The choice of actor, issue, or event is up to the analyst undertaking a poststructural analysis.*“[35]

---

32 Zitiert nach Campbell, a. a. O., S. 214.

33 Ebenda. S. 220.

34 Vgl. Hierzu: Devetak, Richard: Postmodernism, in: Burchill, Scott/Linklater, Andrew (Hrsg.): Theories of International Relations, London 1996, S. 179–209.

35 Campbell, a. a. O., S. 220.

In der Praxis der poststrukturalistischen bzw. postmodernistischen Forschungen sind die kritischen Ausrichtungen tatsächlich unterschiedlich und pluralistisch. Dies gilt für Richard Ashley, einen der prominentesten, wenn nicht den prominentesten Vertreter des Postmodernismus, der mit Hilfe seines „*double reading of the anarchy problematic*" die vom Neorealismus postulierte Opposition zwischen Anarchie und Souveränität als eine scheinbare Quelle für Machtpolitik offenbarte;[36] für Robert Walker, der durch seine kritische Auseinandersetzung mit dem Begriff „*Souveränität*" dessen langfristige Gültigkeit als Ordnungsprinzip der Weltpolitik in einer globalisierten Welt in Frage stellte;[37] und für David Campbell, der die traditionelle Problematik „*security*" thematisierte und Sicherheit eher als eine identitätsbasierte als als eine materialbegründete Kategorie der internationalen Beziehungen verstand.[38] Auch die neuere ideologische Kritik an Kenneth Waltz von Hartmut Behr und Amelia Heath, die seinen Neorealismus nicht mehr als eine Theorie, sondern nur als eine Ideologie anerkennen wollen, eröffnete ein neues Feld für die postmodernistische bzw. poststrukturalistische Forschung.[39] Alle diese kritischen Ansätze verbindet ein gemeinsamer methodischer Ansatz: *Deconstruction* und *Double Reading*[40], mit der Bedeutung, die Annahmen der Theorien des Mainstreams aufgrund von Text- und Dokumentenanalyse zu dekonstruieren und ihre Probleme durch Hinterfragung und Reflexion zu offenbaren. Es war auch diese Methode, die Ashley verwendete, um den Neorealismus als „an *‚orrery of errors', a self-inclosed, self-affirming joining of statist, utilitarian, positivist, and strutrualist committments*" bloßzustellen.[41]

18.5 Die feministischen kritischen Theorien

Die *feministischen Theorien* sind relativ junge Theorien, die erst Ende der 80er und Anfang der 90er Jahre des letzten Jahrhunderts in die Theorien der Internationalen Beziehungen eingedrungen sind. Feministische Theorien sind deswegen als kritische Theorien einzustufen, weil sie die bestehende Ordnung der internationalen Politik und die Welt der Außenpolitik grundsätzlich als „*hegemonic masculinity*"[42] wahrnehmen

---

36 Vgl. hierzu: Ashley, Richard K.: The Poverty of Neorealism, in: International Organisation 38:2 (1984), S. 225–286; Ders.: Untying the Sovereign State. A double Reading of the Anarchy Problematic, in: Millennium 17:2 (1988), S. 227–262.

37 Walker, R. B. J.: Inside/Outside. International Relations as Political Theory, Cambridge 1993.

38 Campbell, David: Writing Security: United States Foreign Policy and the Politics of Identity, Minneapolis 1992.

39 Behr, Hartmut/Heath, Amelia: Misreading in IR theory and ideology critique: Morgenthau, Waltz and neo-realism, in: Review of International Studies 35:2 (2009), S. 327–349.

40 Devetak, a. a. O. S. 188ff.

41 Ashley, Richard K.: The Poverty of Neorealism, in: International Organisation 38:2 (1984), S. 225–286 (S. 228).

42 Tickner, J. Ann/Sjoberg, Laura: Feminism, in: Dunne, Tim/Kurki, Milja/Smith, Steve (Hrsg.): International Relations Theories, Oxford 2007, S. 185–201.

und daher ihnen kritisch gegenüberstehen. Sie sind in der Tat vor dem Hintergrund entstanden, dass, wie Birgit Locher deutlich formulierte, im Rahmen des Aufkommens der *Neuen Frauenbewegung „in nahezu allen traditionellen akademischen Disziplinen die ‚Frauenfrage' gestellt [wurde]"*. Kennzeichnend für die feministisch gestimmten Wissenschaftlerinnen und Wissenschaftler sind ihre Anliegen, *„dass Ansätze aus der Frauen- und Geschlechtsforschung auch in den Internationalen Beziehungen"* ihren Platz finden sollen. Sie vertreten die These, *„dass Gender nicht nur individuelle Geschlechtsidentität bestimmt, sondern als strukturelles Konzept in alle Bereiche gesellschaftlichen, politischen und damit auch internationalen Handelns hineinwirkt"*.[43]

J. Ann Tickner und Laura Sjoberg differenzieren unter den feministischen Ansätzen zwischen fünf Ausrichtungen: *Liberal Feminism, Critical Feminism, Feminist Constructivism, Feminist Poststructuralim*, und *Postcolonial Feminism*. Trotz unterschiedlicher intellektueller Prägungen und Herkunft ihrer Mutterwissenschaften sehen Tickner und Sjoberg eine Gemeinsamkeit aller Strömungen darin, dass sie sich alle für die Emanzipierung der Frauen in der Gesellschaft und Politik interessieren. *„[...] all of them are trying to understand women's subordination. IR (International Relations) feminists share an interest in gender equality or what they prefer to call gender emancipation."*[44]

Im Unterschied zur *„Frauenbewegung"* sind feministische Vorstellungen, soweit es sich im Bereich der Internationalen Beziehungen erblicken lässt, keine politischen Forderungen, sondern wissenschaftliche Ansprüche, auch wenn radikal-feministische Forderungen nach Abschaffung des *„Patriarchats"* in der internationalen Politik einen politisch-ideologischen Beiklang hervorriefen.[45] In der Tat fragen die feministischen Theorien beispielsweise, ob es einen Unterschied für die Weltpolitik ausmachen würde, wenn alle außenpolitischen Entscheidungsträger, Militärführer, Leiter der internationalen Kooperationen nur Frauen wären. Neue Fragen wie beispielsweise die, warum Frauen nach wie vor im Bereich der Außenpolitik und Sicherheitsfragen wenig sichtbar und mächtig sind – also Fragen, die vor dem Aufkommen des Feminismus nie diskutiert wurden –, werden nun intensiv untersucht. Die Untersuchung beschränkt sich allerdings nicht nur auf die emanzipatorischen Perspektiven. Vielmehr wird auch Fragen systematisch nachgegangen, ob und inwiefern die Strukturen und das Funktionieren der Weltpolitik durch die Unterpräsenz der Frauen in der Politik beeinflusst werden.[46] Christine Sylvester, eine der führenden Vertreterinnen der ersten Generation der feministischen Theorien, wies darauf hin, dass die feministische Forschung einen unersetzbaren Beitrag zur Vertiefung und Erweiterung der internationalen Theoriebildung leiste. *„In proceeding with feminist international relations it behooves us to*

43 Zitate: Locher, Birgit: Internationale Beziehungen aus der Geschlechtsperspektive, in: Internationale Politik und Gesellschaft, 1977:1, S. 5–24 (S. 5).

44 Tickner und Sjiberg, a. a. O., S. 188.

45 Zur Entwicklung des radikalen Feminismus und seiner Ansprüche vgl. Locher, a. a. O., S. 9ff.

46 Vgl. hierzu: Sjoberg, Laura: Gender, Structure, and War: What Waltz Couldn't See, in: International Theory 4:1 (2012), S. 1–38; Tickner und Sjoberg, a. a. O., S. 186f.

investigate a wide range of locally understood autonomies and obligations and to use them to recast ‚our' world. [...] [W]e are adding", so Sylvester selbstbewusst, „*our views to the picture.*"[47]

Auch die zweite Generation der feministischen Forschung zeigt sich zuversichtlich, dass der feministische Ansatz für die Vertiefung des Verständnisses der Weltpolitik im 21. Jahrhundert immer fruchtbarer werde. Neuere feministische Forschungsergebnisse demonstrieren, dass Strukturen, Prozesse und Ergebnisse internationaler Politik tatsächlich unterschiedlich ausfallen, wenn Frauen an Konzipierung und Implementierung von außenpolitischen bzw. internationalen Projekten beteiligt sind. So präsentierten Mark A. Boyer und sein Team kürzlich ein beeindruckendes Forschungsergebnis, das aufgrund einer internationalen Verhandlungssimulation deutlich zeigt, dass internationale Verhandlungen und deren Ergebnisse sich ausdifferenzieren bzw. variieren, je nachdem wie stark Frauen daran beteiligt sind. Ihre Prognose: „*As more and more women become actively involved in political decision-making, both the process and the types of interactions may change.*"[48]

Insgesamt betrachtet haben es kritische Theorien trotz beeindruckender vielseitiger und vielschichtiger Beiträge zur Theorienbildung im Bereich der Internationalen Beziehungen nicht geschafft, eine Art von „critical thinking" and „alternative agendas" in der Weltpolitik durchzusetzen. Als Gründe hierfür nennt die britische Politikwissenschaftlerin Milja Kurki die innerhalb der kritischen Theorien entwickelten Trends zur „*depoliticisation, fragmentation and de-concretisation*".[49] Einen Ausweg aus dieser Sackgasse sieht sie in einer methodischen und philosophischen Umorientierung.

In der Tat findet in der Disziplin der Internationalen Beziehungen seit jüngster Zeit zunehemd eine Debatte über die Gemeinsamkeiten von Klassischem Realismus und Kritischen Theorien statt. In verschiedenen Aufsätzen wird diskutiert, ob und inwiefern die beiden Theorieströmungen kompatibel seien. Hartmut Behr und Michael C. Williams etwa wollen den Klassischen Realismus und Kritische Theorien in Austausch miteinander bringen. Gewöhnlich als Gegensätze aufgefasst, sind diese ihnen zufolge nichtsdestotrotz durch geteilte Sorgen über politische und soziale Krisen, die Moderne und die Menschheit charakterisiert.[50] Auch Ian Hall stellt die These auf, dass die bedeutsamste Entwicklung in den Theorien der Internationalen Beziehun-

---

47 Sylvester, Christine: Feminists and Realists View Autonomy and Obligation in International Relations, in: Peterson, V. Spike (Hrsg.): Gendered States. Feminist (Re)Visions of International Relations Theory, Boulder/London 1992, S. 155–177 (S. 172).

48 Boyer, Mark A. u. a.: Gender and Negotiation: Some Experimental Findings from an International Negotiation Simulation, in: International Studies Quarterly 53:1 (2009), S. 23–47 (S. 43).

49 Kurki, Milia: The Limitations of the Critical Edge: Reflections on Critical and Philosophical IR Scholarship Today, in: Millennium: Journal of International Studies 40:1 (2011), S. 129–146.

50 Vgl. Behr, Hartmut/Michael, C. Williams: Interlocuting classical realism and critical theory: Negotiating ‚divides' in international relations theory, in: Journal of International Political Theory 13:1 (2017), S. 3–17.

gen in der letzten Dekade die Versöhnung von radikal post-positivistischen Theorien mit dem Realismus sei. Diese Aussöhnung zwischen „Radikalismus" und Realismus führt er darauf zurück, dass radikale post-positivistische Denker einen vermeintlich gemeinsamen Anti-Liberalismus realisiert hätten.[51]

Obwohl David J. Levine in seinem Aufsatz „Why Hans Morgenthau was not a Critical Theorist (and why contemporary IR Realists should care)" ebenfalls ein wachsendes Korpus an „kritischem/reflexivem IB Realismus" feststellt, das sich auf Morgenthau stützt, argumentiert er, dass sich diese Aneignung auf eine selektive und erwünschte Lesart von Morgenthaus Arbeit stütze, weil dieser die Reflexivität, die er fordert, mit seiner eigenen Theorie nicht liefern könne.[52] Es ist in Levines Augen zwar verständlich, dass die kritischen Realisten in ihrem Ansinnen, einen gedanklichen Raum in der IB-Theorie zu kreieren, der über den Popper'schen Neopositivismus und Antimetaphysikalismus hinausgeht, Inspiration in Morgenthaus normativem Zugang zu Geschichte, Ethik und Politik finden, er weist aber darauf hin, dass nicht alle normativen Theorien von einem Schlag sind. Morgenthaus Version ist epistemologisch und ontologisch konservativ und zielt darauf ab, Dilemmata der politischen Praxis durch Rückbezug auf Platon und transhistorische Formen, aus denen sie sich angeblich ableiten, zu lösen. Deshalb sei Morgenthaus Realismus nur bedingt nützlich für zeitgenössische kritische Realisten.[53] Kamilla Stullerova plädiert in ihrem Aufsatz *„Embracing ontological doubt: The role of ‚reality' in political realism"* ebenfalls gegen die angeblichen Ähnlichkeiten zwischen Klassischem Realismus und Kritischen Theorien in den IB.[54]

Darüber hinaus wird von Vertretern marxistischer Ansätze Kritik an Waltz' Annahmen, dass sich bedeutsame Muster in der internationalen Politik über die Zeit nicht oder nur kaum verändern würden und die nationalen Charakteristika von Staaten relativ unbedeutend seien, geübt. Dass Systemzwänge stets stärker seien und alle Staaten, unabhängig von ihrer Position im internationalen Gefüge, ihrer Ideologie oder Kultur, zu gleichem Verhalten zwingen würden, halten sie für verfehlt.[55] Auch seitens feministischer IB-Theorie findet eine Auseinandersetzung mit Waltz statt. Sjoberg beispielsweise betrachtet Waltz' „third image", die Struktur des internationalen Systems, eingehend durch die feministische Brille.[56] Kritik am eingeschränkten Strukturkonzept des Neorealismus und einem falschen Verständnis

---

51 Vgl. Hall, Ian: The Triumph of Anti-liberalism? Reconciling Radicalism to Realism in International Relations Theory, in: Political Studies Review 9:1 (2011), S. 42–52.

52 Vgl. Levine, Daniel J.: Why Hans Morgenthau was not a critical theorist (and why contemporary IR realists should care), in: International Relations 27:1 (2013), S. 95–118.

53 Vgl. ebenda, S. 96–98.

54 Vgl. Stullerova, Kamila: Embracing ontological doubt: The role of ‚reality' in political realism, in Journal of International Political Theory 13:1 (2017), S. 59–80.

55 Vgl. Teschke, Benno/Can Cemgil: The dialectic of the concrete: Reconsidering dialectic for IR and foreign policy analysis, in: Globalizations 11:5 (2014), S. 605–625.

56 Vgl. Sjoberg, Laura: Gender, Structure, and War: What Waltz Couldn't See, in: International Theory 4:1 (2012), S. 1–38.

davon, wie Struktur und Anarchie wirken, bildet außerdem einen der Ausgangspunkte für Versuche, die Differenzierungstheorie aus der Soziologie für die IB zu adaptieren.[57]

Weiterführende Literatur

Ashley, Richard K.: The Poverty of Neorealism, in: International Organisation 38:2 (1984), S. 225–286.
(Eine umfassende Abrechnung mit dem Neorealismus.)

Ashley, Richard K.: Untying the Sovereign State. A double Reading of the Anarchy Problematic, in: Millennium 17:2 (1988), S. 227–262.
(Interessante Dekonstruktion der grundlegenden Begrifflichkeiten des Realismus.)

Barry Buzan: From International to World Society, Cambridge 2004.
(Wegweiser zur Entwicklung einer Weltgesellschaft aus der Sicht der Englischen Schule.)

Bull, Hedley: The Anarchical Society: A Study of Order in World Politics, London 1995 (1977).
(Ein Klassiker der „Englischen Schule", keine leichte Lektüre, jedoch lesenswert.)

Campbell, David: Poststructuralism, in: Dunne, Tim/Kurki, Milja/Smith, Steve (Hrsg.): International Relations Theories, Oxford 2007, S. 203–227.
(Eine gute Darstellung der wesentlichen Charakteristika des Poststruktualismus.)

Cox, Robert: Gramsci, Hegemony and International Relations: An Essay in Method, in: Millennium: Journal of International Studies, 12:2 (1983), S. 162–175.
(Hegemonietheorie der „Englischen Schule" gut erklärt.)

Hopf, Ted: Common-sense Constructivism and Hegemony in World Politics. In: International Organization 67:2 (2013), S. 317–354.
(Interessante Auseinandersetzung mit der Hegemonietheorie von Robert Cox und anregend zum Verständnis von neueren Entwicklungen innerhalb der Kritischen Theorien.)

Kurki, Milia: The Limitations of the Critical Edge: Reflections on Critical and Philosophical IR Scholarship Today, in: Millennium: Journal of International Studies 40:1 (2011), S. 129–146.
(Eine kritische Betrachtung der grundlegenden Probleme der Kritischen Theorien.)

Linklater, Andrew: The Achievements of Critical Theory, in: Smith, Steve/Booth, Ken/Zalewski, Marysia (Hrsg.): International Theory: Positivism and Beyond, Cambridge 1996, S. 279–298.
(Eine ausgewogene Würdigung der Kritischen Thorien aus neomarxistischer Sicht.)

Sjoberg, Laura: Gender, Structure, and War: What Waltz Couldn't See, in: International Theory 4:1 (2012), S. 1–38.
(Eine sehr analytische Auseinandersetzung mit dem Neorealismus einer führenden feministischen Forscherin.)

57 Vgl. u. a. Donnelly, Jack: The differentiation of international societies: An approach to structural international theory, in: European Journal of International Relations 18:1 (2011), S. 151–176; Donnelly, Jack: The elements of the structures of international systems, in: International Organization 66:4 (2012), S. 609–643; Buzan, Barry/Albert, Mathias: Differentiation: a sociological approach to international relations theory, in: European Journal of International Relations 16:3 (2010), S. 315–337. Ausführlich zur Differenzierungstheorie in den Internationalen Beziehungen: Albert, Mathias/Buzan, Barry/Zürn, Michael (Hrsg.): Bringing Sociology to International Relations: World Politics as Differentation Theory, Cambridge 2013.

19 Schlussbetrachtung: Die Anwendbarkeit der Theorien

Dieses Buch ist ein Versuch, die Studierenden ins Gebäude der Theorien der Internationalen Beziehungen einzuführen. Die Einteilung der Theorien in „*Realistische Schule*", „*Liberal-Institutionalistische Schule*", „*Behavioristische Schule*" und „*Alternativ-Oppositionelle Schule*" dient in erster Linie dazu, ihnen eine Orientierung zu geben. Eine Orientierung, die ihnen die Suche nach einem theoretischen oder methodischen Ansatz zur Konzipierung wissenschaftlicher Arbeiten oder zur Erklärung eines bestimmten Phänomens in der internationalen Politik erleichtern soll.

Inwiefern aber sind die Theorien anwendbar und können somit als eine Orientierung dienen? Gibt es Gesichtspunkte, die man bei der Suche nach einem Theorieansatz für die Analyse eines bestimmten Themas berücksichtigen sollte? Drei Aspekte scheinen in diesem Zusammenhang besonders wichtig zu sein:

1. Die differenzierte Anwendbarkeit der Theorieansätze

Allgemein wird bei der Analyse der internationalen Beziehungen zwischen drei Ebenen unterschieden: der individuellen, der nationalen und der internationalen Ebene. Aus den bisher durchgeführten Untersuchungen geht hervor, dass kaum ein Theorieansatz, vielleicht mit der einzigen Ausnahme des Konstruktivismus, die analytische Kapazität mitbringt, um Fragen auf allen drei Ebenen zu erfassen. Vielmehr sind die einzelnen Theorieansätze in der Regel jeweils nur auf einer Ebene anwendbar.

Als besonders geeignet für die Analyse der Fragen auf der individuellen Ebene gelten die Aggressionstheorie, die eine aggressive nationale Außenpolitik im Licht der individuellen Aggressivität zu deuten versucht; die durch das Theorem „rational choice" geprägte Entscheidungstheorie; und die Spieltheorie, die die Konfliktparteien im Grund genommen als personifizierte Spieler betrachtet.

Zu Theorien, die auf der Ebene der Nation als analytische Einheit angewendet werden können, zählen der Klassische Realismus, der durch das staatszentrische Denken geprägt ist, und die Kybernetik, die unter dem systematischen Aspekt unter die Systemtheorie einzuordnen ist, aber wegen ihres Postulates einer zentralen Steuerungsinstanz als Systemzentrum für die Analyse außenpolitischen Verhaltens der Staaten besonders geeignet ist.

Theorieansätze, die für Untersuchungen von Fragen auf der internationalen Ebene angewendet werden können, bilden die Mehrheit der vorgestellten Ansätze. Dazu gehören die Gleichgewichtstheorie, die die Entstehung und Auflösung des Gleichgewichtes als eine zentrale Erscheinung des internationalen Systems betrachtet; der Neorealismus, der zwischen den drei Strukturen „Unipolarität", „Bipolarität" und „Multipolarität" unterscheidet und die imperativen Auswirkungen der einzelnen Strukturen

https://doi.org/10.1515/9783486855081-019

des internationalen Systems als „Systemzwang“ für die Staaten interpretiert; sowie die Hierarchieansätze (Dependenztheorie, Imperialismustheorie), die das Staatensystem als ein Herrschaftssystem zwischen Zentren und Peripherien oder zwischen „topdogs“ und „underdogs“ ansehen.

Aber auch der Klassische Liberalismus, der die entscheidende Ursache für zwischenstaatliche Kriege in der Verfassungsheterogenität der Staaten (insbesondere in der Existenz von nicht-demokratischen Staaten) erblickt, und der Institutionalismus, der an eine Überwindbarkeit der internationalen Anarchie durch Institutionalisierung der zwischenstaatlichen Beziehungen glaubt, lassen sich in diese dritte Gruppe einstufen. Dass die strukturalistisch geprägte Weltsystemtheorie marxistischer Prägung und die die Wechselwirkungen zwischen den Systemelementen (Staaten) betonende Allgemeine Systemtheorie über einen hohen Grad von Anwendbarkeit auf der internationalen Ebene verfügen, ist ebenfalls naheliegend.

2. Die unterschiedliche Reichweite

Eine ideale Theorie ist die, die die Entwicklungen der internationalen Beziehungen nicht nur beschreiben und erklären, sondern auch prognostizieren kann. Unter den vorgestellten Theorien gibt es allerdings nur wenige Ansätze, die diese drei Fähigkeiten zugleich aufweisen.

Die Spieltheorie und der Ansatz der sogenannten „begrenzten Rationalität“ gehören zu diesen wenigen Ausnahmen. Von ihnen kann unter den Bedingungen einer transparenten Kommunikation die Fähigkeit erwartet werden, ihrem Anwender dazu zu verhelfen, Richtungen einer bestimmten Entwicklung vorherzusagen oder die wahrscheinlichste Lösung eines bestimmten Konfliktes zu prognostizieren.

Die meisten Ansätze bleiben noch auf dem Niveau der Erklärung. Relativ starke Erklärungskraft besitzen die realistischen, liberal-institutionalistischen und konstruktivistischen Ansätze. Während die realistischen Ansätze die Festhaltung der Staaten am Konzept der Selbsthilfe, aber auch die Prozesse von Macht- und Gegenmachtbildung, relativ plausibel erklären können, führen die liberal-institutionalistischen Theorien Mechanismen und Motivationen der internationalen Kooperation authentisch vor Augen. Insbesondere scheint der Klassische Liberalismus in der Lage zu sein, zumindest die Erscheinung „OECD-Frieden“ theoretisch zu erklären. Besonders zu erwähnen ist in diesem Zusammenhang die Erklärungskraft des Konstruktivismus für identitätsabhängige internationale Kooperationen und rollenorientierte internationale Konflikte.

Trotz verschiedener logischer oder ideologischer Schwächen, die bei der Gleichgewichtstheorie, der Aggressionstheorie, dem Klassischen Realismus, den hierarchischen Ansätzen und der Friedenstheorie zu konstatieren sind, verfügen diese Ansätze doch über eine begrenzte Fähigkeit, bestimmte internationale Entwicklungen oder außenpolitisches Verhalten jeweils im Rahmen ihres eigenen Theoriegebäudes zu erklären.

Wegen ihrer politisch-ökonomischen Ausrichtung, die die Interaktionen zwischen dem Staat und dem Markt beleuchtet, können marxistisch inspirierte Theorien die politischen Auswirkungen der Globalisierung relativ plausibel erklären. Das gleiche gilt für die Kritischen Theorien verschiedener Ausprägungen, wenn es darum geht, Wechselwirkungen zwischen transgesellschaftlichen Bewegungen und internationalen Interaktionen herauszuarbeiten und einzuordnen.

Weniger erklärungsfähig erscheinen die Entscheidungstheorie (mit Ausnahme des Ansatzes „begrenzte Rationalität“) und die Systemtheorie. Es ist beispielsweise zwar leicht, mit Hilfe der Entscheidungstheorie zu beschreiben, wie ein Staat außenpolitische Entscheidungen trifft, aber schwierig, zu erklären, warum er diese Entscheidung trifft. Auch die Systemtheorie, insbesondere die kybernetischer Ausprägung, kann zwar ein subtiles analytisches Raster bieten, mit dessen Hilfe verschiedene Informationen eingeordnet werden können. Aber die Fähigkeit, plausible Erklärungen über Zusammenhänge zwischen verschiedenen Faktoren zu geben, ist von ihr nicht zu erwarten. Ähnliches gilt auch für die als eine neue Art von Systemtheorie interpretierte Chaostheorie. Diese Theorie ist noch nicht in der Lage, plötzliche Veränderungen oder Umbrüche in den internationalen Beziehungen systematisch zu erklären. Allerdings soll zugleich darauf hingewiesen werden, dass die Übertragung der Chaostheorie auf die Analyse der internationalen Politik noch jung ist. Es ist daher nicht auszuschließen, dass diese Theorie bei intensivierten Versuchen der Anwendung für die Analyse internationaler Fragen die Reichweite der systemtheoretischen Ansätze entscheidend erweitern könnte. In dieser Hinsicht erweist sich der Neoliberalismus als viel stärker und anwendungsfreundlicher, wenn es um die Kräfte der Erklärungen der Entstehung nationaler außenpolitischer Präferenzen und deren Durchsetzung auf internationaler Ebene geht.

3. Die Pluralität von Theorien

Volker Rittberger ist zuzustimmen, wenn er darauf hinweist, dass die Theoriebildung in der Teildisziplin der Internationalen Beziehungen *„durch eine in der Gesamtbilanz fruchtbare Pluralität von Theorien“*[1] geprägt wird. Eine „Großtheorie“, die verschiedene Aspekte und Teilansätze der Erforschung der internationalen Beziehungen integriert, gibt es noch nicht. Ob die Entstehung einer solchen „Großtheorie“ möglich oder gar wünschenswert ist, auf diese Kontroverse wird bereits an verschiedenen Stellen im Teil A dieses Buches hingewiesen. Für die Studierenden aber jedenfalls stellt die Pluralität der Theorien einen Vorteil dar. Denn diese Pluralität bietet ihnen zahlreiche Möglichkeiten, sich selbständig mit den verschiedenen Theorieansätzen vergleichend auseinanderzusetzen und intellektuelle Anregungen für ihr Studium zu gewinnen. Wie

1 Rittberger, Volker (Hrsg.): Theorien der Internationalen Beziehungen. Bestandsaufnahme und Forschungsperspektiven, PVS-Sonderheft 21, Opladen 1990, S. 12.

Steve Smith in seiner Einführung in die Theorien der Internationalen Beziehungen anmerkte, beschäftigen sich die Theorien mit unterschiedlichen, aber separaten Aspekten der gleichen Welt von internationalen Beziehungen. Zu empfehlen ist sein Ratschlag für Studierende, die auf der Suche nach theoretischen Orientierungen sind: „*You could adopt a kind of ‚pick and mix' attitude towards theory, making a choice between theories [on the basis of] the issues you wish to explain.*"[2]

2 Smith, Steven: Introduction: Diversity and Disciplinarity in International Theory, in: Dunne, Tim, Kurki, Milja and Smith, Steve (Hrsg.): International Relations Theories, Oxford 2007, S. 1–12 (S. 10).

Abkürzungsverzeichnis

BIP	Bruttoinlandsprodukt
DNM	Deduktiv-nomologisches Modell
ECLA	United Nations Economic Commission for Latin America
EU	Europäische Union
FAO	Food and Agriculture Organization of the United Nations
GAM	General Aggression Model
IB	Internationale Beziehungen
ILO	International Labor Organization
IR	International Relations
NGO	Non-Governmental Organization
NS	Nationalsozialismus
OECD	Organization for Economic Co-operation and Development
PTA	Preferential Trading Arrangements
PVS	Politische Vierteljahresschrift
UdSSR	Union der Sozialistischen Sowjetrepubliken
UN	United Nations
WHO	World Health Organization
WTO	World Trade Organization

https://doi.org/10.1515/9783486855081-020

Auswahlbibliographie

Abbott, Kenneth W./Green, Jessica F./Keohane, Robert O.: Organizational Ecology and Institutional Change in Global Governance, in: International Organization 70:2 (2016), S. 247–277.

Acharya, Amitav: How Ideas Spread: Whose Norms Matter? Norm Localization and Institutional Change in Asian Regionalism, in: International Organization 58:2 (2004), S. 239–275.

Adams, Karen Ruth: Attack and Conquer? International Anarchy and the Offensive–Defensive-Deterrence Balance, in: International Security 28:3 (2003/2004), S. 45–83.

Adler, Emanuel: Constructivism in International Relations: Sources, Contributions, and Debates, in: Carlsnaes, Walter/Risse, Thomas/Simmons, Beth A. (Hrsg.): Handbook of International Relations, 2. Auflage, Los Angeles u. a. 2013, S. 112–144.

Adler, Emmanuel/Pouliot, Vincent: Fulfilling the Promises of Practice Theory in IR, in: International Studies Quarterly Online 2015, https://www.isanet.org/Publications/ISQ/Posts/ID/4956/%20Fulfilling-The-Promises-of-Practice-Theory-in-IR (letzter Abruf 19.12.2017).

Albert, Mathias/Buzan, Barry/Zürn, Michael (Hrsg.): Bringing Sociology to International Relations, in: World Politics as Differentation Theory, Cambirdge 2013.

Albert, Matthias: Fallen der (Welt-)ordnung. Internationale Beziehungen und ihre Theorien zwischen Moderne und Postmoderne, Opladen 1996.

Albrecht, Ulrich: Internationale Politik, 3. Auflage, München 1995.

Albrecht, Ulrich: The Study of International Relations in the Federal Republic of Germany, in: Dyer, Hugh C./Mangasarian, Leon (Hrsg.): The Study of International Relations. The State of Art, London 1989, S. 244–249.

Albrecht, Ulrich/Hummel, Hartwig: Macht, in: Rittberger, Volker (Hrsg.): Theorien der internationalen Beziehungen. Bestandsaufnahme und Forschungsperspektiven, Opladen 1990, S. 90–109.

Allan, Pierre (Hrsg.): Game Theory and International Relations: Preferences, Information and Empirical Evidence, Aldershot 1994.

Allison, Graham T./Zelikow, Phillip: Essence of Decision: Explaining the Cuban Missile Crisis, 2. Auflage, New York, 1999.

Anderson, Craig A./Bushman Brad J.: Human Aggression, in: Annual Review of Psychology 53 (2002), S. 27–51.

Andersson, Hans E.: Liberal Intergourvernmentalism, spilllover and supranational immigration policy, in: Cooperation and Conflict 51:1 (2016), S. 38–54.

Ashley, Richard K.: The Poverty of Neorealism, in: International Organization 38:2 (1984), S. 225–286.

Ashley, Richard K.: Untying the Sovereign State. A double Reading of the Anarchy Problematic, in: Millennium 17:2 (1988), S. 227–262.

Aydinli, Ersel/Mathews, Julie: Periphery theorising for a truly internationalised discipline: spinning IR theory out of Anatolia, in: Review of International Studies 34:4 (2008), S. 693–712.

Babst, Dean: Elective Governments – A Force for Peace, in: The Wisconsin Sociologist, 3:1 (1964), S. 9–14.

Baldwin, David A. (Hrsg.): Neorealism and Neoliberalism. The Contemporary Debate, New York 1993.

Baldwin, David A.: Neoliberalism, Neorealism, and World Politics, in: Ders. (Hrsg.): Neorealism and Neoliberalism. The Contemporary Debate, New York 1993, S. 3–25.

Bandura, Albert: A murky portrait of human cruelty, in: Behavioral and Brain Sciences 29:3 (2006), S. 225–226.

Bandura, Albert: Aggression: A Social Learning Analysis, New Jersey 1973.

Bandura, Albert: Impending ecological sustainability through selective moral disengagement, in: Internal Journal of Innovation and Sustainable Development 2:1 (2007), S. 8–35.

https://doi.org/10.1515/9783486855081-021

Bandura, Albert: Moral disengagement in the perpetration of inhumanities, in: Personality and Social Psychology Review 1999:3 [Special Issue on Evil and Violence], S. 193–209.
Bandura, Albert: Social cognitive theory of mass communication, in: Bryant, Jennings/Oliver, Mary Beth (Hrsg.), Media effects: Advances in theory and research, 2. Auflage, Mahwah, NJ 2009, S. 94–124.
Bandura, Albert: Training in terrorism through selective moral disengagement, in: Forest, James J. F. (Hrsg.): The making of a terrorist: recruitment, training and root causes (Vol. 2), Westport, CT 2006, S. 34–50.
Baran, Paul A.: The Political Economy of Growth, Harmondsworth 1973.
Barkeley, Richard: Die deutsche Friedensbewegung 1870–1933, Hamburg 1948.
Barkin, J. Samuel: Translatable? On Mixed Methods and Methodology, in: Millennium: Journal of International Studies, 43:3 (2015), S. 1003–1006.
Bätting, Michèle B./Bernauer, Thomas: National Institutions and Global Public Goods: Are Democracies More Cooperative in Climate Change Policy?, in: International Organization 63:2 (2009), S. 281–308.
Beard, Charles A.: The Idea of National Interest, New York 1934.
Beeson, Mark: Hegemonic Transition in East Asia? The dynamics of Chinese and American power, in: Review of International Studies 35 (2009), S. 95–112.
Behr, Hartmut and Michael, C. Williams: Interlocuting classical realism and critical theory: Negotiating ‚divides' in international relations theory, in: Journal of International Political Theory 13:1 (2017), S. 3–17.
Behr, Hartmut/Heath, Amelia: Misreading in IR theory and ideology critique: Morgenthau, Waltz and neo-realism, in: Review of International Studies, 35:2 (2009), S. 327–349.
Behrens, Henning/Noack, Paul: Theorien der internationalen Politik, München 1984.
Bellers, Jürgen: Der Neorealismus in der Theorie der internationalen Beziehungen, Beiträge zur Politikwissenschaft und Verwaltungswissenschaft, Nr. 22/1989.
Bennett, Andrew: The mother of all isms: Causal mechanisms and structured pluralism in International Relations theory, in: European Journal of International Relations 19:3 (2013), S. 459–481.
Berenskoetter, Felix: Reclaiming the Vision Thing: Constructivists as Students of the Future, in: International Studies Quarterly 55:3 (2011), S. 647–668.
Berg-Schlosser, Dirk/Stammen, Theodor: Einführung in die Politikwissenschaft, 6. Auflage, München 1995.
Bergstraesser, Arnold: Weltpolitik als Wissenschaft. Geschichtliches Bewußtsein und politische Entscheidung, Opladen 1965.
Berkovitch, Nitza/Neve, Gordon: The Political Economy of Transnational Regimes: The Case of Human Rights, in: International Studies Quarterly 52:4 (2008), S. 881–904.
Berkowitz, Leonard/Harmon-Jones, Eddie: Toward an Understanding of the Determinants of Anger, in: Emotion 4:2 (2004), S. 107–130.
Berkowitz, Leonard: On the formation and regulation of anger and aggression: A cognitive–neoassociationistic analysis. American Psychologist 45:4 (1990), S. 494–503.
Bertalanffy, Ludwig von: Vorläufer und Begründer der Systemtheorie, in: Kurzrock, Ruprecht (Hrsg.): Systemtheorie, Berlin 1972, S. 17–27.
Bieling, Hans-Jürgen: Internationale Politische Ökonomie, in: Schieder, Siegfried/Spindler, Manuela (Hrsg.): Theorien der internationalen Beziehungen, S. 361–389.
Boeckh, Andreas: Internationale Beziehungen. Theorien – Organisationen – Konflikte, (Pipers Wörterbuch zur Politik, Band 5), München 1984.
Booth, Ken/Smith, Steve (Hrsg.): International Relations Theory Today, Oxford 1997.
Boucher, David: Political Theories of International Relations, Oxford 1998.

Bousquet, Antoine and Curtis, Simon: Beyond models and metaphors: complexity theory, systems thinking and international relations, in: Cambridge Review of International Affairs 24:1 (2011), S. 43–62.
Boyer, Mark A. u. a.: Gender and Negotiation: Some Experimental Findings from an International Negotiation Simulation, in: International Studies Quarterly 53:1 (2009), S. 23–47.
Bracher, Karl-Dietrich/Fraenkel, Ernst (Hrsg.): Internationale Beziehungen, Frankfurt a. M. 1969.
Bredow, Wilfried von/Jäger, Thomas: Neue deutsche Außenpolitik. Nationale Interessen in internationalen Beziehungen, Opladen 1993.
Brenner, Robert: The Origins of Capitalism: A Critique of Neo-Smithian Marxism, in: Alavi, Hamza/ Shanin, Teodor (Hrsg.): Introduction to the Sociology of Developing Societies, London 1982, S. 54–71.
Brock, Lothar: Frieden. Überlegungen zur Theoriebildung, in: Senghaas, Dieter (Hrsg.): Den Frieden denken, Frankfurt a. M. 1995, S. 317–340.
Brooks, Steven G.: Dueling Realism, in: International Organization 51:3 (1997), S. 445–478.
Brown, Chris: International Political Theory and the Idea of World Community, in: Booth, Ken/Smith, Steve (Hrsg.): International Relations Theory Today, Oxford 1997, S. 90–109.
Brown, Chris: International Relations Theory: New Normative Approaches, New York 1992.
Brown, Chris: The Poverty of Grand Theory, in: European Journal of International Relations 19:3, 2013, S. 483–497.
Brown, Chris: Understanding International Relations, London 1997.
Brown, Michael E./Lynn-Jones, Sean M./Miller, Steven E. (Hrsg.): Debating the Democratic Peace, Cambridge 1999.
Brussett, Bruce: The Facts of Democratic Peace, in: Brown, Michael E./Lynn-Jones, Sean M./Miller, Steven E. (Hrsg.): Debating the Democratic Peace, Cambridge 1999, S. 58–81.
Bueger, Christian/Gadinger, Frank: The Play of International Practice, in: International Studies Quarterly 59 (2015), S. 449–460.
Bueno de Mesquita, Bruce: Game theory, political economy, and the evolving study of war and peace., in: American Political Science Review 100:4 (2006), S. 637–642.
Büger, Christian/Gadinger, Frank: Praktisch gedacht! Praxistheoretischer Konstruktivismus in den Internationalen Beziehungen, in: Zeitschriften für Internationale Beziehungen, 15:2 (2008), S. 273–302.
Bühl, Walter L.: Transnationale Politik. Internationale Beziehungen zwischen Hegemonie und Interdependenz, Stuttgart 1978.
Bull, Hedley: International Theory: The Case for a Classical Approach, in: World Politics 18:3 (1966), S. 363–377.
Bull, Hedley: Martin Wight and the Theory of International Relations, in: British Journal of International Studies 2:2 (1976), S. 101–106.
Bull, Hedley: The Anarchical Society: A Study of Order in World Politics, London 1995 (1977).
Bull, Hedley/Kingsbury, Benedict/Roberts, Adam (Hrsg.): Hugo Grotius and International Relations, Oxford 1990.
Bull, Hedley/Watson, Adam (Hrsg.): The Expansion of International Society, Oxford 1984.
Burchill, Scott: Liberal Internationalism, in: Ders./Linklater, Andrew (Hrsg.): Theories of International Relations, London 1996, S. 28–66.
Burchill, Scott: Realism and Neo-realism, in: Ders./Linklater, Andrew (Hrsg.): Theories of International Relations, London 1996, S. 67–92.
Burchill, Scott/Linklater, Andrew (Hrsg.): Theories of International Relations, London 1996.
Buss, Arnold H.: Commentaries: Anger, Frustration, and Aversiveness, in: Emotion 4:2 (2004), S. 131–132.

Buzan, Barry/Albert, Mathias: Differentiation: a sociological approach to international relations theory, in: European journal of international relations 16:3 (2010), S. 315–337.
Buzan, Barry: The Level of Analysis Problem in International Relations Reconsidered, in: Booth, Ken/Smith, Steve (Hrsg.): International Relations Theory Today, Oxford 1997, S. 198–216.
Campbell, David: Poststructuralism, in: Dunne, Tim/Kurki, Milja/Smith, Steve (Hrsg.): International Relations Theories, Oxford 2007, S. 203–227.
Campbell, David: Writing Security: United States Foreign Policy and the Politics of Identity, Minneapolis 1992.
Carlsnaes, Walter/Risse, Thomas/Simmons, Beth A.: Handbook of International Relations, London 2003.
Carr, Edward Hallett: The Twenty Year's Crisis 1919–1939, London 1939.
Chwaszcza, Christine: Zwischenstaatliche Kooperation: Perspektiven einer normativen Theorie der internationalen Politik, Wiesbaden 1995.
Cochran, Molly: Charting the Ethics of the English School: What ‚Good' is There in a Middle-Ground Ethics?, in: International Studies Quarterly 53:1 (2009), S. 203–225.
Conzelmann, Thomas: Neofunktionalismus, in: Schieder, Siegfried/Spindler, Manuela (Hrsg.): Theorien der Internationalen Beziehungen, 2. Auflage, Opladen 2006, S. 145–174.
Cox, Robert: Approaches to World Order, Cambridge 1996.
Cox, Robert: Gramsci, Hegemony and International Relations: An Essay in Method, in: Millennium: Journal of International Studies 12:2, 1983, S. 162–175.
Cox, Robert: Social Forces, States and World Order, in: Millennium: Journal of International Studies 10:2 (1981), S. 126–155.
Cudworth, Erika/Hobden, Stephen: Of Parts and Wholes: International Relations beyond the Human, in: Millennium: Journal of International Studies 41:3 (2013), S. 430–450.
Cusack, Thomas R.: Exploring Realpolitik: Probing International Relations Theory with Computer Simulation, Boulder 1990
Czempiel, Ernst-Otto (Hrsg.): Die Entwicklung der Lehre von den Internationalen Beziehungen, in: PVS 6 (1965), S. 270–291.
Czempiel, Ernst-Otto: Der Friede – sein Begriff, seine Strategien, in: Senghaas, Dieter (Hrsg.): Den Frieden denken, Frankfurt a. M. 1995, S. 165–176.
Czempiel, Ernst-Otto: Der Stand der Wissenschaft von den Internationalen Beziehungen und der Friedensforschung in der Bundesrepublik Deutschland, in: von Beyme, Klaus (Hrsg.): Politikwissenschaft in der Bundesrepublik Deutschland. Entwicklungsprobleme einer Disziplin, PVS – Sonderheft 17, Opladen 1986, S. 250–263.
Czempiel, Ernst-Otto: Die Lehre von den internationalen Beziehungen, Darmstadt 1969.
Czempiel, Ernst-Otto: Frieden und Friedensprozeß, in: Haftendorn, Helga (Hrsg.): Theorie der Internationalen Politik. Gegenstand und Methoden der Internationalen Beziehungen, Hamburg 1975.
Czempiel, Ernst-Otto: Friedensstrategien. Systemwandel durch internationale Organisationen, Demokratisierung und Wirtschaft, Paderborn 1986.
Czempiel, Ernst-Otto: Internationale Beziehungen: Begriff, Gegenstand und Forschungsabsicht, in: Knapp, Manfred/Krell, Gert (Hrsg.): Einführung in die internationale Politik, München/Wien 1990, S. 3–25.
Czempiel, Ernst-Otto: Internationale Politik, Paderborn 1981.
Czempiel, Ernst-Otto: Kants Theorem. Oder: Warum sind die Demokratien (noch immer) nicht friedlich? in: Zeitschrift für Internationale Beziehungen 3:1, S. 79–101.
Czempiel, Ernst-Otto: Neue Kleider aber kein Kaiser? Ein Diskussionsbeitrag zu den analytischen Problemen der internationalen Politik, in: PVS 22 (1981), S. 127–143.

Czempiel, Ernst-Otto: Weltpolitik im Umbruch. Das internationale System nach dem Ende des Ost–West-Konfliktes, 2., neubearbeitete Auflage, München 1993.
Czempiel, Ernst-Otto/Schweitzer, Carl-Christoph (Hrsg.): Weltpolitik der USA nach 1945. Einführung und Dokumente, Bonn 1989.
Dencik, Lars: Plädoyer für eine revolutionäre Konfliktforschung, in: von Beyme, Klaus (Hrsg.): Empirische Revolutionsforschung, Opladen 1973, S. 105–123.
Deudney, Daniel: Dividing Realism: Structural Realism Versus Security Materialism on Nuclear Security and Proliferation, in: Security Studies 2:3–4 (1993), S. 7–36.
Deudney, Daniel: ReGrounding Realism: Anarchy, Security, and Changing Material Context, in: Security Studies 10:1 (2000), S. 1–45.
Deutsch, Karl W.: Ein einfaches kybernetisches Modell, in: Haftendorn, Helga (Hrsg.): Theorie der Internationalen Politik, Hamburg 1975, S. 275–296.
Deutsch, Karl W.: Liberalism and World Politics, in: Viotti, Paul R./Kauppi, Mark V. (Hrsg.): International Relations Theory. Realism, Pluralism, Globalism, and Beyond, 3. Auflage, Boston 1999, S. 233–245.
Deutsch, Karl W.: Nationalism and its Alternatives, New York 1969.
Deutsch, Karl W.: Politische Kybernetik. Modelle und Perspektiven, Freiburg 1969.
Devetak, Richard: Postmodernism, in: Burchill, Scott/Linklater, Andrew (Hrsg.): Theories of International Relations, London 1996, S. 179–209.
Diekmann, Andreas: Spieltheorie: Einführung, Beispiele, Experimente, Reinbek bei Hamburg 2009.
Donnelly, Jack: The differentiation of international societies: An approach to structural international theory, in: European Journal of International Relations 18:1 (2011), S. 151–176.
Donnelly, Jack: The elements of the structures of international systems, in: International Organization 66:4 (2012), S. 609–643.
Dougherty, James E./Pfaltzgraff, Robert L.: Contending Theories of International Relations. A Comprehensive Survey, 3. Auflage, New York 1990.
Doyle, Michael W.: Liberalism and World Politics, in: American Political Science Review, 80:4 (1986), S. 1151–1169.
Dunne, Tim/Hansen, Lene/Wight, Colin: The end of International Relations Theory?, in: European Journal of International Relations 19:3 (2013), S. 405–425.
Dunne, Tim/Kurki, Milja/Smith, Steve (Hrsg.): International Relations Theories, Oxford 2007.
Dyer, Hugh C.: Moral Order, World Order: The Role of Normative Theory in the Study of International Relations, Basingstoke 1997
Dyer, Hugh C.:/Mangasarian, Leon (Hrsg.): The Study of International Relations. The State of the Art, London 1989.
Easton, David: The Limits of Behaviouralism in Political Science, in: American Academy of Political and Social Science, 1962, S. 12–31.
Easton, David: The New Revolution in Political Science, in: The American Political Science Review, Vol. LXIII, 1969, Nr. 4, S. 1051–1061.
Easton, David: The Political System, New York 1953.
Ebert, Theodor (Hrsg.): Ziviler Widerstand, Düsseldorf 1970.
Ebert, Theodor: Gewaltfreier Widerstand, Freiburg i.Br. 1968.
Ebert, Theodor: Soziale Verteidigung, Band 1: Historische Erfahrungen und Grundzüge der Strategie, 2. Auflage, Waldkirch 1982.
Efinger, Manfred (u. a.): Internationale Regime und Internationale Politik, in: Rittberger, Volker (Hrsg.): Theorien der Internationalen Beziehungen. Bestandsaufnahme und Forschungsperspektiven, Opladen 1990, S. 263–285.
Efinger, Manfred/Rittberger, Volker/Zürn, Michael: Internationale Regime in den Ost–West-Beziehungen, Frankfurt a. M. 1988.

Eisenführ, Franz/Weber, Martin: Rationales Entscheiden, Berlin 2002.

Elad-Strenger, Julia/Mintz, Alex: Political Psychology, in: Mazzoleni, Gianpietro (Hrsg.): The International Encyclopedia of Political Communication, Hoboken (NJ) 2015, S. 1–10.

Elias, Norbert: Über den Prozeß der Zivilisation. Soziogenetische und psychogenetische Untersuchungen, Band 2, 2., um eine Einleitung vermehrte Auflage, Bern 1969.

Elman, Colin: Realism, in: Griffiths, Martin (Hrsg.): International Relations Theory for the Twenty-First Century, London/New York 2007, S. 11–20.

Elsenhans, Hartmut: Grundlagen der Entwicklung der kapitalistischen Weltwirtschaft, in: Senghaas, Dieter (Hrsg.): Kapitalistische Weltökonomie. Kontroversen über ihren Ursprung und ihre Entwicklungsdynamik, Frankfurt a. M. 1979, S. 103–150.

Elsenhans, Hartmut: Nord–Süd–Beziehungen: Theorien über die Nord–Süd–Konfliktformation und ihre Bearbeitung, in: Rittberger, Volker (Hrsg.): Theorien der Internationalen Beziehungen. Bestandsaufnahme und Forschungsperspektiven, Opladen 1990, S. 330–351.

Emmanuel, Arghiri: Unequal Exchange: A Study of Imperialism of Trade, New York 1972.

Epstein, Charlotte: Constructivism or the eternal return of universals in International Relations. Why returning to language is vital to prolonging the owl's flight, in: European Journal of International Relations 19:3 (2013), S. 499–519.

Etzioni, Amitai: Der harte Weg zum Frieden, Göttingen 1965.

Van Evera, Stephen: Causes of War: Power and the Roots of Conflict, Ithaca 1999.

Farell, Henry/Newman, Abraham: Domestic Institutions Beyond the Nation-State Charting the New Interdependence Approach, in: World Politics 66:2 (2014), S. 331–363.

Farell, Henry/Newman, Abraham: The new interdependence approach: theoretical development and empirical demonstration, in: Review of International Political Economy 23:5 (2016), S. 713–736.

Farell, Henry/Newman, Abraham: The New Politics of Interdependence: Cross-National Layering in Trans-Atlantic Regulatory Disputes, in: Comparative Political Studies 48:4 (2015), S. 497–526.

Faupel, Klaus: Internationale Politik: Ansatz zu einem funktional–strukturellen Paradigma, Berlin 1996.

Fetscher, Iring/Münkler, Herfried (Hrsg.): Politikwissenschaft. Begriffe – Analysen – Theorien. Ein Grundkurs, Hamburg 1985.

Flockhart, Trine: The problem of change in constructivist theory: Ontological security seeking and agent motivation, in: Review of International Studies 42:5 (2012), S. 799–820.

Forndran, Erhard: Grenzen des Realismus. Zu Erklärungsversuchen internationaler Beziehungen, Teil II: Zur Reichweite realistischer Argumentation, in: Zeitschrift für Politikwissenschaft 7 (1997), S. 33–77.

Fraenkel, Ernst: Völkerrecht und Internationale Beziehungen. Mit einer Einführung zur Theorie und Empirie der internationalen Politik und den internationalen Beziehungen, hrsg. von Günther Doeker-Mach und Thomas Plümper, Oldenburg 1994.

Frankel, Benjamin (Hrsg.): Realism: Restatements and Renewals, London 1996.

Frei, Christoph: Hans J. Morgenthau. Eine intellektuelle Biographie, Bern 1993.

Frei, Daniel (Hrsg.): Theorien der internationalen Beziehungen, 2., überarbeitete und ergänzte Auflage, München 1977.

Frei, Daniel: Einführung: Wozu Theorien der internationalen Politik? in: Ders. (Hrsg.): Theorien der internationalen Beziehungen, 2., überarbeitete und ergänzte Auflage, München 1977.

Freud, Sigmund: The Urge to Destruction as the Source of War, Auszug eines Briefs von Freud an Einstein abgedruckt in: Luard, Evan: Basic Texts in International Relations. The Evolution of Ideas about International Society, London 1992, S. 84–86.

Freyberg-Inan, Anette: What Moves Man: The Realist Theory of International Relations and Its Judgement of Human Nature, Albany 2003.

Friedberg, Aaron L.: The Weary Titan: Britain and the Experiences of Relative Decline, Princeton 1988.
Frost, Mervyn: Ethics in International Relations: A Constitutive Theory, Cambridge 1996.
Galtung, Johan: Eine strukturelle Theorie des Imperialismus, in: Senghaas, Dieter (Hrsg.): Imperialismus und strukturelle Gewalt. Analysen über abhängige Reproduktion, Frankfurt a. M. 1972, S. 29–104.
Galtung, Johan: Friede mit friedlichen Mitteln: Friede, Konflikt, Entwicklung und Kultur (Übers. von Hajo Schmidt), Opladen 1997.
Galtung, Johan: Friede und Gewaltstruktur, in: Haftendorn, Helga (Hrsg.): Theorie der Internationalen Politik, Hamburg 1975, S. 114–130.
Galtung, Johan: Peace by Peaceful Means: Peace and Conflict, Development and Civilization, Oslo 1996.
Gantzel, Klaus-Jürgen (Hrsg.): Krieg in der Dritten Welt. Theoretische und methodische Probleme der Kriegsursachenforschung – Fallstudien, Baden-Baden 1988.
Gantzel, Klaus-Jürgen: System und Akteur. Beiträge zur vergleichenden Kriegsursachenforschung, Düsseldorf 1972.
Geis, Anna/Müller, Harald/Schörnig, Niklas (Hrsg.): The Militant Face of Democracy: Liberal Forces for Good, New York 2013.
Gigerenzer, Gerd/Todd, Peter M.: Simple heuristics that make us smart, Oxford 2001.
Gilpin, Robert: The Politcal Economy of International Relations, Princeton 1987.
Gilpin, Robert: The Theory of Hegemonic War, in: Journal of International History, 18 (1988), S. 591–613.
Gilpin, Robert: U.S. Power and the Multinational Corporations: The Political Economy of Direct Foreign Investments, New York 1975.
Gilpin, Robert: War and Changes in World Politics, New York 1981.
Glaser, Charles L.: The Necessary and Natural Evolution of Structural Realism, in: Vasquez, John A./Elman, Colin (Hrsg.): Realism and Balancing of Power: A New Debate, Upper Saddle River 2003.
Gleditsch, Nils P./Hegee, Havard: Peace and Democracy. Three Levels of Analysis, in: Journal of Conflict resolution 41:2 (1997), S. 283–310.
Greer, Scott L./Löblová, Olga: European integration in the era of permissive dissensus: Neofunctionalism and agenda-setting in European health technology assessment and communicable disease control, in: Comperative European Politics 15:3 (2017), S. 394–413.
Grieco, Joseph M.: Anarchy and the Limits of Cooperation: A Realist Critique of the Newest Liberal Institutionalism, in: International Organization 42:3 (1988), S. 485–507.
Grieco, Joseph M.: Understanding the Problem of International Cooperation: The Limits of Neoliberal Institutionalism, and the Future of Realist Theory, in: Baldwin, David A. (Hrsg.): Neorealism and Neoliberalism. The Contemporary Debate, New York 1993, S. 301–338.
Grieco, Joseph M./Gelpi, Christopher F./Warren, T. Camber: When Preferences and Commitments Collide: The Effect of Relative Partisan Shifts on International Treaty Compliance in: International Organization 63:2 (2009), S. 341–355.
Griffiths, Martin: (Hrsg.): International Relations Theory for the Twenty-First Century, London 2007.
Griffiths, Martin: Fifty Key Thinkers in International Relations, London/New York 1999.
Groom, A. J. R./Light, Margot (Hrsg.): Contemporary International Relations. A Guide to Theory, London 1994.
Guetzkow, Harold: Long-Range Research in International Relations, in: Rosenau, James N. (Hrsg.): International Politics and Foreign Policy: A Reader in Research and Theory, 6. Auflage, New York 1968, S. 53–59.
Guicciardini, Francesco: The Balance of Power among the Italian States (Übersetzung), in: Luard, Evan (Hrsg.): Basic Texts in International Relations, London 1992, S. 380–386.

Gunitsky, Seva: Complexity and theories of change in international politics, in: International Theory 5:1 (2013), S. 35–63.
Guzzini, Stefano: The ends of International Relations theory: Stages of reflexivity and modes of theorizing, in: European Journal of International Relations 19:3 (2013), S. 521–541.
Haas, Ernst B.: Beyond the Nation-State, (repr). Stanford 1968.
Haas, Ernst B.: Turbulent Fields and the Theory of Regional Integration, in: International Organization 30:2 (1976), S. 173–212.
Hacke, Christian: Nationales Interesse als Handlungsmaxime für die Außenpolitik Deutschlands, in: Karl Kaiser/Joachim Krause (Hrsg.): Deutschlands neue Außenpolitik, Band 3: Interessen und Strategien, München 1996, S. 3–13.
Hacke, Christian: Weltmacht wider Willen. Die Außenpolitik der Bundesrepublik Deutschland, aktualisierte u. erw. Neuausgabe, Frankfurt a. M./Berlin 1993.
Haftendorn, Helga (Hrsg.): Theorie der Internationalen Politik. Gegenstand und Methoden der Internationalen Beziehungen, Hamburg 1975.
Haftendorn, Helga: Bemühungen um eine Theorie Internationaler Beziehungen. Eine wissenschaftstheoretische Einführung, in: Dies. (Hrsg.): Theorie der Internationalen Politik. Gegenstand und Methoden der Internationalen Beziehungen, Hamburg 1975, S. 9–36.
Haftendorn, Helga: Zur Theorie außenpolitischer Entscheidungsprozesse, in: Rittberger, Volker (Hrsg.): Theorien der Internationalen Beziehungen. Bestandsaufnahme und Forschungsperspektiven, PVS–Sonderheft 21, Opladen 1990, S. 401–423.
Hall, Ian: The Triumph of Anti-liberalism? Reconciling Radicalism to Realism in International Relations Theory, in: Political Studies Review 9:1 (2011), S. 42–52.
Hatemi, Peter K. and McDermott, Rose: The genetics of politics: discovery, challenges, and progress, in: Trends in Genetics, 28:10 (2012), S. 525–533.
Hellmann, Gunther: Für eine problemorientierte Grundlagenforschung: Kritik und Perspektiven der Disziplin „Internationale Beziehungen" in Deutschland, in: Zeitschrift für Internationale Beziehungen 1 (1994), S. 65–90.
Hellmann, Gunther/Wolf Reinhard: Systemische Theorien nach dem Ende des Ost–West-Konfliktes, in: Österreichische Zeitschrift für Politikwissenschaft 22:2 (1993), S. 153–167.
Hempel, Carl G. and Oppenheim, Paul: Studies in the Logic of Explanation, in: Philosophy of Science 15:2 (1948), S. 135–175.
Hempel, Carl G.: Philosophy of Natural Science, Englewood Cliffs, N.J. 1966.
Hill, Kim Quaile: In Search of General Theory, in: The Journal of Politics, 74:4 (2012), S. 917–931.
Hofferberth, Matthias and Weber, Christian: Lost in translation. A methodological critique of constructivist norm research, in: Journal of International Relations and Development, 18:1 (2015), S. 75–103.
Hoffmann, Stanley: Probleme der Theoriebildung, in: Haftendorn, Helga (Hrsg.): Theorie der Internationalen Politik, Hamburg 1975, S. 39–51.
Hollis, Martin/Smith, Steve: Explaining and Understanding International Relations, Oxford 1990.
Holsti, Kalevi J.: Change in the International System: Essays on the Theory and Practice of International Relations, Aldershot 1991.
Holsti, Kalevi J.: The Dividing Discipline. Hegemony and Diversity in International Theory, Winchester 1985.
Hooghe, Lisbet/Marks, Gary: A Postfunctionalist Theory of European Integration: From Permissive Consensus to Constraining Dissensus, in: British Journal of Political Science 39:1 (2009), S. 1–23.
Hopf, Ted: Common-sense Constructivism and Hegemony in World Politics, in: International Organization 67:2 (2013), S. 317–354.

Huntington, Samuel P.: Der Kampf der Kulturen. Die Neugestaltung der Weltpolitik im 21. Jahrhundert, 5. Auflage, München 1997.
Huntington, Samuel P.: The Clash of Civilizations?, in: Foreign Affairs 72:3 (1993), S. 27–49.
Ikenberry, John (Hrsg.): America Unrivaled: The Future of the Balance of Power, Ithaca/London 2002.
Intrilligator, Michael D.(Hrsg.): Cooperative Models in International Relations Research, Boston 1994.
Jaeger, Hans-Martin: Konstruktionsfehler des Konstruktivismus in den internationalen Beziehungen, in: Zeitschrift für Internationale Beziehungen 3 (1996), S. 313–340.
Jahn, Beate: Liberal Internationalism: From Ideology to Empirical Theory – And Back Again, in: International Theory 1:3 (2009), S. 409–438.
Jahn, Beate: „Universal languages?: A reply to Moravcsik“, in: International Theory 2:1 (2010), S. 140–156.
Jahn, Egbert: Frieden, in: Pipers Wörterbuch, Band 6: Internationale Beziehungen, hrsg. v. Andreas Boeckh, München 1994, S. 155–158.
Hayes, Jarrod: Securitization, Social Identity, and Democratic Security: Nixon, India, and the Ties That Bind, in: International Organization 66:1 (2012), S. 63–93.
Hayes, Jarrod: The Democratic Peace and the New Evolution of an Old Idea, in: European Journal of International Relation 18:4 (2011), S. 767–791.
Jaspers, Karl: Kants ‚Zum ewigen Frieden‘, in: Ders.: Aneignung und Polemik. Gesammelte Reden und Aufsätze zur Geschichte der Philosophie, München 1968, S. 205–232.
Jervis, Robert: System effects: complexity in political and social life, Princeton, NJ 1997.
Jervis, Robert: Realism, Neoliberalism, and Cooperation: Understanding the Debate, in: International Security 24:1 (1999), S. 42–63.
Joffe, Josef: Abschreckung und Abschreckungspolitik. Kritische Bemerkungen zu Dieter Senghaas' Beitrag, in: Bedrohungsvorstellung als Faktor der internationalen Politik, Jahrbuch für Friedens- und Konfliktforschung, Band 1, Düsseldorf 1971, S. 133–159.
Johnson, Bernard: Bernard Johnson's Interview with Hans J. Morgenthau, in: Thompson, Kenneth/ Myers, Robert J.: (Hrsg.): Truth and Tragedy. A Tribute to Hans J. Morgenthau, New York 1984, S. 333–386.
Johnson, Tana and Urpelainen, Johannes: A Strategic Theory of Regime Integration and Separation, in: International Organization 66:4 (2012), S. 645–677.
Kaiser, Karl: Friedensforschung in der Bundesrepublik, Hannover 1970.
Kaiser, Karl: Transnationale Politik. Zu einer Theorie der multinationalen Politik, in: PVS, Sonderheft 1: Die anachronistische Souveränität, hrsg. v. Ernst-Otto Czempiel, 1969, S. 80–109.
Kant, Immanuel: Über den Gemeinspruch: Das mag in der Theorie richtig sein, taugt aber nicht für die Praxis, in: Ders.: Kleinere Schriften zur Geschichtsphilosophie, Ethik und Politik, hrsg. von Karl Vorländer, Hamburg 1973, S. 69–113.
Kant, Immanuel: Zum ewigen Frieden (1795), in: Ders.: Kleinere Schriften zur Geschichtsphilosophie, Ethik und Politik, hrsg. von Karl Vorländer, Hamburg 1973, S. 117–169.
Kant, Immanuel: Zum ewigen Frieden. Ein philosophischer Entwurf, mit Einleitung und Anm., Bibliogr. und Reg. kritisch hrsg. v. Heiner F. Klemme, Hamburg 1992.
Kaplan, Morton A.: System and Process in International Politics, New York 1957.
Kaplan, Morton A.: Systemtheoretische Modelle des internationalen Systems, in: Haftendorn, Helga (Hrsg.): Theorie der Internationalen Politik, Hamburg 1975, S. 297–317.
Kaplan, Morton A.: The New Great Debate: Traditionalism vs. Science in International Relations, in: World Politics 19:1 (1966), S. 1–20.
Keck, Otto: Der neue Institutionalismus in der Theorie der internationalen Politik, in: PVS 32 (1991), S. 635–653.

Keck, Otto: Zur sozialen Konstruktion des Rational-Choice-Ansatzes. Einige Klarstellungen zur Rationalismus–Konstruktivismus-Debatte, in: Zeitschrift für Internationale Beziehungen 4 (1997), S. 139–151.

Kegley, Charles W.: Controversies in International Relations Theory: Realism and the Neoliberal Challenge, New York 1995.

Keohane, Robert O.: Theory of World Politics: Structural Realism and Beyond, in: Viotti, Paul R./ Kauppi, Mark V. (Hrsg.): International Relations Theory, Realism, Pluralism, Globalism, and Beyond, Boston 1999, S. 153–183.

Keohane, Robert O.: After Hegemony. Cooperation and Discord in World Political Economy, Princeton 1984.

Keohane, Robert O.: Institutional Theory and the Realist Challenge after the Cold War, in: Baldwin, David (Hrsg.): Neorealism and Neoliberalism: The Contemporary Debate, New York 1993, S. 269–300.

Keohane, Robert O.: International Institutions and State Power: Essays in International Relations Theory, Boulder 1989.

Keohane, Robert O.: Power and Interdependence, 3. Auflage, New York 2001.

Keohane, Robert O.: Realism and Complex Interdependence, in: Viotti, Paul R./Kauppi, Mark V. (Hrsg.): International Relations Theory. Realism, Pluralism, Globalism, and Beyond, 3. Auflage, Boston 1999, S. 307–318.

Keohane, Robert O.: Realism, Neorealism and the Study of the World Politics, in: Ders. (Hrsg.): Neorealism and its Critics, New York 1986.

Keohane, Robert O.: The Analysis of International Regimes. Towards a European-American Research Programme, in: Rittberger, Volker (Hrsg.): Regime Theory and International Relations, Oxford 1993, S. 23–45.

Keohane, Robert O.: The Theory of Hegemonic Stability and Changes in the International Economic Regimes, 1967–1977, in: Holsti, Kalevi J. u. a. (Hrsg.): Change in the International System, Boulder 1980, S. 131–162.

Keohane, Robert O.: Transnational Relations and World Politics, Cambridge 1972.

Keohane, Robert O./Nye, Joseph: Power and Interdependence revisited, in: International Organization 41:4 (1987), S. 725–753.

Keohane, Robert O.: The old IPE and the new, in: Review of International Political Economy 16:1 (2009), S. 34–46.

Keohane, Robert O.: Twenty Years of Institutional Liberalism, in: International Relations 26:2 (2012), S. 125–138.

Keohane, Robert O./Macedo, Stephen/Moravcsik, Andrew: Democracy-Enhancing Multilateralism, in: International Organization 63:1 (2009), S. 1–31.

Kessler, Oliver: The Contingency of Constructivism: On Norms, the Social, and the Third, in: International Studies 45:1 (2016), S. 43–63.

Kindermann, Gottfried-Karl (Hrsg.): Grundelemente der Weltpolitik. Eine Einführung, 4. Auflage, München 1991.

Kindermann, Gottfried-Karl: Hans J. Morgenthau und die theoretischen Grundlagen des politischen Realismus, in: Morgenthau, Hans J. (Hrsg.): Macht und Frieden. Grundlegung einer Theorie der internationalen Beziehungen, Gütersloh 1963, S. 19–47.

Kindermann, Gottfried-Karl: Internationale Politik in Theorie, Analyse und Praxis, in: Ders. (Hrsg.): Grundelemente der Weltpolitik, 4. Auflage, München 1991, S. 59–105.

Kindermann, Gottfried-Karl: Zum Selbstverständnis des neorealistischen Ansatzes, in: Ders. (Hrsg.): Grundelemente der Weltpolitik, 4. Auflage, München 1991, S. 11–47.

Kindermann, Gottfried-Karl: Zur Methodik der Internationalen Konstellationsanalyse, in: Ders. (Hrsg.): Grundelemente der Weltpolitik, 4. Auflage, München 1991, S. 106–144

Kohler-Koch, Beate (Hrsg.): Regime in den internationalen Beziehungen, Baden-Baden 1989.
Kohler-Koch, Beate: Zur Empirie und Theorie internationaler Regime, in: Dies. (Hrsg.): Regime in den internationalen Beziehungen, Baden-Baden 1989, S. 17–87.
Kopp, Dieter: In der Deutschen Demokratischen Republik: Gesellschaftswissenschaft als politische Wissenschaft, in: Lietzmann, Hans J./Bleek, Wilhelm (Hrsg.): Politikwissenschaft. Geschichte und Entwicklung in Deutschland und Europa, München/Wien 1996.
Krasner, Stephen D.: Structural Causes and Regime Consequences: Regimes as Intervening Variables, in International Organization 36:2 (1982), S. 185–205.
Krasner, Stephen D. (Hrsg.): International Regimes, Ithaka/London 1983.
Krasner, Stephen D.: Defending the National Interest: Raw Material Investment and U.S. Foreign Policy, Princeton 1978.
Kreile, Michael: Regime und Regimewandel in den internationalen Wirtschaftsbeziehungen, in: Kohler-Koch, Beate (Hrsg.): Regime in den internationalen Beziehungen, Baden-Baden 1989, S. 89–103.
Krell, Gert: Weltbilder und Weltordnung, 3. Auflage, Baden-Baden 2003.
Krippendorff, Ekkehart (Hrsg.): Friedensforschung, Köln/Berlin 1968.
Krippendorff, Ekkehart: Internationale Beziehungen – Versuch einer politikökonomischen Rahmenanalyse, in: PVS 13 (1972), S. 348–373.
Krippendorff, Ekkehart: Internationales System als Geschichte. Einführung in die internationalen Beziehungen 1, Frankfurt a. M. 1975.
Krippendorff, Ekkehart: Polit-ökonomische Schule, in: Pipers Wörterbuch, Band 6: Internationale Beziehungen, hrsg. v. Andreas Boeckh, München 1994, S. 416–422.
Krippendorff, Ekkehart: Staat und Krieg. Die historische Logik politischer Unvernunft, Frankfurt a. M. 1985.
Krippendorff, Ekkehart: The Dominance of American Approaches in International Relations, in: Dyer, Hugh C./Mangasarian, Leon (Hrsg.): The Study of International Relations. The State of Art, London 1989, S. 28–39.
Kuhn, Thomas S.: Die Entstehung des Neuen Studien zur Struktur der Wissenschaftsgeschichte; herausgegeben von Lorenz Krüger, Frankfurt 1977.
Kühnlein, Gertrud: Die Entwicklung der kritischen Friedensforschung in Deutschland, Frankfurt a. M. 1978.
Kurki, Milia: The Limitations of the Critical Edge: Reflections on Critical and Philosophical IR Scholarship Today, in: Millennium: Journal of International Studies 40:1 (2011), S. 129–146.
Kurki, Milja/Wight, Colin: International Relations and Social Science, in: Dunne, Tim/Kurki, Milja/Smith, Steve (Hrsg.): International Relations Theories, Oxford 2007, S. 13–33.
Kurlantzick, Joshua: Charm Offensive: How China's Soft Power is transforming the World, New Haven, CT, 2007.
Kurowska, Xymena/Kratochwil, Friedrich: The Social Constructivist Sensibility and CSDP Research, in: Xymena Kurowska/Fabian Breuer (Hrsg.): Explaining the EU's Common Security and Defence Policy. Theory in Action, London 2012, S. 86–110.
Lacatus, Cora/Schade, Daniel und Yao, Yuan (Joanne): *Quo vadis* IR: Method, Methodology and Innovation, in: Millennium: Journal of International Studies 43:3 (2015), S. 767–778.
Lake, David A.: Powerful Pacifists: Democratic States and War, in: American Political Science Review 86:1 (1992), S. 24–37.
Lake, David A.: Theory is dead, long live theory: The end of the Great Debates and the rise of eclecticism in International Relations, in: European Journal of International Relations 19:3 (2013), S. 567–587.
Laux, Hermut: Entscheidungstheorie, Berlin 2010.
Lebow, Richard Ned: International Relations Theory and the End of Cold War, New York 1995.

Lefkorfridi, Zoe/Schmitter, Phillippe C.: Transcending or Descending? European Integration in Times of Crisis, in: European Political Science Review 7:1 (2015), S. 3–22.

Lehmann, Kai E.: Unfinished transformation: The three phases of complexity's emergence into international relations and foreign policy, in: Cooperation and Conflict 47:3 (2012), S. 404–413.

Lehmkuhl, Ursula (Hrsg.): Theorien Internationaler Politik: Einführung und Texte, 2., verbesserte Auflage, München/Wien 1997.

Lergo, Jeffrey W./Moravcsik, Andrew: Is Anybody Still a Realist? in: International Security 24:2 (1999), S. 5–55.

Levine, Daniel J. and Barder, Alexander D.: The closing of the American mind: ‚American School' International Relations and the state of grand theory, in: European Journal of International Relations 20:4 (2014), S. 863–888.

Levine, Daniel J. Why Hans Morgenthau was not a critical theorist (and why contemporary IR realists should care), in: International Relations 27:1 (2013), S. 95–118.

Link, Werner: Zur internationalen Ordnung – Merkmale und Perspektiven, in: Zeitschrift für Politik, 44:3 (1997), S. 258–277.

Link, Werner: Der Ost–West-Konflikt. Die Organisation der Internationalen Beziehungen im 20. Jahrhundert, 2., überarbeitete und erweiterte Auflage, Stuttgart 1988.

Link, Werner: Deutsche und amerikanische Gewerkschaften und Geschäftsleute 1945–1975. Eine Studie über transnationale Beziehungen, Düsseldorf 1978.

Linklater, Andrew: Beyond Realism and Marxism: Critical Theory and International Relations, Basingstoke 1990.

Linklater, Andrew: Marxism, in: Burchill, Scott/Linklater, Andrew (Hrsg.): Theories of International Relations, London 1996, S. 119–144.

Linklater, Andrew: Rationalism, in: Burchill, Scott/Linklater, Andrew (Hrsg.): Theories of International Relations, London 1996, S. 93–118.

Linklater, Andrew: The Achievements of Critical Theory, in: Smith, Steve/Booth, Ken/Zalewski, Marysia (Hrsg.): International Theory: Positivism and Beyond, Cambridge 1996, S. 279–298.

Lippmann, Walter: The Stakes of Diplomacy, New York 1915.

Lo, Nigel/Hashimoto, Barry/Reiter, Dan: Ensuring Peace: Foreign-Imposed Regime Change and Postwar Peace Duration, 1914–2001, in: International Organization 62:4 (2008), S. 717–736.

Locher, Birgit: Internationale Beziehungen aus der Geschlechtsperspektive, in: Internationale Politik und Gesellschaft 1977:1, S. 5–24.

Long, David: Towards a New Liberal Internationalism. The International Theory of J. A. Hobson, Cambridge 1996.

Lopez, George A. (Hrsg.): International Relations: Contemporary Theory and Practice, Washington 1989.

Lorenz, Edward: Designing Chaotic Models, in: Journal of the Atmospheric Sciences 62:5 (2005), S. 1574–1587.

Lorenz, Edward: Deterministic non–periodic flow, in: Journal of the Atmospheric Sciences 20 (1963), S. 130–141.

Lorenz, Konrad: Das sogenannte Böse. Zur Naturgeschichte der Aggression, 4. Auflage, Wien 1964.

Luard, Evan: Basic Texts in International Relations. The Evolution of Ideas about International Society, London 1992.

Luhmann, Niklas: Macht, Stuttgart 1973.

Lupovici, Amir: Constructivist methods: a plea and manifesto for pluralism, in: Review of International Studies 35 (2009), S. 195–218.

Lupovici, Amir: Constructivist methods: a plea and manifesto for pluralism, in: Review of International Studies 35 (2009), S. 195–218.

Lynn-Jones, Sean M.: Preface in: Brown, Michael E./Lynn-Jones, Sean M./Miller, Steven E. (Hrsg.): Debating the Democratic Peace, Cambridge 1999, S. IX–XXXIII.

MacMillan, John: ‚Hollow promises?' Critical materialism and the contradictions of the Democratic Peace, in: International Theory 4:3 (2012), S. 331–366.

Mansfield, Edward D./Snyder, Jack: Pathways to War in Democratic Transitions, in: International Organization 63:2 (2009), S. 381–390.

Mansfield, Edward D./Snyder, Jack: Prone to Violence: The Paradox of the Democratic Peace, in: The National Interest 82 (2005/2006), S. 39–45.

Mansfield, Edward D./Snyder, Jack: The Sequencing ‚Fallacy', in: Journal of Democracy, 18:3 (2007), S. 5–9.

Manza, Jeff and McCarthy, Michael A.: The Neo-Marxist Legacy in American Sociology, in: Annual Review of Sociology 37 (2011), S. 155–183.

McCarty, Nolan/Meirowitz, Adam: Political Game Theory, Cambridge 2007.

McCourt, David M.: Practice Theory and Relationalism as the New Constructivism, in: International Studies Quarterly 60:3 (2016), S. 475–485.

Mearsheimer, John J.: The Tradgedy of Great Power Politics, New York 2001.

Mearsheimer, John J.: Structural Realism, in: Dunne, Tim/Kurki, Milia/Smith Steve (Hrsg.): International Relations Theories, Oxford 2007, S. 71–88.

Meier-Walser, Reinhard: Neorealismus ist mehr als Waltz. Der synoptische Realismus des Münchner Ansatzes, in: Zeitschrift für Internationale Beziehungen 1 (1994), S. 115–126.

Mendler, Martin/Schwegler-Rohmeis, Wolfgang: Auf dem Weg zu einer allgemeinen Theorie der Kriegsursachen? Ein Literaturbericht zum Stand der Forschung, in: Gantzel, Klaus Jürgen (Hrsg.): Krieg in der Dritten Welt, Baden-Baden 1988, S. 199–289.

Meyers, Reinhard: Begriff und Probleme des Friedens, Opladen 1994.

Meyers, Reinhard: Grundbegriffe, Strukturen und theoretische Perspektiven der internationalen Beziehungen, in: Bundeszentrale für politische Bildung (Hrsg.): Grundwissen Politik, Bonn 1993, S. 229–334.

Meyers, Reinhard: Metatheoretische und methodische Betrachtungen zur Theorie der internationalen Beziehungen, in: Rittberger, Volker (Hrsg.): Theorien der internationalen Beziehungen. Bestandsaufnahme und Forschungsperspektiven, Opladen 1990, S. 48–70.

Meyers, Reinhard: Theorien der internationalen Beziehungen, in: Woyke, Wichard (Hrsg.): Handwörterbuch Internationale Politik, 6. Auflage, Opladen 1995, S. 403–430.

Meyers, Reinhard: Weltmarkt oder Weltpolitik? Anmerkungen zur gegenwärtigen Befindlichkeit der bundesrepublikanischen Lehre von den Internationalen Beziehungen, in: Neue Politische Literatur 31. (1986), S. 187–211.

Meyers, Reinhard: Wie viele Schwalben machen einen Sommer? (Re)naissance der Internationalen Politischen Ökonomie?, in: Neue Politische Literatur 34:1 (1989), S. 5–40.

Michael J. Gilligan and Leslie Johns: Formal Models of International Institutions, in: Annual Review of Political Science 15:2 (2012) S. 21–43.

Mintz, Alex, Redd, Steven B., and Tal-Shir, Eldad: The Poliheuristic Theory of Political Decision-Making, Juni 2017, http://politics.oxfordre.com/view/10.1093/acrefore/9780190228637.001.0001/acrefore-9780190228637-e-302 (letzter Abruf 25.04.2018).

Mitrany, David: A Working Peace System, Chicago 1966.

Mitscherlich, Alexander: Die Idee des Friedens und die menschliche Aggressivität, Frankfurt a. M. 1970.

Moltmann, Bernhard (Hrsg.): Perspektiven der Friedensforschung, Baden-Baden 1988.

Mommsen, Wolfgang: Imperialismustheorien. Ein Überblick über die neueren Imperialismusinterpretationen, 3. Auflage, Göttingen 1987.

Moravcsik, Andrew: ‚Wahn, Wahn, Überall Wahn': A reply to Jahn's critique of liberal internationalism, in: International Theory 2:1 (2010), S. 113–139.
Moravcsik, Andrew: Liberal Theories of International Relations: A Primer http://www.princeton.edu/~amoravcs/library/primer.doc (letzter Abruf 05.02.2018), S. 1–15.
Moravcsik, Andrew: Tilting at windmills: a final reply to Jahn, in: International Theory 2:1 (2010), S. 157–173.
Moravcsik, Andrew: Federalism and Peace: A Structural Liberal Perspective, in: Zeitschrift für Internationale Beziehungen 3:2 (1996), S. 123–132.
Moravcsik, Andrew: Liberal International Relations Theory: A Scientific Assessment, in: Elman, Colin/Fendius Elman, Miriam (Hrsg.), Progress In International Relations Theory: Appraising the Field, Cambridge, Mass. 2003, S. 159–204.
Moravcsik, Andrew: Taking Preferences Seriously. A Liberal Theory of International Politics, in: International Organization 51:4 (1997), S. 513–553.
Moravcsik, Andrew: The European Constitutional Settlement, in: The World Economy 31:1 (2008), S. 158–183.
Moravcsik, Andrew: The New Liberalism, in: Reus-Smit, Christian/Snidal, Duncan (Hrsg.), The Oxford Handbook of International Relations, Oxford 2008, S. 234–254.
Morgenthau, Hans J.: Internationale Politik: Der Kampf um die Macht, in: Haftendorn, Helga (Hrsg.): Theorie der Internationalen Politik. Gegenstand und Methoden der Internationalen Beziehungen, Hamburg 1975, S. 78–88.
Morgenthau, Hans J.: Macht und Frieden. Grundlegung einer Theorie der internationalen Beziehungen, Gütersloh 1963 (Englische Ausgabe: Politics among nations, zuerst erschienen im Jahre 1948).
Morgenthau, Hans J.: The Problem of the National Interest, in: Ders. (Hrsg.): Dilemmas of Politics, Chicago 1958, S. 54–87.
Morgenthau, Hans J.: Dilemmas of Politics, Chicago 1958.
Morse, Julia C. and Keohane, Robert O.: Contested Multilateralism, in: The Review of International Organizations 9:4 (2014), S. 385–412.
Müller, Harald: Die Chance der Kooperation. Regime in den internationalen Beziehungen, Darmstadt 1993.
Müller, Harald: Institutionen und internationale Ordnung, in: Ders./Krell, Gert (Hrsg.): Frieden und Konflikt in den internationalen Beziehungen. Festschrift für Ernst-Otto Czempiel, Frankfurt a. M. 1994, S. 223–253.
Müller, Harald: Internationale Beziehungen als kommunikatives Handeln. Zur Kritik der utilitaristischen Handlungstheorien, in: Zeitschrift für Internationale Beziehungen 1 (1994), S. 15–44.
Müller, Harald: Regimeanalyse und Sicherheitspolitik. Das Beispiel Nonproliferation, in: Kohler-Koch, Beate (Hrsg.): Regime in den internationalen Beziehungen, Baden-Baden 1989, S. 277–313.
Müller, Harald: Spielen hilft nicht immer. Die Grenzen des Rational-Choice-Ansatzes und der Platz der Theorie kommunikativen Handelns in der Analyse internationaler Beziehungen, in: Zeitschrift für Internationale Beziehungen 2 (1995), S. 371–391.
Narang, Vipin/Nelson, Rebecca M.: Who Are These Belligerent Democratizers? Reassessing the Impact of Democratization on War, in: International Organization 63:2 (2009), S. 357–379.
Neufeld, Mark: The Restructuring of International Relations Theory, Cambridge 1995.
Neumann, John von/Morgenstern, Oscar: Theory of Games and Economic Behavior, Princeton NJ, 1944 (2004).
Niebuhr, Reinhold: Moral man and immoral society. A study in ethics and politics, New York 1932.
Nieman, Arne/Iannou, Demosthenes: European economic integration in times of crisis: A case of neofunctionalism, in: Journal of European Public Policy 22:2 (2015), S. 196–218.

Niemann, Arne/Speyer, Johanna: A Neofunctionalist Perspective on the ‚European Refugee Crisis': The Case of the European Border and Coast Guard, in: Journal of Common Market Studies 56:1 (2018), S. 23–43.
Olson, William C.: The Theory and Practice of International Relations, 9. Auflage, London 1994.
Onuf, Nicholas Greenwood: World of Our Making: Rules and Rule in Social Theory and International Relations, Columbia 1989.
Osgood, Robert E.: Idealismus und Egoismus in der Außenpolitik, in: Haftendorn, Helga (Hrsg.): Theorie der Internationalen Politik. Gegenstand und Methoden der Internationalen Beziehungen, Hamburg 1975, S. 52–68.
Owen, John M.: How Liberalism Produces Democratic Peace, in: Brown, Michael E./Lynn-Jones, Sean M./Miller, Steven E. (Hrsg.): Debating the Democratic Peace, Cambridge 1999, S. 116–164.
Panke, Diana/Risse, Thomas: Liberalism, in: Dunne, Tim/Kurki, Milja/Smith, Steve (Hrsg.): International Relations Theories, Oxford 2007, S. 89–107.
Papcke, Sven: Progressive Gewalt. Studien zum sozialen Widerstandsrecht, Frankfurt a. M. 1973.
Pape, Robert A.: Soft Balancing against the United States, in: International Security 30:1 (2005), S. 7–45.
Parent, Joseph M. and Rosato, Sebastian: Balancing in Neorealism, in: International Security 40:2 (2015), S. 51–86.
Patrick J. McDonald: Great Powers, Hierarchy, and Endogenous Regimes: Rethinking the Domestic Causes of Peace, in: International Organization 69:3 (2015), S. 557–588.
Paul, T. V.: Soft balancing in the age of US primacy, in: International Security 30:1 (2005), S. 46–71.
Peltonen, Hannes: A Tale of Two Cognitions: The Evolution of Social Constructivism in International Relations, in: Revista Brasileira de Politica Inernacional 60:1 (2017), http://dx.doi.org/10.1590/0034-7329201700105 (letzter Abruf 19.12.2017).
Pijl, Kees van der: Vordenker der Weltpolitik. Einführung in die internationale Politik aus ideengeschichtlicher Perspektive, Opladen 1996.
Posen, Barry R.: The Sources of Military Doctrine: France, Britain, and Germany Between the World War. Ithaca 1984.
Powell, Robert: Bargaining Theory and International Conflict, in: Annual Review of Political Science 5 (2002), S. 1–30.
Pratt, Simon Frankel: Pragmatism as Ontology, Not (Just) Epistemology: Exploring the Full Horizon of Pragmatism as an Approach to IR Theory, in: International Studies Review 18:3 (2016), S. 508–527.
Prittwitz, Volker: Internationale Umweltregime – Ein Fallvergleich, in: Kohler-Koch, Beate (Hrsg.): Regime in den internationalen Beziehungen, Baden-Baden 1989, S. 225–245.
Rapoport, Anatol: Allgemeine Systemtheorie: wesentliche Begriffe und Anwendungen, Darmstadt 1988.
Rapoport, Anatol: Fights, Games, and Debates, Ann Arbor 1960.
Rapoport, Anatol: Nullsummen-Konflikte und Nichtnullsummen-Konflikte, in: Frei, Daniel (Hrsg.): Theorien der Internationalen Beziehungen, 2., gründlich überarbeitete Auflage, München 1977, S. 190–194.
Rapoport, Anatol: Spieltheorie, Konflikt und Konfliktlösung, in: Kurzrock, Ruprecht (Hrsg.): Systemtheorie, Berlin 1972, S. 187–198.
Rapoport, Anatol/Chammah, Albert: Prisoner's Dilemma: A Study in Conflict and Cooperation, Ann Arbor 1965.
Raumer, Friedrich von: Friedensrufe und Friedenspläne seit der Renaissance, Freiburg/München 1953.
Redd, Steven B. and Mintz, Alex: Policy Perspectives on National Security and Foreign Policy Decision Making, in: The Policy Studies Journal 41:S1 (2013), S. 11–37.

Reese-Schäfer, Walter: Neorealismus und Neoliberalismus in den internationalen Beziehungen. Zur empirischen Überprüfung einer These Immanuel Kants, in: Gegenwartskunde, Band 44, 1995, S. 449–460. Review of International Studies 35:1 (2009), S. 195–218.

Risse-Kappen, Thomas: Reden ist nicht billig. Zur Debatte um Kommunikation und Rationalität, in: Zeitschrift für Internationale Beziehungen 2 (1995), S. 171–184.

Rittberger, Berthold/Schimmelfennig, Frank: Kontinuität und Divergenz. Die Eurokrise und die Entwicklung europäischer Integration in der Europaforschung, in: Politische Vierteljahresschrift 56:3 (2015), S. 389–405.

Rittberger, Volker (Hrsg.): Regime Theory and International Relations, Oxford 1993.

Rittberger, Volker (Hrsg.): Theorien der Internationalen Beziehungen. Bestandsaufnahme und Forschungsperspektiven, PVS–Sonderheft 21, Opladen 1990.

Rittberger, Volker/Hummel, Hartwig: Die Disziplin der „Internationalen Beziehungen" im deutschsprachigen Raum auf der Suche nach ihrer Identität: Entwicklung und Perspektiven, in: Volker Rittberger (Hrsg.): Theorien der Internationalen Beziehungen. Bestandsaufnahme und Forschungsperspektiven, Opladen 1990, S. 17–47.

Rittberger, Volker/Mogler, Martin/Zangl, Bernhard: Vereinte Nationen und Weltordnung. Zivilisierung der internationalen Politik?, Opladen 1997.

Rittberger, Volker/Zürn, Michael: Towards Regulated Anarchy in East–West-Relations: Causes and Consequences of East–West-Regimes, in: Rittberger, Volker (Hrsg.): International Regimes in East–West-Politics, London/New York 1990, S. 9–63.

Rohde, Christoph: Das Postmoderne Balancing: Anmerkungen zum neuen Neorealismus unter besonderer Berücksichtigung des Mächtegleichgewichte, http://www.politischer-realismus.de (letzter Abruf 11. November 2017).

Röhrich, Wilfried: Politik als Wissenschaft. Ein Überblick, Opladen 1986.

Rose, Gideon: Neoclassical Realism and Theories of Foreign Policy, in: World Politics 51:1 (1998), S. 144–172.

Rosenau, James: Turbulence in World Politics: A Theory of Change and Continuity, New York 1990.

Rummel, Rudolph J.: Democracies are less warlike than other regimes, in: European Journal of International Relations 1:4, S. 457–479.

Rummel, Rudolph J.: Understanding Conflict and War, five volumes, Los Angeles 1975–1981.

Russet, Bruce/Oneal, John R.: Triangulating Peace: Democracy, Interdependence, and international organization, New York 2001.

Russett, Bruce: Controlling the Sword: The Democratic Governance of National Security, Cambridge 1990.

Russett, Bruce: Grasping the Democratic Peace: Principles for a Post-Cold War World, Princeton 1993.

Russett, Bruce: Why Democratic Peace? In: Brown, Michael E./Lynn-Jones, Sean M./Miller, Steven E. (Hrsg.): Debating the Democratic Peace, Cambridge 1999, S. 82–115.

Samuelson, Larry: Game Theory in Economics and Beyond, in: The Journal of Economic Perspectives 30:4 (2016), S. 107–130.

Sandal, Nukhet, Zhang, Enyu, James, Carolyn, and James, Patrick: Poliheuristic Theory and Crisis Decision Making: A Comparative Analysis of Turkey with China, in: Canadian Journal of Political Science 44:1 (2011), S. 27–57.

Sauer, Frank/Schörnig, Niklas: Killer drones: The ‚silver bullet' of democratic warfare?, in: Security Dialogue 43:4 (2012), S. 363–380.

Schelling, Thomas: The Strategy of Conflict, Cambridge, Mass. 1960.

Schieder, Siegfried/Spindler, Manuela (Hrsg.): Theorien der Internationalen Beziehungen, 2. Auflage, Opladen 2006.

Schimmelfennig, Frank: Theorising Cisis in European Integration, in: Desmond Dinan/Neill Nugent/William E. Paterson (Hrsg.): The European Union in Crisis, Basingstoke 2017, 316–336.
Schindler, Sebastian/Wille, Tobias: Change in and through practice: Pierre Bourdieu, Vincent Pouliot, and the end of the Cold War, in: International Theory 7:2 (2015), S. 330–359.
Schirm, Stefan A.: Internationale Politische Ökonomie, Baden-Baden 2004.
Schmalz-Bruns, Rainer: Die Theorie kommunikativen Handelns – eine Flaschenpost? Anmerkungen zur jüngsten Theoriedebatte in den Internationalen Beziehungen, in: Zeitschrift für Internationale Beziehungen 2 (1995), S. 347–370.
Schmidt, Brian C.: On the History and Historiography of International Relations, in: Carlsnaes, Walter/Risse, Thomas/Simmons, Beth A. (Hrsg.): Handbook of International Relations, London 2003, S. 3–22.
Schmitter, Philippe C./Lefkonfridi, Zoe: Neo-Functionaism as a Theory of Disintegration, in: Chinese Political Science Review 1:1 (2016), S. 1–29.
Scholten, Miroslava/Scholten, Daniel: From Regulation to Enforcement in the EU Policy Cycle: A New Type of Functional Spillover?, in: Journal of Common Market Studies 55:4 (2017), S. 925–942.
Schuman, Frederick L.: International Politics. The Destiny of the Western State System, New York 1933.
Schwarz, Hans-Peter: Die gezähmten Deutschen. Von der Machtbesessenheit zur Machtvergessenheit, Stuttgart 1985.
Schwarz, Hans-Peter: Die Zentralmacht Europas. Deutschlands Rückkehr auf die Weltbühne, Berlin 1994.
Schwarzenberger, Georg: Machtpolitik. Eine Studie über die Internationale Gesellschaft, Tübingen 1955.
Schweller, Randal L.: Deadly Imbalance: Tripolarity and Hitler's Strategy of World Conquest, New York 1998.
Schweller, Randal L.: Unanswered Threat: A Neoclassical Theory of Underbalancing, in: International Security 29 (2004), S. 159–201.
Schwerdtfeger, Johanes: Frieden – Annäherung an Begriffsbildung und Theoriestatus, in: Moltmann, Bernhard (Hrsg.): Perspektiven der Friedensforschung, Baden-Baden 1988, S. 41–56.
Senghaas, Dieter (Hrsg.): Frieden machen, Frankfurt a. M. 1997.
Senghaas, Dieter (Hrsg.): Friedensforschung und Gesellschaftskritik, Frankfurt a. M. 1970.
Senghaas, Dieter (Hrsg.): Kapitalistische Weltökonomie. Kontroversen über ihren Ursprung und ihre Entwicklungsdynamik, Frankfurt a. M. 1979.
Senghaas, Dieter (Hrsg.): Kritische Friedensforschung, Frankfurt a. M. 1971.
Senghaas, Dieter (Hrsg.): Peripherer Kapitalismus. Analysen über Abhängigkeit und Unterentwicklung, Frankfurt a. M. 1974.
Senghaas, Dieter (Hrsg): Den Frieden denken, Frankfurt a. M. 1995.
Senghaas, Dieter/Koppe, Karl-Heinz (Hrsg.): Friedensforschung in Deutschland. Lagebeurteilung und Perspektiven für die neunziger Jahre. Dokumentation eines Kolloquiums, Berlin 17.–19. Juli 1990, Bonn 1990.
Senghaas, Dieter: Abschreckung und Frieden. Studien zur Kritik organisierter Friedlosigkeit, überarbeitete und ergänzte Ausgabe, Frankfurt a. M. 1981.
Senghaas, Dieter: Frieden als Zivilisierungsprojekt, in: Ders.: Den Frieden denken, Frankfurt a. M. 1995, S. 196–223.
Senghaas, Dieter: Friedensprojekt Europa, Frankfurt a. M. 1992.
Senghaas, Dieter: Informations– und Rückkopplungsprozesse bei Entscheidungen in Regierung und Verwaltung, in: Kurzrock, Ruprecht (Hrsg.): Systemtheorie, Berlin 1972, S. 91–102.
Senghaas, Dieter: Wohin driftet die Welt? Über die Zukunft friedlicher Koexistenz, Frankfurt a. M. 1996.

Siedschlag, Alexander: Neorealismus, Neoliberalismus und postinternationale Politik: Beispiel internationale Sicherheit – theoretische Bestandsaufnahme und Evaluation, Opladen 1997.
Sil, Rudra and Katzenstein, Peter J.: De-Centering, Not Discarding, the „Isms": Some Friendly Amendments, in: International Studies Quarterly 55 (2011), S. 481–485.
Simon, Herbert: Theories of decision making in economics and behavioural science, in: American Economic Review 49:3 (1959), S. 253–283.
Sjoberg, Laura: Gender, Structure, and War: What Waltz Couldn't See, in: International Theory 4:1 (2012), S. 1–38.
Slapin, Jonathan B.: Bargaining Power at Europe's Intergovernmental Conferences: Testing Institutional and Intergovernmental Theories, in: International Organization 62:1 (2008), S. 131–162.
Slaughter, Anne-Marie: A New World Order, Princeton 2004.
Slaughter, Anne-Marie: America's Edge: Power in the Networked Century, in: Foreign Affairs 88:1 (2009), S. 94–113.
Smith, Steve: The Self-Image of a Discipline: A Genealogy of International Relations Theory, in: Booth, Ken and Smith, Steve (Hrsg.): International Relations Theory Today, Oxford 1997, S. 1–37.
Smith, Steve/Booth, Ken/Zalewski, Marysia (Hrsg.): International Theory: Positivism and Beyond, Cambridge 1996.
Smith, Steven: Introduction: Diversity and Disciplinarity in International Theory, in: Dunne, Tim/Kurki, Milja/Smith, Steve (Hrsg.): International Relations Theories, Oxford 2007, S. 1–12.
Snyder, Jack: Myths of Empire: Domestic Politics and International Ambition, Ithaca, 1991.
Snyder, Richard C. u. a.: Entscheidungsanalyse und internationale Beziehungen, in: Haftendorn, Helga (Hrsg.): Theorie der Internationalen Politik, Hamburg 1975, S. 227–243.
Solomon, Ty and Steele, Brent J.: Micro-moves in International Relations theory, in: European Journal of International Relations 22:1 (2016), S. 1–25.
Spegele, Roger D.: Political Realism in International Theory, Cambridge 1996.
Spiro, David E.: The Insignificance of Liberal Peace, in: Brown, Michael E./Lynn-Jones, Sean M./Miller, Steven E. (Hrsg.): Debating the Democratic Peace, Cambridge 1999, S. 202–238.
Spiro, David E.: The Insignificance of Liberal Peace, in: International Security 19:2 (1994/95), S. 50–86.
Spirtas, Michael: A House Divided: Tragedy and Evil in Realist Theory, in: Frankel, Benjamin (Hrsg.): Realism: Restatements and Renewals, London 1996.
Spykman, Nicholas J.: The Geography of Peace, New York 1944.
Steele, Brent J.: Revisiting Classical Functional Theory. Towards a Twent-first century Micro-Politics, in Journal of International Political Theory 7:1 (2011), S. 16–39.
Stein, Janice Gross: Psychological Explanations of International Conflict, in: Carlsnaes, Walter/Risse, Thomas/Simmons, Beth A. (Hrsg.): Handbook of International Relations, London 2003, S. 292–308.
Sterling-Folker, Jennifer (Hrsg.): Making Sense of International Relations Theory, Boulder/London, 2006.
Sterling-Folker, Jennifer: Theories of International Cooperation and the Primacy of Anarchy: Explaining U.S. International Monetary Policy-Making After Bretton Woods, Albany 2002.
Stone, Randall W./Slantchev/Branislav L./London, Tamar R.: Choosing How to Cooperate: A Repeated Public-Goods Model of International Relations, in: International Studies Quarterly 52:2 (2008), S. 335–362.
Strange, Susan: Political Economy and International Relations, in: Booth, Ken/Smith, Steve (Hrsg.): International Relations Theory Today, Oxford 1997, S. 154–174.
Strange, Susan: States and Markets, London 1988.

Strange, Susan: The Retreat of the State. The Diffusion of Power in the World Economy, Cambridge 1996.

Strübel, Michael: Umweltregime in Europa, in: Kohler-Koch, Beate (Hrsg.): Regime in den internationalen Beziehungen, Baden-Baden 1989, S. 247–273.

Stullerova, Kamila. Embracing ontological doubt: The role of ‚reality' in political realism, in: Journal of International Political Theory 13:1 (2017), S. 59–80.

Stürmer, Michael: Die Grenzen der Macht. Begegnung der Deutschen mit der Geschichte, Berlin 1990.

Sylvan, Donald/Chan, Steve (Hrsg.): Foreign Policy Decision Making: Perception, Cognition, and Artificial Intelligence, New York 1984.

Sylvester, Christine: Feminist Theory and International Relations in a Postmodern Era, Cambridge 1995.

Sylvester, Christine: Feminists and Realists View Autonomy and Obligation in International Relations, in: Peterson, V. Spike (Hrsg.): Gendered States. Feminist (Re)Visions of International Relations Theory, Boulder/London 1992, S. 155–177.

Taliaferro, Jeffrey W.: Balancing Risks: Great Power Intervention in the Periphery, Ithaca 2004.

Taliaferro, J. W.: Security-Seeking under Anarchy: Defensive Realism Revisited, in: International Security 25:3 (2000–2001), S. 128–161.

Teschke, Benno and Can Cemgil. The dialectic of the concrete: Reconsidering dialectic for IR and foreign policy analysis, in: Globalizations 11:5 (2014), S. 605–625.

Thompson, Kenneth W.: Fathers of International Thought: The Legacy of Political Theory, Baton Rouge 1994.

Thompson, Kenneth W.: Political Realism and the Crises of the World Politics, Princeton 1960.

Tickner, J. Ann/Sjoberg, Laura: Feminism, in: Dunne, Tim/Kurki, Milja/Smith, Steve (Hrsg.): International Relations Theories, Oxford 2007, S. 185–201.

Tranholm-Mikkelsen, Jeppe: Neo-Functionalism: Obstinate or Obsolete? A Reappraise in the Light of the New Dynamism of the EU, in: Millennium: Journal of International Studies 20:1 (1991), S. 1–22.

Trotola, Pier Domenico: Coming Full Circle. The Euro Crisis, Integration Theory and the Future of the EU, in: The International Spectator: Italian Journal of International Affairs 50:2 (2015), S. 1–16.

Tudyka, Kurt: Internationale Beziehungen. Eine Einführung, Stuttgart u. a. 1971.

Tudyka, Kurt: Politische Ökonomie der internationalen Beziehungen, in: Rittberger, Volker (Hrsg.): Theorien der internationalen Beziehungen. Bestandsaufnahme und Forschungsperspektiven, Opladen 1990, S. 130–150.

Vasquez, John A.: The Post-Positivism Debate: Reconstructing Scientific Enquiry and International Relations Theory After Enlightenment's Fall, in: Booth, Ken/Smith, Steve (Hrsg.): International Relations Theory Today, Oxford 1997, S. 217–240.

Vasquez, John A./Elman, Colin (Hrsg.): Realism and Balancing of Power: A New Debate, Upper Saddle River 2003.

Verhulst, Brad/Eaves, Lindon J./Hatemi, Peter K.: Correlation not Causation: The Relationship between Personality Traits and Political Ideologies, in: American Journal of Political Science 56:1 (2012), S. 34–51.

Vincent, R. John: Hedley Bull and Order in International Politics, in: Millennium: Journal of International Studies 17:2 (1988), S. 195–213.

Viotti, Paul R./Kauppi, Mark V. (Hrsg.): International Relations Theory. Realism, Pluralism, Globalism, and Beyond, 3. Auflage, Boston 1999.

Waever, Ole: The Rise and Fall of the Inter-Paradigm Debate, in: Smith, Steve/Booth, Ken/Zalewski, Marysia (Hrsg.): International Theory: Positivism and Beyond, Cambridge 1996, S. 149–185.

Wagner, Harrison: Bargaining and War, in: American Journal of Political Science 44:3 (2000), S. 469–484.
Walker, Rob B. J.: Inside/Outside. International Relations as Political Theory, Cambridge 1993.
Walker, Thomas C.: Two Faces of Liberalism: Kant, Paine, and the Question of Intervention, in: International Studies Quarterly 52:3 (2008), S. 449–468.
Wallerstein, Immanuel: How to Think About China. Commentary No. 273, Jan. 15, 2010, http://www.iwallerstein.com/how-to-think-about-china/ (letzter Abruf 26.03.2018).
Wallerstein, Immanuel: Structural Crises, In: New Left Review 62:2 (2010), S. 133–142.
Wallerstein, Immanuel: Wallerstein on World-Systems. The Imminent End of Capitalism and Unifying Social Sciences, in: Theory Talk, Theory Talk #13 on Monday, August 4, 2008, http://www.theory-talks.org/2008/08/theory-talk-13.html (letzter Abruf 25.04.2018).
Wallerstein, Immanuel: World-System Analysis. An Introduction, Durham/London 2005.
Walt, Stephen M.: The Enduring Relevance of the Realist Tradition, in: Katznelson, Ira/Milner, Helen V. (Hrsg.): Political Science, The State of Discipline, New York 2002.
Walt, Stephen M.: The Hidden Nature of Systems, in: The Atlantic (1998), S. 1–11.
Waltz, Kenneth N.: Explaining War, in: Viotti, Paull R./Kauppi, Mark V. (Hrsg.): International Relations Theory. Realism, Pluralism, Globalism, and Beyond, 3. Auflage, Boston 1999, S. 130–144.
Waltz, Kenneth N.: From Theory of International Politics, in: Vasquez, John A. (Hrsg.): Classics of International Relations, 2. Auflage, Englewood Cliffs 1990, S. 287–293.
Waltz, Kenneth N.: Realist Thought and Neorealist Theory, in: Journal of International Affairs 44:1 (1990), S. 21–37.
Waltz, Kenneth N.: The Balance of Power in International Politics, in: Viotti, Paull R./Kauppi, Mark V. (Hrsg.): International Relations Theory, Realism, Pluralism, Globalism, New York 1987, S. 96–103.
Waltz, Kenneth N.: Theory of International Politics, Reading, Mass. 1979.
Webber, Douglas: How likely is it that the European Union will disintegrate? A critical analysis of competing theoretical perspectives, in: European Journal of International Relations 20:2 (2014), S. 341–365.
Weber, Max: Soziologische Grundbegriffe, Tübingen 1960.
Weisiger, Alex/Erik Gartzke: Debating the Democratic Peace in the International System, in: International Studies Quarterly 60:3 (2016), S. 578–585.
Weiss, Thomas G.: What Happened to the Idea of World Government, in: International Studies Quarterly 53:2 (2009), S. 253–271.
Wendt, Alexander: Agence, Teleology and the World State: A Replay to Shannon, in: European Journal of International Relations 11:4 (2005), S. 589–598.
Wendt, Alexander: Anarchy is what states make of it: The social construction of power politics, in: International Organization 46:2 (1992), S. 391–425.
Wendt, Alexander: Anarchy is what states make of it: The social construction of power politics, in: Viotti, Paul R./Kauppi, Mark V. (Hrsg.): International Relations Theory. Realism, Pluralism, Globalism, and Beyond, 3. Auflage, Boston 1999, S. 434–459.
Wendt, Alexander: Constructing International Politics, in: International Security 20:1 Summer 1995, S. 71–81.
Wendt, Alexander: Social Theory of International Politics, Cambridge 1999.
Wight, Colin: Philosophy of Social Science and International Relations, in: Carlsnaes, Walter/Risse, Thomas/Simmons, Beth A. (Hrsg.): Handbook of International Relations, London 2003, S. 23–51.
Wight, Martin: International Theory. The Three Traditions, Leicester/London 1991.
Wight, Martin: The Balance of Power and International Order, in: James, Alan (Hrsg.): The Bases of International Order, London 1973, S. 85–115.

Williams, Howard: International Relations in Political Theory, Milton Keynes 1992.
Williams, Michael C.: Why Ideas Matter in International Relations: Hans Morgenthau, Classic Realism, and the Moral Construction of Power Politics, in: International Organization 58:4 (2004), S. 633–665.
Willms, Bernhard: Internationale Politik und Historischer Materialismus. Eine kritische Auseinandersetzung und eine systematische Überlegung, in: PVS 13 (1972), S. 470–500.
Wohlforth, William: The Elusive Balance: Power and Perceptions during the Cold War, Ithaca 1993.
Wohlforth, William: U.S. Strategy in a Unipolar World, in: Ikenberry, John (Hrsg.): America Unrivaled: The Future of the Balance of Power, Ithaca/London 2002, S. 106–121.
Wolf, Klaus Dieter: Internationale Regime zur Verteilung globaler Ressourcen: Eine vergleichende Analyse der Grundlagen ihrer Entstehung am Beispiel der Regelung des Zugangs zur wirtschaftlichen Nutzung des Meeresbodens, des geostationären Orbits, der Antarktis und zu Wissenschaft und Technologie, Baden-Baden 1991.
Wolf, Klaus Dieter: Regimeanalyse, in Andreas Boeckh (Hrsg.): Pipers Wörterbuch, Band 6: Internationale Beziehungen, München 1994, S. 422–429.
Wolf, Klaus Dieter/Zürn, Michael: „International Regimes“ und Theorien der internationalen Politik, in: PVS 27 (1986), S. 201–221.
Woyke, Wichard (Hrsg.): Handwörterbuch Internationale Politik, Bonn 1998.
Yost, David S.: Political Philosophy and the Theory of International Studies, in: International Affairs 70:2 (1994), S. 263–290.
Zakaria, Fareed: From Wealth to Power: The Unusual Origins of America's World Role, Princeton 1998.
Zürn, Michael: Einführung in die Spieltheorie, in: Ders.: Interessen und Institutionen in der internationalen Politik, Opladen 1992, S. 323–335.
Zürn, Michael: Gerechte internationale Regime. Bedingungen und Restriktionen der Entstehung nicht-hegemonialer internationaler Regime, untersucht am Beispiel der Weltkommunikationsordnung, Frankfurt a. M. 1987.
Zürn, Michael: Interessen und Institutionen in der internationalen Politik. Grundlegung und Anwendung des situationsstrukturellen Ansatzes, Opladen 1992.
Zürn, Michael: Neorealistische und realistische Schule, in: Andreas Boeckh (Hrsg.): Pipers Wörterbuch, Band 6: Internationale Beziehungen, München 1994, S. 309–322.
Zürn, Michael: Vom Nutzen internationaler Regime für eine Friedensordnung, in: Senghaas, Dieter (Hrsg.): Frieden machen, Frankfurt a. M. 1997, S. 465–481.
Zürn, Michael: We can do much better! Aber muß es auf amerikanisch sein? Zum Vergleich der Disziplin „Internationale Beziehungen“ in den USA und Deutschland, in: Zeitschrift für Internationale Beziehungen 1:1 (1994) S. 91–114.

Stichwortverzeichnis

https://doi.org/10.1515/9783486855081-022